ROBERT & EDWARD SKIDELSKY

Wie viel ist genug?

GOLDMANN
Lesen erleben

Buch

Wie viel ist genug? Wir sind viermal reicher als vor 100 Jahren – und doch abhängiger denn je von einem Wirtschaftssystem, in dem manche zu viel und viele nicht genug haben. Dabei waren sich doch Philosophen wie Ökonomen lange einig, dass technischer Fortschritt zu einer Befreiung des Menschen vom Joch der Arbeit führt und eine gerechte Einkommensverteilung zu mehr Muße und Glück für alle. Zeit, die Grundfragen neu zu stellen: Was macht ein gutes Leben aus, und was droht uns im Wachstumsrausch verloren zu gehen? Robert und Edward Skidelsky zeigen, wie führende Denker von der Antike bis ins 21. Jahrhundert über Entstehung und Gebrauch des Reichtums, aber auch über ein erfülltes Leben jenseits der Arbeit nachgedacht haben. Und sie machen Mut, Wirtschaft neu zu denken: als moralisches Handeln von Menschen, die in Gemeinschaften leben.

Autoren

Der Keynes-Spezialist Robert Skidelsky lehrte als Professor für Wirtschaftswissenschaften an der Universität Warwick. In Deutschland wurde er mit seinem Buch »Die Rückkehr des Meisters: Keynes für das 21. Jahrhundert« bekannt.

Sein Sohn Edward Skidelsky lehrt als Philosophieprofessor an der Universität Exeter und kommentiert regelmäßig philosophische, religiöse und geisteswissenschaftliche Themen für britische Zeitungen, Magazine und Radiosender.

Robert & Edward Skidelsky

WIE VIEL IST GENUG?

Vom Wachstumswahn
zu einer Ökonomie
des guten Lebens

Aus dem Englischen
von Thomas Pfeiffer und Ursel Schäfer

GOLDMANN

Die englische Originalausgabe erschien 2012
unter dem Titel »How much is enough?
The Love of Money, and the Case for the Good Life«
bei Allen Lane, Penguin Group, London.

Verlagsgruppe Random House FSC® N001967

2. Auflage
Taschenbuchausgabe August 2014
Wilhelm Goldmann Verlag, München,
in der Verlagsgruppe Random House GmbH
Copyright © 2012 der deutschsprachigen Ausgabe
by Verlag Antje Kunstmann, München
Copyright © 2012 der Originalausgabe
by Robert & Edward Skidelsky
Umschlaggestaltung: UNO Werbeagentur, München
in Anlehnung an die Umschlaggestaltung der Hardcoverausgabe
(Heidi Sorg & Christoph Leistl, München)
Umschlagfoto: Lyza Danger Gardner
KF · Herstellung: Str.
Druck und Bindung: GGP Media GmbH, Pößneck
Printed in Germany
ISBN: 978-3-442-15805-8
www.goldmann-verlag.de

Besuchen Sie den Goldmann Verlag im Netz

Für Hugo

Mögen seine Möglichkeiten den Hoffnungen entsprechen,
die Keynes für seine »Enkelkinder« hatte

INHALT

Wem genug zu wenig ist, dem ist nichts genug.

Epikur

VORWORT

Während wir an diesem Buch schrieben, fragten uns Freunde oft halb scherzhaft: »Und sagt ihr uns dann, wie viel eurer Meinung nach genug ist?« Wir fanden es angebracht, ganz im Sinn der wissenschaftlichen Forschung mit einer Gegenfrage zu antworten: »Und wie viel ist eurer Meinung nach genug?« Häufig war die Antwort wieder eine Frage: »Genug wofür?« Und darauf erwiderten wir: »Genug für ein gutes Leben.« Manchmal wurde dann eine Zahl genannt, aber erwartungsgemäß variierte sie je nach Alter, Lebensumständen und Nationalität beträchtlich. Natürlich kann man eine sinnvolle, ja *verbindliche* Antwort nur von Personen erwarten, die akzeptieren, dass es unabhängig von ihren subjektiven Wünschen so etwas wie ein gutes Leben tatsächlich gibt. Das Anliegen dieses Buches ist es, den Leser zu überzeugen, dass das gute Leben existiert und definiert werden kann und dass wir uns bemühen sollten, ein solches zu leben. Wie viel Geld wir dafür brauchen, steht am Ende unserer Ausführungen, nicht am Anfang.[*]

Viele Menschen haben uns geholfen. Außerordentlich dankbar sind wir Armand Clesse, dem Direktor des Institute for European and International Studies in Luxemburg, der am 27. und 28. Mai 2011 ein Symposium zum Thema dieses Buchs organisiert hat. Armand führte in seiner üblichen lebhaften Art den Vorsitz und hatte Experten verschie-

---

[*] In einem früheren Buch hat Robert Skidelsky versucht, eine Summe zu nennen, die der Ökonom John Maynard Keynes als »genug« zur Befriedigung durchschnittlicher Bedürfnisse angesehen hätte: 40.000 Pfund, 66.000 Dollar oder 46.000 Euro pro Jahr (nach heutigem Geldwert). Siehe Skidelsky (2010), *Keynes: The Return of the Master*, 2. Aufl., S. 142 (die erste Auflage ist auf Deutsch erschienen unter dem Titel *Die Rückkehr des Meisters. Keynes für das 21. Jahrhundert).* Aber Keynes hatte eine andere Vorstellung vom guten Leben, als wir sie heute haben, und es gab zu seiner Zeit weniger Druck als heute, ein *schlechtes* Leben zu führen.

denster Disziplinen versammelt: Michael Ambrosi, Christian Arnsperger, Tom Bauler, Mathias Binswinger, Ulrich Brand, Isabelle Cassiers, Aditya Chakrabortty, Andrew Hallam, Mario Hirsch, Sir Anthony Kenny, Charles Kenny, Guy Kirsch, Serge-Christophe Kolm, Axel Leijonhufvud, Felix Martin, Matt Matravers, John Milbank, Adrian Pabst, Guy Schuller, Larry Siedentop, Alfred Steinherr, Henryk Szlajfer und Paul Zahlen. Sie lasen eine frühe Fassung des Manuskripts, und einige mussten sogar der Aschewolke des isländischen Vulkans trotzen, die damals über Europa hing. Wir erhielten viel Ermutigung und viele Anregungen und Vorschläge von ihnen.

Unser englischer Agent Michael Sissons und unser englischer Verleger Stuart Proffitt hatten großen Anteil an der Entwicklung der Idee und drängten dann sanft, aber beharrlich auf die Veröffentlichung, ebenso wie unsere amerikanische Verlegerin Judith Gurewich, deren E-Mails uns unvergesslich bleiben werden. Sie alle ermutigten uns, die akademische Deckung zu verlassen und unsere Meinungen klar zu formulieren.

Unser besonderer Dank dafür, dass sie Teile oder das ganze Manuskript von *Wie viel ist genug?* gelesen haben, für ihre Kommentare und Kritik und Hilfe bei Argumenten geht an: Perry Anderson, Tony Bicat, Carmen Callil, Meghnad Desai, Robin Douglass, Pavel Erochkine, Richard Fynes, Peter Pagan, Pranay Sanklecha, Richard Seaford, Will Skidelsky und Wu Junqing.

Wir danken Pete Mills und Christian Westerlind Wigstrom von Roberts Centre for Global Studies für ihre unermüdliche Hilfe bei der Recherche und durch kritische Anmerkungen. Vor allem Pete hatte wesentlichen Anteil daran, die Daten für Kapitel 1 zusammenzutragen und die Argumentation zu formulieren. Donald Poon hat willkommene Unterstützung als Praktikant auf dem Weg zur London School of Economics geleistet. Wir danken der Bibliothek und den Mitarbeitern des House of Lords, dass sie unseren unersättlichen Bedarf an Büchern und Aufsätzen befriedigt haben.

Vor allem aber hat es uns Freude bereitet, zusammenzuarbeiten. Die zwei Monate im Jahr 2011, April und Mai, die wir zusammen im Languedoc an dem Buch schrieben und darüber diskutierten, waren eine sehr glückliche Zeit, eine Entdeckungsreise, nicht zuletzt im Hinblick auf uns beide: Es war ein Stück gutes Leben, für jeden von uns.

Robert und Edward Skidelsky

EINLEITUNG

Dieses Buch ist eine Kritik der Unersättlichkeit – der psychischen Verfassung, die uns als Individuen wie als Gesellschaften daran hindert, zu sagen, »genug ist genug«. Die Kritik richtet sich gegen *ökonomische* Unersättlichkeit, den Wunsch nach immer mehr Geld. Sie zielt vor allem auf die reichen Teile der Welt, die, wie man vernünftigerweise annehmen kann, genug Wohlstand haben, um ein anständiges Leben aller Menschen dort zu ermöglichen. In den armen Teilen der Welt, wo die Masse der Bevölkerung in großer Armut lebt, ist Unersättlichkeit ein Problem der Zukunft. Aber in reichen wie in armen Gesellschaften haben wir es immer dann mit Unersättlichkeit zu tun, wenn der Überfluss der sehr Reichen der Lebensweise der breiten Masse sehr weit enteilt.

Marxisten behaupten, ökonomische Unersättlichkeit sei eine Schöpfung des Kapitalismus und werde mit dem Kapitalismus verschwinden. Christen sagen, sie sei ein Produkt der Erbsünde. Unserer Meinung nach hat die Unersättlichkeit ihre Wurzel in der menschlichen Natur – in der Neigung, unseren Besitz mit dem unserer Nachbarn zu vergleichen und für unzureichend zu befinden –, wurde aber durch den Kapitalismus sehr verstärkt, der sie zur psychologischen Basis einer ganzen Kultur gemacht hat. Was einst eine Verirrung der Reichen war, ist heute eine alltägliche Erscheinung.

Der Kapitalismus ist ein zweischneidiges Schwert. Auf der einen Seite hat er enorme Verbesserungen der materiellen Lebensbedingungen ermöglicht. Auf der anderen Seite hat er einige der hässlichsten menschlichen Eigenschaften wie Gier, Neid und Geiz verklärt. Wir plädieren dafür, das Monster wieder an die Kette zu legen, und möchten zu diesem Zweck daran erinnern, was die größten Denker aller Zeiten und aller

Kulturen gemeint haben, wenn sie vom »guten Leben« sprachen. Darüber hinaus schlagen wir Veränderungen der heutigen Politik vor, die uns zu diesem guten Leben verhelfen können.

Dabei werden wir die gegenwärtige Fixierung auf das Wachstum des Bruttoinlandsprodukts (BIP) als wichtigstes Ziel der Wirtschaftspolitik infrage stellen. Wir sind nicht prinzipiell gegen Wirtschaftswachstum, aber wir fragen mit gutem Grund nicht nur, *wozu* das Wachstum da sein soll, sondern auch, *was* wachsen soll. Wir wollen, dass die Freizeit wächst und die Umweltverschmutzung abnimmt. Beides gehört zu einer vernünftigen Vorstellung von menschlichem Wohlergehen. Aber beides schlägt sich im BIP nicht nieder, denn das BIP misst nur den Teil der inländischen Produktion, der auf Märkten gehandelt wird. Es gibt keine Abzüge für Umweltverschmutzung und keine Zuschläge für Freizeit. Deshalb ist fraglich, inwieweit künftiges BIP-Wachstum das Leben verbessern wird. In sehr armen Ländern wird es sicher so sein, aber es könnte auch sein, dass reiche Länder bereits ein *zu hohes* BIP haben. Unserer Ansicht nach sollte in den reichen Ländern der Welt das BIP als Nebenprodukt einer Politik betrachtet werden, die darauf gerichtet ist, ein gutes Leben zu realisieren. Nur die Erfahrung wird zeigen, ob das Ergebnis des BIP positiv, negativ oder unverändert ist.

In diesem Buch geht es nicht um die Prinzipien von Gerechtigkeit, sondern um die Elemente eines guten Lebens. Die meisten modernen politischen Theorien beginnen bei abstrakten Überlegungen, was richtig und gerecht ist, und leiten daraus dann »richtige« gesellschaftliche Verhältnisse ab. Unser Ansatz ist anders. Wir beginnen beim Einzelnen und seinen Bedürfnissen und versuchen, daraus ein Bild des Allgemeinwohls zusammenzusetzen. Verteilungsfragen, die im Mittelpunkt der modernen Diskussionen über Gerechtigkeit stehen, sind zwar sehr wichtig, interessieren uns hier aber nur im Kontext der Erfordernisse eines guten Lebens.

* * *

Stellen Sie sich eine Welt vor, in der die meisten Menschen höchstens 15 Stunden pro Woche arbeiten. Sie würden genauso viel Geld wie heute oder sogar mehr bekommen, weil die Früchte ihrer Arbeit gleichmäßiger über die Gesellschaft verteilt würden. Ein viel größerer Teil ihrer wachen Zeit würde auf Freizeit statt auf Arbeit entfallen. Genau diese Aussicht hat der Ökonom John Maynard Keynes in einem kleinen, 1930 veröffentlichten Aufsatz mit dem Titel »Wirtschaftliche Möglichkeiten für unsere Enkelkinder« heraufbeschworen. Seine These ist einfach: Weil der technische Fortschritt eine Steigerung der Produktion pro Arbeitsstunde ermöglicht, müssten die Menschen immer weniger arbeiten, um ihre Bedürfnisse zu befriedigen, und schließlich müssten sie kaum noch arbeiten. Dann, so schrieb Keynes, werde der Mensch »zum ersten Male seit seiner Erschaffung [...] vor seine wirkliche, seine beständige Aufgabe gestellt sein: wie er seine Freiheit von drückenden, wirtschaftlichen Sorgen nutzt, wie er seine Muße ausfüllt, die Wissenschaft und Zinseszins für ihn gewonnen haben, damit er weise, angenehm und gut leben kann«. Keynes dachte, dieser Zustand könnte innerhalb von 100 Jahren erreicht werden – also im Jahr 2030.

Wenn wir bedenken, in welcher Zeit dieser zukunftsweisende Aufsatz geschrieben wurde, ist es nicht verwunderlich, dass man keine Notiz davon nahm. Die Welt hatte viel dringendere Probleme, unter anderem das, die Weltwirtschaftskrise zu überwinden. Und Keynes kam nie wieder ausdrücklich auf seine Vision zurück, obwohl der Traum einer Zukunft ohne Arbeit im Hintergrund seines Denkens fortbestand. Weltruhm erlangte Keynes mit seinem bedeutenden Buch *Allgemeine Theorie der Beschäftigung, des Zinses und des Geldes* als Theoretiker der kurzfristigen Arbeitslosigkeit, nicht als Theoretiker des langfristigen wirtschaftlichen Fortschritts. Dennoch gibt es gute Gründe, zu den Fragen zurückzukehren, die Keynes erst aufwarf und dann wieder fallenließ.

Als Erstes stellte er eine Frage, die heute kaum diskutiert wird: Wozu ist Reichtum da? Wie viel Geld brauchen wir, um ein gutes Leben zu führen? Das könnte wie eine unmöglich zu beantwortende Frage erscheinen. Aber sie ist nicht banal. Geld zu verdienen, kann kein Selbstzweck sein –

zumindest nicht für jemanden, der bei vollem Verstand ist. Zu sagen, mein Ziel im Leben sei es, immer mehr Geld zu scheffeln, ist so, als würde ich sagen, mein Ziel beim Essen sei es, immer dicker zu werden. Und was für einzelne Menschen gilt, gilt ebenso für ganze Gesellschaften. Viel Geld zu verdienen, kann nicht die beständige Beschäftigung der Menschheit sein, aus dem einfachen Grund, dass man mit Geld nichts anderes anfangen kann, als es auszugeben, und wir können nicht einfach immer mehr ausgeben. Es wird ein Punkt kommen, an dem wir saturiert oder überdrüssig sind oder beides. Was von beidem wird es vermutlich sein?

Zweitens befinden wir uns im Westen wieder einmal in einem »großen Abschwung«, dem schlimmsten seit der Weltwirtschaftskrise 1929–1932. Eine große Krise ist wie eine Inspektion: Sie bringt die Fehler des gesellschaftlichen Systems ans Licht und fördert die Suche nach Lösungen. Das System, das zurzeit inspiziert wird, ist der Kapitalismus, und Keynes' Aufsatz bietet einen Aussichtspunkt, von dem aus wir die Zukunft des Kapitalismus betrachten können. Die Krise hat zwei Systemfehler erkennbar gemacht, die sonst durch das beinahe einhellige Bekenntnis zu Wachstum um fast jeden Preis verdeckt werden.

Als Erstes sind da die moralischen Mängel. Die Bankenkrise hat wieder einmal gezeigt, dass das gegenwärtige System auf den Motiven Gewinnsucht und Gier beruht, die moralisch verwerflich sind. Außerdem teilt das System Gesellschaften in Reiche und Arme, in jüngster Zeit in sehr Reiche und sehr Arme, und rechtfertigt das durch eine Version der Theorie, wonach Wohlstand langsam von oben nach unten »durchsickert«. Das Nebeneinander von großem Reichtum und großer Armut, vor allem in Gesellschaften, in denen genug für alle vorhanden ist, beleidigt unser Gerechtigkeitsempfinden. Zweitens hat die Krise die greifbaren ökonomischen Mängel des Kapitalismus enthüllt. Unser Finanzsystem ist seinem Wesen nach instabil. Wenn etwas schiefgeht wie 2008, erkennen wir, wie ineffizient, verschwenderisch und verletzend das System sein kann. Hoch verschuldeten Ländern wird gesagt, die Finanzmärkte seien erst zufrieden, wenn sie einen großen Teil ihres Volksvermögens liquidiert hätten. Solche periodischen Zusammenbrüche der

Maschinerie, die Geld produziert, sind ein großer Anreiz, über bessere Arten der Lebensorganisation nachzudenken.

Schließlich fordert uns Keynes' Aufsatz heraus, zu überlegen, wie ein Leben nach dem Kapitalismus aussehen könnte (denn ein Wirtschaftssystem, in dem nicht länger Kapital akkumuliert wird, ist nicht mehr kapitalistisch, egal, wie man es nennt). Keynes meinte, der Motor des Kapitalismus sei »ein starker Appell an den Gelderwerbstrieb und die Liebe zum Geld«.[1] Er glaubte, wenn die Zeit der Fülle erreicht wäre, würde dieser Antrieb die soziale Billigung verlieren, das heißt, der Kapitalismus würde sich selbst abschaffen, sobald er sein Werk vollendet hätte. Aber wir sind mittlerweile so daran gewöhnt, Knappheit als die Norm anzusehen, dass nur wenige von uns fragen, welche Motive und Grundsätze des Verhaltens in einer Welt der Fülle vorherrschen könnten oder sollten.

Stellen wir uns also vor, jeder hätte genug für ein gutes Leben. Was gehört zum guten Leben? Was nicht? Welche Veränderungen unseres moralischen und wirtschaftlichen Systems wären nötig, um ein gutes Leben zu verwirklichen? Solche Fragen werden selten gestellt, vielleicht weil sie nicht in die Schubladen eines der vielen Fachgebiete passen, in die wir unser modernes Denken gerne einteilen. Philosophen entwerfen Systeme vollkommener Gerechtigkeit, ohne sich Gedanken darüber zu machen, wie unordentlich die empirische Realität ist. Ökonomen fragen, wie sich subjektive Begierden am besten befriedigen lassen, egal, welche Begierden das sind. Unser Buch bringt die Sichtweisen der Philosophie und der Wirtschaftswissenschaft zusammen in der Überzeugung, dass die beiden Fachgebiete einander brauchen, das eine um seines praktischen Einflusses, das andere um seiner moralischen Fantasie willen. Ziel unseres Buchs ist es, die alte Idee von der Wirtschaftswissenschaft als einer *moralischen* Wissenschaft wiederzubeleben – einer Wissenschaft von Menschen, die in Gemeinschaften zusammenleben, nicht von interagierenden Robotern.

* * *

Wie viel ist genug? beginnt damit, dass wir die Gründe betrachten, warum Keynes' Prophezeiung nicht eingetreten ist. Seine Voraussagen zum Wachstum waren zwar erstaunlich zutreffend – aber heute, 80 Jahre später, arbeiten die meisten von uns beinahe immer noch genauso hart wie damals, als er seinen zukunftsweisenden Aufsatz schrieb. Die Antwort, so meinen wir, lautet, dass eine freie Marktwirtschaft zum einen den Arbeitgebern die Macht gibt, die Arbeitsstunden und Arbeitsbedingungen zu diktieren, und zum anderen unsere angeborene Neigung anstachelt, uns im Konsum von Statusgütern zu übertrumpfen. Keynes war sich der negativen Seiten des Kapitalismus sehr genau bewusst, nahm aber an, dass sie verschwinden würden, wenn sie ihre Aufgabe, Reichtum zu schaffen, erfüllt hätten. Er sah nicht voraus, dass sie sich auf Dauer festsetzen und das Ideal überdecken würden, dem sie doch ursprünglich hatten dienen sollen.

Wie wir in Kapitel 2 ausführen, war Keynes nicht der Einzige, der dachte, ursprünglich schlechte Motive könnten trotzdem nützlich sein. John Stuart Mill, Karl Marx, Herbert Marcuse, sogar Adam Smith in kühnen Momenten: Sie alle sprachen solchen schlechten Motiven eine positive Rolle als Agenten des geschichtlichen Fortschritts zu. In der Sprache der Mythen ausgedrückt, könnten wir sagen, die westliche Kultur habe ihre Seele dem Teufel versprochen und als Gegenleistung in einem bislang ungekannten Maß Wissen, Macht und Vergnügen erhalten. Das ist natürlich das große Thema der Geschichte von Doktor Faustus, den Goethe unsterblich gemacht hat. Die Ironie liegt indes darin, dass wir nun zwar endlich den Überfluss erreicht haben, aber durch die Gewohnheiten, die der Kapitalismus uns eingeprägt hat, nicht in der Lage sind, ihn richtig zu genießen. Der Teufel, so scheint es, fordert seine Belohnung ein. Können wir diesem Schicksal entrinnen? Vielleicht, aber nur, wenn wir die Idee des *guten Lebens,* eines Lebens, das sich selbst genug ist, aus dem Dunkel von Jahrhunderten der Vernachlässigung und Verzerrung wieder hervorholen. Dabei können wir uns bei den Schätzen vormoderner Weisheit, westlicher wie östlicher, bedienen, wie wir in Kapitel 3 zeigen.

Der Widerstand gegen den Wachstumswahn hat in den letzten Jahren zugenommen. Wachstum, so die Kritiker, mache uns nicht nur nicht glücklicher, es zerstöre zudem die Umwelt. Beide Aussagen mögen zwar zutreffen, verfehlen aber unseren tieferen Einwand gegen endloses Wachstum: dass es *unsinnig* ist. Wenn wir unsere Kritik damit begründen, dass Wachstum das Glück beeinträchtigt oder die Umwelt, laden wir unsere Gegner ein, zu zeigen, dass es in dieser Hinsicht eben *nicht* schädlich wirkt – und dieser Einladung sind sie umgehend gefolgt.[*] Die ganze Auseinandersetzung endet dann in einer akademischen Sackgasse. Der entscheidende Punkt ist, dass wir *wissen* – unabhängig davon, was Wissenschaftler und Statistiker uns erzählen –, dass die endlose Jagd nach immer mehr Wohlstand Wahnsinn ist. Das ist der Kern unserer Argumentation in Kapitel 4 und 5.

In Kapitel 6 kommen wir schließlich zum positiven Teil unseres Vorschlags: Wir skizzieren das gute Leben. Anhand von Erkenntnissen, die zu unterschiedlichen Zeiten und an unterschiedlichen Orten gewonnen wurden, identifizieren wir sieben »Basisgüter«, deren Besitz bedeutet, gut zu leben. Die erste Pflicht einer Regierung, so sagen wir, besteht darin, diese Basisgüter all ihren Bürgern zur Verfügung zu stellen, soweit ihr das möglich ist. Wie das gehen kann, ist Thema von Kapitel 7. Darin schlagen wir eine Reihe politischer Strategien vor, wie sich der grenzenlose Wunsch nach Reichtum der Kontrolle durch ein objektives Konzept des Guten unterwerfen lässt. Wenn es nicht gelingt, diese Kontrolle durchzusetzen, sind wir als Kultur verdammt – zur Aussichtslosigkeit oder zu Schlimmerem.

* * *

In Diskussionen mit Freunden und Bekannten tauchen regelmäßig fünf Einwände gegen unsere Ideen auf. Der erste Einwand betrifft das Timing. »Gerade jetzt«, so hören wir, »ist nicht der richtige Zeitpunkt, um über

---

[*] Nigel Lawson und Bjørn Lomborg haben (neben anderen) argumentiert, die beste Reaktion auf die Erderwärmung sei, den technischen Fortschritt voranzutreiben, um die schädlichen Wirkungen abmildern zu können. Manche Ökonomen sagen auch, reiche Länder seien tatsächlich glücklicher als arme. Details erörtern wir in den Kapiteln 4 und 5.

ein Ende des Wachstums zu sprechen. Würde nicht Keynes selbst, wenn er noch am Leben wäre, uns drängen, so schnell wie möglich wieder auf den Wachstumspfad *zurückzukehren,* um die Arbeitslosigkeit zu verringern und die Staatsschulden abzutragen?« Das bestreiten wir nicht. Aber wir müssen unterscheiden zwischen kurzfristigen politischen Strategien zur *Erholung* nach der schlimmsten Wirtschaftskrise seit den 1930er-Jahren und langfristigen Strategien zur Realisierung eines guten Lebens. In den beiden Jahren nach 2008 ist die weltweite Produktion um 6 Prozent geschrumpft, und heute hat sie ihr vorheriges Volumen erst teilweise wieder erreicht. Wir müssen zumindest das Produktionsvolumen wiedererlangen, das wir verloren haben, denn so, wie die Wirtschaft heute organisiert ist, gibt es keinen anderen Weg zum Abbau von Arbeitslosigkeit und öffentlichen wie privaten Schulden. Aber wir dürfen nicht zulassen, dass die aktuellen Erfordernisse uns den Blick auf die endgültigen Ziele vernebeln. Keynes' eigene Utopie entstand aus dem Fazit der Weltwirtschaftskrise. »Meine Absicht in diesem Aufsatz«, schrieb er, »ist jedoch nicht, die Gegenwart [...] zu untersuchen, sondern mich von der kurzen Sicht freizumachen und mich auf Schwingen in die Zukunft zu wenden.«[2] Die zweite Frage betrifft den geografischen Rahmen unserer Vorschläge. Meinen wir, Länder, in denen Millionen Menschen nicht genug zu essen und kein Dach über dem Kopf haben, sollten mit dem zufrieden sein, was sie haben? Natürlich nicht. Unsere Argumente gelten für den Teil der Welt, in dem die materiellen Bedingungen für Wohlergehen bereits vorhanden sind. Wo das nicht der Fall ist, hat Wachstum zu Recht Priorität. Doch zu bedenken ist: Wenn die Entwicklungsländer sich weiter entwickeln, werden sie ebenfalls in die Zwickmühle geraten, in der wir uns bereits befinden; sie sollten sich also schon heute darauf vorbereiten. Keinesfalls sollten sie unseren Fehler wiederholen und sich so sehr auf die Mittel konzentrieren, dass sie den Zweck vergessen.

Die nächsten drei Einwände sind grundsätzlicher. »Eure Vorschläge«, so der erste Einwand, »werden alle Initiative, Kreativität und visionäre Kraft ersticken. Sie sind eine Vorlage für allgemeine Untätigkeit.«

Manchmal kommt noch der Zusatz, unsere Ideen würden die dekadente Einstellung des »alten Europa« widerspiegeln. Das hören wir, kaum überraschend, vorwiegend von Amerikanern.

Um diese Missverständnisse auszuräumen, sagen wir an dieser Stelle klipp und klar, dass unser Buch kein Plädoyer für Untätigkeit ist. Wir wollen mehr *Muße* – und dieser Begriff hat, richtig verstanden, wenig mit Untätigkeit zu tun, sondern ist geradezu das absolute Gegenteil. Muße im wahren, heute beinahe vergessenen Sinn bedeutet Tätigkeit ohne äußeren Zweck, »Zweckhaftigkeit ohne Zweck«, wie Kant es ausgedrückt hat. Der Bildhauer, der ganz in die Bearbeitung des Marmors versunken ist, der Lehrer, der eine schwierige Idee vermitteln will, der Musiker, der mit einer Partitur ringt, der Wissenschaftler, der die Geheimnisse von Raum und Zeit erkundet – sie alle haben kein anderes Ziel, als das, was sie tun, gut zu tun. Es mag sein, dass sie mit ihren Anstrengungen ein Einkommen erzielen, aber das Einkommen ist nicht ihre Motivation. In unserer Begrifflichkeit ausgedrückt, ist ihre Tätigkeit Muße, nicht Fron. Das ist natürlich eine Idealisierung. In der realen Welt verlieren wir äußere Belohnungen einschließlich der finanziellen nie ganz aus dem Blick. Doch insofern Handeln nicht aus Notwendigkeit entspringt, sondern aus Neigung, insofern es spontan ist, nicht sklavisch und mechanisch, haben wir es nicht mit Fron zu tun, sondern mit Muße. Das – und nicht Untätigkeit – ist unser Ideal. Nur weil es unserer Kultur an Fantasie fehlt, glauben wir, Kreativität und Erfindungsgeist – soweit sie gerade nicht darauf gerichtet sind, ökonomische Abläufe zu verbessern – müssten immer durch Geld stimuliert werden.

»Das ist alles ganz wunderbar«, werden unsere Kritiker vielleicht einwenden, »aber es ist kaum zu erwarten, dass eine Reduzierung von extern motivierter Tätigkeit zu mehr Muße in dem hochfliegenden Sinn, wie ihr das Wort verwendet, führen wird. Faulpelze wie wir brauchen den Stimulus des Geldes, damit wir uns bewegen. Sonst kommt unsere natürliche Trägheit zum Vorschein, und das endet dann nicht beim guten Leben, sondern in Langeweile, Neurosen und Alkohol. Lest ein paar russische Romane, dann werdet ihr sehen, was ich meine.«

Einem solchen Einwand kann man nur mit einem Glaubensbekenntnis begegnen. Eine generelle Reduzierung der Arbeitszeiten wurde noch nie versucht, deshalb wissen wir nicht sicher, welche Folgen sie hätte. Aber wir können einfach nicht glauben, dass sie so verhängnisvoll wären, wie unsere Kritiker meinen, sonst wäre das zentrale Projekt der modernen europäischen Kultur, die Verbesserung des Lebens aller Menschen, eitler Wahn. Wenn das letzte Ziel von Fleiß Untätigkeit wäre, wenn wir uns nur anstrengen und Dinge schaffen würden, damit unsere Nachkommen ihr Leben vor dem Fernsehapparat verbringen können, dann ist aller Fortschritt, wie Orwell gesagt hat, »ein wahnsinniger Kampf auf ein Ziel hin [...], das, wie man hofft und betet, nie erreicht werden wird«.[3] Wir befinden uns in der paradoxen Situation, dass wir uns zu immer neuen Höchstleistungen antreiben, nicht weil wir denken, sie seien der Mühe wert, sondern weil jede Tätigkeit, wie nutzlos sie auch sein mag, besser ist als keine Tätigkeit. Wir *müssen* an die Möglichkeit echter Muße glauben – sonst ist unsere Lage tatsächlich verzweifelt.

Eine andere Überlegung macht uns Hoffnung. Die Vorstellung, der Mensch sei von Natur aus faul und lasse sich nur durch die Aussicht auf Gewinn zur Tätigkeit bewegen, ist erst in der modernen Zeit aufgekommen. Insbesondere Ökonomen sehen die Menschen als Lasttiere, die Zuckerbrot oder Peitsche brauchen, damit sie überhaupt etwas tun. »Unsere Bedürfnisse mit der geringsten Anstrengung auf das Höchste zu befriedigen« – so hat William Stanley Jevons, ein Pionier der modernen ökonomischen Theorie, das Problem der Menschheit formuliert.[4] In der Antike hatte man eine andere Sicht. Die Bürger Athens und Roms waren zwar ökonomisch unproduktiv, aber im höchsten Maße aktiv – in der Politik, in Kriegen, in Philosophie und Literatur. Warum nehmen wir uns anstatt dem Esel nicht sie zum Vorbild? Natürlich wurden die Bürger Athens und Roms von früh an im klugen Gebrauch der Muße unterwiesen. Unser Projekt schließt ähnliche erzieherische Bemühungen mit ein. Wir können nicht erwarten, dass eine Gesellschaft, die daran gewöhnt ist, ihre Zeit für sklavische und mechanische Tätigkeiten zu verwenden, über Nacht eine Gesellschaft freier Menschen wird. Aber wir sollten nicht daran zweifeln, dass das Ziel prinzipiell erreichbar ist. Bertrand Russell formulierte das in einem Aufsatz, der gerade mal zwei Jahre vor Keynes' Schrift erschien – ein weiteres Beispiel für die stimulierende Wirkung der Wirtschaftskrise –, mit der üblichen Klarheit:

> Man wird behaupten, dass wohl ein wenig Muße angenehm sei, dass die Leute aber nicht wüssten, womit ihre Tage ausfüllen, wenn sie nur vier von 24 Stunden arbeiten würden. Soweit das in der modernen Welt zutrifft, ist damit unserer Zivilisation das Urteil gesprochen; für jedwede frühere Epoche hätte es nicht gegolten. Früher waren die Menschen noch fähig, sorglos und verspielt zu sein, was bis zu einem gewissen Grade durch den Kult mit der Tüchtigkeit verschüttet wurde [...] Die Unterhaltung der Stadtbewohner ist überwiegend passiv geworden: Man sieht sich Filme an, geht zu Fußballspielen, hört Radio und so fort. Das ergibt sich aus der Tatsache, dass ihre aktiven Kräfte völlig von der Arbeit absorbiert werden; bei mehr Muße würden sie auch wieder an Unterhaltungen Vergnügen finden, bei denen sie aktiv mitwirken.[5]

Wir könnten hinzufügen, dass wir uns hauptsächlich deshalb in die Arbeit stürzen, das kleinere Übel, *weil* die Muße ihre wahre Bedeutung als spontane Aktivität verloren hat und zu passivem Konsum degeneriert ist. »Man muss arbeiten«, schrieb Charles Baudelaire in seinen Tagebüchern, »wenn schon nicht aus Geschmack daran, dann aus Verzweiflung. Denn, alles auf eine letzte Wahrheit gebracht: Die Arbeit ist weniger langweilig als das Vergnügen.«[6]

Ein vierter Einwand wird in Form einer qualifizierten Verteidigung des Geldverdienens formuliert: Es stimmt schon, sagen die Kritiker, Geldverdienen ist nicht die edelste menschliche Betätigung, aber von den großen Zielen menschlichen Strebens ist es am wenigsten schädlich. Keynes hat es treffend ausgedrückt: »Gefährliche menschliche Triebe können durch Gelegenheiten für Gelderwerb und privaten Besitz in verhältnismäßig harmlose Kanäle abgeleitet werden, die, wenn sie nicht auf diese Art befriedigt werden können, einen Ausweg in Grausamkeit, in rücksichtsloser Verfolgung von persönlicher Macht und Autorität und anderen Formen von Selbsterhöhung finden könnten.« Doch er fügte hinzu, »für die Anregung dieser Tätigkeiten und die Befriedigung dieser Triebe ist es aber nicht notwendig, dass das Spiel um so hohe Einsätze wie gegenwärtig gespielt wird. Erheblich niedrigere Einsätze werden dem Zweck ebenso sehr dienen, sobald sich die Spieler an sie gewöhnt haben.«[7] Das ist genau unser Gegenargument. Wir wollen nicht das Geldverdienen verbieten, wie es in der Sowjetunion der Fall war, aber »das Spiel« sollte Regeln und Beschränkungen unterworfen werden, damit sich die Gesellschaft nicht vom guten Leben entfernt.

Der letzte und schwerwiegendste Einwand gegen unser Projekt lautet, es sei illiberal. Ein liberaler Staat, so haben uns John Rawls und andere gelehrt, vertrete keine positive Vision, sondern nur Prinzipien, die erforderlich sind, damit Menschen mit unterschiedlichen Vorlieben und Idealen harmonisch zusammenleben können. In der Politik eine positive Idee des guten Lebens zu verfolgen, sei definitionsgemäß illiberal, womöglich sogar totalitär. Wir werden diesen Einwand zu gegebener Zeit widerlegen; an dieser Stelle möge die Bemerkung genügen, dass ihm ein falsches Verständnis von Liberalismus zugrunde liegt. Über die meiste Zeit ihrer langen Geschichte war die liberale Tradition von antiken und christlichen Idealen wie Würde, Anstand und Toleranz durchdrungen. (Erinnern wir uns: »Liberal« bezeichnete ursprünglich das, was einem freien Mann angemessen war, eine Bedeutung, die in Wendungen wie »freie Künste« überlebt hat.) Im 20. Jahrhundert nahmen es prototypische Liberale wie Keynes, Isaiah Berlin und Lionel Trilling als selbstverständlich an, dass die Erhaltung der Kultur eine Aufgabe des Staates ist. Nur ein oberflächliches Verständnis von Liberalismus postuliert Neutralität gegenüber unterschiedlichen Auffassungen des Guten. Neutralität ist außerdem eine Fiktion. Ein »neutraler« Staat überlässt es einfach den Hütern des Kapitals, den allgemeinen Geschmack im Sinn ihrer Interessen zu manipulieren.

* * *

Die vielleicht wichtigste intellektuelle Hürde, um ein gutes Leben für alle zu verwirklichen, ist aber die Wirtschaftswissenschaft selbst, oder vielmehr die tödliche Orthodoxie, die unter diesem Namen in den meisten Universitäten weltweit ihr Unwesen treibt. Ökonomen, so stand kürzlich zu lesen, untersuchen, »wie die Menschen *begrenzte* und *knappe* Ressourcen einsetzen in dem Bestreben, ihre grenzenlosen Begierden zu befriedigen«.[8] Die beiden kursiven Adjektive sind vollkommen überflüssig: Wenn die Begierden unbegrenzt sind, dann sind die Ressourcen im Verhältnis dazu definitionsgemäß begrenzt, unabhängig davon, wie reich im absoluten Sinn wir sind. Wir sind zu Mangel verdammt, aber nicht durch das Fehlen von Ressourcen, sondern durch die Extravaganz unserer Gelüste. Wie der Ökonom Harry Johnson es 1960 ausdrückte: »Wir leben in einer reichen Gesellschaft, die aber trotzdem in manchen Hinsichten darauf beharrt, zu denken und zu handeln, als wären wir eine arme Gesellschaft.«[9] Die Perspektive von Armut und mit ihr die Betonung von Effizienz um jeden Preis gehört fest zur modernen Ökonomie.

Das war nicht immer so. Adam Smith, der Begründer der modernen Wirtschaftswissenschaft, nahm an, unser angeborenes Streben nach Verbesserung würde irgendwann an natürliche und institutionelle Grenzen stoßen und dann wäre ein »stationärer Zustand« erreicht. Für Keynes' Lehrer Alfred Marshall war Wirtschaftswissenschaft die Erforschung der »materiellen Voraussetzungen des Wohlergehens«, eine Definition, die das aristotelische und christliche Konzept von Wohlstand als Mittel zum Zweck bewahrt. Nach Marshall änderte die Wirtschaftswissenschaft jedoch ihren Kurs. Lionel Robbins bezeichnete sie in einer klassischen Definition als »die Wissenschaft, die das menschliche Handeln als Verhältnis zwischen Zwecken und knappen Mitteln, für die es alternative Verwendungen gibt, untersucht«.[10] Robbins' Definition stellt die Knappheit in den Mittelpunkt und klammert Werturteile aus. Domäne der Wirtschaftswissenschaft ist die Suche nach effizienten Mitteln für bestimmte Zwecke, aber über diese »Zwecke« äußert sich der Ökonom in seiner Eigenschaft als Ökonom nicht. Er nimmt nur an, dass sie immer die uns zur Verfügung stehenden Mittel zu ihrer Erreichung übersteigen werden, das heißt, dass Knappheit ein fester Bestandteil der *condition humaine* ist.

Wenn uns die Knappheit immer begleitet, dann werden wir Effizienz, den optimalen Einsatz knapper Ressourcen, Wirtschaftswissenschaft, die uns Effizienz lehrt, allezeit brauchen. Doch der gesunde Menschenverstand sagt uns, dass die Knappheit immer seltener wird. Wir wissen, dass Hungersnöte Zeiten extremer Knappheit sind und gute Ernten relative Fülle produzieren. Malthus erkannte, dass die Knappheit zunimmt, wenn die Bevölkerung schneller wächst als das Nahrungsmittelangebot; im umgekehrten Fall nimmt die Knappheit ab. Außerdem ist die Knappheit, wie die meisten Menschen den Begriff verstehen, in der Mehrzahl der Gesellschaften in den letzten 200 Jahren zurückgegangen. In reichen und auch in mittelmäßig reichen Ländern verhungern Menschen nicht mehr. Das impliziert, dass die gesellschaftliche Bedeutung von Effizienz geringer geworden ist und mit ihr der Nutzen der Ökonomie.

Der erste Schritt zu einer vernünftigen Argumentation in dieser Sache ist, sich Knappheit in Relation zu *Bedürfnissen* und nicht zu Begierden vorzustellen. Und so denken wir auch normalerweise. Ein Mann, der drei Häuser besitzt, ist nach unserem Verständnis nicht in einer ernsten Notlage, so dringend sein Wunsch nach einem vierten Haus auch sein mag. »Er hat genug«, sagen wir vielleicht, und damit meinen wir »genug, um seine Bedürfnisse zu erfüllen«. Eklatante Beispiele von Unersättlichkeit – wie etwa die nicht zu beherrschende Begierde, Katzen oder Puppenhäuser zu sammeln – gelten gemeinhin als unnormale, pathologische Fälle. (Ökonomen wie Psychoanalytiker neigen dagegen dazu, die Neurose für die Norm zu halten.) Wir alle sind im Prinzip in der Lage, unsere Begierden auf unsere Bedürfnisse zu begrenzen; das Problem ist, dass eine auf Wettbewerb und Geldwert ausgerichtete Ökonomie uns unter Druck setzt, immer mehr zu wollen. Die »Knappheit«, von der die Ökonomen sprechen, ist zunehmend ein Erzeugnis dieses Drucks. Wenn wir unsere Lage im Hinblick auf unsere vitalen Bedürfnisse betrachten, dann sehen wir nicht Knappheit, sondern vielmehr extremen Überfluss.

Ausgangspunkt der folgenden Ausführungen ist, *dass die materiellen Bedingungen für ein gutes Leben bereits existieren,* zumindest im reichen Teil der Welt, dass aber die blinde Jagd nach Wachstum es uns permanent vorenthält. Unter solchen Umständen sollte es das Ziel von Politik und anderen Formen des kollektiven Handelns sein, für eine wirtschaftliche Organisation zu sorgen, die die guten Dinge im Leben – Gesundheit, Achtung, Freundschaft, Muße und andere – uns allen zugänglich macht. Wirtschaftswachstum sollte als eine Begleiterscheinung, nicht als ein Ziel behandelt werden.

Eine solche Verschiebung wird unweigerlich unsere Einstellung zur Ökonomie verändern. Unsere Zeit möglichst effizient zu nutzen, wird immer weniger wichtig sein, und deshalb wird die Wirtschaftswissenschaft, wie sie sich seit Robbins entwickelt hat, ihren Platz als Königsdisziplin der Sozialwissenschaften verlieren. Sie kann uns an die Schwelle der Fülle führen, aber dann muss sie die Kontrolle über unser Leben aufgeben. Das hatte Keynes im Sinn, als er schrieb, eines Tages würden die Ökonomen so nützlich sein wie *Dentisten.*[11] Er wählte seine Worte immer mit Bedacht: Als Dentisten, nicht als Ärzte, würde die Welt Ökonomen brauchen; an den Rändern des Lebens, nicht als ständige und schon gar nicht als kontrollierende Instanz.

1   KEYNES' IRRTUM

Reichtum hat keine Grenze, die greifbar den Menschen gesetzt ist.

SOLON

Im Jahr 1928 sprach Keynes vor Studenten in Cambridge über das Thema »wirtschaftliche Möglichkeiten für unsere Enkelkinder«. Er wusste, dass sie vom Kapitalismus sehr enttäuscht waren und die Sowjetunion als ein Leuchtfeuer betrachteten. Keynes selbst hatte erkannt, dass der Fortschritt »ein schmutziger Glaube« war, »schwarz von Kohlenstaub und Schießpulver«, und der Kommunismus deshalb so verlockend wirkte, weil er trotz aller Barbarei als »die erste Regung einer großen Religion« erscheinen konnte.[1] Wenn Keynes seine Zuhörer von diesem Götzen abbringen wollte, musste er sie überzeugen, dass auch der Kapitalismus ein utopisches Projekt war – ein effizienteres utopisches Projekt als der Kommunismus, weil nur er den Überfluss bringen könnte, der ein gutes Leben für alle ermöglichen würde. In der Rede in Cambridge verlieh Keynes seinen utopischen Gedanken zum ersten Mal Ausdruck.

Zwei Jahre später, als er den Text seiner Rede für die Veröffentlichung überarbeitete, herrschte die Weltwirtschaftskrise: Der Kapitalismus schien ökonomisch und moralisch bankrott, der Kommunismus umso attraktiver. Aber Keynes passte seine Botschaft geschickt der neuen Situation an. »Wir leiden nicht unter dem Rheumatismus des Alters«, schrieb er, »sondern unter den Wachstumsschmerzen überschneller Veränderungen, unter der Schmerzhaftigkeit des Übergangs von einer Wirtschaftsperiode zu einer anderen.« Die Weltwirtschaftskrise war zumindest zum Teil Symptom einer »technologischen Arbeitslosigkeit« – »Arbeitslosigkeit, weil unsere Entdeckung von Mitteln zur

Ersparung von Arbeit schneller voranschreitet als unsere Fähigkeit, neue Verwendungen für die Arbeit zu finden«. Technologische Arbeitslosigkeit deutete auf eine Zukunft ohne Arbeit voraus, aber eine Zukunft, die freiwillig ohne Arbeit sein würde, nicht gezwungenermaßen.

Keynes stellte die ökonomische Logik in den Dienst seiner Prophezeiung. Er zitierte historische Raten für Kapitalakkumulation und technischen Fortschritt und rechnete vor, wenn die Kapitalausstattung um 2 Prozent jährlich anwachse und die »technische Leistungsfähigkeit« um 1 Prozent jährlich, werde »die Lebenshaltung der fortschrittlichsten Länder in 100 Jahren vier- bis achtmal so hoch sein [...], als sie heute ist«. Diese Projektion führte ihn zu dem Schluss, »unter der Annahme, dass keine wichtigen Kriege und keine erhebliche Vermehrung der Bevölkerung stattfinden, [wird] die Lösung des ökonomischen Problems in 100 Jahren zum mindesten in Sicht sein«.*

Damit meinte Keynes, die Menschheit werde dann imstande sein, all ihre materiellen Bedürfnisse mit einem Bruchteil des gegenwärtigen Arbeitsaufwands zu befriedigen – höchstens drei Stunden täglich, damit »der alte Adam in uns [...] zufrieden ist«. Der Überfluss an Zeit könne zu einem »Nervenzusammenbruch jener Art« führen, der »schon oft genug unter den Ehefrauen der wohlhabenden Klassen vorkommt«. Aber Keynes hoffte, dass das nicht geschehen würde. Er blickte vielmehr auf eine Zeit voraus, in der die spontane, freudige Einstellung zum Leben, die noch den Künstlern und Freigeistern vorbehalten war, auf die gesamte Gesellschaft übergreifen würde. Der Aufsatz endet mit einem rhetorischen Feuerwerk, das Aristoteles und das Neue Testament verbindet:

---

* Keynes antizipierte Robert Solows Wachstumsmodell. Solow zufolge wächst das BIP als Ergebnis des vermehrten Einsatzes der Faktoren Kapital und Arbeitskraft (Bevölkerung) und des technologischen Fortschritts. Wie die meisten Ökonomen nahm Keynes an, die Kapitalsättigung werde rückläufige Kapitalrenditen – jeder zusätzliche Einsatz von Kapital bringt weniger Rendite als der vorangehende – bewirken. Das weitere Wachstum des BIP würde demnach hauptsächlich von Verbesserungen bei der Qualität, nicht bei der Quantität des Kapitals, des materiellen wie des Humankapitals, abhängen, das heißt vom technischen Fortschritt. Damit das Pro-Kopf-Einkommen wachsen kann, muss nach diesem Modell der technische Fortschritt das Bevölkerungswachstum übertreffen.

Ich sehe also für uns die Freiheit, zu einigen der sichersten und gewissesten Grundsätze der Religion und herkömmlichen Tugend zurückzukehren: dass Geiz ein Laster ist, das Verlangen von Wucherzinsen ein Vergehen, die Liebe zum Geld verächtlich, und dass diejenigen, die sich am wenigsten um den Morgen sorgen, am wahrsten in den Pfaden der Tugend und maßvoller Weisheit wandeln. Wir werden die Zwecke wieder höher werten als die Mittel und werden das Gute dem Nützlichen vorziehen. Wir werden wieder diejenigen ehren, die uns lehren, wie der Stunde und dem Tage tugendhaft und gut gerecht zu werden, jene köstlichen Menschen, die zu einem unmittelbaren Genuss der Dinge fähig sind, die Lilien des Feldes, die sich nicht mühen und die nicht spinnen.[2]

Keynes' Freund, der Philosoph Frank Ramsey, hatte ein Wort für diesen paradiesischen Zustand: Er nannte ihn »Bliss« – »Glückseligkeit«.

Der Kapitalismus – das Leben mit ökonomischem Kampf und Geldverdienen – war somit ein vorübergehender Zustand, ein Mittel zum Zweck, und der Zweck war ein gutes Leben. Wie kann ein solches Leben aussehen? Der Philosoph G. E. Moore, bei dem Keynes in Cambridge studierte, hatte in seinen *Principia Ethica* geschrieben, »die bei Weitem wertvollsten Dinge, die wir kennen oder uns vorstellen können, sind gewisse Bewusstseinszustände, die sich summarisch umschreiben lassen als die Freuden menschlichen Umgangs und das Genießen schöner Dinge«. Und weiter heißt es: »Nur um dieser Dinge willen – damit irgendwann so viele davon wie möglich existieren – [ist] eines Menschen öffentliche oder private Pflichterfüllung zu rechtfertigen […] [Sie allein bilden] den vernünftigen Endzweck menschlichen Handelns und das einzige Kriterium gesellschaftlichen Fortschritts.«[3]

Das, so sagte Keynes später, sei »Religion unter der Oberfläche«. Als Ökonom und Spekulant lebte Keynes die meiste Zeit in den Niederungen des kapitalistischen Handelns, aber er blickte immer auch hinauf in die Höhen von Kunst, Liebe und dem Streben nach Wissen, den seine Freunde in Bloomsbury für ihn verkörperten. »Wirtschaftliche Möglichkeiten« ist ein Versuch, die beiden Seiten seines Charakters – die Ziel-gerichtetheit und die Spontaneität – zu versöhnen, indem er das eine in der Gegenwart verortete und das andere auf die Zukunft projizierte.

Der Aufsatz »Wirtschaftliche Möglichkeiten« wurde zu seiner Ent-stehungszeit praktisch völlig ignoriert, er schien zu fantasievoll für eine ernsthafte Diskussion. Tatsächlich war es ein Gelegenheitswerk, ein Ge-dankenspiel. Vision und Argumentation umfassen knapp zehn Seiten. Viele Gedankengänge werden nicht zu Ende geführt, Einwände werden erwähnt und gleich wieder fallengelassen. »Es war Keynes von der bes-ten und von der schlechtesten Seite«, schrieb einer seiner Schüler. »Von der schlechtesten Seite, weil manches von seiner gesellschaftlichen und politischen Theorie allzu genauer Prüfung nicht standhält; weil der Ge-sellschaft die Begierden nicht ausgehen werden, solange der Konsum de-monstrativ und kompetitiv ist [...] Es war Keynes von der besten Seite, weil der schweifende, forschende, intuitive, provokante Verstand am Werk ist.«[4]

So utopisch »Wirtschaftliche Möglichkeiten« auch klingt, es steht in direktem Zusammenhang mit Keynes' Hauptanliegen: dem Problem der hartnäckigen Massenarbeitslosigkeit. Der Aufsatz liefert die »ideale« Begründung für die Revolution in der ökonomischen Politik, für die Keynes in erster Linie bekannt ist: Anhaltende Vollbeschäftigung ohne Einbrüche ist der schnellste Weg zu der Utopie, die der Aufsatz entfal-tet. Keynes wollte sicherstellen, dass das kapitalistische System mit Voll-dampf arbeitete, um möglichst schnell den Tag zu erreichen, an dem es enden würde.

Mehr als 80 Jahre sind vergangen, seit er seinen Aufsatz geschrieben hat; wir sind seine »Enkelkinder«, sogar seine Urenkelkinder. Was ist nun also aus seiner Prophezeiung geworden?

DAS SCHICKSAL VON KEYNES' PROPHEZEIUNG

Keynes' Aufsatz enthält zwei Voraussagen und eine Möglichkeit. Die Vo-raussagen betreffen das Wachstum und die Arbeitszeit. Etwas vereinfa-

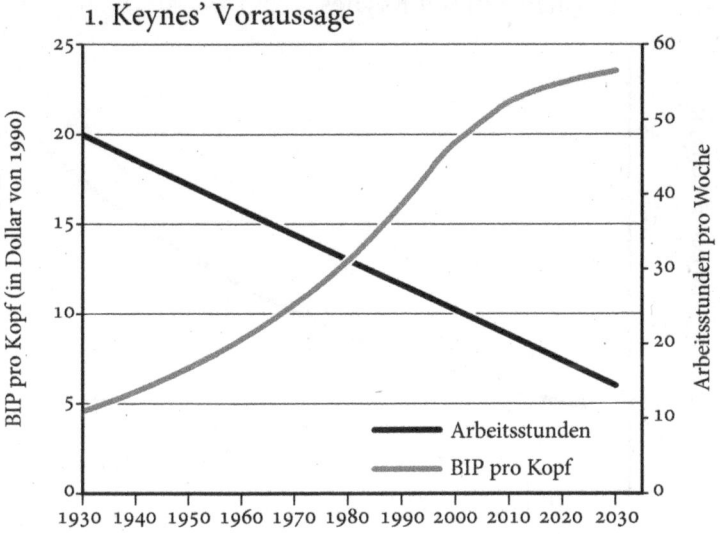

1. Keynes' Voraussage

— Arbeitsstunden
— BIP pro Kopf

chend könnten wir sagen, Keynes sei der Meinung gewesen, wir im Westen seien nun fast so weit, dass wir »genug« haben, um all unsere Bedürfnisse zu befriedigen, ohne länger als drei Stunden täglich arbeiten zu müssen. Die Möglichkeit – keine Voraussage, weil Keynes als Alternative das Szenario der »gelangweilten Hausfrau« aufwirft – besteht darin, dass wir lernen, unsere gewonnene Zeit so zu verwenden, dass es uns gelingt, »weise, angenehm und gut« zu leben. Was ist aus diesen Spekulationen geworden?

Was nach Keynes' Erwartung in den reichen Ländern passieren sollte, ist in Schaubild 1 dargestellt. Im Zustand der »Glückseligkeit«, im Jahr 2030, wächst das Einkommen nicht mehr (denn jeder hat genug), und die notwendige Arbeit geht gegen Null (denn fast alles, was Menschen benötigen, wird von Maschinen produziert).

Vergleichen wir nun die beiden Voraussagen mit den tatsächlichen Zahlen. Wie sich das Wachstum in den reichen Ländern im Vergleich mit Keynes' Voraussage entwickelt hat, zeigt Schaubild 2. Schaubild 3 illustriert, wie es in den reichen Ländern mit der Arbeitszeit bestellt ist,

2. Wachstum seit Keynes

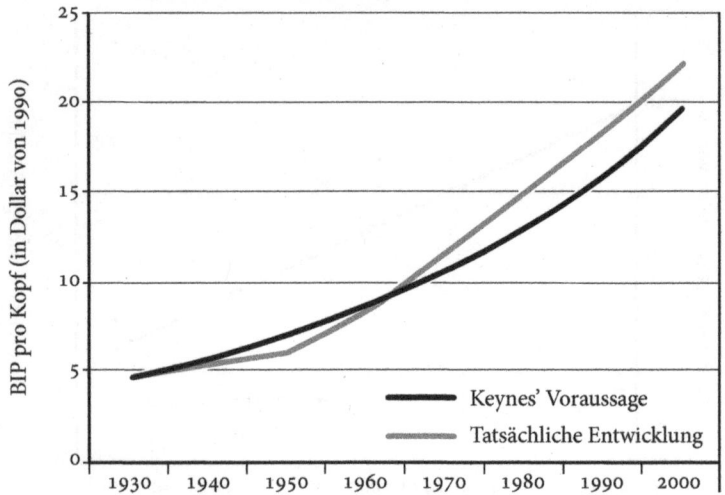

Quelle: Angus Maddison, *The World Economy: Historical Statistics,* OECD 2005, Measuring Worth (verfügbar unter www.measuringworth.com); Eurostat; abgerufen am 16. Januar 2012.[5]

wieder im Vergleich mit Keynes' Voraussage. Das reale Pro-Kopf-Einkommen ist in etwa so gewachsen, wie Keynes erwartet hat, aber die Übereinstimmung ist eher zufällig. Keynes formulierte seine Voraussage unter der Voraussetzung, dass es in den betreffenden Ländern nicht zu größeren Kriegen und erheblichem Bevölkerungszuwachs kommen würde. Tatsächlich gab es einen weiteren Weltkrieg, und die Bevölkerung hat sich fast verdreifacht. Hingegen hat Keynes den Produktivitätszuwachs unterschätzt. Die beiden Irrtümer glichen sich aus, mit dem Ergebnis, dass die Pro-Kopf-Einkommen in den 70 Jahren seit 1930 um das Vierfache stiegen, bis zu Keynes' unterer Grenze.

Und was ist mit der Arbeitszeit passiert? Keynes' Voraussage, unter diesen Umständen würde die Arbeitszeit entsprechend dem Produktivitätswachstum zurückgehen, hing von der scheinbar selbstverständlichen Annahme ab, Einkommen hätten einen abnehmenden Grenznutzen – jeder weitere Zuwachs beim Einkommen bietet ein bisschen

3. Wochenarbeitszeit seit Keynes

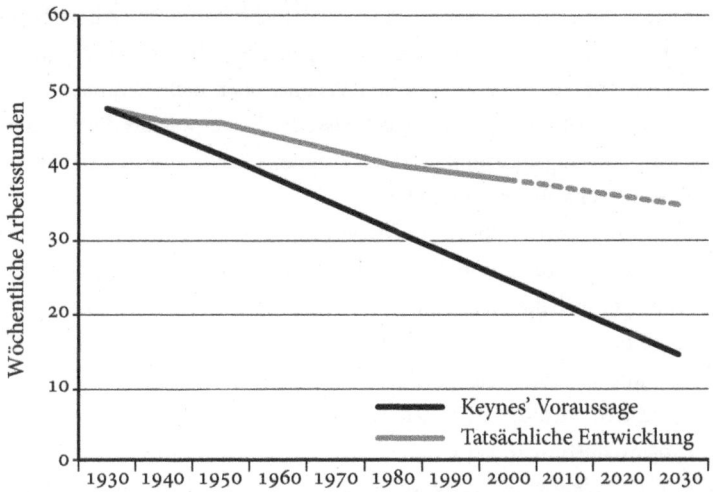

Quelle: Michael Huberman und Chris Minns, »The Times They are Not Changin':
Days and Hours of Work in Old and New Worlds, 1870–2000«, in: *Explorations in Economic History*, Bd. 44 (2007), S. 538–567.

weniger Befriedigung als der vorangehende –, sodass Gesellschaften, wenn sie immer reicher werden, mehr Freizeit zusätzlichem Einkommen vorziehen würden. Wenn das Einkommen einer Person steigt, weil sie pro Arbeitsstunde mehr produziert, wird – so die Überlegung – ihre Arbeitszeit sinken, bis der Nutzen eines weiteren Stundenlohns dem einer zusätzlichen Stunde Freizeit entspricht.

Aber so ist es nicht gekommen. Von 1870 bis 1930 ist die Arbeitszeit pro Kopf rasch gefallen, und Keynes erwartete, dass sich das fortsetzen würde. »Noch zu unseren Lebzeiten«, schrieb er, »werden wir imstande sein, alle Arbeitshandlungen der Landwirtschaft, des Bergbaus und der Gewerbe mit einem Viertel der menschlichen Mühen durchzuführen, an die wir gewöhnt waren.«[6] Aber obwohl Einkommen und Produktivität entsprechend seinen Erwartungen gestiegen sind, hat die Arbeitszeit im Vergleich zu 1930 keineswegs um drei Viertel abgenommen. 1930 arbeiteten die Menschen in den Industrieländern rund 50 Stunden pro

Woche, heute arbeiten sie 40 Stunden. Nach Keynes' Rechnung sollten wir heute auf dem Weg zur 30-Stunden-Woche sein oder sie bereits erreicht haben. Wenn wir den gegenwärtigen Trend bis 2030 verlängern, kommen wir zu einer 35-Stunden-Woche, aber nicht einmal in die Nähe von 15 Stunden. Es stellt sich also die Frage, warum die Arbeitszeit so viel weniger gesunken ist, als Keynes mit Blick auf den Produktivitätszuwachs angenommen hat.

Keynes grenzte seine Voraussage geografisch nicht ein. Er dachte wahrscheinlich, dass 2030 die armen Länder die reichen mehr oder weniger eingeholt haben würden. Damit lag er nicht ganz falsch. Eine kleine Gruppe ostasiatischer Länder hat den Lebensstandard des Westens erreicht, und eine sehr viel größere Gruppe von Ländern mit mittlerem Einkommen wird das auch bald schaffen. Aber allein durch das Bevölkerungswachstum, das er in dem Maß nicht vorausgesehen hat, lebt ein Viertel der Weltbevölkerung weiterhin in verzweifelter Armut. 1930 lebten 2,7 Milliarden Menschen auf der Welt, heute sind es sieben Milliarden, mehr als das Zweieinhalbfache. Selbst in den reichen Ländern ist die Bevölkerung um über 30 Prozent gewachsen. Die schwierige Frage, die Keynes nicht stellte, lautet, wie weit die Reichen dabei gehen sollten, ihre eigene »Glückseligkeit« aufzuschieben, um den Armen zu helfen.

DIE IRREFÜHRENDEN DURCHSCHNITTE

Bevor wir die Frage näher untersuchen, warum die Arbeitszeit nicht entsprechend dem Wirtschaftswachstum abgenommen hat, sollten wir uns bewusst machen, was unsere Messmethoden verschleiern.

Der Durchschnitt ist einfach die Haupttendenz eines Datensatzes. Die meisten Menschen verstehen den Durchschnitt intuitiv als eine »typische« Zahl. Wenn wir zum Beispiel hören, dass 2011 das Durchschnittseinkommen der Menschen in Großbritannien 25.000 Pfund pro Jahr betrug, neigen wir dazu anzunehmen, die meisten hätten 25.000 Pfund pro Jahr verdient, ein paar weniger und ein paar mehr. Aber das muss nicht so sein. Stellen wir uns eine Population von zehn Personen (zum Beispiel eine Fabrik) vor, in der der Geschäftsführer 160.000 Pfund verdient und neun Arbeiter jeweils 10.000 Pfund. Der Durchschnitt ihrer Einkommen ergibt 25.000 Pfund, aber die meisten verdienen 10.000 Pfund. Das ist ein zugespitztes Beispiel für die Situation in Großbritannien und Amerika heute, wo die meisten Menschen weniger als den Durchschnitt verdienen und einige wenige sehr viel mehr. 2011 betrug das Durchschnittseinkommen in Großbritannien 27.000 Pfund, aber das mittlere Einkommen lag bei 21.500 Pfund. Das bedeutet, dass die Hälfte der Bevölkerung weniger als 21.500 Pfund verdiente, einige sogar sehr viel weniger.[7] Der Trugschluss, aus Durchschnittswerten eine »typische« Situation abzuleiten, spielt bei der Einkommensverteilung eine große Rolle. Wir können nicht sagen, ob der »Wohlstand« in einem Land zu- oder abgenommen hat, wenn wir nichts über die Einkommensverteilung wissen. Aber dieser Trugschluss passiert in vielen Situationen, die uns hier interessieren.

Erstens verbirgt die durchschnittliche Arbeitszeit erhebliche (und zunehmende) Unterschiede zwischen den einzelnen Ländern, mit dem arbeitsamen Amerika am einen Ende, dem »alten Europa« am anderen Ende und Großbritannien näher bei Amerika als bei Europa (siehe Schaubild 4). Zwar sinkt die Zahl der Arbeitsstunden seit den 1980er-Jahren in allen Ländern, aber es bleibt die Frage, warum Amerikaner und Italiener länger arbeiten als die anderen. In einem Bericht aus dem Jahr 2011 heißt es: »Die Amerikaner arbeiten heute im Durchschnitt pro Jahr 122 Stunden mehr als die Briten und fast 378 Stunden (10 Wochen!) mehr als die Deutschen.«[8] Einiges deutet darauf hin, dass die Arbeitszeit in den Vereinigten Staaten in jüngster Zeit sogar wieder gestiegen ist. Die Niederländer kommen Keynes' Zustand der »Glückseligkeit« am nächsten. 2011 verdienten sie mit 1400 Arbeitsstunden jährlich – oder 34 Stunden pro Woche – umgerechnet 42.000 Dollar pro Kopf, die Briten mit 1650 Stunden hingegen nur 36.000 Dollar. (Amerikaner bekommen 48.000 Dollar pro Kopf bei 1800 Arbeitsstunden.)* Es ist verlockend,

---

*Diese Zahlen sind nach Kaufkraftparität errechnet, die ein Maß dafür ist, wie viel man für dasselbe Geld in unterschiedlichen Ländern kaufen kann.

diese unterschiedlichen Einstellungen zu Arbeit, Geld und Freizeit mit kulturellen Unterschieden zu erklären. In einer Einwanderergesellschaft wie der amerikanischen galt Geldverdienen als der Königsweg zum Erfolg. Europa trägt das Erbe einer hierarchischen Kultur, die die Chancen zum Geldverdienen ganz oben und ganz unten begrenzte, und das führte zu einer Haltung, die Geldverdienen als Ziel abwertete. Großbritannien liegt in der Mitte, es ist der Anhäufung von Reichtum gegenüber offener als Kontinentaleuropa und gesellschaftlich weniger egalitär als die Vereinigten Staaten. Die kulturellen Unterschiede sind eingebettet in die jeweiligen Gegebenheiten des Steuer- und Sozialsystems sowie des Arbeitsmarkts und werden dadurch noch verstärkt. Es könnte sein, dass bei den langen Arbeitszeiten in Italien all jene nicht mitgezählt werden, die nur sporadisch in der informellen Wirtschaft arbeiten. (Das scheint ein gemeinsames Merkmal aller Mittelmeerstaaten zu sein.)

Zweitens besteht eine Diskrepanz zwischen dem Rückgang der durchschnittlichen Arbeitszeit einerseits und den Arbeitszeiten verschiedener Einkommensgruppen *innerhalb* der Länder. Während die Arbeitszeiten insgesamt gleich geblieben sind, arbeiten viele gering bezahlte Beschäftigte weniger, als sie wollen, und viele Reiche mehr, als sie müssen. Es ist eine erstaunliche Tatsache, dass die Arbeitszeiten der Wohlhabenden länger geworden sind, vor allem in den Vereinigten Staaten und Großbritannien, und sich damit der negative Zusammenhang von Arbeit und Einkommen umgekehrt hat, der bislang als gegeben angenommen wurde.[9] Zu Keynes' Zeit arbeitete man an der Spitze der Gesellschaft weniger als unten. Die Aristokratie leistete überhaupt keine bezahlte Arbeit, Berufstätige mit höherer Qualifikation verbrachten bemerkenswert wenig Stunden im Büro. Heute sind an die Stelle der reichen »Müßiggänger« die reichen »Workaholics« getreten. Sozialer Status kommt nicht mehr darin zum Ausdruck, dass jemand nicht arbeiten muss. In unserer Wettbewerbsgesellschaft müssen Menschen, die begabt sind, aber nicht reich, härter arbeiten, um den Status zu erlangen, den früher Menschen, die reich waren, aber nicht begabt, mühelos einnahmen. Die Umkehrung der traditionellen Beziehung zwischen Arbeit und

4. Arbeitszeit seit 1983

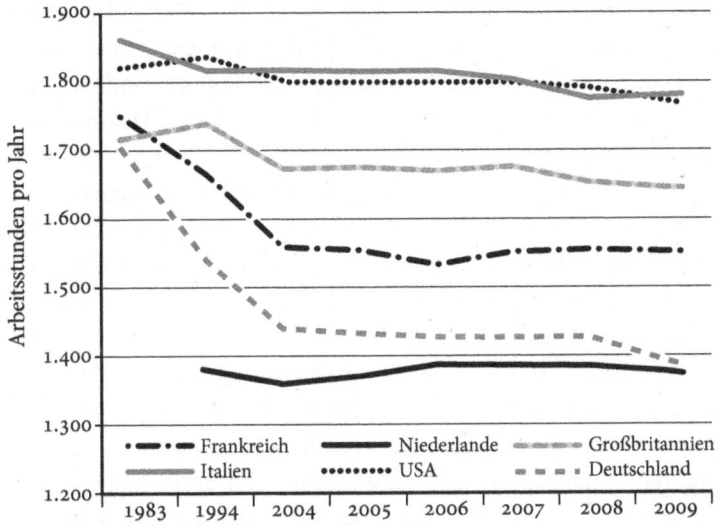

Quelle: OECD-Beschäftigungsausblick 2011.

Einkommen ist ein guter Grund, zu vermuten, dass wir keineswegs auf eine Zukunft ohne Arbeit zusteuern.

Drittens sind die Arbeitsstunden pro Jahr stärker gefallen als die durchschnittliche Arbeitszeit pro Woche, weil aufs Jahr gesehen auch Urlaub mit eingerechnet wird. In Europa hat sich der Anspruch auf bezahlten Urlaub seit Keynes' Zeit von einer Woche auf vier Wochen im Jahr verlängert – ein klarer Gewinn an Freizeit. Doch dieser Gewinn wird durch immer längere Wege zwischen Wohnung und Arbeitsplatz wieder aufgehoben. Erstaunlicherweise verschlingt auch die Hausarbeit pro Tag heute eine halbe Stunde mehr als 1961, trotz all der neuen technischen Geräte, die sie erleichtern.* Aber *zusätzlich* zur Hausarbeit sind heute sehr viel mehr Frauen als zu Keynes' Zeit berufstätig; die hohe

---

* Die Haushalte wenden mehr Zeit für Einkaufen auf – zum einen, weil die Geschäfte weiter weg und größer sind, zum anderen, weil es praktisch nur noch Selbstbedienung gibt.

39

Nachfrage nach Arbeitskräften in der Nachkriegszeit hat Frauen auf den Arbeitsmarkt gelockt, und es sind Berufswege für sie entstanden. In den Vereinigten Staaten lag der Anteil der berufstätigen Frauen 1930 bei 25 Prozent, heute liegt er bei 70 Prozent, in anderen Industrieländern ist der Trend ähnlich.[10] In der modernen Version droht Keynes' Hausfrau eher nicht ein Nervenzusammenbruch durch Langeweile, sondern durch den Stress, Beruf, Einkaufen (einschließlich des Wegs zum und vom Supermarkt und des Anstehens an der Kasse) und Kindererziehung* (einschließlich der Beaufsichtigung beim Spielen, die es früher nicht gab, und der Fahrdienste hin zur Schule und wieder zurück) unter einen Hut zu bekommen.[11]

Weiterhin ist zu bedenken, dass die Statistiken zu Arbeitszeiten, ob pro Woche oder pro Jahr, nur Menschen berücksichtigen, die berufstätig sind, und nicht die Ausbildungszeiten miteinbeziehen und den immer längeren Zeitraum zwischen Berufsleben und Tod, der als Ruhestand bezeichnet wird. Soll man die Jahre in der Ausbildung der Arbeitszeit oder der Freizeit zurechnen? Vermutlich hängt das davon ab, um was für eine Art von Ausbildung es sich handelt. Wenn es wie heute meistens die Ausbildung für einen bestimmten Beruf ist, könnte man sie der Arbeit zuschlagen; wenn es die Vorbereitung auf ein gutes Leben ist, sollten sie als Freizeit zählen.

Der Ruhestand gilt schon selbstverständlicher als Teil der Freizeit, seine Verlängerung könnte man darum den Chancen auf ein gutes Leben hinzurechnen. 1948 arbeiteten Männer in Großbritannien im Durchschnitt bis zum 65. Lebensjahr und starben zwei Jahre später. Heute gehen sie mit 67 Jahren in den Ruhestand und leben dann noch elf Jahre. Es ist sicher falsch, so viel freie Zeit in den letzten Lebensjahren zu kon-

---

Auch die Kinderziehung nimmt mehr Zeit in Anspruch, was eine veränderte Einstellung dazu widerspiegelt; zum Ausdruck kommt das in dem Begriff »Qualitätszeit«. Hingegen gehen die typischen Hausarbeiten wie Kochen und Putzen dank hilfreicher Haushaltsgeräte heute schneller von der Hand. Siehe dazu Jonathan Gershuny und Kimberly Fisher, »Leisure in the UK Across the 20th Century«, in: Albert H. Halsey und Josephine Webb (Hrsg.), *Twentieth-Century British Social Trends*, London 1999, S. 634.

zentrieren. Zum einen können sich die Menschen in ihrem Arbeitsleben nicht genug auf die kommende freie Zeit vorbereiten, zum anderen lässt möglicherweise ihre Fähigkeit, sich zu freuen, mit dem Alter nach. Und wir können auch nicht schlussfolgern, dass die Freizeit für die Gesellschaft insgesamt mehr wird, einfach weil die Menschen länger leben. Denn die Möglichkeiten, Einkommen anzusparen, haben mit den steigenden Kosten des Ruhestands – Kosten durch die längere Lebenszeit und Kosten der medizinischen Versorgung – nicht Schritt gehalten.* Die Lebensarbeitszeit steigt unerbittlich an, die Politik unterstützt diesen Trend mit entsprechenden Gesetzen. Der Kollaps der privaten Rentenkassen der einzelnen Haushalte wird unweigerlich die Jahre des Ruhestands verkürzen, sofern nicht der ungesunde Lebensstil in den reichen Ländern die Lebenserwartung beeinträchtigt und damit zum selben Ergebnis führt.

Aber so sehr wir die Durchschnitte hinterfragen, das Rätsel bleibt: Uns Menschen in der reichen Welt geht es im Durchschnitt vier- bis fünfmal so gut wie 1930, doch die Arbeitszeit ist seit damals nur um ein Fünftel gefallen.

Bevor wir überlegen, warum Keynes' Voraussage, die Arbeitszeit werde gegen Null sinken, nicht eingetroffen ist, könnten wir die Frage stellen, ob Keynes selbst seine Voraussage für plausibel hielt. Warum dachte er, die Menschen würden umso weniger arbeiten wollen, je mehr Einkommen sie haben? Und warum hielt er das Vierfache oder Achtfache für »genug«? Warum nicht das Zwei- oder Dreifache oder das Zehnfache?

Die Antwort auf die erste Frage lautet, dass Keynes glaubte, die Menschen hätten eine begrenzte Zahl materieller Bedürfnisse, und die könn-

---

* Die Interpretation der Daten ist nicht eindeutig. Die Sparquote der Haushalte ist in vielen westlichen Ländern dramatisch gefallen, was vermuten lässt, dass die Menschen nicht länger arbeiten, um für ihr Alter zu sparen, sondern um zu konsumieren. Aber es könnte auch sein, dass sie »sparen«, indem sie Immobilien erwerben oder Finanzinstrumente, die in der volkswirtschaftlichen Gesamtrechnung als Investitionen zu Buche schlagen und nicht als Sparanlagen.

ten eines Tages vollkommen befriedigt sein. Er glaubte das, weil er nicht zwischen Begierden und Bedürfnissen unterschied; tatsächlich verwendet er beide Begriffe in seinem Aufsatz synonym. Das war, wie wir sehen werden, ein entscheidender Fehler. Bedürfnisse – das, was objektiv für ein gutes und bequemes Leben nötig ist – sind ihrer Zahl nach endlich, aber Begierden existieren nur im Kopf und können sich unendlich ausweiten, sowohl der Quantität wie der Qualität nach. Das bedeutet, dass das Wirtschaftswachstum nicht automatisch endet. Wenn es aufhört, dann weil die Menschen *entschieden* haben, dass sie nicht mehr wollen, als sie brauchen.

Warum dachte Keynes, das Vier- bis Achtfache des Durchschnittseinkommens zu seiner Zeit sei »genug«? Die Antwort ist ziemlich sicher, dass er den Lebensstandard der Mittelschicht vor Augen hatte, den Lebensstandard von Menschen, denen es seiner Meinung nach »gut ging«. Menschen mit qualifizierten Berufen verdienten in den 1930er-Jahren im Durchschnitt knapp mehr als das Vierfache des Durchschnittslohns eines Arbeiters; der Verdienst von Ärzten und Anwälten betrug das 5,2-Fache beziehungsweise das 7,5-Fache.[12] Keynes fand, wenn die meisten Menschen so viel Geld hätten, würde ihnen das für ein gutes Leben reichen. Natürlich bedachte er die allgemeine Steigerung des Lebensstandards. Aber er stellte sich vor, dass die Armen im Lauf der Zeit gegenüber den Reichen aufholen würden, weil die Reichen, wenn sie der »Glückseligkeit« näher kämen, ihre Arbeitszeit schneller reduzieren würden als die, denen es weniger gut ging. Er sah nicht voraus, dass die Reichen ihre Arbeitszeit verlängern und den Armen davoneilen würden.*

Keynes' Vorstellung, dass die Menschen an einem Punkt genug haben, erforderte keine vollkommene Gleichheit der Einkommen. Ihr lag

---

* Tatsächlich fallen einem zwei Effekte ein. Entweder reduzieren die Reichen ihre Arbeitszeit schneller als die Armen, weil sie zusätzliches Einkommen weniger brauchen. Oder die Reichen und die Armen reduzieren ihre Arbeitszeit im Gleichschritt, aber die Reichen beginnen auf einem Niveau, auf dem sie bereits weniger arbeiten, und deshalb fällt die Reduzierung bei ihnen geringer aus.

der Gedanke zugrunde, dass etwas für eine bestimmte soziale Rolle *passend* ist. Diese Sicht der Dinge, die bis zu Aristoteles zurückreicht, war bei Keynes' Zeitgenossen verbreitet. So meinte der Ökonom Alfred Marshall, 500 Pfund im Jahr seien »genug« für einen denkenden Menschen. Virginia Woolf fand, ein Schriftsteller brauche 500 Pfund im Jahr und »ein Zimmer für sich allein«. Diese Summen galten als erforderlich für diese bestimmten Tätigkeiten. Ein gutes Leben ließ sich auf ganz verschiedenen Einkommensniveaus genießen, vorausgesetzt, die grundlegenden materiellen Bedürfnisse einschließlich gewisser Standards für Komfort waren für alle erfüllt.

Und was ist schließlich aus Keynes' »Möglichkeit« geworden – dass wir unsere freie Zeit dafür verwenden, »weise, angenehm und gut« zu leben? Auf diese Frage können wir noch keine Antwort geben, denn in den reichen Gesellschaften ist heute Freizeit immer noch ein Anhängsel der Arbeitszeit, kein Ersatz dafür. Nach der aufreibenden Arbeit wollen die Menschen »ausspannen«. Ferien dienen dazu, die Batterien für die nächste Arbeitsphase aufzuladen. Die Art und Weise, wie wir heute unsere Freizeit verbringen, ist deshalb meistens kein fairer Test, wie man sie verwenden könnte, wenn die Arbeitszeit gegenüber heute signifikant verringert würde oder ein großer Teil Arbeit nicht so entfremdend wäre. Überdies sind in den höheren Etagen der Wirtschaft Arbeit und Freizeit zu einer allgemeinen zweckhaften Tätigkeit verschmolzen. Der leitende Angestellte, der an »informellen« Meetings in exklusiven Golfclubs teilnimmt, eine Party gibt, um »Kontakte zu knüpfen« und auch im Urlaub rund um die Uhr elektronisch mit seinem Büro Kontakt hält, handelt zweckhaft in Keynes' Sinn: Er tut Dinge nicht um ihrer selbst willen, sondern um anderer Dinge willen. Die Lebensweise in den reichen Gesellschaften ist heute stärker auf Zwecke ausgerichtet, nicht weniger, beinhaltet mehr Stress, nicht mehr Freizeit. Dieses Paradox wollen wir in den folgenden Kapiteln näher betrachten.

Warum hat sich Keynes' Prophezeiung
nicht erfüllt?

Die Erklärungen, warum die durchschnittliche Arbeitszeit nicht entsprechend dem Einkommenszuwachs abgenommen hat, fallen in drei Kategorien. Es heißt, die Menschen arbeiten so viele Stunden, entweder weil es ihnen *Spaß macht* oder weil sie es *müssen* oder weil sie *immer mehr haben wollen*.

Die Freuden der Arbeit

»Wer nicht arbeitet, soll auch nicht essen«, verkündete Lenin ganz im Sinn des heiligen Paulus. Keynes folgte dem ökonomischen Denken seiner Zeit und betrachtete Arbeit als den Preis, der zu entrichten ist, um notwendige Dinge zu bekommen. Wie Adam Smith schrieb: »Der reale Preis von allem […] ist die Anstrengung und Mühe seiner Beschaffung.« Oder wie Jeremy Bentham formulierte: »Insofern Arbeit wörtlich verstanden wird, ist Liebe zur Arbeit ein Widerspruch in sich.«[13] Diese Einschätzung war nicht neu: Schon in der Bibel lesen wir, dass der Mensch dazu verdammt wurde, im Schweiß seines Angesichts zu arbeiten, weil er Gott nicht gehorcht hatte. In jüngerer Zeit hingegen hören wir immer öfter, die uralte Gleichsetzung von Arbeit mit »Anstrengung und Mühe« gelte gar nicht mehr oder immer weniger. Arbeit ist nicht länger Mühe im Sinne der Ökonomen, sondern Liebhaberei: eine Quelle der Anregung, sie vermittelt Identität, Wert und bindet den Menschen in die Gesellschaft ein. Kurzum, Arbeit ist nicht nur ein Mittel zum Zweck, sondern schenkt *per se* Befriedigung. Darum arbeiten die Menschen länger, als sie »müssen«.

Apostel der Freude an der Arbeit gestehen zu, die Sicht der Ökonomen, Arbeit sei freudlose Fron, für die das Einkommen entschädige, möge für die körperlich harten, mechanischen, stupiden Tätigkeiten angemessen gewesen sein, die in der Vergangenheit die meisten Menschen verrichten mussten, aber heute sei das anders. In der »postmodernen« Zeit sei die Arbeit körperlich weniger anspruchsvoll, dafür interessanter, herausfordernder, kreativer. Das treffe besonders für qualifizierte Jobs zu und erkläre, warum gut bezahlte Arbeitskräfte häufig länger arbeiteten als gering entlohnte. Wir haben einen wachsenden »Kreativsektor« und viel mehr Entscheidungsfreiheit bei »notwendiger« Arbeit als früher. Die Menschen können sich nicht nur in ihren Produkten verwirklichen, sondern auch in ihren Tätigkeiten. Keynes, so ergänzen Kritiker noch, habe die für Bloomsbury typische Verachtung für wirtschaftliche Tätigkeit besessen und deshalb übersehen, wie viel innere Befriedigung viele Menschen schon damals in ihrer Arbeit gefunden hätten.[14]

Es heißt, das Gegenstück zur Liebe der Arbeit sei die Angst vor der Freizeit. Oft wird gefragt: Was werden die Menschen tun, wenn sie nicht mehr arbeiten müssen? Werden sie sich betrinken und Drogen nehmen? Die Tage vor dem Fernsehapparat verbringen? Solchen Fragen liegt die Annahme zugrunde, Menschen seien von Natur aus träge und Arbeit sei nötig, um sie produktiv zu machen, sie »in der Spur zu halten« und zu verhindern, dass sie »vor die Hunde gehen«. Aber noch etwas anderes spielt eine Rolle: Arbeit ist automatisch mit Gemeinschaft verbunden, Freizeit kann erzwungene Einsamkeit bedeuten. »Mir graut's vor jedem Wochenende«, sagt eine Frau, die Workaholic ist, in Tom Rachmans Roman *Die Unperfekten.* »Ich hätte am liebsten nie Urlaub – ich habe nämlich keine Ahnung, was ich damit machen soll. Urlaub bedeutet für mich, vier Wochen lang ständig drauf gestoßen zu werden, was für ein Versager ich bin.«[15]

Es wäre unsinnig zu bestreiten, dass bezahlte Arbeit schon immer zumindest teilweise intrinsische Befriedigung vermittelt hat: Die meisten Menschen arbeiten nicht für Brot allein. Viele Menschen arbeiten lange, weil sie Gesellschaft haben wollen oder Schwierigkeiten, Einsamkeit, Langeweile, dem Familienalltag entfliehen möchten. Die Frage ist, ob das Element der »Freude« im Lauf der Zeit gewachsen ist. Das ist ganz und gar nicht klar. Manche Aufgaben sind interessanter geworden; die Zahl der Berufe, die auch Berufung sind – Lehrer zum Beispiel –, ist größer geworden. Oft hören wir, das Internet habe die Arbeit mehr zu einem Spiel werden lassen (selbst wenn es das Spiel mehr zu Arbeit gemacht hat). Es hat auch die Gelegenheiten für Freizeit während der Arbeit vermehrt – Facebook ist nur einen Klick entfernt. Arbeitsplätze werden immer häufiger so gestaltet, dass die Beschäftigten »Spaß« haben.[*] Aber die Spezialisierung, die Adam Smith zufolge das Können bei der Arbeit überflüssig macht, hat auch dafür gesorgt, dass die Arbeit weniger befriedigend ist. »Training« für eine bestimmte Tätigkeit ist oft nur eine euphemistische Umschreibung dafür, dass etwas in mechanische Handgriffe zerlegt wird, was früher zumindest einen gewissen Grad an Wissen, Aufmerksamkeit und Engagement erforderte. Die Anforderungen an die Fähigkeiten des Handwerkers, Mechanikers, Bauarbeiters, Metzgers und Bäckers haben abgenommen; ein großer Teil der Arbeit ist reine Routine, buchstäblich betäubend. Die Arbeitsabläufe in modernen Supermärkten und Callcentern hat man als »digitalen Taylorismus« bezeichnet im Gedenken an den Erfinder des Fließbands.[16] Drastische Kostenreduzierungen haben die »face time«, wie der persönliche Umgang heute heißt, stark vermindert. Die angebliche »Kreativität« ist heute bei vielen Aufgaben nur ein Werbeslogan. »Engagierte Köche sind jeden Tag mit viel Leidenschaft kreativ«, heißt es in der Werbung einer bekannten Fast-Food-Kette. Selbst bei Top-Finanzmanagern rangiert »die Freude an der Arbeit« erst mit einigem Abstand auf Platz zwei hinter dem Gehalt und Bonuszahlungen.[17] Die Bereitschaft von Spitzenverdienern, länger zu arbeiten als früher, zeugt womöglich nicht von mehr Interesse an ihrer Arbeit, sondern von größerer Unsicherheit ihrer Einkommen. Ein kleiner Teil der beruflichen Tätigkeiten und einzelne Aspekte davon sind vielleicht wirklich reizvoller geworden, aber das meiste ist so ungeliebt wie eh und je.

---

[*] Das Hauptquartier der Royal Bank of Scotland in Edinburgh, ein eindrucksvolles modernes Gebäude, ist entlang einer künstlichen Flaniermeile errichtet – mit Cafés, Drogerien, Blumengeschäften, einem Friseur usw. Die Bank ging 2009 bankrott. Siehe Alastair Darling, *Back from the Brink*, London 2011, S. 60. Douglas Edwards schreibt, im Hauptquartier von Google, dem Googleplex, »gab es viel mehr Unterhaltung als zu Hause«: Videospiele, Hüpfbälle, Tischfußball, Schüsseln voller M&M's, eine Saftbar, ein Klavier. Aber die Kehrseite der fehlenden Struktur sei nagende Unsicherheit gewesen: »Bei Google war ich im Arbeitnehmerparadies, aber ich hatte dauernd das Gefühl, es nicht zu verdienen.« (*I'm Feeling Lucky. The Confessions of Google Employee Number 59*, London 2011, S. 126.)

Trotz der beschworenen Freude an der Arbeit und Angst vor Untätigkeit würden immer mehr Arbeitnehmer in den Industrieländern, auch in den Vereinigten Staaten, lieber weniger arbeiten als mehr. Eine kürzlich durchgeführte Untersuchung zu künftigen Arbeitsformen zeigt, dass der Wunsch nach kürzeren Arbeitszeiten sehr verbreitet ist, selbst wenn das weniger Gehalt bedeutet: 51 Prozent der Befragten wünschten sich weniger Arbeitsstunden, nur 12 Prozent mehr.[18] Ähnliche Ergebnisse fand man in Japan. In den Vereinigten Staaten liegen die Zahlen etwas näher beieinander, aber auch dort hätten die Arbeitnehmer lieber kürzere als längere Arbeitszeiten (37 Prozent gegenüber 21 Prozent).[19] Natürlich darf man nicht davon ausgehen, dass die Menschen tatsächlich so handeln, wie sie sagen, dass sie in einer hypothetischen Situation handeln würden. Trotzdem bleibt eine Präferenz für kürzere Arbeitszeiten.

Mehr Freude an der Arbeit oder Angst vor Untätigkeit mag Teil der Erklärung sein, warum die Arbeitszeiten nicht weiter abnehmen, aber es ist sicher nicht die wichtigste Erklärung. Der Fluch des alten Adam ist vielleicht nicht mehr so drückend, doch immer noch da.

Der Druck zu arbeiten

Marxisten sagen seit eh und je, im Kapitalismus seien die Arbeiter gezwungen, länger zu arbeiten, als sie entsprechend ihren Bedürfnissen oder Begierden müssten, weil sie »ausgebeutet« würden – das heißt, sie bekämen nicht so viel Geld, wie ihre Arbeit den Arbeitgebern wert sei; möglich werde dies, weil die Arbeitgeber den Arbeitsmarkt kontrollierten. Das bedeutet, dass den Arbeitern der volle Gewinn aus Produktivitätszuwächsen vorenthalten wird. In den »sozialdemokratischen Jahren« Mitte des 20. Jahrhunderts gelang es starken Gewerkschaften, Erhöhungen der Reallöhne durchzusetzen, und der Staat nutzte das Steuersystem zur Umverteilung von Einkommen, das nicht aus Arbeit stammte, von den Reichen zu den Armen. Aber diese Maßnahmen für mehr Gleichheit schmälerten die Gewinne und belasteten die Reichen.

In den 1980er-Jahren setzte eine Gegenbewegung ein, und zur glei-

5. Einkommensanteil der reichsten 1 Prozent der Bevölkerung

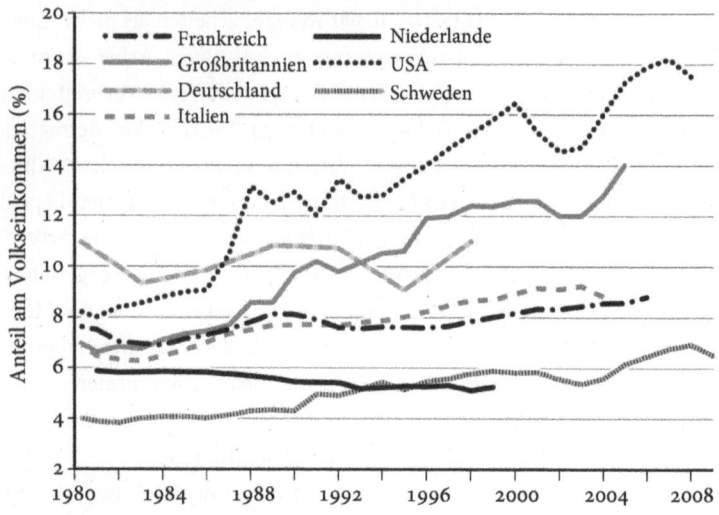

Quelle: World Top Incomes Database
(http://topincomes.g-mond.parisschoolofeconomics.eu).

chen Zeit endete auch der Trend zu kürzeren Arbeitszeiten. Die Erklärung, warum die Arbeitszeit nicht weiter zurückging, liegt auf der Hand: Die Arbeitnehmer reduzierten ihre Arbeitsstunden nicht weiter, weil sie die realen Einkommenszuwächse nicht erzielten, die es ihnen erlaubt hätten, weniger zu arbeiten. Die Arbeitnehmer können ihren eigenen Ausgleich zwischen Arbeit und Freizeit suchen, aber nur im Rahmen eines Systems, in dem die Kapitalbesitzer das Sagen haben.

Die Daten zeigen, dass die Ungleichheit bei der Verteilung von Einkommen und Vermögen in den Vereinigten Staaten und in Großbritannien seit 1980 stark zugenommen hat; dabei haben die Reichen am meisten von den Produktivitätszuwächsen profitiert (siehe Schaubild 5).

Im großen Ganzen sind die Zahlen bekannt: 1970 verdiente ein amerikanischer Spitzenmanager knapp das 30-Fache eines durchschnittlichen Arbeitnehmers, heute ist es das 263-Fache.[20] In Großbritannien betrug die Grundvergütung der Vorstände der im wichtigsten britischen Aktienindex FTSE notierten Unternehmen im Jahr 2000 das 47-Fache des durchschnittlichen Arbeitslohns, 2010 war es das 81-Fache. Seit Ende der 1970er-Jahre sind in Amerika die Einkommen des reichsten Fünftels der Bevölkerung neunmal so schnell gewachsen wie die Einkommen des ärmsten Fünftels und viermal so schnell wie in Großbritannien.[21] Das Schaubild bestätigt, dass ein immer größerer Teil des Volkseinkommens an die Reichen fließt. Das erklärt, warum zwar das Durchschnittseinkommen in den meisten Ländern gestiegen ist, das mittlere oder Medianeinkommen – das Einkommen, bei dem es genauso viele Menschen mit einem höheren wie mit einem niedrigeren Einkommen gibt – aber nicht Schritt gehalten hat; in den Vereinigten Staaten ist es in den letzten 40 Jahren sogar unverändert geblieben. Einer aktuellen Erhebung zufolge leben 46 Millionen Amerikaner in Armut. In Großbritannien, schreibt Larry Elliott vom *Guardian,*

> geht es den Angehörigen der Mittelschicht mit qualifizierten Berufen gut, vor allem im Südosten des Landes, aber die Menschen, die in der Einkommensskala direkt unter ihnen stehen, sind in die Schulden gerutscht, weil ihre Realeinkommen stagnieren. Hinter ihnen rangieren die Beschäftigten mit Mindestlohn, die steuerlich gefördert werden, damit sie über die Runden kommen. Ganz unten befinden sich die Arbeitslosen, viele davon haben bereits in der zweiten oder dritten Generation keine Arbeit.[22]

Entscheidenden Einfluss auf die Einkommensverteilung hatte in jüngster Zeit das Wachstum des Dienstleistungssektors. Ebenso stark wirkte sich aus, dass die Regierungen es versäumten, mithilfe des Steuersystems die natürliche Tendenz zu begrenzen, dass mit der Ausweitung des Dienstleistungssektors auch die Ungleichheit wächst. Beide Entwicklungen haben die weitere Reduzierung der Arbeitszeiten aufgehalten. Zu Keynes' Zeit entfielen 80 Prozent der Produktion auf die Industrie und 20 Prozent auf Dienstleistungen. Heute ist das Verhältnis umgekehrt. Jobs im Dienstleistungsbereich werden schlechter bezahlt als in der Industrie, zum Teil weil sie nicht im gleichen Umfang automatisiert werden können – denken Sie nur an Lehrer, Krankenschwestern, Frisöre und Taxifahrer –, zum Teil auch, weil die gewerkschaftliche Organisation in dem Bereich schwieriger ist. Dass die Einkommensumverteilung in den Vereinigten Staaten und in Großbritannien nicht gelungen ist, bedeutet, dass viele Menschen, die in den unteren Bereichen des Dienstleistungssektors arbeiten, vor allem im Einzelhandel, in der Gastronomie und bei Personaldienstleistern, ihre Arbeitszeiten verlängern mussten, um nicht in Armut abzurutschen.*

Die Soziologin Juliet Schor hat auf einen speziellen Aspekt der Tatsache, dass die Kapitalbesitzer über den Arbeitsmarkt herrschen, hingewiesen. In ihrem Buch *The Overworked American* (Der überarbeitete Amerikaner) schreibt sie, der Wettbewerbsdruck habe zusammen mit dem unzulänglichen Schutz von Arbeitnehmerrechten dazu geführt, dass Arbeitgeber lieber ihre vorhandenen Arbeitskräfte stärker belasteten, als die Arbeit auf eine größere Zahl von Arbeitnehmern zu verteilen, denn Letzteres würde zusätzliche Kosten für Ausbildung und Verwaltung verursachen, ganz zu schweigen von Ansprüchen auf bezahlten Urlaub, Krankenversicherung und dergleichen. »Für ein Unternehmen ist es sehr viel profitabler, eine kleinere Anzahl Leute viele Stunden arbeiten zu lassen, statt die Arbeitszeit auf mehr Leute zu verteilen (die auch noch Sozialleistungen bekommen würden).«[23] Die Folge sei ein gespaltener Arbeitsmarkt mit einem schrumpfenden Kern von Arbeitnehmern mit unbefristeten Vollzeitarbeitsverhältnissen, die wahrscheinlich mehr arbeiten, als sie wollen, und einer großen Peripherie von Arbeitslosen und Teilzeitbeschäftigten, die weniger arbeiten, als sie wollen, und deren Einkommen aufgestockt werden müssen, um sie überhaupt in Arbeit zu halten.

In dieser Darstellung ist der Konsum eine Beruhigungspille für Arbeitnehmer, denen die Freizeit vorenthalten wird, die sie so sehr begeh-

---

* In den USA ist die Arbeitszeit des Fünftels der Bevölkerung mit den niedrigsten Einkommen von 1986 bis 2004 um 26 Prozent gestiegen. Dieses Muster war allerdings nicht in allen Industrieländern zu beobachten; im OECD-Durchschnitt ist die Arbeitszeit der am schlechtesten bezahlten Bevölkerungsgruppe um 5 bis 10 Prozent gesunken. Siehe OECD, *Divided We Stand: Why Inequality Keeps Rising*, Paris 2011.

ren. Um ihre Frustration zu lindern (und sie gefügig zu halten), überschüttet man sie mit einer Flut nutzloser, geistloser Konsumgüter. Einkaufen wird spöttisch, aber zutreffend, als »Einzelhandelstherapie« bezeichnet – Kompensation für unangenehme, deprimierende Erfahrungen. Künstlich erzeugte Bedürfnisse sorgen dafür, dass die Arbeitnehmer der Arbeitsethik treu bleiben. Wie Schor es in ihrem Aufsatz »Towards a New Politics of Consumption« (Auf dem Weg zu einer neuen Konsumpolitik) ausdrückt: »Es mag durchaus einen wirtschaftlichen Weg mit weniger Arbeit und weniger Gütern geben, den die Menschen mit viel Arbeit und viel Konsum lieber hätten. Aber wenn diese Option blockiert ist, kann die Tatsache, dass wir viel kaufen, nicht länger *per se* als Beweis für natürliche Konsumentenbedürfnisse verstanden werden. Vielleicht greifen wir nur nach dem, was uns angeboten wird.«[24] Mit anderen Worten: Wir passen unsere Vorlieben an, und am Ende wollen wir, was wir bekommen, statt zu bekommen, was wir wollen.

Die Darstellung der politischen Linken, wie es sich mit der Abwägung Einkommen gegen Freizeit verhält, ist nicht ganz überzeugend. Man kann nicht bestreiten, dass die Medianeinkommen seit den 1980er-Jahren den Durchschnittseinkommen hinterherhinken, und diese Tatsache allein erklärt schon weitgehend, warum die Arbeitszeiten seitdem nicht kürzer geworden sind. Noch weniger plausibel ist die marxistische Sicht der Konsumwünsche. Selbst wenn Konsumwünsche sich von echten Bedürfnissen unterscheiden, sind sie nicht ganz unabhängig davon – es ist nicht so, dass der »Produktionsapparat« oder ein anderes, ähnliches Monster sie uns einfach »einflößen« kann. Wer das behauptet, spricht den Einzelnen jede Handlungsfreiheit ab, macht sie zu Ameisen oder Drohnen. Der marxistische Soziologe André Gorz tat das offenbar, als er über die Situation des Individuums im Kapitalismus schrieb: »Nicht ›ich‹ handele, sondern die automatisierte Logik der gesellschaftlichen Einrichtungen handelt durch mich als Anderer.«[25] Werbung kann Begierden gestalten, aber nicht aus dem Nichts erzeugen. (Zum Beispiel kann uns Werbung nicht einfach so dazu bringen, Hundescheiße zu kaufen, außer es gelingt ihr, sie mit einem anderen Objekt unseres Begehrens in Verbindung zu bringen.) Es muss bereits eine entsprechende Neigung in der menschlichen Natur vorhanden sein, bei der die Werbung ansetzen kann; ansonsten wäre ihre Herrschaft über uns rätselhaft.

Strukturelle Erklärungen, warum die Arbeitszeit nicht kürzer geworden ist, reichen deshalb nicht aus. Wir müssen darüber hinaus die Natur menschlicher Begierden und Befriedigungen untersuchen.

Unersättlichkeit

Keynes ging davon aus, dass wir »genug haben«, dass unsere materiellen Bedürfnisse gesättigt werden könnten. Was aber, wenn sie unersättlich sind? Mit Unersättlichkeit meinen wir hier, was im Wörterbuch steht: ein dauerhaftes, durch nichts zufrieden stellendes Verlangen nach mehr, als man hat. »Diese ›romantischen‹ Jaipur-Zelte [Preis: 3800 Pfund] erschaffen auch in Ihrem Garten exzellenten zusätzlichen Unterhaltungsraum«, heißt es in einer Werbung, deren Zielgruppe Menschen sind, »die alles haben«.[26] Die Frage ist: Warum wollen Leute, die »schon alles haben«, offenkundig immer noch mehr?

Diese Frage zu beantworten, gibt es zwei Ansätze, deren erster mit der Frage nach der Natur des menschlichen Begehrens *in Isolation* beginnt, während der zweite es in Beziehung zu dem ihrer Mitmenschen betrachtet. Zugegeben, der Gegensatz zwischen beiden Ansätzen ist ein weitgehend künstlicher. Begierden sind individuell; die Art und Weise aber, in der sie ausgedrückt, in der sie ermutigt oder unterdrückt werden, ist sozial. Auf welche erklärende Variable der Untersuchende das Hauptgewicht zu legen entscheidet, hängt weitgehend davon ab, ob er die Eigenschaften der individuellen Psychologie erkunden möchte oder ob er diese Eigenschaften als gegeben akzeptiert und vor allem ihre Auswirkungen auf das soziale Verhalten im Auge hat.

Ein gutes Beispiel für den individualistischen Ansatz ist Tibor Scitovskys 1976 erschienenes einflussreiches Werk *The Joyless Economy*. Nach Scitovsky entsteht Unersättlichkeit schlicht und einfach aus *Ruhelosigkeit*. Wir *langweilen* uns mit dem, was wir haben. Die Befriedigung aller Bedürfnisse und die Ausmerzung aller Unannehmlichkeiten erzeugt nicht etwa einen Zustand der zufriedenen Ruhe, sondern einen der Unzufriedenheit, der durch etwas Neues behoben werden muss, wie ein Jucken, das durch Kratzen gelindert werden will. Mit dem Wohlstand nimmt auch die Langeweile zu und führt zu einer immer hektischeren Suche nach stimulierenden Erfahrungen. Wir sind unserer Natur nach niemals mit dem zufrieden, was wir haben, und so mühen wir uns weiter ab, unsere übersättigten Sinne zu stimulieren.

Ein zweiter individualistischer Erklärungsansatz für die Unersättlichkeit des Menschen fokussiert auf die inhärente Knappheit bestimmter Güter. Urlaub in Spitzenhotels, parkähnliche Gärten und viele andere gleichermaßen rare Dinge sind nicht allen in einer Gesellschaft zugänglich, gleichgültig wie reich sie sein mögen. Eine eskalierende Nachfrage trifft auf ein fixes Angebot. Was einen kontinuierlichen Anstieg des Preises solcher Güter relativ zu den Durchschnittspreisen zur Folge hat und sie dadurch dauerhaft dem Zugangsbereich gewöhnlicher Einkommen entzieht. Doch statt sich mit dieser unschönen Tatsache abzufinden, streben die Menschen unablässig nach dem Besten, was der Natur der Sache nach niemals alle haben können. Hierbei handelt es sich demnach um eine wichtige Quelle der Unersättlichkeit.

In einem Aufsatz, mit dem er implizit die rosige Vision seines Meisters kritisierte, bezeichnete Keynes' Schüler Roy Harrod solche inhärent knappen Güter als »oligarchisch«.[27] Ein klassisches Beispiel sind alte Meister. Alle bedeutenden alten Gemälde, die es gibt, sind bereits produziert worden; das Angebot an alten Meistern kann nicht ausgeweitet werden. Zugegebenermaßen, jedermann kann in einem Museum einen Blick auf sie werfen. Und das ist auch die »demokratische« Lösung zu diesem speziellen Problem. Doch was die individuelle Befriedigung angeht, ist die Zugangsbeschränkung durch den Preis – das Beste, was erschaffen wurde, zur exklusiven Bewunderung im eigenen Zuhause zu besitzen – der Rationierung per Warteschlange deutlich überlegen.

Oligarchische Güter müssen nicht materiell knapp sein. Sie können auch »gesellschaftlich knapp« sein, sprich durch ihre Multiplikation werden die Eigenschaften zerstört, die sie überhaupt erst erstrebenswert gemacht haben. »Unverdorbene« Urlaubsziele sind nur »unverdorben«, solange der Zugang zu ihnen beschränkt ist. Harrod schrieb:

> Ein junger Mann mag den Ehrgeiz haben, dass er, wenn er einmal reich ist, im elegantesten Teil von New York leben, gute Plätze bei den angesagten Stücken und Opern haben, in die heißesten Nachtclubs gehen […] und die besten zeitgenössischen Künstler erleben wird. So er zu oligarchischem Reichtum kommt, kann er alle diese Dinge auch bekommen, aber demokratischer Reichtum wird sie niemals erreichen. Solange eine ungleiche Einkommensverteilung fortbesteht, werden die wirklich reichen Leute diese raren Güter so teuer machen, dass sie für den Geldbeutel des Durchschnittsreichen unerreichbar bleiben.

Harrod zog eine weitere Schlussfolgerung: Nur eine Minderheit der Reichen kann sich die Beschäftigung von Dienstpersonal leisten und somit auch den Unterhalt »großer Wohnanwesen, privater Parks und Gartenanlagen, Stallungen […] und Yachten«, die alle das Vorhandensein einer dienenden Klasse voraussetzen. Doch je gleichmäßiger der Wohlstand verteilt ist, umso weniger Dienstboten werden verfügbar und bezahlbar sein. Keine noch so arbeitssparende Erfindung kann das Verschwinden des privaten Dienstspersonals aufwiegen, das für ein kultiviertes Dasein unabdingbar ist.

Der Ökonom Fred Hirsch etikettierte Harrods »oligarchische« Güter in »positional« um, da der Zugang zu ihnen nicht von unserem absoluten Reichtum abhängt, sondern von unserer *Position* relativ zu den anderen. Wie die Podestplätze in einem Turnier können positionale Güter ihrer Natur nach nicht von allen gewonnen werden.[28] Sie werden, unabhängig vom allgemeinen Wohlstandsniveau, stets von den Reichsten in einer Gesellschaft abgeschöpft. Der Wettstreit darum, sie zu besitzen, wird demnach nie nachlassen. Im Gegenteil, mit wachsendem Wohlstand wird er sich noch verschärfen, da ein stetig größerer Anteil der Haushaltseinkommen für positionalen Konsum verfügbar wird. Die Tatsache, dass es positionale Güter gibt, lässt Keynes' Traum von einer

Gesellschaft, in der jedermann »genug« hat, platzen. Denn selbst wenn jeder die erforderlichen 500 Pfund pro Jahr beziehungsweise den heutigen Gegenwert davon verdienen würde, würden (logischerweise) nicht alle in den schönsten Häusern wohnen oder auf den besten Plätzen in der Oper sitzen können.

Eine dritte individualistische Erklärung der Unersättlichkeit rückt das Bild der Ökonomen vom Menschen als einem rationalen Nutzenmaximierer in den Mittelpunkt. Die Pionierarbeit hier leistete der amerikanische Wirtschaftswissenschaftler Gary Becker.[29] Keynes betrachtete Muße als ein universell erstrebenswertes Gut, aber man kann sie auch als Kosten begreifen – die Kosten des Nichtarbeitens. Die Kosten eines Theaterabends, sagte Becker, beschränken sich nicht auf den Eintrittspreis, sie umfassen auch die Kosten des Nichtverdienens in dieser Zeit. Freizeit geht zu Lasten eines hypothetisch möglichen Einkommens, und Becker stellte sich vor, dass das Individuum den Nutzen zusätzlichen Gelderwerbs und den zusätzlichen Geldausgebens gegeneinander abwägt. So ausgedrückt, ist die Wahl zwischen Arbeit und Freizeit im Prinzip ein Problem der Zeitallokation. Freizeit ist keine kostenlose Zeit, sondern Zeit, die kostet. Je höher Ihr Einkommen ist, um kostspieliger ist Ihre Zeit. Falls Becker recht hat, gibt es *a priori* keinen Grund für die Annahme, mit steigendem Wohlstand würden die Arbeitszeiten zurückgehen. Vielmehr könnte man ebenso plausibel argumentieren, dass sie aufgrund der steigenden Kosten des »Nichtarbeitens« zunehmen werden.

Der schwedische Ökonom Staffan Linder führte in seinem 1970 erschienen Buch *Warum wir keine Zeit mehr haben* Beckers Analyse fort. Der Ertrag aus Freizeit muss, lautet Linders zentrale These, mindestens so hoch wie der Gewinn aus Arbeit sein, damit die Leute weniger arbeiten. Die hauptsächliche Methode, den »Ertrag« der Freizeit zu erhöhen, ist, sie mit Geräten, mit Ausrüstung aufzuladen. »Ebenso, wie Arbeiter in dem Maße produktiver werden, in dem sie mit mehr Werkzeugen und Ausrüstungsgütern arbeiten«, schreibt Linder, »ziehen Verbraucher umso mehr Nutzen aus ihrer Freizeit, umso mehr Gerätschaften sie pro

Zeiteinheit verwenden.«[30] Ein Urlaub am Meer oder in einer Ferienanlage ist unvollständig ohne Barbecue, Allwetterkleidung, Tauchanzüge, Surfbretter, Tennisschläger, Fußbälle, Strandbälle und Golfschläger.

Linder geht es zwar vor allem darum, die Auswirkungen des geräteintensiven Konsums auf die Freizeitgestaltung auszuloten, doch sein Argument erklärt ebenso gut, warum die Arbeitszeiten nicht wie von Keynes vorhergesagt zurückgegangen sind. Je mehr langlebige Gebrauchsgüter – Autos, Boote, Wohnwagen, Fernseher, DVD-Spieler und so weiter – zur Intensivierung der Freizeit benutzt werden, desto mehr Einkommen muss dafür aufgewendet werden. Die wachsende Menge an Gütern, die ein produktiver Konsum erfordert, hält uns gefangen in der Notwendigkeit des Arbeitens.

In keinem dieser individualistischen Erklärungsansätze der Unersättlichkeit des Menschen – angeborene Ruhelosigkeit, positionale Güter, Nutzenmaximierung – spielt die Frage nach dem, was man selbst hat und was die anderen haben, eine Rolle. Insofern betrachtet, sind sie alle unrealistisch, da der Ausdruck von Bedürfnissen stets auch eine soziale Dimension besitzt. Die primäre soziologische Erklärung für Unersättlichkeit ist demnach auf die relative Natur unserer Bedürfnisse ausgerichtet. Unabhängig vom absoluten Niveau meines materiellen Wohlstands werde ich keine Befriedigung empfinden, weil unweigerlich jemand anders mehr haben wird als ich. Hat sich der Wettstreit um Reichtum – beziehungsweise den Konsum, durch den er für gewöhnlich dargestellt wird – erst einmal in einen Statuswettbewerb verwandelt, haben wir es mit einem Nullsummenspiel zu tun, da *per definitionem* nicht alle den höchsten Status erringen können. Je mehr ich für Statusgüter ausgebe, umso mehr Status erwerbe ich – und verlieren andere. Investieren die anderen mehr, um ihrerseits Status zurückzugewinnen, so vermindern sie dadurch meinen. Es gibt keinen Grund, warum die Eskalation des Einkommens zum Erwerb und zur Aufrechterhaltung von Status je enden sollte.

Seltsamerweise war Keynes sich der Konsequenzen des Statuskonsums durchaus bewusst. Die Bedürfnisse des Menschen, schrieb er in einer wichtigen Nebenbemerkung zu seinem Aufsatz, unterteilen sich in zwei Klassen, nämlich in –

solche Bedürfnisse, die in dem Sinne unbedingter Art sind, dass wir sie fühlen, gleichviel, wie die Lage unserer Mitmenschen sein mag, und solche, die in dem Sinne verhältnismäßiger Art sind, dass wir sie nur fühlen, wenn ihre Befriedigung uns über unsere Mitmenschen erhebt, uns ein Gefühl der Überlegenheit gibt. Die Bedürfnisse der zweiten Klasse, solche, die das Verlangen nach Überlegenheit befriedigen, mögen in der Tat unersättlich sein, denn je höher der allgemeine Stand, um so höher sind sie. Das ist aber nicht so zutreffend für die unbedingten Bedürfnisse: Es mag bald ein Punkt erreicht werden, vielleicht viel eher, als es uns selbst klar wird, an dem diese Bedürfnisse in dem Sinne befriedigt sind, dass wir vorziehen, unsere weiteren Kräfte nichtwirtschaftlichen Zwecken zu widmen.[31]

Keynes deutete mit dem Finger auf das Schreckgespenst der gesellschaftlich erzeugten Unersättlichkeit, nur um es anschließend zu ignorieren und in seinem Aufsatz fortan auf Grundlage der Annahme zu argumentieren, dass alle Bedürfnisse absolut seien. Warum dieses Versäumnis? Gut möglich, dass er diese »relativen Bedürfnisse« für zu unwichtig hielt, um sich weiter mit ihnen zu befassen. Keynes lebte in einer Zeit, in der der Großteil der Haushaltseinkommen für Brot, Unterkunft, Kleidung, Heizung und andere Dinge der Grundversorgung ausgegeben wurden. Die Aufwendungen für kompetitiven Statuskonsum machten nur einen kleinen Bruchteil der Gesamtsumme aus. Heute verhält es sich umgekehrt: Der Löwenanteil der Haushaltsausgaben selbst der ärmeren Schichten fließt in Dinge, die in einem strikt materiellen Sinne nicht notwendig wären, aber dazu geeignet sind, Status zu verschaffen. Der Begriff des »materiellen Gutes« selbst hat sich so erweitert, dass er alles umfasst, was gekauft oder verkauft werden kann, einschließlich Ideen, Melodienschnipsel und sogar Identitäten.

Wirtschaftswissenschaftler und Soziologen unterscheiden drei Formen des statusorientierten Konsums.[32] Die Details sind technisch, aber die Mechanismen vertraut. Erstens gibt es den sogenannten »Bandwa-gon-« oder »Mitläufer-Effekt« – sprich Güter werden nachgefragt, weil andere sie bereits besitzen. Dahinter verbirgt sich zum Teil Neid, aber auch der Wunsch, so zu sein wie alle anderen. Beide Empfindungen sind bei Kindern besonders stark ausgeprägt, was Eltern dazu veranlasst, mehr zu arbeiten, als sie es ansonsten täten, um die Bedürfnisse ihrer Kinder zu befriedigen.

Dann gibt es den sogenannten »Snob-Effekt« – Dinge sind begehrt, eben weil andere sie nicht haben. Snob-Güter bedienen den Wunsch, an-ders, exklusiv zu sein, sich von der »Masse« abzuheben. Sie zeichnen sich nicht notwendigerweise durch einen hohen Preis aus, aber attestieren ih-ren Besitzern einen überlegenen Geschmack. Zeitgenössische Beispiele wären zum Beispiel (noch) unbekannte Underground-Bands, Kultfilme oder In-Restaurants. Natürlich schließen Snob- und Bandwagon-Güter einander nicht gegenseitig aus: viele Snob-Güter mutieren im Laufe der Zeit zu Bandwagon-Gütern, was dazu führt, dass die wahren Snobs sich von ihnen abwenden. Besonders gut beobachten lässt sich dieser fast schon zwangsläufige Prozess in der Kunst- und der Modewelt.

Schließlich wird noch der sich sowohl mit dem Snob- wie auch dem Bandwagon-Effekt überlappende »Veblen-Effekt« unterschieden, so be-nannt nach dem großen amerikanischen Theoretiker des Geltungskon-sums, Thorstein Veblen. Veblen-Güter werden deshalb nachgefragt, weil sie teuer und dafür bekannt sind, dass sie teuer sind, und funktio-nieren im Prinzip wie öffentliche Statusbekundungen. Ob man erste Klasse, Business- oder Economy-Class fliegt, signalisiert in der immer noch hierarchischen Geschäftswelt den Rang einer Person im Unterneh-men. Ein weiteres Veblen-Phänomen ist der sogenannte »Bling-Effekt«. Dass Marken, die von Prominenten bevorzugt werden, teuer sind, ist weithin bekannt, und eben das macht einen großen (wenn nicht den gan-zen) Teil ihrer Attraktivität aus: je höher der Preis, umso exklusiver die Marke. Würde der Preis von Produkten einer solchen Marke sinken, würde womöglich auch die Nachfrage nach ihnen zurückgehen. Ein Witz aus Russland bringt das auf den Punkt: Treffen sich zwei neureiche

Russen. »Wie viel hat deine Krawatte gekostet«, fragt der eine. »Eintausend Dollar«, erwidert der andere. »Tja, Pech gehabt«, sagt der erste. »Meine hat zweitausend gekostet.« Die Neigung zum Geltungskonsum ist eine bekannte Eigenschaft der *Nouveaux Riches* aller Zeiten und Länder.

Erfolg im Wettbewerb wird üblicherweise durch einen verschwenderischen Konsum signalisiert. Doch das muss weder so sein, noch muss darin das Motiv für den Wettbewerb liegen. Der Besitz von Geld kann für sich genommen als Erfolgsindex genügen, ohne dass man diesen Erfolg durch den Besitz kostspieliger Objekte demonstrieren müsste. In der Vergangenheit war das Ausgeben von Geld das hauptsächliche Mittel, der Welt zu signalisieren, dass man Geld besitzt, aber mit der Verbreitung des öffentlichen Wissens über das Einkommen und Vermögen von Menschen, wie sie in den Ranglisten des Reichtums wie etwa der alljährlich publizierten »Rich List« der *Sunday Times* zelebriert wird, hat sich der Wettkampf um mehr Geld von dem um mehr Konsum entkoppelt. In den oberen Etagen der Geschäftswelt wird Geld nicht mehr nur als ein Mittel zur Finanzierung von Konsum betrachtet, sondern auch als Ausweis überlegener Leistungen. Geld ist, wie es Howard Hunt, zu seinen Lebzeiten einer der reichsten Männer der Welt, einmal ausdrückte, »nur ein Mittel, um den Spielstand zu messen«.

Unbestreitbar haben gewisse Formen des relationalen Konsums willkommene Folgen gezeitigt. Ein Großteil der Philanthropie ist dem Geltungskonsum zu verdanken. Der Wunsch, andere mit dem eigenen Reichtum, der eigenen Macht oder dem eigenen Geschmack zu beeindrucken, hat unsere Städte mit großartigen Gebäuden geschmückt und die meisten Kunstwerke finanziert, die heute in unseren Museen ausgestellt sind. Ein ähnlicher Impuls lässt sich heute in dem Wettbewerb unter amerikanischen Milliardären beobachten, einen Teil ihres Vermögens herzuschenken. Doch, wie Keynes' Freund, der Kunstkritiker Roger Fry, einmal anmerkte, erzeugt der Snobismus nur in Zeiten der Hochzivilisation eine kritische Masse an Objekten, die um ihrer selbst willen erstrebenswert sind.[33] Die meisten heutigen Wohltaten müssen durch utilitaristische Zwecke gerechtfertigt werden.

Offenkundig sind die individuellen und gesellschaftlichen Ursprünge der Unersättlichkeit miteinander verwoben. Viele als »gesellschaftlich knapp« beschriebene Güter sind vor allem wegen ihres Snob-Appeals knapp oder weil sie die Möglichkeit zu ostentativem Konsum bieten: ein Abschluss von einer Top-Universität besitzt über den Zugang zu Top-Jobs hinaus, den er einem erschließt, einen eigenständigen Snob-Wert. Menschen mit einem kultivierten Geschmack mögen »die schönsten Dinge des Lebens« um ihrer selbst willen lieben; durch ihre Anschaffung demonstrieren sie jedoch auch, dass sie über einen exquisiten Geschmack verfügen – und das nötige Kleingeld, diesem zu frönen. Linders gerätegespickte Freizeit ist nicht einfach das Spiegelbild eines individualistischen Strebens nach einem der Arbeit äquivalenten »Ertrag«, sie dient auch dem Vergleich der eigenen »Gadgets« – Geräte und Spielereien – mit denen der anderen. Dass wir über die Überschneidungen zwischen den individuellen und den gesellschaftlichen Ursprüngen der Unersättlichkeit so wenig wissen, liegt vor allem in der Art und Weise begründet, wie wir unsere Disziplinen unterteilen und dabei ihrem Verständnis des menschlichen Verhaltens strenge Grenzen auferlegen.

Andererseits ist es gar nicht notwendig, dass wir eine Auswahl zwischen den unterschiedlichen Erklärungsansätzen für die Unersättlichkeit des Menschen treffen oder sie auch nur ihrer Bedeutung nach gewichten. Es reicht völlig, wenn wir erkennen, dass Unersättlichkeit uns, über einen bestimmten Punkt hinaus betrieben, vom guten Leben wegführt.

Gibt es irgendeinen Ausweg aus dieser Folgerichtigkeit? Die Neigung zur Unersättlichkeit ist, wie wir in Kapitel 3 sehen werden, Philosophen und Moralisten seit Langem bekannt und wird von ihnen schon seit ebenso Langem verurteilt. Sie wurzelt in der menschlichen Natur und der sozialen Verfassung des Menschen, und nicht (wie die Marxisten behaupten würden) in der Dynamik eines bestimmten ökonomischen Systems, soll heißen des Kapitalismus. Wobei die Marxisten insofern recht haben: der Kapitalismus *befeuert* unsere angeborene Neigung zur Unersättlichkeit, indem er sie von den Beschränkungen der Sitten und der

Religion befreit, durch die sie früher begrenzt wurden. Dieses »Anfeuern« nimmt vier separate, jedoch miteinander verbundene Formen an.

Erstens, die Wettbewerbslogik des Kapitalismus treibt Unternehmen dazu an, unter anderem durch die Manipulation der Begierden neue Märkte zu schaffen. Auch wenn die Werbung Unersättlichkeit nicht erzeugt, sie beutet sie doch skrupellos aus, flüstert uns ins Ohr, dass unser Leben dröge und zweitklassig sei, wenn wir nicht »mehr« konsumieren. Werbung ist, wie es eine ehemalige Leiterin des Forschungslabors von General Motors einmal so prägnant formulierte, »die organisierte Erschaffung von Unzufriedenheit«.[34]

Zweitens bedingt der Kapitalismus eine immense Ausweitung des Statuswettbewerbs. In *Über die Demokratie in Amerika,* seinem Klassiker aus dem 19. Jahrhunderts, sah Tocqueville in der »Gleichheit der gesellschaftlichen Bedingungen« den fruchtbarsten Boden für das Wachstum des Arbeitsethos und des auf Erwerb gerichteten Instinkts.[35] In Europa, behauptete Tocqueville, kümmerte sich niemand darum, Geld zu verdienen. Die unteren Klassen hätten keinerlei Hoffnung, jemals welches zu bekommen, und in der Oberschicht gelte es als vulgär, darüber nachzudenken. Nur in den Vereinigten Staaten konnten Arbeiter daran glauben, durch harte Arbeit zu dem Reichtum zu gelangen, dessen man bedarf, will man den Luxus der Reichen genießen. Die amerikanische Kombination von sozialer Gleichheit und Einkommensungleichheit ist seitdem zur kapitalistischen Norm geworden und hat zu einer Situation geführt, in der sich in gewisser Hinsicht jedes Mitglied der Gesellschaft in einem Wettbewerb mit allen anderen Mitgliedern der Gesellschaft befindet. Dabei gilt: Je größer die Einkommensungleichheit ist, umso größer ist der Wettbewerbsdruck. »Bei großen Einkommensunterschieden«, schreibt der Ökonom Richard B. Freeman, »besteht ein beträchtlicher Anreiz, das zu tun, was es braucht, um auf der Leiter der Einkommensverteilung nach oben zu klettern, nicht zuletzt, mehr und länger zu arbeiten.« Länder mit höherer Einkommensungleichheit haben im Durchschnitt längere Arbeitszeiten, und Beschäftigte in Berufen mit höheren Einkommensunterschieden neigen dazu, mehr zu arbeiten als solche, die in anderen Berufen arbeiten.[36] Was im Übrigen auch eine schlüssige Erklärung dafür liefert, warum Amerikaner und Briten im Durchschnitt mehr Stunden arbeiten als Kontinentaleuropäer.

Drittens widerspricht die Ideologie der freien Marktwirtschaft seit jeher der Vorstellung, eine bestimmte Summe Geld könnte »genug« sein. Vielmehr gilt eine solche Vorstellung als degeneriert und herablassend, als ein Anschlag auf unser natürliches Streben danach, unser Los zu verbessern. »Es kommt wohl höchst selten vor«, gab Adam Smith 1776 den Ton vor, »dass irgendein Mann mit seiner Lage so absolut und vollständig zufrieden ist, dass er ohne den Wunsch einer Änderung oder Verbesserung wäre.«[37] Smiths kapitalistischer Erfolgsmensch wurde über eine lange Zeit hinweg durch die (in Europa stets stärker als in den Vereinigten Staaten ausgeprägten) vorherrschenden Auffassungen darüber in die Schranken gewiesen, was ein geziemendes Leben sei, schlussendlich aber hat er sich über alle Hindernisse hinweggesetzt. In früheren Zeiten erwarb sich ein Banker, sobald er konnte, einen Landsitz und setzte sich dann zur Ruhe; heute mag er sich immer noch einen Landsitz zulegen, aber er wird dafür Sorge tragen, dass er mit den Aktienmärkten verbunden bleibt, um sein Vermögen noch weiter zu mehren. Auf die Frage, warum man nicht mehr arbeitet, mit den Worten »Ich habe genug, um als Gentleman zu leben« zu antworten, wäre heute auf eine Weise grotesk, wie es das noch vor 80 Jahren keineswegs gewesen wäre.

Schließlich verstärkt der Kapitalismus die Unersättlichkeit, indem er die Wirtschaft in zunehmendem Maße »monetisiert«. Hierbei sind zwei Aspekte von Belang. Erstens, aufgrund seiner Neigung, mehr und mehr Güter und Dienstleistungen zu »vermarkten« – sprich sie gegen Geld austauschbar zu machen –, weitet der Kapitalismus die Sphäre der monetären Bewertung kontinuierlich aus und erleichtert damit die direkte Vergleichbarkeit. Bevor Grundbesitz monetär bewertet wurde, konnten zwei Anwesen nicht so ohne Weiteres miteinander verglichen werden. Heute ist der Vergleich leicht und automatisch. Mehr und mehr Dinge, die wir wertschätzen, werden »eingepreist« und damit in die Sphäre des relationalen Wettbewerbs hineingezogen. Bildung zum Beispiel wird in zunehmendem Maße nicht mehr als Vorbereitung auf ein gutes Leben gesehen, sondern als Mittel dazu, den Wert des »Humankapitals« zu maximieren.

Noch hinterhältiger aber ist, dass der Kapitalismus, indem er die Sphäre der Monetisierung ausweitet, die Liebe zum Geld *an und für sich* entflammt. Wie Marx – Goethe zitierend – uns gemahnt, kommt es dem Geld zu, »als hätt' es Lieb' im Leibe«.[38] Händler, die mit Futures, Derivaten und anderen hoch entwickelten Finanzprodukten handeln, müssen nichts über die wirklichen Güter wissen, auf die sich ihre Transaktionen schlussendlich beziehen. In der Welt des reinen Geldes, in der sie leben, verlieren sie das Empfinden für den Wert der Dinge. Wenn ein Zyniker ein Mensch ist, der von allem den Preis kennt und von nichts den Wert, dann sind die globalen Finanzzentren Brutstätten des Zynismus.

Keynes' Irrtum lag in der Annahme, die vom Kapitalismus freigesetzte Liebe zum Gewinn könnte durch Fülle befriedigt werden und die Menschen somit frei werden, sich in einem zivilisierten Leben seiner Früchte zu erfreuen. Davon war er überzeugt, weil er dachte, der Mensch verfüge über eine festgelegte Menge an natürlichen Begierden. Er verstand nicht, dass der Kapitalismus eine neue Dynamik der Begierdenerzeugung in Gang setzte, die die traditionellen, durch Brauchtum und gesunden Menschenverstand definierten Beschränkungen hinwegfegen würde. Mit anderen Worten, ungeachtet unseres weitaus größeren Reichtums sind wir heute *weiter* von einem guten Leben entfernt, als das die Menschen in der traditionelleren Gesellschaft zu Keynes' Lebzeiten waren. Der Kapitalismus hat beispiellose Fortschritte in der Erzeugung von Reichtum ermöglicht, aber uns zugleich der Fähigkeit beraubt, diesen Reichtum auf zivilisierte Weise zu nutzen.

Wie konnte es geschehen, dass wir ein System errichteten, in dem die Gewinnsucht aus ihren moralischen Beschränkungen entlassen wurde? Und warum erscheint es uns heute nahezu unmöglich, den Geist, den wir riefen, zurück in die Flasche zu zwingen? Mit diesen Fragen befasst sich das nächste Kapitel.

2   DER FAUSTISCHE HANDEL

Wer bist du, Engel oder Teufel?
Versucher oder Schutz und Freund?

TATJANA in *Eugen Onegin.*

Keynes hatte ein ambivalentes Verhältnis zur kapitalistischen Zivilisation. Für ihn war es eine Zivilisation, die um guter Zwecke willen böse Geister entfesselte. Die Moral musste auf Eis gelegt werden, bis ein Zustand der Fülle erreicht war, denn mit der Fülle würde ein gutes Leben für alle möglich werden. »Für wenigstens noch einmal hundert Jahre«, schrieb Keynes, »müssen wir uns selbst und allen anderen vormachen, dass schön wüst ist und das Wüste schön, denn das Wüste ist nützlich und das Schöne ist es nicht. Geiz, Wucher und Vorsorge müssen für eine kleine Weile noch unsere Götter sein. Denn nur sie können uns aus dem Stollen der wirtschaftlichen Notwendigkeit in das Tageslicht führen.«[1] Keynes verstand, dass die kapitalistische Zivilisation sich mehr oder weniger bewusst dazu entschlossen hatte, Motive, die zuvor, wie es im Original heißt, als »foul«, also als schlecht, verdorben und schädlich galten, um der zukünftigen Belohnung willen gutzuheißen. Sie hatte sozusagen einen Pakt mit den Mächten der Finsternis geschlossen, wofür sie bekommen sollte, wovon die Menschen früherer Zeiten nur träumen konnten – eine Welt jenseits der Plackerei, des Kummers, der Gewalt und der Ungerechtigkeit des Lebens, wie es sich gegenwärtig verhielt. Wir nennen diesen Handel einen »faustischen«, zu Ehren des berühmten Doktors, der dem Teufel im Austausch für Wissen, Sinnesfreuden und Macht seine Seele verkaufte.

Die Geschichte beginnt mit dem uralten Traum von einem Utopia und verwandelt sich später in das historische Projekt zur Erschaffung eines Paradieses auf Erden, das die Vorstellungskraft der westlichen Zivilisationen die letzten drei Jahrhunderte in seinem Bann geschlagen hielt und dem die menschliche Rasse auch heute noch einmal mehr, einmal weniger nachjagt. Unterwegs ging die Vorstellung, der menschliche Ehrgeiz sei moralischen Beschränkungen unterworfen, die alle vormodernen Konzepte des guten Lebens untermauerten, verloren, und die schlafenden Energien von Kreativität und Destruktivität wurden in der Hoffnung freigesetzt, die Menschheit auf einen Gipfel der Vollendung und der Beherrschung der natürlichen Welt zu führen. An unterschiedlichen Stationen dieser Reise versuchten die jeweils größten Denker ihrer Zeit, sich einen Endzustand auszumalen, einen Punkt, an dem die Menschheit »genug« sagen könnte, nur um festzustellen, dass die Maschine, die sie erschaffen hatte, außer Kontrolle geraten war, ein Frankenstein'sches Monster, das nun das Spiel des Fortschritts nach seiner eigenen, absurden Logik programmierte. Das hier ist die Geschichte davon, wie das alles sich zutrug – wie wir uns in den Traum von einem Fortschritt ohne Zweck und Reichtümern ohne Sinn verstricken konnten.

DIE IDEE VON EINEM UTOPIA: VOM TRAUM ZUR GESCHICHTE

Die Menschen haben schon immer von einer Welt ohne Leiden, ohne Ungerechtigkeit und vor allem ohne *Arbeit* geträumt. Adam und Eva werden in einen Garten gesetzt, in dem Gott der Herr »allerlei Bäume, lustig anzusehen und gut zu essen«, wachsen ließ. Die griechischen Dichter erzählen von einem »goldenen Zeitalter«, als »Frucht gab ihnen das nahrungsspendende Saatland« (Hesiod) und »von Wein floss jedes Bachbett [...] Die Fische aber, nach Hause schwimmend, sich selber bratend, lagen wohl gelegentlich auf den Tischen bereit« (Telekleides).[2] An den Grundzügen dieser uralten Menschheitsfantasie hat sich in all den Jahrhunderten seitdem kaum etwas verändert. Das mittelalterliche Schlaraffenland war bevölkert mit gebratenen Schweinen, die mit Tranchiermessern im Rücken umherwanderten, und der »Big Rock Candy

Mountain«, so der Titel eines beliebten Schlagers aus den 1920er-Jahren, ist eine Welt, in der Hühner weichgekochte Eier legen, Alkohol über die Felsen fließt und »man den Deppen hängt, der die Arbeit erfand«.

In ihrer Protzerei und Naivität sind diese folkloristischen Utopien ein Ausdruck der ewigen Sehnsucht der Menschen nach Müßiggang und Bequemlichkeit. Deutlich weniger gewinnend sind die von den Philosophen entworfenen staatsbürgerlichen Utopien, in denen die Gelüste der Menschen einer rationalen Regierung unterworfen und nicht einfach so mir nichts, dir nichts befriedigt werden. Der Prototyp dieser Art der Utopie ist natürlich Platons *Politeia,* eine vollkommene Stadt, regiert von einer aufgeklärten Elite von »Wächtern«, die alles untereinander teilen, Frauen eingeschlossen, mit denen sie sich auf Geheiß des Staates regelmäßig fortpflanzen. Gleichermaßen grimmig ist die Welt, die Thomas Morus 1516 in seinem für das Genre namensgebenden Buch *Utopia* entwarf und in der nicht nur die Herrscher, sondern alle Klassen alles Eigentum gemeinsam besitzen. Kurze Arbeitszeiten – Morus' Utopier arbeiten nur sechs Stunden am Tag – werden nicht durch technologischen Fortschritt erreicht, sondern durch die strikte Zügelung des Verlangens, was »unter den kleineren Vergnügungen des Lebens schwere Opfer fordert«.[3] Alkohol ist verboten, und alle Bürger tragen dieselben schlichten Gewänder. Freie Zeit wird nicht mit dem Konsum irgendwelcher Dinge verbracht (von denen es ja ohnehin nicht allzu viele gibt), sondern mit »freudigem Lernen, Debattieren, Lesen, Rezitieren, Schreiben, Spazierengehen, mit Übungen zur Ertüchtigung des Geistes und des Körpers und mit Spielen«.[4] (Derselbe Mangel an Konsumgütern förderte in der ehemaligen Sowjetunion die Beschäftigung mit dem Schachspiel als Freizeitvergnügen.) Zudem findet sich bei Morus mehr als nur eine Anspielung auf einen Big Brother. »Die allgegenwärtigen Augen aller nötigen zur gewohnten Arbeit oder zu einer Freizeit ohne Unehre.« Die Frauen sind den Männern untertan, auf wiederholten Ehebruch steht die Todesstrafe.[5]

All diese vormodernen utopischen Welten haben eine Eigenschaft gemeinsam: Sie stehen außerhalb der Geschichte. Entweder liegen sie in einer mythischen, dem Menschen niemals wieder zugänglichen Vergangenheit (Eden, das Goldene Zeitalter), oder sie haben keinerlei zeitliche Verortung. Platons *Politeia* ist eine reine Idee, die über der empirischen Welt schwebt. Morus' Utopia ist, wie sein griechischer Name impliziert, ein *ou-topia,* ein »Nicht-Ort«. Weder Platon noch Morus hatten irgendeine Vorstellung davon, wie ihre ideale Welt verwirklicht werden könnte, abgesehen vielleicht durch die ihnen innewohnende Überzeugungskraft. (Platon sprach voller Hoffnung von Philosophen, die zu Königen werden, allerdings ist nicht klar, ob er das wirklich ernst meinte.) Das Problem ist also, dass die Geschichte, so wie sie damals wahrgenommen wurde, keinen Ansatzpunkt, keinen Eintrittspunkt für ein Utopia bot. Die Geschichte verkörperte keine progressive Dynamik, nur eine zyklische Oszillation von Geburt, Aufblühen, Reife und Zerfall, entsprechend dem Gang der Jahreszeiten. Auf Phasen der Stärke und Expansion folgten Phasen des Luxus und der Dekadenz und so weiter in einer endlosen Abfolge. Niccolò Machiavelli brachte die klassische Sichtweise in seiner Geschichte von Florenz treffend auf den Punkt: »[...] Kraft erzeugt Ruhe, Ruhe Trägheit, Trägheit Unordnung, Unordnung Zerrüttung, wie hinwieder aus der Zerrüttung Ordnung entsteht, aus der Ordnung Kraft, aus der Kraft Ruhm und Glück.«[6] Diese Sichtweise ist über viele Jahrhunderte hinweg lebendig geblieben. So behauptete Papst Leo XIII. noch 1891, dass »sich die gleichen Erscheinungen bei allem Wechsel der Zeiten und der Völker oft mit wunderbarer Ähnlichkeit [wiederholen]«.[7] Und aus dem 20. Jahrhundert kennen wir die großen zyklischen Visionen Spenglers, Toynbees und Sorokins.

Die jüdischen Propheten, und unter ihnen insbesondere Jesaja, waren die ersten, die eine alternative Sichtweise der Geschichte anboten, und zwar als die eines Kampfes zwischen Gut und Böse, der im Sieg des Guten kulminiert. Die prophetische Geschichte ist zielgerichtet, nicht zyklisch, ethisch, nicht tragisch. Anstelle von Machiavellis ewigem Auf und Ab hat sie den Blick nach vorne, auf einen Punkt der Vollendung gerichtet, auf eine Zeit, in der »der Wolf beim Lamm weilen wird und der Leopard beim Böckchen lagern«. Dieses teleologische Verständnis der

Geschichte wurde von den frühen Christen übernommen, die nun den End- und Höhepunkt in der kommenden Wiederkunft Christi verorteten. Die Offenbarung des Johannes, Quelle so vieler Dichtkunst und so vieler Verrücktheiten, prophezeit einen »neuen Himmel und eine neue Erde«, in der »der Tod nicht mehr [wird] sein, noch Leid noch Geschrei noch Schmerz, denn das Erste ist vergangen«.

Die Saat des Tausendjährigen Reich Christi liegt tief im christlichen Bewusstsein, stets bereit, in Zeiten der Härte und des Aufruhrs üppige Blüten zu treiben, vom offiziellen Christentum aber seit jeher vorsichtig auf Distanz gehalten. Der heilige Augustinus, ein vormaliger Platoniker, siedelte seinen »Gottesstaat« nicht am Ende der Geschichte an, sondern gleich ganz außerhalb der Zeit und überließ den »Menschenstaat« seinem alten, zyklischen Schicksal. Somit war die Religionsgeschichte strikt getrennt von der weltlichen, säkularen Geschichte. Doch die Gefahr einer Vermischung der beiden war stets gewärtig. Joachim von Floris, ein italienischer Mystiker aus dem 12. Jahrhundert, entwickelte auf der Grundlage der drei Figuren der Dreifaltigkeit eine sinnreiche Theorie der Menschheitsgeschichte. Das Zeitalter des Vaters war mit der Geburt Christi zu Ende gegangen, das Zeitalter des Sohnes näherte sich seinem Abschluss, und das Zeitalter des Heiligen Geistes, in dem alle Christen in einem neuen spirituellen Königreich frei von den Buchstaben des Gesetzes vereint sein würden, stand unmittelbar bevor. Natürlich, das vorhergesagte Jahr kam und ging und nichts passierte, und im 13. Jahrhundert wurden Joachims Lehren sogar zur Häresie erklärt.[8] Doch sie warfen einen langen, sozusagen unter der Erde verlaufenden Schatten, der bis ins 19. Jahrhundert und zu Hegel und Marx reichte.

Von besonderer Bedeutung für unser faustisches Thema hier ist die nur knapp unter der Oberfläche vieler christlicher Geschichtsphilosophien lauernde Vorstellung, dass das Böse ein integraler Bestandteil der Erlösungsgeschichte sei. Hätte Adam damals im Paradies nicht gefehlt, wäre, betonten viele Kirchenväter, Christus nicht auf die Welt gekommen. Adams Sünde war eine »glückliche« Sünde, eine *felix culpa*. Doch als Präzedenzfall barg das Gefahren. »Sollen wir denn in der Sünde beharren, auf dass die Gnade desto mächtiger werde?«, lautet die rhetorische Frage des Apostel Paulus, die er ebenso geschwind wie entschieden beantwortet: »Das sei ferne!« Die christliche Orthodoxie kannte und kennt keine andere Antwort. Böses zu erlauben, um auf diese Weise Gutes zu wirken, ist eine Sache allein der göttlichen Vorsehung. Wir Menschen dürfen uns nicht an Gottes Fügung orientieren, sondern müssen uns an seine Gebote halten, die Böses kategorisch verbieten.

Doch als sich nach der Reformation der Griff der doktrinären Orthodoxie in Europa lockerte, wurde die Frage des Paulus wieder gestellt, und dieses Mal ernsthaft. Im 16. Jahrhundert entdeckte Jacob Böhme, ein lutherischer Mystiker, in Gott selbst eine dunkle, dynamische Qualität, die er mit dem Ausdruck *Ungrund* belegte. John Miltons Satan ist eine edle, eloquente Figur und weit entfernt von der abscheulichen Mannziege der mittelalterlichen Bildwelt. (»Milton war«, so William Blakes berühmter Ausspruch, »ohne es zu wissen, ein Parteigänger Satans«.) Radikaler noch als Böhme oder Milton, sah Blake selbst das Böse als eine lebendige, schöpferische Macht, eine notwendige Ergänzung des statischen und etwas pedantischen Gottes. »Ohne Gegensätze gibt es keinen Fortschritt«, schrieb er in *Die Hochzeit von Himmel und Hölle.* »Anziehung und Abstoßung, Vernunft und Energie, Liebe und Hass sind für die menschliche Existenz notwendig. Aus diesen Gegensätzen entsteht, was die Anhänger der Religion Gut & Böse nennen. Das Gute erleidet passiv und gehorcht der Vernunft. Das Böse handelt aktiv und entspringt der Energie.«[9]

Gut möglich, dass einzelne Elemente dieser mystischen Tradition auch in Keynes' Kopf gegenwärtig waren, als er 1930 »Wirtschaftliche Möglichkeiten« schrieb. (Schließlich war er, nebenbei bemerkt, auch von der Alchemie fasziniert und investierte sogar eine gewisse Summe in ein Projekt zur Umwandlung unedler Metalle in Gold.) Die unmittelbare Quelle für Keynes' Billigung des faustischen Handels jedoch findet sich in der rein säkularen Tradition der Volkswirtschaften.

Die Ökonomen: Von der Habgier zum Eigeninteresse

Die Renaissance erfand – beziehungsweise wiederentdeckte – den Gedanken, zum Zwecke der Regierung von Gesellschaften die Begierden des Menschen zu *nutzen*, statt sie als sündig zu verdammen. Der kluge Prinz, schrieb Niccolò Machiavelli, nimmt die Leute so, wie sie sind, nicht, wie sie sein sollten: Er macht sich ihre Wankelmütigkeit, ihre Heuchlereien und ihre Gier zunutze, um seine Ziele zu erreichen. Das Maß der Tugend in der Politik ist Erfolg, nicht Redlichkeit. Machiavellis Doktrin klang in den Ohren der christlichen Moralisten so verwerflich, dass der Ausdruck »Old Nick« im Englischen zu einem Beinamen des Teufels wurde. An ihrer Wirkung änderte das nichts. Thomas Hobbes wie auch John Locke folgten Machiavelli darin, dass sie den Staat als eine Einrichtung zur Befriedigung der menschlichen Begierden auf möglichst friedlichem Wege und nicht etwa zu ihrer Ächtung darstellten. Die lobenswerte Absicht dieser »realistischen« Staatslehren lautete, die Gewalt – und insbesondere die religiöse Gewalt – im Leben der Menschen zu minimieren. Im 18. Jahrhundert schließlich, einer friedliebenderen Zeit, fand der Gedanke, die menschlichen Leidenschaften in den Dienst nützlicher Zwecke umzuleiten, Eingang in die ökonomischen Wissenschaften.

Im vorwissenschaftlichen Denken über die Ökonomie wurde die Liebe zum Geld gleichermaßen als moralisch verwerflich wie historisch destruktiv erachtet. Für Augustinus war sie die schlimmste Sünde des Menschen noch vor der Liebe zur Macht oder der Fleischeslust. Auch die politischen Moralisten neigten dieser Auffassung zu. Wie die Erfahrung zeigte, beraubten Habgier und Luxus die zivilisierten Nationen ihrer Stärke und machten sie zu leichten Opfern kriegerischer, noch nicht durch Wohlstand verdorbener Barbaren. Dieses uralte Muster prägte die zyklische Geschichtsauffassung Sallusts und anderer Römer und war auch im Denken Machiavellis, Montesquieus und Gibbons noch präsent.

In Kriegeraristokratien oder Republiken mit Bürgermilizen lag die

Vorstellung, allzu viel Wohlstand verführe zu Dekadenz, natürlich nahe. In den Staaten des frühmodernen Europas mit ihren Berufsarmeen verhielt sich das jedoch gänzlich anders. Hier lag es sehr wohl im Interesse der Monarchen, die Schaffung von Wohlstand zu fördern, da dies ihnen eine Einkommensquelle bot, aus der sie Söldnerarmeen anheuern oder stehende Heere unterhalten konnten. So gesehen war die Anhäufung von Reichtum viel mehr ein Mittel zur Macht und nicht das Übel, das ihren Niedergang bewirkte. Und wenn Reichtum und Macht Hand in Hand gingen, tat sich vielleicht auch endlich ein Ausweg aus dem alten Kreislauf von Aufstieg und Zerfall auf. Der dauerhafte ökonomische Fortschritt wurde zu einer Möglichkeit.

Bis Anfang des 18. Jahrhunderts hatte sich dieses neue Ideensystem in den führenden europäischen Handelsnationen, Großbritannien und Holland, als höchst wirksame Grundlage der Herrschaft bewährt. Dass dessen ungeachtet beide Nationen offiziell immer noch Moralvorstellungen verpflichtet waren, die Habgier und Luxus als Untugenden verurteilten, führte zwangsläufig zur Heuchelei – einer Heuchelei, die erstmals der niederländisch-englische Schriftsteller Bernard Mandeville (1670–1733) mit satirisch spitzer Feder bloßstellte.

Mandeville ist der Machiavelli der Ökonomie – einer dieser unbequemen Denker, die darum bemüht sind, die menschliche Natur so zu sehen, wie sie ist, statt so, wie sie nach Meinung der Moralisten sein sollte. Er zog gegen die Scheinheiligkeit derjenigen vom Leder, die Gewinn aus Habgier und Wucher zogen, zugleich aber dagegen predigten. »Die sittlichen Tugenden«, schrieb Mandeville, »[sind] Abkömmlinge einer Kreuzung von Schmeichelei und Eitelkeit.«[10] Mandeville hatte etwas Diabolisches an sich. Als Arzt war er spezialisiert auf die Behandlung »hypochondrischer und hysterischer Leiden«. In seiner Freizeit aber verfasste er Satiren und politische Pamphlete. Sein Zynismus schockierte die damaligen Kritiker, und in Gelehrtenkreisen wurde seinen Schriften eine satanische Inspiration nachgesagt.[11]

Mandevilles bekanntestes Werk, *Die Bienenfabel, oder: Private Laster als gesellschaftliche Vorteile,* ist eine sonderbare Veranstaltung. Ein langes, in Knittelversen verfasstes Pamphlet, das begleitet von philosophischen Kommentaren vom Geschick eines zänkischen Bienenvolks erzählt, unverkennbar eine Anspielung auf das England des 18. Jahrhunderts. Mandevilles Bienen sind »Falsch, Dünkel und Pomp« verfallen, doch eben durch die »Staatskunst« werden aus diesen privaten Lastern die »gesellschaftlichen Vorteile« des Handels und des Gewerbes hervorgebracht:

> Das Laster Geiz, die Schmach, die Pein,
> Des Bösen Quell, musst Sklave sein.
> Der noblen Sünde, der Verschwendung,
> Indem des Luxus' Prachtaufwendung
> Millionen Armen Arbeit schuf,
> Desgleichen Stolz, trotz üblem Ruf.
> Die Eitelkeit selbst und der Neid
> Warn Diener der Geschäftigkeit.[12]

Diesem füge man Tugend hinzu: Der Wohlstand schwindet, und das Bienenvolk verfällt dem Niedergang. Mandevilles Darstellung davon, wie eine um sich greifende Tugendhaftigkeit den Wohlstand mindert, gefiel Keynes sehr, der in seiner *Allgemeinen Theorie* auch mehrere Passagen aus *Die Bienenfabel* zitierte. Mandevilles Moral ist klar: Man kann Reichtum und Laster haben oder Armut und Tugend, aber nicht Reichtum und Tugend. Entscheiden Sie sich.

Mandevilles lässige Haltung gegenüber dem Laster entsprach noch ganz der Stimmung im England nach der Restauration. Doch ein halbes Jahrhundert später hatte eine Art säkularer Puritanismus das Land erfasst, und es wäre pietätlos erschienen, das Laster zum Fundament einer neuen Wissenschaft der Verbesserung zu machen. Aber die fortschrittlicheren unter den zeitgenössischen Denkern fanden bald einen Weg, Mandevilles Paradox seinen Stachel zu nehmen. Der Trick bestand darin, Tugenden und Laster dergestalt *umzudefinieren,* dass sie auf einer Linie lagen mit dem ökonomischen Nutzen. »Es ist tatsächlich bei jedem

Moralsystem kaum weniger als ein begrifflicher Widerspruch«, schrieb David Hume, ein Pionier des neuen Ansatzes, »wenn man von einem Laster spricht, das im Allgemeinen nützlich für die Gesellschaft ist.«[13] Der alte Ausdruck »Habgier« wurde nach und nach durch das farblose »Eigeninteresse« verdrängt und blieb, wenn überhaupt, nur für pathologische oder kriminelle Methoden des Erwerbs wie Horten oder Betrügen in Gebrauch. Unterdessen wurde die gewöhnliche geschäftliche Betätigung in einer Sprache beschrieben, die an einen nützlichen, wenn auch wenig heldenhaften Zeitvertreib denken ließ. »Es gibt für einen Mann wenig Möglichkeiten, sich unschuldiger zu betätigen als beim Geldverdienen«, drückte es zum Beispiel Samuel Johnson auf so berühmte Weise aus. Sein französischer Zeitgenosse Montesquieu derweil sprach von der *Douceur,* der Süße, des Handels.[14]

Nun, da der Gelderwerb von seinem ethisch ehrenrührigen Beigeschmack befreit war, konnte man ihn im Hinblick auf Ursache und Wirkung studieren. Der schottische Philosoph Adam Smith machte den Anfang. In seinem 1776 erschienenen Meisterwerk *Der Wohlstand der Nationen* zeichnete er die Menschen als getrieben von dem natürlichen Wunsch, das eigene Wohlergehen zu verbessern, was sie unter den Bedingungen des freien Wettbewerbs dazu bringt, wie »von einer unsichtbaren Hand geleitet« das Allgemeinwohl zu fördern. Smith übertrug Newtons mechanische Wissenschaft auf die wirtschaftlichen Beziehungen und wies dabei dem Eigeninteresse die Rolle der Schwerkraft zu. Das war eine revolutionäre Neuerung. Die traditionelle Ethik hatte die Gesellschaft als eine Veranstaltung zur Förderung des Allgemeinwohls begriffen. Smith dagegen sah in ihr einen rein kausalen Nexus von durch ihr Eigeninteresse motivierten Individuen. Gott, den Smith bildlich als »Großen Lenker des Universums« bezeichnet, hat lediglich die Maschinerie in Bewegung gesetzt und es ansonsten der Eigenliebe des Menschen überlassen, möglichst großen Nutzen daraus zu ziehen. Oder in den Worten des britischen Dichters Alexander Pope: »Gott und Natur verbanden jene zwei, / dass Selbstsucht und Sozialtrieb eines sei.«[15]

Smiths Doktrin des Eigeninteresses tat mehr, als nur aus Habgier eine Tugend zu machen; sie verwandelte die klassische Tugend in ein Laster. Protzige Zurschaustellung wurde vermieden, stattdessen übte man sich in »Frugalität« oder »Sparsamkeit«. In Smiths politischer Ökonomie wird die Askese zur tugendhaften Form des Eigeninteresses, zum effizienten Beförderer der Kapitalakkumulation.[*] Vom Almosengeben wurde abgeraten, weil es die Untätigkeit fördere. Allein die Wolllust, die sinnliche Begierde, behielt ihren todbringenden Status, da sie die Menschen vom Geldverdienen und dem Erwerb eines gesicherten Vermögens ablenkte. Gleich ob nun in Gestalt von Extravaganz, Großzügigkeit oder sexuellem Genuss, der verschwenderische Umgang mit dem eigenen Hab und Gut (beziehungsweise Körper) wurde mit allen Konnotationen der Sündhaftigkeit befrachtet. Die Mehrung des Wohlstands verlangte, wie Freud es später formulieren sollte, die Unterdrückung der Triebe.

Smiths Ökonomie stellte einen Triumph der intellektuellen *Ökonomisierung* dar – eine geniale Anwendung von Ockhams Rasiermesser auf das soziale Verhalten des Menschen. Die turbulenten Leidenschaften des Menschen wurden allein auf das Motiv des Eigeninteresses reduziert. Und eben das verlieh der Wirtschaftswissenschaft ihre einzigartige analytische Stärke. Denn damit musste sie sich ebenso wenig wie die von Machiavelli begründete politische Wissenschaft mit dem Versuch herumschlagen, die vielen und oft widersprüchlichen Leidenschaften der Menschen zu verstehen und fassbar zu machen. Denn sie alle ordneten sich einem Hauptmotiv unter, dem selbstsüchtigen Streben nach Wohlstand. Dabei war Smith noch weniger strikt gewesen als seine Adlaten, schließlich hatte er neben dem Eigeninteresse ein zweites unabhängiges Motiv für menschliches Verhalten anerkannt, nämlich das der »Sympathie«, und legte das in seiner *Theorie der ethischen Gefühle* auch ausführlich dar. Doch während die Wirtschaftswissenschaften Gestalt an-

---

[*] Die ökonomische Bedeutung des Protestantismus ist in solch klassischen Texten wie Max Webers *Die Protestantische Ethik und der Geist des Kapitalismus* von 1905 und Richard Henry Tawneys *Religion and the Rise of Capitalism* von 1926 (deutsch: *Religion und Frühkapitalismus*) ausführlich und erhellend beleuchtet worden.

nahmen, wurden diese Komplexitäten ausgebügelt. Das Studium des Menschen, so, wie er »wirklich ist«, und nicht so, wie er »sein sollte«, wuchs heran zu einer uneinnehmbaren Festung der Mathematik, die ihre Akolythen verzaubert und alle andern zu hilflosem Protest verurteilt.

Nicht jedermann war von Smiths Verteidigung des Eigeninteresses überzeugt, verpasste sie den Wirtschaftswissenschaften doch den Ruf, der Tugend ihren Glanz und dem Laster seinen Stachel geraubt zu haben. Edmund Burke stimmte die klassische konservative Klage an, als er schrieb: »Aber die Zeiten der Rittersitte sind dahin. Das Jahrhundert der Sophisten, der Ökonomen und der Rechenmeister ist an ihre Stelle getreten, und der Glanz von Europa ist ausgelöscht auf ewig.«[16] Widerstand gegen den sich ausbreitenden Kommerzialismus kam auch von den amerikanischen und französischen Revolutionären, die sich auf die agrarischen »republikanischen Tugenden« des vorkaiserlichen Rom beriefen.

Smith nahm für sich zwar in Anspruch, Mandevilles »selbstsüchtiges System« widerlegt zu haben, tatsächlich aber war er keineswegs sonderlich weit darüber hinausgegangen.[17] Mandevilles zentraler Mechanismus – die Instrumentalisierung des Lasters im Interesse des Allgemeinwohls – lebt fort in Smiths unsichtbarer Hand, einer unsichtbaren Hand, die durch den simplen Schachzug, »Lasterhaftigkeit« in eine harmlose natürliche Eigenschaft umzudefinieren, von jedem teuflischen Beigeschmack befreit wurde. Von ein paar Ausnahmen abgesehen, ist das die Strategie, derer sich die Ökonomik seither durchgängig bedient hat. Ihre wertneutrale Sprache, die mit Begriffen wie »Nutzen« und »Präferenz« operiert, macht den faustischen Handel des Kapitalismus notwendigerweise unsichtbar.

Nur an wenigen Stellen gibt Smith zu erkennen, wie tief er in Mandevilles Schuld steht. Eine davon ist die berühmte Passage aus seiner *Theorie der ethischen Gefühle,* in der er darlegt, wie die Laster der Reichen dem Wohl der Gesellschaft insgesamt zuträglich sind. (Übrigens das erste Mal, dass er die Metapher von der »unsichtbaren Hand« verwendet.) Obwohl die Reichen, schreibt Smith, nur ihre eigene Bequemlichkeit im Auge haben, obwohl der einzige Zweck, welchen sie [...] erreichen wollen, die Befriedigung ihrer eigenen eitlen und unersättlichen Begierden ist, [...] teilen sie doch mit den Armen den Ertrag aller Verbesserungen [...]. Von einer unsichtbaren Hand werden sie dahin geführt, beinahe die gleiche Verteilung der zum Leben notwendigen Güter zu verwirklichen, die zustande gekommen wäre, wenn die Erde zu gleichen Teilen unter alle ihre Bewohner verteilt worden wäre; und so fördern sie, ohne es zu beabsichtigen, ja ohne es zu wissen, das Interesse der Gesellschaft [...].[18]

Hier kehrt Smith ganz offen zur alten moralischen Begrifflichkeit der Habgier, Eitelkeit und Unersättlichkeit zurück, ist die Maske einen Moment lang verrutscht.

Ebenso wenig konnte Smith, trotz seiner besten Bemühungen, selbige zu übertünchen, die negativen Auswirkungen des kommerziellen Systems auf die Lebensumstände und das Wesen der Arbeiter ignorieren. Seine Beschreibung der entfremdenden Auswirkungen der Arbeitsteilung nimmt Marx vorweg:

Wer sein ganzes Leben damit zubringt, einige wenige Verrichtungen auszuführen, deren Wirkungen vielleicht noch dazu immer oder fast dieselben sind, hat keinen Anlass, seinen Verstand anzustrengen oder seine Erfindungsgabe zu bemühen, um Auswege aus Schwierigkeiten zu ersinnen, die doch nie auftreten. Natürlich entwöhnt er sich solcher Anstrengung und wird im Allgemeinen dumm und unwissend, wie es ein Mensch nur werden kann. Seine geistige Abstumpfung macht ihn nicht nur unfähig, an einem vernünftigen Gespräch Gefallen zu finden oder teilzunehmen, sondern auch unfähig zu jeder großmütigen, edlen oder zarten Regung und infolgedessen auch zum richtigen Urteil selbst über viele alltägliche Aufgaben des Privatlebens.[19]

Abschließend bekundet Smith, etwas lahm, die Hoffnung, dass die Bildung diesen Verdummungstendenzen entgegenwirken werde. Dann lässt er das Thema fallen. Er betrachtete die todlangweilige Arbeit in einer Nadelfabrik ganz offenkundig als ein notwendiges und durch seinen künftigen Nutzen gerechtfertigtes Opfer.

Es lohnt, einen Moment innezuhalten und zu fragen, was durch Smiths Umsturz der klassischen Einteilung von Tugenden und Lastern gewonnen wurde und was verloren ging. Der Gewinn bestand in der Freisetzung von Motiven, die das ökonomische Wachstum förderten. Die Gewinnsucht wurde für gut befunden, unter der Bedingung, dass sie letztlich dem gesellschaftlichen Wohl dienlich ist. Was verloren ging, war die Vorstellung vom Allgemeinwohl als einem kollektiven Werk. Stattdessen wurde es zum Ergebnis von Individuen gemacht, die auf Märkten ihre Eigeninteressen verfolgen. Die Logik des Vertrags wurde getrennt von der Logik der Reziprozität, die in den meisten menschlichen Kulturen und Gesellschaften seit jeher ein integraler Bestandteil der Wirtschaft war. Und mit der weiteren Entwicklung der Wirtschaftswissenschaften wurde es zunehmend schwerer, Begierden und Bedürfnisse auseinanderzuhalten. In dieser Hinsicht stand Keynes im Erbe der neoklassischen Tradition, was auch der Grund sein dürfte, warum sein Konzept der »Sättigung« etwas merkwürdig erscheint.

Smith, der vor Beginn des industriellen Zeitalters lebte, stellte sich den wirtschaftlichen Fortschritt nicht als ein Wachstum ohne Ende vor, sondern als ein Wachstum innerhalb der von den Institutionen, Gewohnheiten und politischen Entscheidungen eines Volkes gesetzten Grenzen. Tatsächlich sprachen er und seine Zeitgenossen ja auch nirgendwo von Wachstum, sondern stets von »Verbesserung«, ein Begriff, der eine ebenso moralische wie materielle Komponente umschließt. Am Ende dieses Weges lag der »stationäre Zustand« – ein Zustand, in dem die Möglichkeiten zur weiteren Verbesserung ausgeschöpft waren. Alle klassischen Ökonomen gingen von einem solchen Endpunkt der Entwicklung aus, wenn auch bei unterschiedlichen Wohlstandsniveaus.

Thomas Malthus und David Ricardo, zwei von Smiths berühmten Nachfolgern, waren deutlich weniger optimistisch als Smith selbst. Malthus' 1798 erschienener Essay *Das Bevölkerungsgesetz* zielte ab auf die Widerlegung von William Godwins utopischer Behauptung, dass durch die Umverteilung des Eigentums Überfluss für alle Menschen erreichbar sei. Seine Argumentation war rein zyklisch. Ohne stringente moralische »Kontrollen« würde die Bevölkerung irgendwann unweigerlich zu groß für das Land, das zu ihrer Versorgung zur Verfügung stand, und Schwankungen des Bevölkerungsdrucks würden Zyklen von steigenden und fallenden Einkommen bedingen. Als dann Ricardo 1817 in seinen *Grundsätzen der politischen Ökonomie* das Malthus'sche Bild um die fallenden Grenzerträge des Bodens ergänzte, konnten die Ökonomen nur noch bescheidene Verbesserungen gegenüber der Vergangenheit anbieten, die zudem noch bis dato unerreichte Leistungen in Sachen moralischer und praktischer Effizienz voraussetzten. Damals erwarb sich die Wirtschaftswissenschaft das Etikett der »dismal science«, der »trostlosen Wissenschaft«.

Eine utopischere Aussicht schließlich eröffnete John Stuart Mill Mitte des 19. Jahrhunderts, also nachdem die Industrialisierung angefangen hatte, ihr Werk zu tun. Mill hielt es angesichts des bereits erreichten Wohlstandsniveaus – und vorausgesetzt, dass das Bevölkerungswachstum kontrolliert wurde – für möglich, dass Großbritannien bereits zu damaligen Zeiten allen seinen Bewohnern ein gutes Leben bieten könnte. Mill erkannte das relationale Element von Begierden, sah aber keinen Grund, den Wettbewerb nicht nur durch eine gleichmäßigere Verteilung der Einkommen abzumildern:

Ich bekenne, dass ich mich nicht mit dem Lebensideal derjenigen befreunden kann, welche dafür halten, dass fortwährendes Gegeneinanderkämpfen der normale Zustand menschlicher Wesen sei; dass das Sich-Drängen, Stoßen, Schieben, was den dermaligen Typus des sozialen Lebens abgibt, das wünschenswerteste Los der menschlichen Gattung oder irgend etwas anderes sei als ein unerfreuliches Symptom einer Phase des industriellen Fortschritts. Es mag dies eine notwendige Stufe in der Entwicklung der Zivilisation sein, welche diejenigen europäischen Nationen, die bisher so glücklich waren, davon verschont zu bleiben, noch zurückzulegen haben […] Als der beste Zustand für die menschliche Natur erscheint jedoch ein solcher, in welchem, während keiner arm ist, niemand Grund zur Besorgnis hat, dass er durch die Bestrebungen anderer, die sich vorwärts drängen wollen, zurückgeschoben werde.[20]

Nach Mill geriet die Vorstellung von einem »stationären Zustand«, ob nun trostlos oder utopisch, in der politischen Ökonomie in Vergessenheit, bis Keynes sie wieder belebte. Der technologische Fortschritt hatte den Menschen erstmals die Aussicht auf eine Wohlstandsakkumulation ohne Grenzen eröffnet.

FAUST ALS LITERARISCHE METAPHER

Wahrheiten, die von der rationalen Sprache der säkularen Wissenschaften verschleiert werden, treten mit verblüffender und verwirrender Klarheit in der Poesie zutage. Der Handel mit dem Bösen um des lieben Fortschritts willen, zu dem die Ökonomen sich nicht offen bekennen oder den sie nur in der anästhetisierten Form von »Kosten« behandeln konnten, fand in der Faust-Legende sein perfektes Symbol. Die Faust-Geschichte ist ein einzigartig moderner Mythos, der größte Mythos, der nicht aus der Bibel oder der heidnischen Vergangenheit zu uns gekommen ist. Er verkörpert die – der klassischen und der Hauptströmung der christlichen Kultur fremde – Vorstellung, dass das Böse nicht nur eine negative Kraft ist, der man zu widerstehen habe, sondern auch eine positive, kreative Kraft in den menschlichen Angelegenheiten sein kann.

Die Faust-Legende basiert auf der realen Figur eines deutschen Gelehrten mit Namen Johann Georg Faust (ca. 1480–1540), hinter dessen vermeintlichen Wundertaten die Leichtgläubigen einen Pakt mit dem Teufel vermuteten. In den ersten Versionen der Geschichte ist Faust eine durch und durch mittelalterliche Figur, ein Alchemist und Magier, der seine teuflischen Kräfte für die schändlichen Zwecke der Verführung und des Betrugs verwendet. Mit der weiteren Entwicklung der Legende aber streift er seine alchemistische Vergangenheit ab und wird zu einer entschieden modernen Figur, zu einem Wissenschaftler, der nach der

Herrschaft über die Natur strebt und einen furchtbaren Preis für seine Anmaßung bezahlt.

Schöpfer der ersten großen literarischen Faust-Erzählung war der elisabethanische Dramatiker Christopher Marlowe. In seinem Stück *Doktor Faustus* besteht die Sünde des Doktors in seinem Streben nach grenzenlosem Wissen und ebensolcher Macht. Faustus träumt nicht nur von sexuellen Eroberungen, sondern auch von der Macht, große Dinge zu vollbringen – Deutschland mit einem Wall aus Messing umgeben, den Rhein um Wittenberg herumfließen zu lassen, die Studenten der Stadt in Seide zu kleiden und die Spanier aus den Niederlanden zu vertreiben. Er verschwendet seine vom Teufel gewährte Macht weitgehend auf Trivialitäten und findet, wie der ursprüngliche Faust, ein grausiges Ende, als der Teufel seine Schuld einfordert. Doch Faustens Ambitionen waren nicht nur verachtenswert, immerhin hatte er sich »binnen eines halben Jahrhunderts [...] von einem zunächst historischen und dann legendären Gauner [...] in einen machtbesessenen tragischen Renaissance-Helden [verwandelt]«.[21]

Gut möglich, dass Marlowe, als er an seinem Faustus saß, an einen Zeitgenossen dachte, nämlich an den Philosophen und Staatsmann Francis Bacon. Bacon war der Prophet des technischen Fortschritts, der erste Mensch, der den Plan entwickelte, die Natur zum Zwecke der dauerhaften Verbesserung der Lage der Menschen zu beherrschen. Anstelle der spekulativen Methoden der antiken und mittelalterlichen Wissenschaften forderte er die »Erkundung der wahren Ursachen der Dinge«, und zwar mit dem Blick darauf, sie für die Zwecke des Menschen auszubeuten. »Wissen und Können fällt bei dem Menschen in Eins«, verkündete Bacon in seinem Hauptwerk *Neues Organon*, »weil die Unkenntnis der Ursache die Wirkung verfehlen lässt.« Marlowe, der an diesem Unterfangen etwas Teuflisches wahrnahm, warf ein faustisches Leichentuch über Bacons Projekt, das es zumindest in Europa niemals wieder ganz abstreifen konnte.

Zu Beginn des 19. Jahrhunderts war Faust in Goethes klassischen Nachdichtungen (1808 und 1832) zu einem Sinnbild des ewig sich mühenden modernen Menschen geworden, fehlbar, aber schlussendlich der Liebe wert. Goethes *Faust* lässt sich als literarischer Ausdruck der *felix culpa* der politischen Ökonomie begreifen. Gott schickt der Menschheit (Faust) den Teufel (Mephistopheles), um sie aus ihrem Schlaf zu erwecken. Mithilfe von Mephistopheles stellt Faust zwar allerlei furchtbare Dinge an, am Ende aber findet seine Seele Eingang in den Himmel, denn »wer immer strebend sich bemüht«, der kann erlöst werden. Fausts Erhebung aus dem Stand des verruchten Schurken in den des welthistorischen Helden spiegelt den Niedergang der christlichen Orthodoxie sowie der von ihr gepredigten absoluten Verneinung des Bösen wider – und lockt mit der häretischen Vorstellung, im Umgang mit dem Teufel könnten *wir* diejenigen sein, die den Sieg davontragen.

Goethes erste Neuerung besteht darin, sein Stück mit einem »Prolog im Himmel« zu eröffnen, in dem Gott dem Teufel, also Mephistopheles, sein Problem darlegt. Die – nach Gottes Antlitz erschaffene – Menschheit hat das Zeug zum Fortschritt, ist aber von Natur aus faul und wenig wissbegierig: »Der Menschen Tätigkeit kann allzu leicht erschlaffen, / Er liebt sich bald die unbedingte Ruh«. Gott bietet Mephistopheles also einen Handel an: Er darf auf dieser Welt bleiben, statt geradewegs in den »Staub« geworfen zu werden, in den der Gott der Genesis die Schlange verbannt hat, solange er die Menschheit tätig hält. Mephistopheles sieht seine Chance, die Menschheit für ein Leben der sündigen Lust zu gewinnen. »Mir ist für meine Wette gar nicht bange«, sagt er zu Gott voller Zuversicht, Gottes Diener Faust vom rechten Weg abbringen zu können. Goethes zweite Neuerung besteht darin, aus Fausts traditionellem Pakt mit Mephistopheles eine Wette zu machen. Anstelle der herkömmlichen Frist von 24 Jahren bietet Mephistopheles Faust seine Dienste auf unbegrenzte Zeit hinaus an und das Recht, ihn jederzeit zu rufen, sollte Faust daran Gefallen finden. Faust akzeptiert die Wette in dem sicheren Wissen, dass ein Leben von Lust, Luxus und Macht, wie es Mephistopheles ihm anbietet, ihn niemals ganz und gar zufrieden stellen wird. Er sagt zu Mephistopheles, sollte er, Faust, jemals verkünden, mit den Dingen, wie sie sind, zufrieden zu sein, so würde er die ewige

Verdammnis akzeptieren: »Und Schlag auf Schlag! Werd ich zum Augenblicke sagen: / Verweile doch! du bist so schön! / Dann magst du mich in Fesseln schlagen, / Dann will ich gern zugrunde gehn! / Dann mag die Totenglocke schallen, / Dann bist du deines Dienstes frei, / Die Uhr mag stehn, der Zeiger fallen, / Es sei die Zeit für mich vorbei!« Mephistopheles akzeptiert die Bedingungen der Wette, und Faust stürzt sich in sein neues Leben: »Dem Taumel weih ich mich, dem schmerzlichsten Genuss, / Verliebtem Hass, erquickendem Verdruss.«[22]

Im restlichen *Faust* werden die Konsequenzen des doppelten Handels ausgearbeitet. Das Thema der *felix culpa* dominiert die Handlung, insofern jedes von Fausts Verbrechen eine Vorbedingung für eine Verbesserung in seinem Charakter darstellt. Im ersten Teil sieht sich Faust von seiner Liebe zu Gretchen, einem einfachen Bauernmädchen, verlockt, den »Zeiger fallen« zu lassen. Doch Mephistopheles, der seinen Aufenthalt auf der Erde gerne verlängern möchte, sabotiert die Liebesbeziehung, indem er Faust jede Frau anbietet, nach der ihm begehrt. Als Gretchen durch eine Verkettung von vom Teufel inszenierter Unglücksfälle den Tod findet, gelobt Faust, sich ihrer Liebe als würdig zu erweisen: Ohne Sünde kann es keine Erlösung geben.

Das Konzept der *felix culpa* durchzieht auch den zweiten Teil der Tragödie, in dem Goethe das magische und fantastische Material von Marlowes Stück zu einer Entwicklungsgeschichte verarbeitet. Mehrere Jahre nach Gretchens Tod trifft Faust am Hof des Kaisers ein. Statt aber nun zur Belustigung des Kaisers den Geist Alexanders des Großen heraufzubeschwören, wie er das bei Marlowe tut, nutzt Faust Zauberkräfte, um den Hof mit Geld zu überfluten, mit dem verschwenderische Maskenbälle finanziert werden. Goethes Moral ist unverkennbar: Geld ist nur ein Mittel zu Schaffung von Kultur. Das Stück endet damit, dass der gealterte Faust zum Herrn eines kaiserlichen Lehens eingesetzt wird, der in seiner Tatkraft mit dem Bau von Deichen und Kanälen das Meer zurückdrängen will. Der Fortschritt dieses Projekt aber verlangt die Vertreibung (von Mephistopheles in eine Mordtat verwandelt) eines eigensinnigen alten Bauernpaares, Philemon und Baucis, die sich weigern, ihr kleines Stückchen Land aufzugeben – eine unverkennbare Anspielung auf die Einhegungsbewegung des 18. Jahrhunderts, bei der Bauern vom Gemeindeland vertrieben wurden. Angesichts der Vorstellung, sein Projekt ohne weitere Hilfe der Magie vollbringen zu können, ruft Faust aus: »Zum Augenblicke dürft' ich sagen: / Verweile doch, du bist so schön / Es kann die Spur von meinen Erdetagen / Nicht in Äonen untergehn. / Im Vorgefühl von solchem hohen Glück / Genieß' ich jetzt den höchsten Augenblick.«[23]

Im Augenblick, da Faust die fatalen Worte »Genieß' ich jetzt den höchsten Augenblick« ausspricht, sinkt er tot zu Boden, so, wie er es geschworen hatte, sollte er je Zufriedenheit mit der Welt bekunden. Das nun hätte der »Endzustand« sein sollen, die Erschaffung eines irdischen Paradieses, das der späte Faust sich zur Aufgabe gemacht hatte. Doch Goethe umgeht diese Schlussfolgerung, in dem er Fausts Ausdruck der Zufriedenheit in die Bedingungsform setzt: Der Teufel kann die Menschheit nur bis zu einem bestimmten Punkt voranbringen; Vollkommenheit bleibt dem Himmel vorbehalten. Und so teilt er die Beute auf zwischen Mephistopheles und Gott: Der Teufel bekommt Fausts Körper, aber Gott seine Seele, schließlich hat Faust sich immer strebend bemüht.

Goethe selbst bezeichnete den Faust später als »wirklich zu toll«[24] und versuchte nie zu erklären, was er bedeuten sollte. Wie alle große Dichtkunst ist er sowohl präzise wie unfassbar. Philosophisch gesehen ist sein wichtigstes Vermächtnis die Dialektik – die Vorstellung, dass jeglicher Fortschritt von einer kontinuierlichen »Verneinung« oder Überwindung der traditionellen Moral abhängt. Dieser Gedanke, der von Goethe zu Hegel und von diesem weiter zu Marx gelangen sollte, hat sich als schicksalhaftes Vermächtnis für das moderne Denken erwiesen.

Heutzutage sind wir weniger geneigt, Schlechtigkeit im Interesse des Fortschritts gutzuheißen. Goethes Flirt mit Mephistopheles erscheint uns von geradezu hoffnungsloser Unschuldigkeit, Ausschweifung eines Zeitalters, das die Realität des Bösen vergessen hatte. »Wir haben Situationen kennengelernt«, schrieb der deutsche Philosoph Karl Jaspers

1948, »in denen wir keine Neigung mehr hatten, Goethe zu lesen, in denen wir zu Shakespeare, der Bibel, Äschylus griffen, wenn wir überhaupt noch lesen konnten.«[25] Goethe glaubte nicht an die Perfektionierbarkeit des Menschen, aber ebenso wenig glaubte er an die Erbsünde. Mehr noch, seiner Meinung nach hatte Europa auf Dauer das Zeitalter der Grausamkeit überwunden. Andernfalls hätte er Mephistopheles unmöglich als einen solch liebenswürdigen Dämon zeichnen können. In unserem Zeitalter können wir Goethes Faust moralisch einfach nicht mehr ernst nehmen. Eben das war auch die Implikation von Thomas Manns Roman *Doktor Faustus* von 1947, in dem Mann zum einen bewusst zu Marlowes Originaltitel zurückkehrt und er zum anderen die Faust-Figur im Wahnsinn enden lässt – der säkularen Variante der Verdammnis.

Die ausgebliebene Apokalypse des Karl Marx

Karl Marx verehrte Goethe, und in seinem Werk benutzte er immer wieder die Figur des Mephistopheles, um den Schleier zu lüften, den die Ökonomen seit Adam Smith um den dem Kapitalismus inhärenten faustischen Handel gelegt hatten. Er präsentierte den Kapitalismus in seinen echten, Mandeville'schen Farben, gierig und unersättlich. Aber er ergänzte dies um etwas, das wir bei Mandeville nicht finden: die Überzeugung, dass die Menschen die Kosten des Kapitalismus keineswegs freiwillig im Interesse ihres eigenen Nutzens oder des ihrer Familien auf sich nehmen, sondern dass sie ihnen durch die Macht der kapitalistischen Klasse aufgezwungen werden. Nur mit Gewalt konnte diese Macht zerschlagen, auf Erden das Königreich der Rechtschaffenheit errichtet werden. Darin enthüllte Marx sich selbst als Erbe der fantastischeren unter den judäo-christlichen Apokalyptikern mit ihren Visionen von einem reinigenden Blutbad – und verlieh seinem faustischen Handel einen Schrecken, der bei Goethe und in den friedfertigeren englischen Varianten fehlte.[26]

Marx' Kapitalismuskritik war zutiefst moralisch. Für ihn war der Kapitalismus zu hassenswert und zu ungerecht, um auf Dauer überleben zu dürfen. Er entfremdete die Arbeiter zwangsweise von ihren Produktionsmitteln und somit ihrer spezifisch menschlichen Substanz, was sie anfällig für die Ausbeutung machte. Der Kapitalismus opferte das »produktive Leben des Menschen« zugunsten des »Geldsystems«, den Gebrauchswert zugunsten des Tauschwerts. In diesem Punkt stand Marx in der Tradition von Aristoteles und dessen mittelalterlichen Gefolgsleuten; er war, um mit Richard Henry Tawney zu sprechen, der »letzte Scholastiker«.

So grausam der Kapitalismus aber auch sein mochte, er war zugleich doch das Instrument zur Befreiung der Menschen aus der Armut. Er war, mit anderen Worten, eine weitere *felix culpa,* eine glückliche Sünde, gehörte mit zum Wirken der Vorsehung. In einem 1853 erschienenen Zeitungsartikel pries Marx die britische Herrschaft in Indien dafür, eine stagnierende Gesellschaft in Bewegung versetzt zu haben: »Welche Verbrechen es auch begangen haben mag, so war England doch das unbewusste Werkzeug der Geschichte […]«[27] Ihre moralische Ambivalenz gegenüber dem Kapitalismus hat den Marxisten seit jeher zu schaffen gemacht: Einerseits ist er ein Übel, das es zu stürzen gilt, andererseits das unerlässliche Instrument des Fortschritts.

Hegels Dialektik war das perfekte intellektuelle Instrument zur Auflösung der Marx'schen Ambivalenz gegenüber dem Kapitalismus. In Hegels Philosophie – die genau genommen eine Säkularisation der Philosophie des Joachim von Floris ist – handelt die Geschichte der Menschheit vom Wachstum der Vernunft. Jede partielle, unvollständige Stufe des menschlichen Bewusstseins beziehungsweise der Erkenntnisfähigkeit des Menschen erzeugt ihre Negationen respektive Verneinung, die in der Folge dann in einem umfassenderen, höheren Bewusstseinsniveau absorbiert wird, und so weiter, bis die reine Vernunft erreicht ist, in der die Gesamtheit des Seins durch den Geist determiniert wird. Wir entdecken hier Hegels Kategorie der historischen Sendung, »die einzelne Völker oder Klassen durch ihre Verbrechen und Leidenschaften unbewusst erfüllen«.[28]

Marx griff diese Vorstellung auf, aber beeinflusst von seinen frühen politischen Erfahrungen, die ihn an Hegels Behauptung zweifeln ließen, der preußische Staat sei die Verkörperung der Vernunft, nahm er Hegels Konflikt der Ideen und machte daraus einen Konflikt der Klassen. Geschichte ist die Geschichte des Klassenkampfs: Das Sein bestimmt das Bewusstsein, nicht andersherum. Hegels sukzessive, antagonistischen Stufen der Vernunft waren nichts weiter als gegensätzliche Systeme der Eigentumsbeziehungen. Und die Religion, der große Gegenspieler der Denker der Aufklärung, war für Marx der spirituelle Schleier, den die Besitzenden benutzten, um den Besitzlosen den Blick auf ihre wahre Situation zu verwehren.

Allerdings arbeitete Marx nur eine Phase seines »dialektischen Materialismus« aus, den Übergang vom Feudalismus zum Kapitalismus.[29] Dabei entsteht aus den zunehmend wohlhabenden, politisch aber untergeordneten »Bürgern« der Städte die Klasse der Bourgeoisie, die das auf Landbesitz basierende Gutsherrensystem umstürzt. Die Bourgeoisie ist die erste Klasse, die die systematische Ausbeutung der Arbeit betreibt und den extrahierten Mehrwert zur weiteren Kapitalmehrung investiert, statt ihn für Luxusgüter, Kriege, Kathedralen und so weiter auszugeben. Der Kapitalismus wiederum wird seinerseits zu einem die weitere Entwicklung der Produktivkräfte hemmenden Bremsschuh und muss deshalb durch das Proletariat, das er erzeugt, gestürzt und durch die klassenlose Herrschaft des Kommunismus ersetzt werden.

Auf der technischen Ebene tat Marx sich zudem schwer mit der Erklärung, warum der Kapitalismus untergehen *musste*. Er hatte es verdient unterzugehen; die Expropriateure hatten es verdient, expropriiert zu werden. Die Gerechtigkeit verlangte, dass es so kam. Aber warum und wie würde der Kapitalismus untergehen? Es war dieses Problem, dem Marx den Großteil seines Lebens widmete, und doch konnte er es nicht lösen. Er sah keine Möglichkeit, wie sich die Unausweichlichkeit der kapitalistischen Apokalypse beweisen ließ, nach der sein biblischer Sinn für Gerechtigkeit so heftig verlangte.

Die verständlichste Darlegung von Marx' dialektischem Ansatz aus der Zeit, bevor er sich der Ökonomie zuwandte, findet sich in der gedrängten, explosiven Prosa des *Manifest der Kommunistischen Partei* von 1848. Niemand hat den faustischen Charakter des Kapitalismus eindringlicher geschildert als Marx.* Die Bourgeoisie hat, schreibt Marx, nicht nur »massenhaftere und kolossalere Produktionskräfte geschaffen als alle vergangenen Generationen zusammen«,[30] sie reißt »auch die barbarischsten Nationen in die Zivilisation [und] schafft sich eine Welt nach ihrem eigenen Bilde«.[31] Die Kosten dafür aber sind horrend: »Alle festen eingerosteten Verhältnisse mit ihrem Gefolge von altehrwürdigen Vorstellungen und Anschauungen werden aufgelöst, alle neu gebildeten veralten, ehe sie verknöchern können. Alles Ständische und Stehende verdampft, alles Heilige wird entweiht [...]«[32]

Marx wies als erster Ökonom der Destruktivität des Kapitalismus das ihr gebührende moralische Gewicht zu. Zwar sah auch er, wie vor ihm Adam Smith und Goethe, darin den notwendigen »Preis« des Fortschritts. Doch weil er sieben Jahrzehnte nach Beginn der industriellen Revolution schrieb, war ihm bewusst, dass sowohl der Fortschritt weitaus größer wie auch der dafür zu entrichtende Preis weitaus höher ausfallen würden, als seine Vorgänger das noch angenommen hatten. Nichtsdestotrotz, von Marx' dialektischem Standpunkt aus ist die Auflösung »fester eingerosteter Verhältnisse« historisch gerechtfertigt, weil der Kapitalismus durch die Brutalität, mit der er das menschliche Potenzial freisetzt, eben die Waffen und die Klasse hervorbringt, die ihn zerstören werden.

Doch an diesem Punkt im *Kommunistischen Manifest* reißt der argumentative Faden und wird durch Rhetorik ersetzt. In einem Nachhall auf Mary Shelleys Roman *Frankenstein* vergleicht Marx den Kapitalismus mit »dem Hexenmeister, der die unterirdischen Gewalten nicht

---

* Marx sprach niemals vom »Kapitalismus«. Stattdessen benutzte er den Begriff »Bourgeoisie«, um das klassenbasierte Wesen des kapitalistischen Systems zu betonen. Ansonsten aber kann man den Ausdruck »Bourgeoisie« ohne Bedeutungsverlust durch »Kapitalismus« ersetzen. Wenn man pedantisch sein will, ist der Kapitalismus ein System, in dem das Eigentum an Kapital in den Händen einer einzelnen Klasse – der Bourgeoisie – konzentriert ist und von dieser zur Erzeugung von Mehrwert eingesetzt wird.

mehr zu beherrschen vermag, die er heraufbeschwor«.[33] Mit anderen Worten, die Bourgeoisie »produziert [...] ihre eigenen Totengräber.«[34] Auch wenn die Geschichte seine Erwartungen wiederholt enttäuschte, verlor Marx niemals seinen Glauben an den apokalyptischen Moment des Kapitalismus, und noch 20 Jahre nach Erscheinen des *Kommunistischen Manifests* prophezeite er in *Das Kapital* nachdrücklich: »Die Stunde des kapitalistischen Privateigentums schlägt. Die Expropriateurs werden expropriiert.«[35]

Die Überzeugung, dass der Kapitalismus dem Untergang geweiht ist, war zu Marx gekommen, bevor Marx zur Ökonomie gekommen war. Nach dem *Kommunistischen Manifest* verbrachte er 20 Jahre im Britischen Museum in London mit dem Versuch, seine These zu beweisen – ohne Erfolg. Genau genommen, war er kein sonderlich intuitiver Wirtschaftswissenschaftler. Das ist niemand, der im Alter von 40 Jahren mit der Ökonomie beginnt. Man hat dann einfach zu viele andere Dinge im Kopf. Ökonomen müssen unbefleckt von jeglichen ablenkenden Vorstellungen an den Start gehen. Ihr Geist muss ausreichend leer sein, damit sie darin diese axiomatischen Modelle des menschlichen Verhaltens konstruieren oder zumindest akzeptieren können, die später einmal ihr täglich Brot sein werden. Die späte Adoleszenz ist der ideale Zeitpunkt, ein solches Training zu beginnen.

Marx entwarf zwei mögliche Szenarien für den Zusammenbruch des Kapitalismus, erstens eine »Rentabilitätskrise« und zweitens eine »Realisierungskrise«. Die erste – und von Marx am besten entwickelte – Form der Krise basiert auf der Ausbeutungstheorie, die aus seiner mit Ricardo geführten Auseinandersetzung hervorging. Indem die Kapitalisten, argumentierte Marx, den Arbeitern bis auf ihre Arbeitskraft alles wegnahmen, konnten sie aus ihnen mehr Wert extrahieren, als sie ihnen für ihre Arbeitskraft bezahlten. Dieser Unterschied repräsentierte den »Mehrwert«, die Quelle der Profite. Daraus schien zu folgen, dass in dem Maße, wie Maschinen (denen man nicht weniger bezahlen konnte, als ihre Anschaffung und ihr Betrieb kosteten) die menschliche Arbeit im Produktionsprozess ersetzten, die Profitrate fallen musste. Die Versuche, den Mehrwert durch eine höhere »Ausbeutungsrate« stabil zu halten, würden schlussendlich das geknechtete Proletariat zu einem das System hinwegfegenden Aufstand bewegen. Entsprechend ratlos reagierten die Marxisten, als Ende des 19. Jahrhunderts die Reallöhne der Arbeiter unverkennbar steigende Tendenzen zeigten. Irgendetwas stimmte nicht mit der Theorie. Was Marx nicht mit eingerechnet hatte, war die Möglichkeit, dass die Arbeitsproduktivität durch Investitionen in arbeitssparende Technologien gesteigert werden konnte. Das wiederum ermöglichte einen Anstieg der Reallöhne ohne einen gleichzeitigen Rückgang der Profitrate. Mit anderen Worten, es gab keinen Grund, warum die Profitrate im Laufe der Zeit fallen musste.

Im *Kommunistischen Manifest* findet sich eine andere mögliche Ursache für Krisen: »In den Handelskrisen wird ein großer Teil nicht nur der erzeugten Produkte, sondern der bereits geschaffenen Produktivkräfte regelmäßig vernichtet. Weil sie zu viel Zivilisation, zu viel Lebensmittel, zu viel Industrie, zu viel Handel besitzt [...] Die bürgerlichen Verhältnisse sind zu eng geworden, um den von ihnen erzeugten Reichtum zu fassen.«[36] Diese wenig exakten Phrasen, denen Marx in der Folgezeit keine sonderliche Bedeutung zumaß, deuten auf eine Theorie der Unterkonsumtion hin, die später von dem britischen Liberalen J. A. Hobson und der deutschen Marxistin Rosa Luxemburg entwickelt wurde. Luxemburg fragte sich, wie, bei stagnierenden Reallöhnen, die Arbeiterklasse einen ausreichenden Markt für den beständig anschwellenden Strom an Produkten bilden konnte, der von den neuen Maschinen ausgestoßen wurde. Schließlich bestand der einzige Zweck des Investierens darin, Dinge zu produzieren, die mit Profit verkauft werden konnten. Aber wenn die Dinge nun nicht verkauft werden konnten, warum sollten die Kapitalisten dann weiter investieren?[37] Dieselbe Frage stellte sich Keynes in den 1930er-Jahren, und angesichts der Entwicklungen im ersten Jahrzehnt dieses Jahrhunderts, in dem in den westlichen Ländern die Reallöhne im Vergleich zu den Kapitalerträgen gesunken sind, ist diese Frage immer noch aktuell.

Die Imperialismustheorie wurde erfunden, um die unerwartete

Überlebensfähigkeit des Kapitalismus zu erklären. Während Lenin in armen Ländern vor allem ein Reservoir für die weitere Ausbeutung der Arbeiter sah, stellten sie für Luxemburg – zusammen mit der Rüstungs-produktion – eine Art Überdruckventil dar, zusätzliche Märkte, die die über den Konsum hinausgehende überschüssige kapitalistische Produk-tion absorbierten. Wie immer aber man die Validität der einen oder an-deren Erklärung bewerten mag, tatsächlich weist weder die eine noch die andere auf den Kollaps des Kapitalismus hin, sondern vielmehr auf seine Fähigkeit, sich aus inneren Krisen zu befreien, insbesondere durch die Globalisierung. Wie Marx' moderner Kommentator Megh-nad Desai schreibt: »Selbst unter Annahme verschiedener Bedingungen schafft Marx es nicht, auch nur ein einziges Szenario für die Dynami-ken des Kapitalismus vorzulegen, das in irgendeiner Weise seinen schlussendlichen Untergang vorhersagen würde.«[38] Die Erkenntnis, dass der apokalyptische Moment des Kapitalismus nicht aus seinem ökonomischen Modell abgeleitet werden konnte, war wahrscheinlich auch der Grund, warum Marx die letzten beiden Bände von *Das Kapi-tal* niemals abschloss.

Angesichts der immensen Ungewissheit, was die Frage nach dem »Sturz« des Kapitalismus angeht, sollte es nicht überraschen, dass Marx dem Leben nach dem Kapitalismus kaum Aufmerksamkeit widmete. Sein Freund und Weggefährte Friedrich Engels sprach von einem »Reich der Freiheit«, das jenseits des »Reichs der Notwendigkeit« lag. Marx aber lehnte es ab, wie er es nannte, »Rezepte für die Garküche der Zukunft« zu verfassen. In einer berühmten Passage aus dem Vorwort von *Zur Kritik der politischen Ökonomie* schrieb er: »Eine Gesellschafts-formation geht nie unter, bevor alle Produktivkräfte entwickelt sind, für die sie weit genug ist, und neue höhere Produktionsverhältnisse treten nie an die Stelle, bevor die materiellen Existenzbedingungen derselben im Schoß der alten Gesellschaft selbst ausgebrütet worden sind. Daher stellt sich die Menschheit immer nur Aufgaben, die sie lösen kann.«[39] Mit diesen Worten erteilte Marx den utopischen Experimenten seiner Zeit eine klare Absage. Entsprechend vage waren auch seine eigenen

Vorstellungen des kommenden Utopias. Die Menschen werden »heute dies, morgen jenes [...] tun, morgens [...] jagen, nachmittags [...] fischen, abends Viehzucht [...] treiben, nach dem Essen [...] kritisieren [...] ohne je Jäger, Fischer, Hirt oder Kritiker zu werden«.[40] Kaum vernünftiger war Leo Trotzkis Vorhersage, dass unter dem Kommunismus der durchschnittliche Menschentyp »sich auf das Niveau eines Aristoteles, Goethe, Marx erheben [wird]. Und über dieser Gebirgskette werden neue Gipfel aufragen.«[41]

Marx präsentierte zwar zwingende Gründe dafür, warum der Kapitalismus ein Ende finden *sollte,* nicht aber dafür, warum er das tun *würde.* Marx rechnete nicht mit der anhaltenden Dynamik des kapitalistischen Systems, mit seiner Fähigkeit, immer neue Hindernisse zu überwinden. Vor allem aber war Marx blind gegenüber den Versuchungen der dialektischen Argumentation. Wir würden ihm unrecht tun, würden wir behaupten, dass er den Stalinismus begrüßt hätte, andererseits jedoch bot seine Methode von ihren Prinzipien her keine Basis für einen Widerstand gegen den Stalinismus oder, was das betrifft, den Maoismus. Von Mao heißt es, er habe die vielen Millionen Menschenleben, die sein »Großer Sprung nach vorn« forderte, mit dem gefühllosen Kommentar abgetan, dass der Tod »in der Tat ein Grund zur Freude [ist]«, denn: »Wir glauben an die Dialektik, deshalb können wir nicht gegen den Tod sein.«[42]

Die enttäuschte Hoffnung: von Marx zu Marcuse

In den 100 Jahren, die auf die Veröffentlichung von *Das Kapital* 1867 folgten, scheiterte der revolutionäre Sozialismus in Ländern, die angeblich reif für ihn waren, und war siegreich in Ländern, die Marx nicht dafür bereit gehalten hatte. Ende der 1950er-Jahre war es der Kapitalismus, nicht der Sozialismus, der zumindest im Westen die wirtschaft-liche Aufgabe gelöst zu haben schien; natürlich nicht der zähnefletschende und klauenschwingende Kapitalismus, den Marx analysiert hatte, sondern ein Kapitalismus, der durch staatliche Verwaltung, Wohlfahrtssysteme und Gewerkschaften so modifiziert war, dass nicht wenige zweifelten, noch dasselbe Biest vor sich zu haben. Wenn das der Kapitalismus war, dann brauchte man keinen Sozialismus mehr.[43] 1956 verschob John Kenneth Galbraith die Aufmerksamkeit auf die Krankheiten des Reichtums. Den Bewohnern der westlichen Länder, argumentierte Galbraith in seinem 1958 erschienenen Bestseller *Gesellschaft im Überfluss*, ginge es nun so gut, dass das wirtschaftliche Problem nicht länger vorrangig sei. Kurz gesagt, Keynes' Zeitalter des Überflusses war gekommen – und das viel früher als erwartet! Nun sei es an der Zeit, das Wachstum abebben zu lassen und sich verstärkt dem guten Leben zu widmen. Galbraiths Vorstellung davon, wie das zu bewerkstelligen sei, war recht nüchtern: Von dem neuen Wohlstand sollte ein größerer Anteil in die öffentlichen Dienste fließen. Doch seine Botschaft wurde von den jungen Radikalen der 1960er-Jahre absorbiert und auf ein weitaus aufregenderes Projekt angewendet: das der sexuellen Befreiung. Ihr Gott war nicht Marx, sondern Freud.

Die 1960er-Jahre hatten etwas besonders Berauschendes an sich, etwas, das diejenigen, die es im richtigen Alter *bewusst* miterlebten, nie mehr ganz losließ. Obwohl es schon früher utopische Schriften und utopische Gemeinschaften gegeben hatte, war dies das erste Mal, dass Utopia für einen kurzen Moment aus dem Schatten ins Licht trat, sowohl als Theorie als auch in der Praxis. Der utopische Traum von einem Leben frei von Mühsal und Beschwernis, Streit und Krieg stand kurz davor, die Köpfe und Herzen einer ganzen Generation junger Menschen zu erobern. Schon immer waren freie Liebe und Überfluss ein Merkmal folkloristischer Utopia-Entwürfe, und dieses Utopia war darin keine Ausnahme. Die Hippies mit den Blumen im Haar machten eine gute Figur als Lilien auf dem Felde. Sie lehnten das von der Knappheit diktierte Arbeitsethos ab, schließlich bestand ja keine Notwendigkeit mehr, sich seinen Lebensunterhalt durch Arbeit zu verdienen. Sex, Drogen, Musik, Mystizismus, Antikriegsproteste und Revolutionsromantik vermischten sich zu einem orgiastischen Moment der Befreiung. Marihuana war ein »Wahrheitsserum«, und »an jeder Erektion war die Rote Fahne aufgezogen«.[44]

Die materielle Basis für das sexuelle Utopia war ein »ununterbrochener Fluss komfortabel hoher Einkommen«.[45] Das befreite die in den 1940er-Jahren geborene Babyboom-Generation von der Angst vor Arbeitslosigkeit, die ihre Eltern noch geplagt hatte. In den 25 Jahren nach dem Zweiten Weltkrieg waren die Volkswirtschaften der entwickelten Welt nicht nur viel schneller als jemals zuvor gewachsen, das Wachstum war auch viel gleichmäßiger verlaufen. Und selbst die Entwicklungsländer schienen den Sprung auf den Wachstumszug geschafft zu haben. Die Furcht vor einer kapitalistischen Krise verschwand.[46] Das Problem betraf nun nicht mehr irgendwelche Hürden, die uns bei der Erreichung des Überflusses im Weg standen, sondern Hürden, die uns am Genuss des erreichten Überflusses hinderten.

Für die Philosophen im Garten des sexuellen Utopias war die Schlange im Garten nicht der Kapitalismus als solcher, sondern vielmehr die Technologie. Der amerikanische Historiker Theodore Roszak, Autor eines Standardwerks über die Protestbewegung der 1960er-Jahre, sprach von einem »technokratischen Totalitarismus«,[47] dessen Absurdität sich am konkretesten im atomaren Wettrüsten manifestierte, der die Menschheit just in dem Moment auszulöschen drohte, da sie kurz vor der Rückkehr ins Paradies stand. *Dr. Seltsam, oder wie ich lernte, die Bombe zu lieben* ist die klassische filmische Verarbeitung dieses Albtraums. Doch der technologische Fortschritt war janusköpfig, nicht nur schlecht, sondern auch gut, denn er hatte den Menschen – oder zumindest die Menschen in Nordamerika – vom Joch der Armut befreit. Charles Reich formulierte das so:

Wesentlich ist, dass die Technik diesen *Wandel in der menschlichen Natur* ermöglicht hat, der so lange Zeit gesucht worden war, aber nicht gefunden werden konnte, weil die Knappheit der Mittel es verhinderte. So einfach ist das: Wenn es genug Essen und Obdach für alle gibt, braucht der Mensch seine Gesellschaft nicht länger auf der Annahme zu gründen, dass alle Menschen einander feindlich gesinnt sind. Das, was wir *menschliche Natur* genannt haben, war das Werk der Notwendigkeit – der Notwendigkeit, die sich aus der Knappheit und dem Marktsystem ergeben hatte. Die neue menschliche Natur – Liebe und Achtung – gehorcht auch dem Gesetz der Notwendigkeit. Sie ist notwendig, denn wir können nur gemeinsam die Früchte des technischen Zeitalters ernten.[48]

Obgleich die Studentenproteste in den späten 1960er-Jahren wie eine ansteckende Krankheit auf sämtliche Bildungszentren der westlichen Welt übergriffen, ihr Herzland waren die Vereinigten Staaten. Der Aufstand der Jungen gegen die Werte der Elterngeneration war nicht auf Studenten beschränkt, der politische Radikalismus der 1960er-Jahre aber sehr wohl. Das hatte mehrere Gründe: die amerikanische Tradition utopischer Experimente, der größere Wohlstand der Amerikaner im Vergleich zu den Europäern und der Vietnamkrieg. Vielleicht der wichtigste Faktor aber war der weitaus höhere Anteil junger Amerikaner, die an Universitäten und Colleges studierten. Die Welt der Arbeit lag für viele junge Amerikaner weiter – fünf oder sechs Jahre – entfernt in der Zukunft als für die meisten jungen Europäer. Das erzeugte eine psychologische Diskordanz zwischen Adoleszenz und Arbeit, die nach Meinung etlicher hegelianischer Revolutionsphilosophen ausreichend stark war, um als Widerspruch zu gelten. Die neuen freudianischen Marxisten betrachteten die Universitäten als Bildungsfabriken, die eine neue revolutionäre Klasse ausbrüteten. Der Radikalismus der 1960er-Jahre war ein Campus-Phänomen, theoretisiert und gefördert von dort lehrenden Professoren.

Unter diesen war keiner einflussreicher als der Emigrant und Philosoph Herbert Marcuse, der eine neue Doktrin der erotischen Befreiung mit starkem deutschem Einschlag verkündete. Marcuses Bücher *Triebstruktur und Gesellschaft* und *Der eindimensionale Mensch* wurden zu den Bibeln des Studentenprotests. Das von ihm geprägte Konzept der »repressiven Toleranz« definierte für die radikalen Studenten die spezielle Eigenart der amerikanischen Zivilisation. Wie Marx stand

Marcuse in der Tradition des jüdischen Messianismus, in dem »sämtliche Diskussionen über reale und authentische menschliche Werte auf die Eschatologie reduziert werden« und der »die Tore zu einem unbußfertigen und optimistischen Utopia aufstößt, das unmöglich beschrieben werden kann in Konzepten, die auf einer unerlösten Welt basieren«.[49]

Ungeachtet seiner oft undurchdringlichen Prosa war Herbert Marcuse ein verspielter Teufel. Die einzig wahrhafte progressive Haltung, sagte er, sei die der Verleugnung. »Das, was ist, kann nicht wahr sein«, lautete eines seiner Bonmots. Da die gegebenen Fakten, die dem gesunden Menschenverstand als Wahrheit erscheinen, tatsächlich die Negation der Wahrheit sind, kann die Wahrheit nur durch die »Negation der Negation« entdeckt werden. Die »Kritische Theorie« war sein Werkzeug zur Emanzipation vom herkömmlichen Wissen. Ein Student, der an der University of San Diego Seminare bei ihm besuchte, schrieb: »Marcuse hat das einmalige Talent, einer Studentenschaft, die wie die Besetzung eines Hollywood-Surferfilms aussieht, Kant, Hegel und Marx nahezubringen.«[50]

Triebstruktur und Gesellschaft bot eine freudianische Interpretation der westlichen Gesellschaft, die aber auf Freuds Pessimismus verzichtete. Das, was Freud den »Todestrieb« genannt hatte, sei weniger in der Natur des Menschen angelegt als vielmehr durch seine Unterdrückung und insbesondere die »zusätzliche Unterdrückung« durch den westlichen Kapitalismus bedingt. Diese Unterdrückung war nun durch die Automatisierung der Arbeit zwar überflüssig geworden, wurde aber von den Mächtigen, deren Interessen sie dienlich war, weiter aufrechterhalten. Somit lag der Schlüssel zur Revolution in der Resexualisierung. Die Menschen mussten in den ursprünglichen Zustand der »polymorphen Perversion« zurückkehren, in dem der gesamte Körper Quelle erotischer Lust ist, um so die Psychologie der Unterdrückung zu zerstören, auf der der Kapitalismus gründet.

Zu der Zeit, als Marcuse *Der eindimensionale Mensch* schrieb, war seine Hoffnung auf die Revolution schon dabei zu verblassen. »Die Unterbindung sozialen Wandels ist vielleicht die am meisten hervorstechende Leistung der fortgeschrittenen Industriegesellschaft«, konstatierte er in seiner Vorrede zu dem Buch.[51] »Konsumismus, Werbung, Massenkultur und Ideologie« hatten, wie Douglas Kellner im Vorwort zur zweiten Ausgabe des Originals schrieb, das Individuum in die kapitalistische Ordnung integriert und alle Aussichten auf eine »kritische Philosophie« zerstört.[52] Die moderne Gesellschaft brauchte keinen Terror mehr, sie hatte die Technologie.

In *Der eindimensionale Mensch* entwirft Marcuse das Porträt einer albtraumhaften Welt des »glücklichen Bewusstseins«, die es mit Anti-Utopien wie *Schöne neue Welt* aufnehmen kann, mit dem kleinen Unterschied, dass sie in den zeitgenössischen Vereinigten Staaten angesiedelt ist. Die Technologie verleiht jedem Trieb einen beschränkten, zugewiesenen Ausdruck. Oppositionelles Denken muss nicht mehr unterdrückt werden: Es findet nicht mehr statt. Kultur wird assimiliert zur Konsumtion, um Abweichungen kümmern sich die Psychiater. Der entscheidende Punkt ist, dass diese glückliche Welt eine Welt der »repressiven Entsublimierung« ist, deren Wohlstand »genau in dem Maße repressiv [ist], wie er die Befriedigung von Bedürfnissen fördert, die es nötig machen, die Hetzjagd fortzusetzen, um mit seinesgleichen und dem eingeplanten vorzeitigen Verschleiß Schritt zu halten«.[53] Niemand sucht mehr nach Befreiung, weil sie, hübsch in Geschenkpapier einhüllt, ja schon längst geliefert worden ist. Kriege finden statt, aber nur »außerhalb« – in unterentwickelten Ländern.

In der Welt des glücklichen Bewusstseins ist die soziale Grundlage für Wandel verschwunden. Die Arbeiterklasse ist zu einer Stütze der etablierten Ordnung geworden; absolute Verweigerung ist »politisch impotent«. Die Automatisierung mag die Menschen vielleicht von der Notwendigkeit zur Arbeit befreit haben, aber ihre Köpfe werden immer noch von der Technologie kontrolliert. In *Triebstruktur und Gesellschaft* hatte Marcuse noch die »oppositionelle« Funktion (sexueller) Perversionen wie der Homosexualität gepriesen. »Die Perversionen«, schrieb er, »drücken somit eine Auflehnung gegen [...] die Tyrannei der

Fortpflanzung und [...] die Institutionen aus, die diese Tyrannei garantieren.«[54] Aber in seinem späteren Buch ging er auf dieses Thema nicht mehr ein: »Perversionen« waren zum Teil der neuen Normalität geworden. Es gab keinen Ausweg.

Oder doch? »Unter der konservativen Volksbasis befindet sich jedoch«, schreibt Marcuse in *Der eindimensionale Mensch,* »das Substrat der Geächteten und Außenseiter: die Ausgebeuteten und Verfolgten anderer Rassen und anderer Farben, die Arbeitslosen und die Arbeitsunfähigen.«[55] Das ist das neue Gespenst der Revolution. Aber es ist viel schwächlicher als jenes, das Marx einst heraufbeschwor und das seine bourgeoisen Leser in Angst und Schrecken versetzte. Marcuse schließt denn auch mit den Worten: »Aber das ist nichts als eine Chance.«

Wir wissen natürlich, dass kein sexuelles Utopia verwirklicht wurde. Was auch alles andere als überraschend ist. Utopien sind vervollkommnte Gesellschaften, wie sie in dieser Welt niemals entstehen können. Durchaus interessant aber ist die Frage, warum nicht mehr Fortschritte bei der Verwirklichung der Träume der sexuellen Utopisten erreicht worden sind.

Der offensichtlichste Grund war das Unvermögen der westlichen Volkswirtschaften, das Versprechen vom allgemeinen Überfluss zu erfüllen. In der Praxis folgte auf die Protestbewegungen der 1960er-Jahre sehr schnell der Zusammenbruch des keynesianischen Staats, auf dem die Erwartungen von einem unmittelbar bevorstehenden Überfluss geruht hatten. Und mit ihm das Ende des Utopismus. Im Westen (nicht aber in Lateinamerika) wurde Marcuse noch vor seinem Tod zu einem Museumsstück. Die Welt der ungesicherten Arbeit kehrte zurück, der Trend zu einer gleichmäßigeren Einkommensverteilung wurde umgekehrt, und die kreative Zerstörung feierte ihre Wiederauferstehung. Unter Reagan und Thatcher gewann der Kapitalismus viel von seinem alten seeräuberischen Piratengeist zurück, und der Traum der triebhaften Befreiung vom Sprungbrett eines verwalteten Überflusses zerstob.

Doch selbst wenn sich das Wachstum im bisherigen Tempo fortgesetzt hätte, der Utopismus der 1960er-Jahre war zum Scheitern verurteilt.

Marcuse selbst erkannte die ausgeprägte Fähigkeit des Kapitalismus, den sozialen Wandel zu »unterbinden« beziehungsweise »einzudämmen«. Die Sex-and-Drugs-and-Rock-'n'-Roll-Kultur der Jugend erwies sich als absolut kompatibel mit den existierenden Herrschaftsbeziehungen, wenn auch in einer etwas abgewandelten Form. Wie sich nämlich zeigen sollte, verstand sich der Kapitalismus sehr gut auf die Kommerzialisierung der sexuellen Revolution; er absorbierte sie und verwandelte sie in vermarktbare Produkte, während Gewalt, ob nun krimineller oder revolutionärer Natur, ins Repertoire der Unterhaltungsindustrie aufgenommen wurde. Das kapitalistische System hat eine enorme Fähigkeit demonstriert, Prügel einzustecken, ohne k.o. zu gehen. Es ist wie ein gigantischer Punchingball, der, egal, wie hart man auf ihn eindrischt, immer wieder zurückkommt, nicht notwendigerweise in genau derselben Form, aber unverkennbar von derselben Substanz.

Nichtsdestotrotz, indem Marcuse das Wort »containment« – Eindämmung – verwendet, wird ein vorschnelles Urteil in der Sache gefällt. »Containment« bedeutet in diesem Zusammenhang auch Pluralismus. Liberaldemokratische Gesellschaften bieten vielen Akteuren ein Zuhause, die das Gewinnstreben ablehnen. Für Marcuse (wie für die marxistischen Intransigenten) waren sozialdemokratische Regierungen und Gewerkschaften Teile desselben repressiven Systems, das *in toto* zu negieren war. Ebenso unterließ Marcuse es, den qualitativen Unterschieden zwischen Faschismus und Demokratie und der Größenordnung ihrer jeweiligen Grausamkeiten ein auch nur annähernd angemessenes Gewicht beizumessen. Seine Besessenheit mit dem »Todestrieb« war, natürlich, stark beeinflusst von dem von den Nationalsozialisten tatsächlich angerichteten Holocaust und dem drohenden atomaren Holocaust. Mit die bissigsten Passagen über das »glückliche Bewusstsein« sind diejenigen, in denen er sich über Atomschutzbunker auslässt, die mit Teppich und den üblichen Paraphernalien der Konsumgesellschaft ausgestattet sind.

Marcuses fundamentaler Fehler war der aller Utopisten: Er verschloss seine Augen vor dem offenkundigen Faktum der »Erbsünde«.

Das erlaubte es ihm, die ganzen mit dem Sexualtrieb einhergehenden Übel – Eifersucht, Pornografie, Sadismus und so weiter – als Produkte seiner Unterdrückung durch den Kapitalismus zu interpretieren. Hebe die Unterdrückung auf, und die Sexualität kehrt automatisch in den Zustand der kindlichen Unschuld zurück. Das war eine oberflächliche Philosophie, die Freud selbst nie so vertrat. Der Sexualtrieb ist in seinem Ursprung mit Macht und Verwundbarkeit verbunden, was bedeutet, dass seine Regulierung kein vorübergehendes Phänomen ist, sondern eine Grundvoraussetzung des zivilisierten Lebens.

Marcuse ignorierte nicht nur das wahre Ausmaß der Lust, sondern auch der Gier, die den Menschen innewohnt. Wie andere Marxisten war er überzeugt, dass die Multiplikation der Bedürfnisse uns von einem bösen produktiven Apparat aufgezwungen wird. Wir mussten uns nur von diesem Apparat befreien, und schon würden unsere Begierden auf ihr »natürliches« Maß zurückgehen. Er verstand nicht, dass das Begehren des Menschen sich automatisch vermehrt, es sei denn, es wird durch moralische Disziplin in Schach gehalten. Der Hedonismus der 1960er-Jahre führte naturgemäß zum Konsumismus der 1980er-Jahre.

Der Kapitalismus, haben wir argumentiert, gründet auf einem faustischen Handel. Die Teufel der Habgier und des Wuchers wurden von der Leine gelassen, mit der stillschweigenden Annahme, dass sie, nachdem sie die Menschheit aus ihrer Not und Armut befreit hatten, wieder – und zwar endgültig – von der Bühne abtreten würden. Ein Paradies des Überflusses würde folgen, eine Welt, in der alle Menschen die Möglichkeit hatten, so zu leben, wie es bis dahin nur die Reichen gekonnt hatten. Dieser Mythos findet sich in verschiedenen Variationen bei Marx, Mill, Marcuse und anderen. Die Zeitpläne und Mechanismen unterschieden sich, aber alle waren sich darin einig, dass früher oder später die glückliche Stunde schlagen würde.

Doch wie wir aus Märchen und Sagen wissen, erfüllt der Teufel seine Versprechen nur nach ihrem Wortlaut, nicht nach ihrem Geist. Ja, wir sind heute reicher als jemals zuvor, und ja, die durchschnittlichen Arbeitszeiten sind zurückgegangen, wenn auch nicht in dem von Keynes erwarteten Maße. Aber das Zeitalter des Überflusses ist nicht gekommen. Das unbarmherzige Streben nach materiellen Vorteilen – das schon von Mills beklagte »Stoßen, Drängen [und] einander auf die Fersen Treten« – bleibt bis auf absehbare Zukunft hinaus unser Los. Der Stollen wirtschaftlicher Notwendigkeit, der uns in das helle Tageslicht der ökonomischen Glückseligkeit führen sollte, erstreckt sich endlos vor uns.

Wie in Kapitel 1 gezeigt, bestand Keynes' Irrtum in der Annahme, unsere materiellen Begierden seien von Natur aus endlich. Aus diesem Grund, und nur aus diesem Grund, konnte er sich mit der Aussicht abfinden, dass wir ihnen zügellos frönen würden: Eines Tages, so seine Überzeugung, würden sie alle erfüllt sein und könnten wir uns »höheren Zielen« widmen. Wir wissen es besser. Die Erfahrung hat uns gelehrt, dass die materiellen Begierden keine natürlichen Grenzen kennen, dass sie ohne Ende immer weiter zunehmen, es sei denn, wir schränken sie bewusst ein. Der Kapitalismus basiert ja gerade auf dieser grenzenlosen Expansion der Begierden. Was im Übrigen auch der Grund ist, warum er trotz aller seiner Erfolge so wenig geliebt wird. Er hat uns zwar Wohlstand über alle Maßen beschert, doch zugleich den größten Vorzug dieses Wohlstands weggenommen: das Bewusstsein, genug zu haben.

Die Denker der vormodernen Welt waren frei von solchen Illusionen. Wie Keynes unterstellten sie dem menschlichen Streben nach materiellen Dingen ein inhärentes Ende oder Ziel, anders als er aber gingen sie nicht davon aus, dass dieser Drang nach Erreichen des Ziels urplötzlich verschwinden würde. Sie wussten, dass der Erwerbstrieb immer zum Exzess neigt und seine Eingrenzung unweigerlich einen willentlichen Aufwand erfordert. Weil sie keine »Dialektik« erkannten, durch welche die Gewinnsucht zu einem guten Zweck gewendet werden könnte, kam es ihnen auch nie in den Sinn, sie von ihren moralischen Fesseln zu befreien. Die Denker der Antike waren in diesem Punkt einer Meinung. Selbst Epikur, der Erzhedonist, war der Meinung, dass Genuss am besten zu erreichen sei durch die Unterdrückung aller überflüssigen Begierden, einschließlich der Gier nach Reichtum. Doch sein Rat wird von den meisten modernen Hedonisten, Erben des romantischen Kultes des Überflusses, ignoriert.

Das ökonomische Denken aus der Zeit vor der Aufklärung wird oftmals als eine Gemengelage aus Bigotterie und Unwissenheit abgetan. Doch das Versagen des modernen Zeitalters, sein utopisches Versprechen einzulösen, lässt die alten Weisheiten in einem freundlicheren Licht erscheinen. Der Kapitalismus hat, wie inzwischen klar sein dürfte, keine in ihm angelegte Neigung, sich zu etwas Edlerem, Höheren zu entwickeln. Auf sich allein gestellt, wird die Maschinerie der Begierdenerzeugung immer weiter malmen, ohne Ende und ohne Ziel. Wenden wir uns also diesen halb vergessenen, vormodernen Denkern zu; vielleicht besitzen sie ja den Schlüssel zur Lösung der misslichen Lage, in der wir uns heute befinden.

3 ÜBER DEN NUTZEN VON REICHTUM

Wer ist reich? Der nimmer begehrt!
Wer arm? Nur der Geizhals!

AUSONIUS

Bevor das faustische Projekt in die Gänge kam, wurde das Nachdenken über Reichtum von der Vorstellung von Grenzen geprägt. Der genaue Verlauf dieser Grenzen war wohl umstritten, ihre Existenz aber über jeden Zweifel erhaben. Darauf konnten sich nicht nur Virgil, Machiavelli und Franziskus von Assisi ungeachtet all ihrer sonstigen Differenzen einigen. Wie wir sehen werden, teilten auch Schriftsteller und Philosophen aus so fernen Ländern wie China und Indien diese Auffassung.

Aristoteles ist die klassische Quelle für das vormoderne ökonomische Denken, und das aus zwei Gründen. Erstens versuchte er im Gegensatz zu seinem radikaleren Vorgänger Platon nicht, ein soziales Konzept mithilfe reiner Vernunft heraufzubeschwören. Sein Ziel war es schlicht, die Meinungen seiner gelehrten Zeitgenossen zusammenzutragen und sie zu einem System zu verschmelzen. Wenn Joseph Schumpeter den ökonomischen Schriften des Aristoteles »einen ehrbaren, prosaischen, irgendwie mittelmäßigen und recht schwülstigen ›gesunden Menschenverstand‹« unterstellt, dann ist das zwar eine Karikatur, aber auch keine völlige Verzerrung.[1] Zweitens, und damit verbunden, war Aristoteles der bestimmende Einflussgeber für die gesamte ökonomische Theoriebildung vom 12. bis zum 17. Jahrhundert. Er erstellte einen Ideenrahmen, der, mit verschiedenen Modifikationen, überdauern sollte, bis er durch das gleichermaßen imposante Ideengebäude Adam Smiths' ersetzt wurde.

»Aristoteles' ökonomische Schriften« ist natürlich ein Anachronismus. Aristoteles kannte nichts in der Art der modernen Volkswirtschaftslehre. Er kannte sehr wohl *oikonomikē,* von dem sich unsere heutigen Begriffe »Ökonomie« und »Ökonomik« ableiten, aber dabei handelte es sich um die Kunst der Haushaltsführung, die unter anderem Dinge wie den Weinbau und die Bestrafung von Sklaven umfasste. Was wir von Aristoteles' ökonomischem Denken wissen, ist zwei Abschnitten seiner *Politik* und der *Nikomachischen Ethik* entnommen, die sich mit dem Erwerbs- respektive dem Tauschwesen befassen. Die Diskussionen sind vorrangig auf das Ethische und das Politische ausgerichtet; Handel und Gewerbe werden als ein Aspekt des gemeinschaftlichen Lebens betrachtet und wie alle anderen Aspekte der Gerechtigkeit und ihren Schwestertugenden untergeordnet. Für Aristoteles gab es keine Ökonomik, keine Volkswirtschaftslehre, weil es keine Ökonomie, keine Volkswirtschaft gab – soll heißen keine abgegrenzte gesellschaftliche Sphäre mit autonomen Handlungsgesetzen.

Dass Aristoteles' Werk »Ökonomie« als Kategorie nicht kennt, ist kaum überraschend. Im 4. Jahrhundert vor Christus war Athen nach wie vor eine größtenteils agrarische Gesellschaft. Die grundlegende Produktionseinheit war der Haushalt, der aus dem Haushaltsvorstand, seiner Familie und den Abhängigen, Sklaven sowie gelegentlichen Aushilfen bestand. Die meisten Haushalte waren auf die Selbstversorgung ausgerichtet; für den Tauschhandel, der sich auf bestimmte Erzeugnisse beschränkte, wurde nur im kleinen Maßstab produziert. Geld war allgemein verbreitet, aber Kapital oder Kredit gab es nur in sehr geringem Umfang. Wer Münzen besaß, vergrub diese einfach im Boden. In einer solchen Gesellschaft wurden Vorgänge wie Tauschen und Leihen als persönliche Handlungen begriffen, als freundschaftliches oder unfreundschaftliches Verhalten. Das spezifisch kommerzielle Motiv war zwar nicht unbekannt, galt aber gemeinhin als unerwünschte Abweichung, nicht als normaler Bestandteil sozialer Beziehungen. Die ethische Perspektive war allumfassend.[*]

---

[*] Diese Interpretation ist umstritten. Wir folgen hier der sogenannten »primitivistischen« Schule, die einen radikalen Bruch zwischen der antiken Ökonomie und dem modernen Kapitalismus annimmt. Siehe Scott Meikle, *Aristotle's Economic Thought,* Oxford 1995, ein Werk, dem wir viel zu verdanken haben.

Das erste Prinzip von Aristoteles' moralischen Überlegungen lautet, dass der Mensch, wie alle Lebensformen, ein *Telos* hat, einen Zustand der Erfüllung oder Vollendung. Aristoteles identifizierte dieses *Telos* mit dem guten Leben, dem *Euzēn,* denn dies ist die einzige Sache, bei der die Frage »Wofür ist es gut?« ohne Sinn ist. Das Leben kennt kein anderes Ziel als seine eigene Vervollkommnung; diese Vervollkommnung irgendeinem entfernten Ziel zu opfern – der Revolution oder, sagen wir, dem Erfolg der Konzernmarke –, wäre töricht oder schlimmer. Doch das ist beileibe kein Freibrief für Nachgiebigkeit gegen sich selbst. Der Landstreicher in dem Lied, der von einer Welt träumt, in der Hühner weichgekochte Eier legen und von den Felsen der Alkohol fließt, strebt kein gutes Leben im aristotelischen Sinne an. Das gute Leben ist nicht einfach eines der erfüllten Begierden, es beschreibt vielmehr das angemessene *Ziel* des Begehrens. Das Streben muss kultiviert, auf das wahrhaft Begehrenswerte ausgerichtet werden. Sittliche Erziehung heißt Erziehung der Gefühle.

Heute, da die ethische Debatte von den Großmeistern der Pflichterfüllung auf der einen und denen der Selbstverwirklichung auf der anderen Seite dominiert wird, tritt kaum jemand mehr für Aristoteles' Konzept des guten Lebens ein. Den Parteigängern der Pflichterfüllung erscheint es selbstbezogen und aufgesetzt: »Mein Ziel ist es nicht, ein gutes Leben zu führen«, könnte etwa ein Umweltaktivist sagen, »sondern, den Planeten zu retten.« Und den Anhängern der Selbstverwirklichung erscheint es hoffnungslos paternalistisch, wenn nicht einfach bedeutungslos. Das »gute Leben« ist doch etwas, was jedes Individuum für sich selbst definieren muss, entsprechend seiner ganz persönlichen Vorlieben und Überzeugungen. »I did it my way«, singt Frank Sinatra, und wir applaudieren. Diese beiden Prinzipien, Pflichterfüllung und Selbstverwirklichung, bestimmen zusammen das moderne moralische Empfinden, das eine reguliert die Art und Weise, wie wir mit unseren Mitbürgern umgehen, das andere unsere privaten Explorationen. Platz für das gute Leben bleibt da nicht.

In der Welt der Antike dagegen stand die Frage nach dem bestmöglichen Leben im Zentrum der sittlichen Debatte. Die Antworten darauf reichten vom politischen Aktivismus des Perikles auf der einen bis hin zum philosophischen Quietismus Epikurs und seiner Anhänger auf der anderen Seite. Aristoteles' Beitrag zu dieser Debatte ist, typisch für ihn, vermittelnder Natur. Er lobt die staatsbürgerliche und militärische Gesinnung, wo er nur kann, bevor er sich schlussendlich für die Philosophie ausspricht – für eine Lebensweise, die »durch ihre Reinheit und Dauer großartige Lust gewährt«.[2] (Aristoteles hatte ganz offenkundig nicht die blasseste Ahnung von den Zuständen in der modernen akademischen Philosophie.) Wichtig hierbei sind aber weniger die Einzelheiten dieser Debatte, als vielmehr zwei Annahmen, die von allen Teilnehmern geteilt wurden. Dabei handelt es sich a) um die Annahme, dass eine bestimmte Lebensführung besser *ist* als andere, unabhängig von den individuellen Vorlieben und Überzeugungen, und b) die Annahme, dass diese beste Lebensführung sich in der Muße findet. Arbeit war für die alten Griechen allein ein Mittel zum Zweck und kam deshalb als Element eines guten Lebens erst gar nicht in Betracht. Nur Tätigkeiten ohne einen äußeren Zweck – vor allem die Philosophie und die Politik, beide nichtinstrumentell aufgefasst – konnten auf einen Platz auf der Auswahlliste hoffen. Eine Einstellung, die, wie wir sehen werden, noch sehr lange nachwirken sollte.

Ein gutes Leben, argumentiert Aristoteles, verlangt nicht nur die unterschiedlichen Vorzüge des Charakters und Verstands (Mut, Mäßigung, Großzügigkeit und Weisheit neben anderen), sondern setzt auch die zu ihrer Verwirklichung erforderlichen »äußeren Mittel« voraus: »Denn ohne das Notwendige ist sowohl das Leben unmöglich als auch das gute Leben.«[3] Dabei denkt Aristoteles an Dinge wie Land für den Ackerbau, Sklaven zu seiner Bestellung, Unterkunft, Kleidung, Möbel und so weiter – an Dinge also, die notwendig sind, weil wir sie in einer bestimmten Weise gebrauchen, sprich an den »Gebrauchswert« der Dinge, wie die Marxisten sagen. In welcher Art und Menge genau diese Gebrauchswerte erforderlich sind, hängt von der Art Leben ab, das unterstützt werden will. Ein politisches Leben benötigt etwas mehr, ein philosophisches Leben etwas weniger. Aber keine Form des guten Lebens kann gänzlich auf diese äußeren Mittel verzichten, wie Sokrates' mehr asketische gesinnte Gefolgsleute behaupteten. Zugleich impliziert jede dieser Lebensweisen, ob nun asketisch oder glänzend, eine ihr eigene Beschränkung des Strebens nach diesen Mitteln. Man benötigt eben nur so und so viele Jacken, Betten, Häuser und so weiter; darüber hinaus Dinge zu horten, wie Imelda Marcos ihre 2700 Paar Schuhe, ist schlichtweg verrückt. Der rechtschaffene und gemäßigte Mensch erwirbt nur die Dinge, die er für ein gutes Leben benötigt, und lässt es dann gut sein.

Nun ist Dingen neben ihrem Gebrauchswert noch ein weiterer Wert zueigen, ein Wert, der in ihrer Tauschfähigkeit gründet. Das Verhältnis von Gebrauchswert zu »Tauschwert« – wie wir dazu einmal mehr mit Marx sagen können – bereitete Aristoteles ganz erhebliche Kopfschmerzen.* Der Gebrauchswert ist heterogen und inkommensurabel. Ein Bett und ein Schwein tragen auf sehr unterschiedliche Weise zum guten Leben bei; das eine ist zum Schlafen da, das andere, um gegessen zu werden. Ein Bett kann besser als ein anderes Bett sein, aber zu sagen, ein Bett sei besser als ein Schwein – oder gar fünf Mal besser –, ergibt offensichtlich keinen Sinn. Doch wann immer wir ein Bett gegen ein Schwein (beziehungsweise fünf Schweine) eintauschen oder beide in monetären Begriffen werten, unterstellen wir eben ein solches gemeinsames Maß. Diese Transformation des »Ungleichen« in »Gleiches« ist ein Mysterium, das Aristoteles niemals wirklich löst, ja angesichts seiner Prämissen gar nicht lösen kann. Der Tausch bleibt ein metaphysischer Skandal, eine Missachtung der qualitativen Einzigartigkeit der Dinge. Viele Denker nach ihm verspürten dasselbe Unbehagen. So beklagte der deutsche Soziologe Georg Simmel etwa die »Reduktion auf den Mittelwert des Geldes, die sich die spezifischen Werte des Lebens gefallen lassen müssen«.[4] Keynes war ebenfalls ein echter Aristoteliker in seiner Präferenz für »Geschäfte, die wirkliche Geschäfte sind und nicht nur eine Spalte auf der Rechentafel«.[5]

Aristoteles geht nicht so weit, den Tauschhandel – ungeachtet seiner

---

* Dass Marx' Begrifflichkeit so gut zu Aristoteles' Ausführungen passt, ist kein Zufall. Marx war stark von Aristoteles beeinflusst.

metaphysischen Unschicklichkeit – direkt zu verdammen. Er akzeptiert die »von Natur aus [bestehende] Erwerbskunst« – die Kunst, Haushalte und Staaten mit den guten Dingen des Lebens zu versorgen. Probleme treten aber dann auf, wenn diese Art des naturgemäßen Erwerbsstrebens die Grenze zu einer anderen, unnatürlichen Erwerbsart überschreitet. Das Geld ist die Schlange im Garten des Herrn, denn mit ihm eröffnet sich die – dem Tauschhandel unbekannte – Möglichkeit, Dinge zu kaufen, nicht um sie zu gebrauchen, sondern um sie für *mehr* zu verkaufen. Ursprünglich und eigentlich ein Tauschmittel, wird das Geld so rasch zu einem Zweck an sich und der Gebrauchswert der Dinge zum bloßen Mittel. Häuser, Höfe und Gerätschaften werden ihres eigentlichen Zwecks beraubt und ohne Blick auf ihre Unterschiede in Träger monetärer Werte verwandelt. Diese Perversion von Mitteln zu Zwecken und Zwecken zu Mitteln findet ihren extremsten Ausdruck im Wucher, »weil dort vom Geld selbst das Erwerben rührt, nicht aber von dem, wozu eigentlich das Geld angeschafft wurde«.[6]

Zwei Aspekte dieses Prozesses sind es, die Aristoteles besonders beunruhigen. Der erste betrifft seine Macht, das gerechte Ziel aller menschlichen Betätigungen dem Behelfsziel des Gelderwerbs unterzuordnen. »Diese Leute aber«, klagt er in seiner *Politik,* »machen alle Fertigkeitskünste zu kapitalerwerbenden.«[7] Die Konsequenzen dieser Verderbtheit sind allenthalben leicht zu sehen: Ärzte denken nur an ihr Honorar, Soldaten kämpfen nur gegen Sold, Gelehrte verlangen Geld für ihr Wissen. Auch die Handwerkskunst leidet darunter, wie Aristoteles am Beispiel des »delphischen Messers« zeigt, ein billiger Artikel, der zum Schneiden und Hämmern gedacht war und weder für das eine noch das andere taugte. (Das Schlafsofa könnte vielleicht eine moderne Entsprechung sein.) Worauf es Aristoteles dabei ankommt, ist, dass Dinge, die hauptsächlich um des Gewinns willen und nicht um ihrer selbst willen gemacht werden, aller Wahrscheinlichkeit nach schlecht oder gerade eben nur so gut gemacht werden, dass man seine Kundschaft nicht gleich vergrault. Wenn das Geschäft von General Motors darin besteht, Geld zu machen, nicht Autos, wie GM-CEO Thomas Murphy einmal meinte, sollten sich qualitätsbewusste Autofahrer vielleicht lieber bei anderen Herstellern umschauen.

Aristoteles' zweite Sorge betrifft die Unersättlichkeit. Gebrauchswerte haben, wie gesehen, ein begrenzendes Ziel: ein gutes Leben. Ihnen über diesen Punkt hinaus nachzujagen, ist sinnlos. Beim Geld dagegen gibt es kein Schranken setzendes Ziel. Als ein in sich leeres Allzweckinstrument sind seine Verwendungsmöglichkeiten so vielfältig wie die Wünsche der Menschen selbst und ebenso grenzenlos. Wenn es gute Gründe dafür gibt, sein Vermögen von 1000 Pfund auf 10.000 Pfund zu erhöhen, dann gibt es ebenso gute Gründe, es von 10.000 auf 100.000 Pfund zu vermehren. Natürlich kann man auch reale Güter ohne Ende akkumulieren, aber ein solches Verhalten ist entweder eindeutig irrational (siehe Imelda Marcos) oder aber ein Zeichen dafür, dass die fraglichen Güter als Wertaufbewahrungsmittel behandelt werden. Geld ist die eine Sache, von der es niemals genug gibt, aus dem einfachen Grund, dass das Konzept »genug« im Zusammenhang mit Geld keine logische Anwendung findet. Vollkommene Gesundheit und absolute Glückseligkeit kann es geben, vollkommenen Reichtum nicht.

Aristoteles' Befürchtungen hinsichtlich der Unersättlichkeit wurden im alten Griechenland weithin geteilt. »Reichtum hat keine Grenze, die greifbar den Menschen gesetzt ist«, verkündete der Dichter und Gesetzgeber Solon. Dem legendären König Midas wurde die Gabe verliehen, alles, was er berührt, in Gold zu verwandeln, mit dem Ergebnis, dass er inmitten sagenhaften Reichtums verhungerte – ein schlagendes Bild für den Verzicht auf den Gebrauchs- zugunsten des Tauschwerts. Mit demselben Thema setzt sich Aristophanes in seinem Stück *Plutos* auseinander. »So kann sich dein keiner auch ersättigen«, sagt Chremylos zum Plutos, dem Gott des Geldes:

> Denn alles andre kriegt man doch am Ende satt. / Satt Liebe ja. / Brot. / Schöne Künste. / Naschereien. / Satt Ehrgier. / Kuchen. / Männeradel. / Feigen. / Satt Gewalt und Ansehn. / Brei. / Feldherrschaft. / Linsenmus. / Nur deiner satt war nun und nimmer noch ein Mensch. / Vielmehr hat

wer dreizehn Talente, lüstets ihn / Nur um so mehr nach sechzehn, und hat er die / Herbeigeschafft, nach vierzig giert er plötzlich jetzt. / Wie, sagt er, ist das Leben sonst des Lebens wert.[8]

Das Misstrauen gegenüber dem Grenzenlosen und Unendlichen war charakteristisch für das griechische Denken im Allgemeinen, die Astronomie und die Mathematik eingeschlossen. Nach Aristoteles' Überzeugung mussten die Sterne, als perfekte Körper, eine zirkuläre, sprich eine finite Bewegung beschreiben. Pythagoras verabscheute die irrationalen Zahlen so sehr, dass er, so heißt es, ihren unglückseligen Entdecker umbrachte. Die Griechen wussten noch nichts von der Zauberkraft der niemals endenden Aufgaben und grenzenlosen Sehnsüchte, die im modernen Kapitalismus nur eine besonders bemerkenswerte Manifestation finden. Sie waren ein zutiefst »unfaustisches« Volk.

Alle antiken griechischen Philosophen teilten Aristoteles' Beharrlichkeit darin, das Begehren auf die Bedürfnisse zu begrenzen, auch wenn sie sich in ihren Auslegungen, was denn diese Bedürfnisse seien, stark unterschieden. Am einen Extrem finden wir Diogenes von Sinope, den Kyniker aus dem 4. Jahrhundert vor Christus, der in einer Tonne wohnte und seine Trinkschale wegwarf, nachdem er ein Kind Wasser aus der hohlen Hand trinken sah. (Gefragt von Alexander dem Großen, ob er etwas für ihn tun könne, soll Diogenes geantwortet haben: »Geh mir aus der Sonne.«) Ein deutlich liebenswürdigerer Asket war Diogenes' Zeitgenosse Epikur. Dieser, Vegetarier und strikter Abstinenzler und keineswegs der »Epikureer« der weit verbreiteten Legende, lehrte, dass das Vergnügen weniger in der Befriedigung eines Wunsches liege, als vielmehr in dessen Reduzierung auf das absolute Minimum. Seine Anhänger versammelten sich in einem Garten fern des hektischen Getriebes der Agora, wo sie die Zeit mit Konversationen und Unterweisungen verbrachten.

Die philosophische Geringschätzung des Reichtums wanderte vom antiken Griechenland ins alte Rom, wo es mit der im letzten Kapitel erwähnten republikanischen Austerität verschmolz. Das Anprangern von *avaritia* (Habgier) und *luxuria* (Luxus) gehörte neben der Unterstellung sexueller Ausschweifungen zum Standardarsenal der römischen Satire. »[Weder] heiße Sommerhitze noch Winterfrost hält [dich] von der Jagd nach Gewinn zurück«, rief Horaz dem Gierhals ins Gesicht, »Feuer, Meer, Schwert – nichts steht dir im Wege, wenn nur nicht irgendjemand reicher ist als du.«[9] Während die römischen Philosophen aller Schulen die *parsimonia,* die Genügsamkeit, priesen, wurden die weniger philosophisch Geneigten durch Gesetze gegen übertriebenen Luxus in Schach gehalten. Das vorherrschende Modell war diätetisch: So, wie wir uns beibringen müssen, mit dem Essen aufzuhören, wenn wir satt sind, so müssen wir, individuell und kollektiv, lernen, mit der Akkumulation von Reichtum aufzuhören, wenn wir genug haben.

Was würden Aristoteles und die anderen antiken Philosophen zu unserer heutigen Misslage sagen? Gelegentliche Fälle von Habgier und Extravaganz würden sie kaum überraschen; die Antike hatte nicht nur einen Midas oder Krösus. Dasselbe gilt für die in Kapitel 1 skizzierte Dynamik der Begierdenerzeugung; Ähnliches gab es auch damals, wenn auch in viel kleinerem Umfang. Was sie dagegen über alle Maßen erstaunen würde, wäre die Tatsache, dass wir dergleichen Dinge nicht als schändliche Abweichungen betrachten, sondern als einen normalen und unerlässlichen Bestandteil der gesellschaftlichen Mechanismen, ja sogar als Zeichen der Lebenskraft. Aristoteles kannte Unersättlichkeit nur als individuelles Laster; von der kollektiven, politisch organisierten Unersättlichkeit, die wir Wachstum nennen, hatte er nicht die geringste Vorstellung. Die Zivilisation des *toujours plus,* des »Immer mehr«, wie der französische Philosoph Bertrand de Jouvenel dazu sagte, würde ihm als moralischer und politischer Wahnsinn erscheinen.

ÖKONOMISCHE EINSTELLUNGEN IN EUROPA UND ASIEN

Aristoteles wird oft und nicht ganz zu Unrecht als Ideologe einer sklavenhaltenden Oligarchie abgetan. Seine Vorstellung von einem guten Leben ist sehr stark eine seines Ortes und seiner Zeit. Sie lässt keinen Raum für die Freuden der Natur, der Einsamkeit, der künstlerischen Schöpfung oder der religiösen Ekstase, für all die Dinge, die wertzuschätzen das Christentum und die Romantik uns gelehrt haben. Und natürlich ist das gute Leben dem griechischen Mann und Bürger vorbehalten; Frauen, Barbaren und Sklaven sind davon ausgeschlossen. Wie kann diese Apologie der attischen Gesellschaftsordnung im 4. Jahrhundert vor Christus für uns heute noch von Interesse sein?

Derlei Vorwürfe gegen Aristoteles sind ja schön und gut, aber sie treffen nicht das, was am Tiefsten und Dauerhaftesten in seinem Denken ist. Aristoteles' Vorstellung von einem guten Leben mag beschränkt sein, aber seine Annahme, dass es ein gutes Leben *gibt* und dass Geld nichts weiter als ein Mittel ist, um dieses gute Leben führen zu können, ist – mit Ausnahme der unseren – jeder großen Weltzivilisation zueigen. Indem Aristoteles diese Annahme in aller Deutlichkeit artikulierte, schuf er ein auf höchst unterschiedliche moralische Ideale anwendbares intellektuelles Gerüst. Juden, Christen, Moslems, sie alle konnten sein Gedankengebäude nutzen; selbst in solchen dem Abendland durch und durch fremden Zivilisationen wie denen Indiens und Chinas finden sich Parallelen dazu. Angesichts dieser umfassenden Zustimmung ist es unser Glaube an den Gelderwerb als Ziel an sich, der sich als Abweichung darstellt, als etwas, das der Erklärung bedarf.

Die Geburt des Christentums signalisierte eine Gewichtsverlagerung in der Haltung zum Bereich des Wirtschaftlichen, aber keine Revolution. Jesus' Aufforderung, die Lilien des Feldes zu sehen, lässt sich ohne Weiteres in den Reigen der klassischen Schmähungen von Habgier und Luxus einreihen. Die Christen unterschieden sich von ihren heidnischen Vorfahren nur darin, dass sie die Weltablehnung als kollektives Projekt und nicht als einen Ausdruck individueller Unabhängigkeit betrachteten. Die *Agapē,* die brüderliche Liebe, trat nun anstelle der *Autarkia,* der weitestgehenden Selbstversorgung, als Motiv für diese Zurückweisung. Zudem war den Christen eine besondere Hingabe den Armen gegenüber zueigen, den »Erben der Erde«, und eine quasi-rituelle Abscheu vor dem Geld, dem schmutzigen Mammon.[10] Schließlich waren es Silberlinge, Geldmünzen, die Judas hatten Christus verraten lassen. Doch dieser »Antikommerzialismus« fügte sich ohne Weiteres in den Rahmen des klassischen und des jüdischen Empfindens ein. Die eigentliche Neuartigkeit des Christentums lag anderswo.

Wie sehr das Christentum in der klassischen Vergangenheit wurzelt, ist nirgendwo offenkundiger als in dem berühmten Dualismus von *Vita activa* und *Vita contemplativa*: dem Dualismus des tätigen und des beschaulichen Lebens. Der Widerspruch zwischen diesen beiden Idealen nahm, wie wir gesehen haben, eine zentrale Stellung im antiken Denken ein, doch es war das mittelalterliche Christentum, das die Frage mit typologischer Präzision beantwortete. Die *Vita contemplativa*, gleichgesetzt mit dem mönchischen Leben, erhielt ganz klaren Vorrang, was die weltliche *Vita activa* automatisch auf den zweiten Platz verwies. Die Arbeit blieb derweil dem untergeordneten »Dritten Stand« vorbehalten. Das Mittelalter übernahm somit die beiden oben skizzierten klassischen Annahmen, namentlich dass eine bestimmte Art des Lebens in sich selbst gut ist und dass dies kein Leben der Arbeit ist. Von der Antike unterschied es sich allein in seiner dogmatischen Sicherheit hinsichtlich dessen, was das gute Leben tatsächlich sei.

Diese von der antiken Welt ins Mittelalter hineinreichenden Kontinuitäten bildeten die Grundlage dafür, dass Aristoteles' Werk, als es Anfang des 13. Jahrhunderts über das islamische Spanien ins christliche Europa zurückkehrte, auf Menschen stieß, die in der Lage waren, es anzunehmen. »Einem gewissen Maß nach [sucht] der Mensch [...] äußere Reichtümer zu besitzen [...], wie sie zu seinem Leben gemäß seiner Stellung notwendig sind«, lautet eine zutiefst aristotelische Passage in der *Summa Theologica* von Thomas von Aquin. »In der Überschreitung dieses Maßes besteht sohin die Sünde [der Habgier]: indem nämlich einer über das gehörige Maß sie [die äußeren Reichtümer] entweder erwerben oder behalten will.«[11] Überflüssig zu erwähnen, dass der Doctor Angelicus eine gänzlich andere Vorstellung als Aristoteles davon hatte, worin dieser »Zweck« denn bestehe und mithin auch eine andere (und bescheidenere) Auffassung der materiellen Güter, die zu seiner Erfüllung erforderlich waren. Strukturell gesehen aber, sind die beiden Erwägungen identisch. Aquin wie Aristoteles stimmen darin überein, dass das *Telos* des Menschen dem Streben nach Reichtum Grenzen setzt, und beide erkennen an, dass es in der menschlichen Natur starke Kräfte gibt, die diese Grenzen zu überschreiten trachten.

Vor allem war es Aristoteles' Verdammung des Wuchers, der die mittelalterlichen Denker in den Bann schlug. Aristoteles' Argumentation ist im Kern eine Art Wortspiel: Der Zins *(tókos)* heißt so, weil er das Geborene *(tókos)* des Geldes ist. Doch da Geld von Natur aus unfruchtbar ist, ist seine Zeugung aus sich heraus monströs und abscheulich. Dieses Bild vom Zins als eine widernatürliche Form der Vermehrung erwies sich als unwiderstehlich für die Vorstellungskraft der Theologen. »Mehrmals wird, durch die schändlichste List der Wucherei, Gold aus Gold selbst erschaffen«, lautet eine typische Passage aus der von Gratian im 12. Jahrhundert zusammengetragenen maßgebenden Sammlung kanonischen Rechts. »Niemals gibt es Befriedigung; niemals wird den Habgierigen ein Ende in Sicht kommen.«[12] Als Perversion des Zeugungsinstinkts wurde die Wucherei häufig der Sodomie an die Seite gestellt, und Dante steckte die Wucherer dann auch zusammen mit den Sodomisten in den siebten Kreis der Hölle. Zur gleichen Zeit tauchten europaweit in Schriften und Kathedralen Figuren auf, die Habgier und Wucherei verkörperten – hartherzige, untersetzte Männer, oft mit Hakennasen im Gesicht, die Geldbeutel umklammern und deren Hintern manchmal Münzen ausscheiden. Das war, natürlich, in höchstem Maße grotesk, aber doch auch nicht ohne ein Körnchen psychologischer Wahrheit. Seit jeher hatten Künstler und Schriftsteller die künstliche Produktivität des Geldes der natürlichen Fruchtbarkeit des Schosses gegenübergestellt. Wenn Midas, wie in Nathaniel Hawthornes Version der Legende, selbst seine eigene Tochter in Gold verwandelt, ist das ein geschickter dichterischer Kniff. Hinfort wird das von Midas »Geborene« allein Mammon sein.

Von der Rhetorik abgesehen, die Grundtendenz des späten mittelalterlichen Christentums wies in Richtung einer Aussöhnung mit dem Handel. Es war dies das erste große Zeitalter der kapitalistischen Expansion, und die Kirche verfügte nicht über die Macht, sie zu zügeln. Die Doktrinen zum Wucher und zum gerechten Preis wurden immer stärker eingeschränkt und verwässert und gerieten schließlich ganz außer Gebrauch. Im Gegensatz aber zu den Protestanten gab die katholische Kirche das Projekt, das wirtschaftliche Handeln der Menschen einem höheren Zweck untertan zu machen, niemals ganz auf. »Die Empfindung [schwand doch] niemals ganz«, schreibt etwa Max Weber, »dass es sich bei der auf Erwerb als Selbstzweck gerichteten Tätigkeit im Grunde um ein *pudendum* handle, welches nur die einmal vorhandenen Ordnungen des Lebens zu tolerieren nötigten.«[13] Eine wirtschaftliche Ordnung, die den menschlichen Anliegen untergeordnet ist – eine, in der die Reichtümer für die Menschen da sind, nicht der Mensch für den Reichtum, wie Antonin von Florenz das ausdrückte –, ist bis heute das Ziel des katholischen ökonomischen Denkens geblieben.

Eine rein säkulare Diskussion über das gute Leben wurde im alten Indien nicht geführt, einer Kultur, in der man weniger streng zwischen ethischen Fragen und solchen ritueller und religiöser Natur unterschied.* Nichtsdestotrotz ergibt sich aus den Dharmasutren, den alten Gesetzeskodizes der Brahmanen, ein klarer Korpus von Einstellungen bezüglich Reichtum und Handel, die sich gar nicht so sehr von denen unterscheiden, die wir schon bei Aristoteles und den Scholastikern kennengelernt haben. Die Dharmasutren sprechen von drei Zielen im Leben: *Dharma* (Gesetz oder Rechtschaffenheit), *Artha* (Wohlstand) und *Kama* (Lust). Alle drei sind gut, aber nicht in gleichem Maße: *Dharma* ist *Artha* vorzuziehen, und *Artha* wiederum *Kama*. Wer, wenn Gesetz *(Dharma)* und Gewinn *(Artha)* in Widerstreit liegen, dem Gewinn den Vorzug gibt, muss schwe-

---

* Was nicht heißen soll, dass es im alten Indien kein säkulares geistiges Leben gegeben hätte, wie Amartya Sen in seiner 2005 erschienenen Schriftensammlung zur indischen Geschichte und Identität *The Argumentative Indian* darlegte. Neben wichtigen Errungenschaften auf den Gebieten der Mathematik, der Metaphysik und der Logik wurden auch Abhandlungen über die Verwaltung von einem weltlichen Standpunkt aus verfasst. Doch als Gegensatz zum theoretischen und politischen Denken blieb die Ethik sehr eng mit dem Bereich des Mythischen und Rituellen verflochten.

re Bußen auf sich nehmen. Fast so schlimm ist es, *Dharma* als Mittel für *Artha* zu missbrauchen. »Lasst ihn nicht den Gesetzen folgen zum Zwecke weltlichen Gewinns«, heißt es, »denn dann tragen die Gesetze zur Erntezeit keine Frucht. Es ist folgendermaßen: Ein Mann pflanzt einen Mangobaum, weil er die Früchte begehrt, bekommt dazuhin aber Schatten und Wohlgeruch. Gleichermaßen erhält ein Mann, wenn er dem Gesetz folgt, darüber hinaus zusätzliche Vorteile. Selbst wenn er sie nicht nutzt, so ist zumindest doch dem Gesetz kein Schaden getan.«[14] Das erinnert uns an Aristoteles' Verachtung für »Leute, [die] alle Fertigkeitskünste zu kapitalerwerbenden [machen]«. Wie Aristoteles legen auch die Verfasser der Dharmasutren großen Wert darauf, die Integrität der höheren Ziele vor der relativierenden Macht des Geldes zu schützen – vor seiner Fähigkeit, alles mit allem handelbar zu machen.

Diese Vorstellung von einer Hierarchie der Ziele, in welcher dem Reichtum eine nachrangige Position zugeordnet ist, ist der Kastenstruktur des alten Indiens implizit. Die Dharmasutren listen vier nach Stellung geordnete Kasten auf: erstens die priesterlichen Brahmanen, gefolgt von den Kshatriyas, dem Stand der Krieger und Könige, drittens die Vaishyas, Großgrundbesitzer und Händler, und viertens die Shudras, Arbeiter und Handwerker. Inwieweit diese Hierarchie jemals der sozialen Realität entsprach, ist umstritten, doch als idealisiertes Selbstbild der hinduistischen Zivilisation hat sie seit jeher eine wichtige normative Rolle gespielt.

Das indische Kastensystem verkörpert ein den drei Ständen des mittelalterlichen Europa verblüffend ähnliches Gesellschaftskonzept. Hier wie da haben wir es mit einer Rangordnung der Klassen zu tun, in der die Priester an der Spitze stehen, gefolgt von den Kriegern an zweiter und der arbeitenden Bevölkerung an dritter Stelle. Der größte Unterschied betrifft die Stellung der Händler: In Indien stehen sie über den Kleinbauern, in Europa ist ihr Status unbestimmt.[15] Was die Untergeordnetheit der Arbeit *im Allgemeinen* im Vergleich zu religiöser Kontemplation oder dem politischen Handeln angeht, herrscht völlige Übereinstimmung. Den Brahmanen ist nur in Zeiten der Not der Feldbau oder der Handel erlaubt, und das Verleihen von Geld gegen Zinsen ist ihnen ganz und gar verboten.* Ihre Pflicht ist es, sich durch Lehrtätigkeiten und die Amtsführung bei Opferritualen einen Unterhalt zu verdienen oder ansonsten ein Leben als Eremit oder Wanderasket zu führen. So zumindest lautete das Ideal; tatsächlich sorgte ihr Monopol auf die rituelle Macht dafür, dass die Brahmanen, nicht anders als der Klerus in Europa, unermesslich reich wurden. Aber auch ein vernachlässigtes Ideal bleibt ein Ideal. Dass an der Spitze des Kastensystems eine wenigstens nominell asketische und kontemplative Klasse stand, verhinderte die Entstehung einer offen kommerziell ausgerichteten Weltsicht entsprechend westlicher Linien. In Indien konnte das Geld, so viel Gewicht ihm in der Praxis auch zugekommen sein mochte, niemals zum höchsten Schiedsrichter des Wertes werden.

Schließlich klingt in den Dharmasutren auch die aus dem Westen bekannte Verurteilung der Unersättlichkeit an. Die Sehnsucht nach Reichtum ist so unausrottbar wie die nach ewigem Leben und ebenso vergebens: »Wenn der Mensch alt wird, zeigen sein Haar und seine Zähne die Zeichen des Alters. Die Sehnsucht nach dem Leben und nach Reichtum jedoch zeigen keine Zeichen der Alterung, selbst wenn der Mensch altert. Die Sehnsucht! Den Toren fällt es schwer, davon zu lassen. Sie wird nicht schwächer mit dem Alter. Sie ist eine lebenslange Krankheit. Der Mann aber, der sie aufgibt, findet das Glück.«[16] Hier allerdings hören die Parallelen zwischen Ost und West auf. In der westlichen Tradition ist die Habgier eine Perversion oder ein irregeleitetes Verlangen; die Brahmanen sehen darin einen Ausdruck der dem Streben an sich innewohnenden sklavischen Abhängigkeit. Während uns also Aristoteles und Thomas von Aquin nahelegen, unser Begehren vom Objekt des Begehrens abhängig zu machen, lehrt die hinduistische Religion, sich von Wünschen ganz frei zu machen. »Wer ohne Wünsche ist, wer befreit ist von Wünschen [...] wird [...] unmittelbar Brahman.«[17] Dieses Ideal, uns besser bekannt unter seinem buddhistischen Namen *Nirvana,* weist zwar einige Ähnlichkeit mit dem stoischen Ideal der *Apatheia* beziehungsweise der Gelassenheit auf, kennt ansonsten aber keine Entsprechung in der westlichen Welt.

---

* Die Dharmasutren sind in der Sache der Zinsnahme geteilter Meinung. Die Dharmasutren von Apastamba, Baudhayana und Vasistha verbieten es, das von Gautama erlaubt es.

Indien und China erscheinen dem trägen europäischen Auge häufig als Hüter einer gemeinsamen »fernöstlichen Weisheit«, tatsächlich aber sind die beiden Zivilisation einander fast ebenso fremd wie jede von ihnen denen des Westens. Die Hochkultur im alten China war – wie die in Griechenland und Rom und im Gegensatz zu der im brahmanischen Indien – vereinheitlicht und fest im Diesseits verankert. Somit konnte sie etwas in der Art einer »Ethik« im westlichen Sinne hervorbringen – eine freie, rationale Suche nach dem Guten im Menschen. Worin sich die chinesischen Denker von den westlichen *und* indischen Philosophen unterschieden, war ihre Indifferenz gegenüber der Logik. Das Epigramm, fragmentarisch und poetisch, war ihr bevorzugtes Ausdrucksmittel. Für die von den Scholastikern und den indischen Metaphysikern so geliebten langen, ineinander verschachtelten Argumentationsketten fehlte ihnen die Geduld.[18]

Darüber hinaus unterschied sich China sowohl vom Westen wie auch von Indien darin, dass es ihm am asketischen Impuls mangelte, ja diesem sogar mit tiefem Misstrauen begegnete. In China wurden weder Handel noch Wucher stigmatisiert, noch gab es eine religiös motivierte Geringschätzung des Strebens nach Reichtum. Im Gegenteil, Geld und Gold wurden offen und (für unsere noch christlich eingefärbten Augen) nachgerade schamlos verehrt. Diese fundamental andere Einstellung ist noch heute mit Händen greifbar. In ganz China sind Geschäfte und Restaurants mit Bildern und Statuen des Gottes des Reichtums und eines fröhlichen, schmerbäuchigen Buddhas dekoriert, der so ganz anders aussieht wie sein asketischer indischer Prototyp. Geldgeschenke an Kinder werden in hübschen roten Umschlägen überreicht und mit großem Brimborium an Schreine und Götzenstatuen geheftet. Am, von einer westlichen Perspektive aus betrachtet, verwunderlichsten ist die chinesische Sitte, »Geistergeld« zu verbrennen, das dann von den Seelen der Verstorbenen im Paradies ausgegeben werden kann. Wir hingegen dürfen versichert sein, dass im himmlischen Jerusalem kein schnöder Mammon von einer Hand in die nächste wechselt.

Dabei war das alte China ungeachtet seiner Plutophilie keineswegs eine Zivilisation, die sich dem Gelderwerb allein um des Gelderwerbs willen gewidmet hätte. Auch in China war, wenn auch weniger explizit wie in Indien und Europa, das Streben nach Reichtum idealen Zielen untergeordnet. Für die konfuzianische Intelligenz war Reichtum ein Mittel, mit dem sie Bildung und ein öffentliches Amt erwerben konnte, den philosophisch geneigten Taoisten erkaufte er Zeit und Muße, um ihre Erfahrungen weiter kultivieren zu können.* Diese beiden Ideale entsprechen ungefähr der westlichen *Vita activa* und *Vita contemplativa,* nur dass sie nicht als Rivalen oder Stufen innerhalb einer Hierarchie betrachtet wurden, sondern als separate, dabei aber komplementäre Lebenssphären. »Im Amt ein Konfuzianer, im Ruhestand ein Taoist«, lautet ein wohlbekanntes chinesisches Sprichwort, womit – eine typisch chinesische Lösung – ein logischer Widerspruch in einer ästhetischen Harmonie aufgelöst wird.

Konfuzius' Ideal war das des gebildeten Beamten. Der »Edelmann« oder »Edle«, wie sein Ausdruck im Allgemeinen übersetzt wird, sollte Kalligrafie, Musik, die Dichtkunst und vor allem das *Li* studieren, die rituellen Regeln des Anstands und der Verhaltensformen, sodass er dem Staat mit Integrität und Weisheit dienen kann. Konfuzius' Ziel war der umfassend kultivierte Mensch, nicht technisches Expertentum. »Der Edle«, brachte Konfuzius das in einem berühmten Ausspruch auf den Punkt, »lässt sich nicht wie ein Werkzeug behandeln.«[19] Das konfuzianische Ideal des gelehrten Dilettantismus wurde später im System der kaiserlichen Beamtenprüfung festgeschrieben, in China von 605 bis 1905 der einzige Weg zu einem öffentlichen Amt. Dieses Monument des bürokratischen Zentralismus stellte für über ein Jahrtausend sicher, dass es sich bei den höchsten Beamten des Staates um Männer handelte, die in traditioneller Dichtkunst und Philosophie sehr gebildet, in anderen Dingen aber kaum beschlagen waren – ein wichtiger Grund für den Kollaps Chinas in den letzten Jahren der Qing-Dynastie.

---

* Der Buddhismus wird als die dritte traditionelle Lehre Chinas gezählt, im Hinblick auf seinen Einfluss auf die Kultur insgesamt aber kann er mit dem Taoismus zu einer Gruppe zusammengefasst werden.

Die Ausbildung eines konfuzianischen Gelehrtenbeamten war ein einschüchterndes Unterfangen. Jahrzehnte waren erforderlich, bis der Kandidat die klassischen Texte memoriert und die Feinheiten des »achtgliedrigen Aufsatzes« erlernt hatte, und selbst dann war ein Erfolg noch keine ausgemachte Sache. Dessen ungeachtet war es der Traum einer jeden Handels- oder Adelsfamilie, einen Sohn erfolgreich durch die kaiserlichen Beamtenprüfungen zu bringen, denn ein öffentliches Amt ging mit einem unermesslich höheren Ansehen einher als jede private Stellung, mochte sie auch noch so einträglich sein. »Die zehntausend Berufe sind allesamt unedel«, lautet in China ein bekanntes Sprichwort, »edel ist nur das Studium.« Hier finden wir wieder die auch im Westen und Indien bekannte Vorstellung einer qualitativen Kluft zwischen »höheren« und »niederen« Lebensweisen, eine Kluft, die mit Geld gleich welcher Menge nicht zu überbrücken ist. Unnötig zu erwähnen, dass in der Praxis Beamtenstellungen weniger wegen des damit verbundenen Glanzes begehrt waren, als vielmehr wegen der damit verbundenen Möglichkeiten, Bestechungsgelder abzukassieren, und eine umfassende Bildung lediglich als notwendige Mühsal auf dem Weg dorthin betrachtet wurde. Dennoch behielt das *Ideal* des an weltlichen Dingen desinteressierten Gelehrtenbeamten ungebrochen seine Strahlkraft und sorgte so dafür, dass kommerzielle Werte die chinesische Gesellschaft niemals gänzlich dominieren konnten.

Wenn der chinesische Mandarin seines Amtes enthoben wurde, was oft der Fall war, wendete er sich auf der Suche nach Trost der alternativen taoistischen Tradition zu. Wenn der Konfuzianismus nüchtern und realistisch ist, dann ist der Taoismus poetisch und idealistisch. »Ach, dieses schwebende Leben, wie ein Traum«, lautet eine Zeile des Poeten Li Bai. »Wahre Glückseligkeit ist so selten.«[20] Die taoistische Stimmung ist wehmütig, aber nicht tragisch, denn auch wenn nichts von Dauer ist, so lassen sich doch Momente der Schönheit aus dem Fluss der Zeit lösen. Darin, diese Momente zu genießen, besteht im Taoismus die Kunst des Lebens. Der Geist der Lehre ist auf schöne Weise in den »Dreiunddreißig glücklichen Augenblicken« eingefangen, die der Kritiker Chin Shengtan im 17. Jahrhundert verfasste, als er mehrere Tage mit einem Freund in einem Tempel festsaß. Hier sind fünf davon:

Ich habe nach Tisch wieder einmal nichts zu tun und beschäftige mich damit, die Dinge in alten Koffern und Schubladen durchzugehen. Da finde ich dutzend- und hundertweise Schuldscheine von irgendwelchen Leuten, die meiner Familie Geld schulden. Manche von den Schuldnern sind schon gestorben, die anderen leben noch, aber so oder so besteht keine Hoffnung, dass sie das Geld je zurückzahlen. Da schichte ich hinter dem Rücken der Meinen die Papiere zu einem Haufen zusammen und zünde ein kleines Freudenfeuer an, schaue in den Himmel und sehe, wie das letzte Wölkchen Rauch verschwindet. Ist das vielleicht nicht Glück?

Ich wache morgens auf, und mir ist, als hörte ich im Hause eine Stimme seufzen und sagen, dass letzte Nacht jemand gestorben sei. Ich erkundige mich sofort, wer es ist, und höre, es war der schäbigste, berechnendste Kerl in der ganzen Stadt. Ist das vielleicht nicht Glück?

Mit einem scharfen Messer an einem Sommernachmittag auf einem großen dunkelroten Teller in eine hellgrüne Wassermelone schneiden. Ist das vielleicht nicht Glück?

Ein Fenster öffnen und eine Wespe aus dem Zimmer lassen. Ist das vielleicht nicht Glück?

Sehen, wie jemandem die Drachenschnur reißt. Ist das vielleicht nicht Glück?[21]

Hier haben wir eine Vorstellung von einem guten Leben, die so ganz anders ist als alle, die wir bisher betrachtet haben. Chins Liste ist weder Spiegelbild eines philosophischen oder religiösen Ideals, noch drückt sich darin ein Streben nach Selbstvervollkommnung oder Selbstopferung aus. Sie ist nichts weiter als ein Verzeichnis einiger weniger unbedeutender Augenblicke der Glückseligkeit – einige großherzig, andere schrullig, manche regelrecht schadenfreudig. Bis die Romantik den Lesern im Westen lehren sollte, ihre Gedanken solchermaßen frei und ziellos umherwandern zu lassen, mussten nochmals zwei Jahrhunderte vergehen.

Die Erlebnisse, die Chin auflistet, kosten wenig oder kein Geld, und dieser Umstand ist wichtig für ihren Reiz. Hätte Chin über den Genuss geschrieben, den ihm der Verzehr einer Bärentatzensuppe bereitet oder der Anblick eines Schmuckstücks aus weißer Jade, wäre uns das lediglich exotisch vorgekommen. Doch weil er von ganz einfachen, universellen Dingen schreibt, wirkt er zutiefst menschlich. Der Taoismus war, wie der Epikureismus, eine Philosophie der einfachen Freuden. Sein Ideal war der *Jingshi*, der Eremit, der sich von der Gesellschaft zurückzieht, um Gedichte zu verfassen, Bilder zu malen oder einfach mit alten Freunden Tee zu trinken. Der *Jingshi* war jedoch kein Asket. Seine Bilder mochten Fischer oder Hirten zeigen, dass er selbst derlei niedere Tätigkeiten verrichtete, stand allerdings außer Frage. Wie andernorts war die Armut auf dem Lande auch in China etwas, über das man meditierte, nicht etwas, das man lebte.

Die alte chinesische Literatur kennt nichts derart Präzises wie Aristoteles' Betrachtungen der verderblichen Auswirkungen des Geldes, aber der Grundgedanke wurde im 1. Jahrhundert vor Christi auch von dem chinesischen Historiker Sima Qian wortreich dargelegt:

Der Wunsch nach Reichtum muss nicht gelehrt werden; er ist ein untrennbarer Teil aller menschlichen Natur. Wenn also junge Männer in der Armee Städte angreifen und Mauern erklimmen, durch die feindlichen Linien brechen und den Feind zurückdrängen [...] dann tun sie dies, weil sie von der Aussicht auf reichen Lohn angetrieben werden [...] Auf dieselbe Weise schminken die Frauen von Chao und die Mädchen von Cheng ihre Gesichter und spielen auf der großen Laute, flattern mit ihren weiten Ärmeln und tänzeln umher auf spitzen Pantoffeln, locken mit ihren Augen und flehen mit ihren Herzen und scheren sich nicht, wenn sie eintausend Meilen reisen müssen, um einen Gönner zu treffen, und ist es ihnen gleich, ob er alt ist oder jung, weil sie nach Reichtum jagen [...] Wenn Beamte in der Regierung die Buchstaben des Gesetzes verdrehen, falsche Siegel schnitzen und Dokumente fälschen, ungeachtet der verstümmelnden Strafen des Messers und der Säge, die ihnen drohen, wenn man sie ertappt, dann tun sie das, weil sie mit Geschenken und Bestechungsgeldern überhäuft werden [...] So verwenden die Menschen ihr ganzes Wissen und nutzen alle ihre Fähigkeiten allein dafür, Geld zu horten. Und niemals bleibt ihnen noch die Kraft, über die Frage nachzudenken, ob sie nicht einen Teil davon hergeben könnten.[22]

Wie Aristoteles und die Verfasser der Dharmasutren ist Sima abgestoßen von der Macht des Geldes, alle menschlichen Betätigungen in seinen Bann zu ziehen. Und als gutem Konfuzianer stößt es ihm besonders übel auf, mit ansehen zu müssen, wie der öffentliche Dienst auf das Niveau der Prostitution und Kriegsführung reduziert wird. Zugleich aber scheint er überzeugt zu sein, dass gegen all das wenig auszurichten und dies eben der Lauf der Dinge in dieser Welt sei. Sein Ton ist einer der resignierten Ironie, nicht des reformistischen Eifers.

Wenn auch nicht von Aristoteles abgeleitet, so war den alten Zivilisationen Indiens und Chinas doch dieselbe grundsätzlich aristotelische Perspektive wie denen Europas zueigen. Hier wie dort galten Handel und Gelderwerb offiziell als der Politik und der Kontemplation untergeordnet, hier wie dort fürchtete man die Macht des Geldes, diese anderen Aktivitäten seinem eigenen Zweck untertan zu machen. Und hier wie dort sah man in der Liebe zum Geld um seiner selbst willen einen Ausdruck geistiger Verirrung. Ein solches Maß der Übereinstimmung zwischen drei großen und weitgehend voneinander unabhängigen Kulturen sollte uns Grund zum Innehalten geben. In Dingen, die das Wohl des Menschen betreffen, kann die Weltmeinung sich nicht völlig im Irrtum befinden. Zudem sind wir selbst weitaus aristotelischer, als unser offizielles Denken uns einzugestehen erlaubt. Was auch immer die Verfechter des Wachstums uns erzählen mögen, im Innersten wissen wir, dass Geld im Grunde genommen nichts anderes ist als ein Mittel, das uns erlaubt, die guten Dinge im Leben zu genießen, kein Zweck und Ziel an sich. Denn: Gesundheit, Liebe und Muße zugunsten eines bloßen Bündels Papier oder elektrischer Impulse zu opfern – was könnte törichter sein als *das*?

Der Niedergang des guten Lebens

So laut es auch nachhallen mag, das Ideal vom guten Leben gehört in der westlichen Welt nicht mehr zum Kanon der öffentlichen Debatte. Politiker führen ihre persönlichen Überzeugungen, Effizienzgründe oder den Schutz von Rechten an, wenn sie für ihre bestimmte Sache streiten. Kein Politiker sagt: »Ich bin überzeugt, diese Politik wird den Menschen helfen, ein fruchtbares und zivilisiertes Leben zu führen.« Bei Diskussionen und Gesprächen im privaten Bereich sieht es nicht viel anders aus. Wie viele Lehrer haben schon versucht, ihre Schüler für irgendwelche Fragen der Ethik oder Ästhetik zu interessieren, nur um in einem Ton überdrüssiger Herablassung erzählt zu bekommen, dass das sowieso doch alles nur Ansichtsfragen seien?

Durch diese Entwicklung ist der Erwerbsdrang von allen Fesseln befreit worden. Wenn es so etwas wie ein gutes Leben nicht gibt, dann hat der Gelderwerb kein absolutes Ziel, nur ein relatives wie in »so viel wie« oder »mehr als« die anderen; ein Ziel, das, da es von anderen ebenso verfolgt wird, auf ewig in unerreichbarer Ferne bleiben muss. Stellen Sie sich zwei Männer vor, die auf dem Weg in eine Stadt sind. Unterwegs verirren sie sich, doch sie gehen weiter, nun allein von dem Ziel getrieben, vor dem anderen zu bleiben und ja nicht ins Hintertreffen zu geraten. So ungefähr sieht unsere Situation aus. Haben sich alle intrinsischen Ziele aufgelöst, bleiben nur zwei Möglichkeiten: vorne sein oder hinten liegen. Der Positionskampf wird zu unserem Los und Schicksal. Wenn es keinen richtigen Platz gibt, dann ist der beste Platz der an der Spitze.

Wie lässt sich der Niedergang des Ideals von einem guten Leben erklären? Im vorherigen Kapitel haben wir die Geschichte des Gedankens nachgezeichnet, man könnte schlechte Motive aufgrund ihrer guten Auswirkungen gutheißen. Doch für die Autoren, die wir untersucht haben – Mandeville, Goethe, Marx, Marcuse und Keynes –, stand unverrückbar fest, dass das Schlechte genau das ist: schlecht. Keiner von ihnen glaubte, dass gut böse und böse gut sei, auch wenn sie vielleicht in anderen einen solchen Glauben ermutigten. Die letzten beiden Jahrzehnte haben jedoch den Triumph zweier Bewegungen gebracht, die zusammengenommen die Begrifflichkeit von »gut« und »böse« infrage stellen – die Rede ist von der modernen liberalen Theorie auf der einen und der neoklassischen Wirtschaftswissenschaft auf der anderen Seite. Diese beiden Denkschulen haben zusammen ein virtuelles Monopol auf den öffentlichen Diskurs errichtet und ältere moralische Traditionen in eine marginale, fast schon gegenkulturelle Position gedrängt.

Seit dem Erscheinen von John Rawls' *Eine Theorie der Gerechtigkeit* im Jahr 1971 werden liberale Denker nicht müde, auf der öffentlichen Neutralität bezüglich rivalisierender Konzeptionen des Guten zu beharren.* Der Staat, behaupten sie, habe kein Recht, mit seinem Gewicht diesen oder jenen ethischen Ansatz zu fördern; vielmehr sollte er es seinen Bürgern freistellen, ihren jeweils eigenen moralischen Zielen nachzueifern, insofern dies mit der Freiheit der anderen vereinbar ist, dasselbe zu tun. Überflüssig zu erwähnen, dass dieses philosophische Ideal in der Praxis noch nirgendwo in reiner Form umgesetzt worden ist. Der französische Staat ist weder neutral in seinem Umgang mit Hidschab-Trägerinnen, noch bemüht sich irgendein liberaler Staat um Neutralität, was den Konsum von Heroin angeht. Auf der Ebene der intellektuellen Auseinandersetzung aber hat das Rawls'sche Ideal triumphiert. Heute werden selbst durch und durch paternalistische Politiken mit liberalen Argumenten begründet, beispielsweise sie würden mehr Wahlfreiheit schaffen oder Schaden von Dritten abwenden. So wird etwa die Pornografie aus dem zweifelhaften Grund verdammt, dass sie Frauen ausbeutet und Männer zur Vergewaltigung anstiftet, während ihr eigentliches Vergehen – die Herabsetzung von Geschmack und Gefühl – unerwähnt bleibt. Hier wie auch in anderen Bereichen hat das Prinzip der Neutralität einen abkühlenden Effekt auf die öffentliche Debatte und lenkt die Auseinandersetzung über eigentlich ethische Argumente in sterile technische Nebengleise um.[23]

---

* Zu den prominentesten »Neutralisten« zählen, neben Rawls, Ronald Dworkin und Robert Nozick. Andere liberale Philosophen, insbesondere Joseph Raz, stehen diesem Ansatz kritisch gegenüber. Aber in der weiteren politischen Arena sind es die Neutralisten und nicht ihre Kritiker, die den größeren Einfluss (gehabt) haben.

Das Prinzip der staatlichen Neutralität ist inzwischen so gründlich etabliert, dass wir manchmal ganz vergessen, wie revolutionär es eigentlich ist. Bis in die 1960er-Jahre hinein war der Liberalismus vorrangig eine Doktrin der Toleranz, nicht der Neutralität. Diese Unterscheidung ist wichtig. Toleranz ist nicht die bloße Abwesenheit von Voreingenommenheit, sondern eine positive ethische Tugend, die Nachsicht, Gelassenheit, eine positive Grundeinstellung und Achtung vor der Privatsphäre beinhaltet. Toleranz schließt eine öffentliche Präferenz für eine bestimmte moralische oder religiöse Doktrin gegenüber anderen nicht aus. Und schließlich muss Toleranz sich nicht auf das Untolerierbare erstrecken, während Neutralität ihrer inneren Folgerichtigkeit nach universell sein muss. Der tolerante Staat sieht sich nicht mit dem Dilemma konfrontiert, das dem neutralen Staat im Umgang mit Nekrophilen, Neonazis und dergleichen so zu schaffen macht.

Der Wechsel von der Toleranz zur Neutralität hat zwei hauptsächliche Gründe. Zum einen ist das der Niedergang des liberalen Protestantismus, der Hauptstütze der alten Kultur der Toleranz. Zum anderen die Tatsache der zunehmenden ethnischen und kulturellen Diversität. Ab den 1950er-Jahren öffneten die europäischen Staaten ihre Grenzen für eine große Zahl nichtweißer, nichtchristlicher Immigranten, während in Amerika die Vorherrschaft der WASP-Elite, also des weißen, angelsächsischen Protestantismus, immer stärker von Schwarzen, Katholiken und Juden herausgefordert wurde. Eine Folge dieser Entwicklungen war, dass jede öffentliche Präferenzbekundung – und mag sie noch so vorsichtig oder symbolisch sein – für eine bestimmte religiöse oder kulturelle Tradition als herabsetzend empfunden wird. Ironischerweise wurde und wird der Ruf nach Neutralität ebenso laut von schuldgeplagten Mitgliedern der ehemaligen Eliten erhoben wie von den Minderheiten selbst, von denen es viele vorziehen würden, im Schatten einer dominanten, aber toleranten Religion oder Kultur zu leben, statt unter einem unparteiischen, aber despotischen Säkularismus.[24]

Von noch größerer Bedeutung für die Entmoralisierung des öffentlichen Lebens sind die Wirtschaftswissenschaften, insbesondere in der

Art, wie sie heutzutage an Universitäten und Businessschulen überall auf der Welt gelehrt werden. Die modernen Ökonomen – wir verallgemeinern hier, aber nicht sehr – verzichten bewusst darauf, Werturteile über Wünsche abzugeben. »Nichts wirft in volkswirtschaftlichen Kreisen ein so schlechtes Bild auf die Ausbildung eines Mannes«, schrieb Galbraith in seinem Klassiker *Gesellschaft im Überfluss,* »als wenn er sich erlaubt, die Nachfrage nach Lebensmitteln als legitim, die nach einem luxuriösen Auto aber als nichtig zu bezeichnen.«[25] Die Ökonomen sind voll und ganz dafür, alle (Konsum-) Wünsche zu befriedigen, zumindest innerhalb bestimmter Grenzen. Was diese Wünsche oder Bedürfnisse an sich aber angeht, legen sie eine gefährliche Indifferenz an den Tag.

Diese Eigenart der Wirtschaftswissenschaften liegt mit in dem Umstand begründet, dass die Disziplin ihre Wurzeln in der empiristischen Revolte gegen Aristoteles hat. »Deshalb war es wohl eine vergebliche Untersuchung der alten Philosophen«, schrieb John Locke, einer der Anführer dieser Revolte, »ob das höchste Gut in Reichtum oder in sinnlichen Genüssen oder in der Tugend oder in der Erkenntnis bestehe; sie hätten ebenso gut darüber streiten können, ob die Äpfel oder die Pflaumen oder die Nüsse am besten schmeckten, und sich danach in Sekten trennen können.«[26] Vernünftigerweise gesteht Locke ein, dass wir in Anbetracht der Existenz eines Himmels und einer Hölle ein überragendes Interesse an tugendhaftem Verhalten haben müssen, fügt aber hinzu, dass, wäre dem nicht so, keine Lebensweise irgendeiner anderen vorzuziehen sei. Dieser skeptische Standpunkt hat unter dem Rubrum der »Gegebenheit der Bedürfnisse« Eingang in den wirtschaftswissenschaftlichen Mainstream gefunden. Das Begehren ist damit nicht länger, wie noch im Altertum, ein Pfeil, der sein Ziel treffen oder verpassen kann; es ist eine bloße psychologische Tatsache, in sich schuldlos und unfehlbar. Es gibt keine intrinsisch wünschenswerte Lebensweise, nur eine Bandbreite *angestrebter Lebensweisen.*

Sobald dieser Schlussstein des vormodernen ökonomischen Denkens herausgenommen wird, fallen die anderen Steine in rascher Folge zu Boden. Als Erstes geht die Unterscheidung zwischen Bedürfnissen und Begierden verloren. Bedürfnisse sind, in der klassischen Auffassung, objektiv; sie beziehen sich auf die Notwendigkeiten des Lebens beziehungsweise des guten Lebens. Begierden dagegen sind ein psychologisches Phänomen; sie existieren »im Kopf« des Wünschenden. Ein krankes Kind bedarf seiner Medizin, wünscht sie sich aber nicht. Der antiquarische Buchliebhaber wünscht sich eine Erstausgabe von Blake, aber er braucht sie nicht. Ein Bedürfnis für x begründet einen moralischen Anspruch auf x, die bloße Begierde nach x tut das nicht. Bettler reden von ihren Bedürfnissen, niemals von ihren Begierden.[27]

Nachdem sie das Ideal von einem guten Leben über Bord geworfen hat, kann die moderne Wirtschaftswissenschaft mit der Unterscheidung zwischen Bedürfnissen und Wünschen nicht mehr viel anfangen. Der Satz »Arthur braucht eine Jacke« muss als Kurzform verstanden werden für »Arthur braucht eine Jacke, *weil [...]*«, wobei die Auslassungspunkte für irgendeinen von Arthur empfundenen Wunsch stehen. Drängt man sie, würden Ökonomen wohl das Vorhandensein lebensnotwendiger Bedürfnisse einräumen, wahrscheinlich aber hinzufügen, dass selbst diese abhängig sind von dem (üblicherweise zuverlässig vorhandenen) Wunsch, am Leben zu bleiben. Eine weitere häufig anzutreffende Strategie besteht darin, Bedürfnisse als eine spezielle Klasse von Begierden auszulegen – namentlich solche, die relativ unempfindlich gegenüber Preisänderungen beziehungsweise, um die Fachsprache zu bemühen, »preisunelastisch« sind. Zum besseren Verständnis unseres herkömmlichen Konzepts von Bedürfnissen trägt diese Umkategorisierung jedoch nicht bei. Heroin beispielsweise ist zwar preisunelastisch, aber die Süchtigen *brauchen es nicht*. Sie mögen sagen, dass sie »einen Fix brauchen«, aber ausgenommen Fälle, in denen ihr Leben in Gefahr ist, ist das im Wortsinne nicht wahr. Sie begehren nur sehr heftig einen Fix.

Mit der Unterscheidung zwischen Bedürfnissen und Wünschen fällt die eng damit zusammenhängende Unterscheidung zwischen Notwendigem und Luxuriösem. Das Notwendige im klassischen Sinne meint jene Dinge, die man für das Leben beziehungsweise für das gute Leben benötigt. Um mit Aristoteles zu sprechen: »[O]hne das Notwendige ist sowohl das Leben unmöglich als auch das gute Leben.«[28] Luxus dagegen sind Dinge, die man möchte, aber nicht benötigt. Auch hier sind beide Begriffe moralisch befrachtet: Notwendigkeiten sind Dinge, auf die man einen Anspruch hat, wenn auch nicht immer einen absoluten. Luxusartikel sind ein optionales und möglicherweise sogar verderbliches Extra. Das Notwendige sollte niemals zugunsten des Luxuriösen aufgegeben werden. Aber wenn es so etwas wie ein gutes Leben nicht gibt, kann »Notwendigkeit« ausschließlich auf Subsistenzgüter wie Nahrung, Kleidung und Unterkunft oder die Erfordernisse einer bestimmten sozialen Rolle bezogen werden. Und in diesem letzteren Sinne sind sie nur von der Konvention, nicht von Natur aus verschieden von Luxusgütern. Für den Topmanager ist ein Flug in der ersten Klasse eine Notwendigkeit, für den Rucksacktouristen nicht. Innentoiletten werden in Großbritannien heute als Notwendigkeit betrachtet, vor einem halben Jahrhundert aber noch nicht.

Als Nächstes fällt das Konzept der »Genügsamkeit«. Während »genug« für den Aristoteliker »genug für das gute Leben« bedeutet, kann es für den modernen Ökonomen nur »genug, um alle Begierden zu befriedigen« bedeuten. (In diesem Geiste könnte Billy Bunter, wenn sein glänzender Blick über die Schinkenkeulen in seiner Speisekammer gleitet, ausrufen: »Es sind nicht genug!«) Auf Begierden bezogen, kann unsere Frage »Wie viel ist genug?« also nur mit einem schulterzuckenden »Wie viel wollen Sie denn haben?« beantwortet werden. Und wenn mit »genug« lediglich »genug, um alle Begierden zu erfüllen« gemeint ist, kann es so etwas wie »mehr als genug begehren« gar nicht geben. Die Habgier als Laster verschwindet aus dem Blickfeld.

Nicht zuletzt hat die moderne Wirtschaftswissenschaft dem zentralen Konzept des Gebrauchswerts den Garaus gemacht. Für Aristoteles bestand, wie wir gesehen haben, der Gebrauchswert eines Objekts in seinem speziellen Beitrag zum guten Leben. Wein zum Beispiel verbessert das Essen und fördert die Freundschaft, beides zentrale menschliche Güter. Deshalb besitzt Wein einen Gebrauchswert, Crack (das weder das Essen verbessert noch Freundschaften oder sonst was Gutes fördert) aber nicht. Wenn ich Crack den Vorzug vor Wein gebe, ändert das daran nichts; es beweist nur, dass ich einen schlechten Geschmack habe.

Das von Aristoteles ersonnene Konzept des Gebrauchswerts wurde von Smith, Ricardo und natürlich auch Marx übernommen, der ausgiebig Gebrauch davon machte. Aber Ende des 19. Jahrhunderts und zum Teil in Reaktion auf Marx machten sich die Ökonomen an die Demontage des Konzepts. »Der Wert«, schrieb 1871 der österreichische Ökonom Carl Menger, ein Pionier des neuen Ansatzes, »ist demnach nichts den Gütern Anhaftendes, keine Eigenschaft derselben, ebenso wenig aber auch ein selbstständiges, für sich bestehendes Ding. Derselbe ist ein Urteil, welches die wirtschaftenden Menschen über die Bedeutung der in ihrer Verfügung befindlichen Güter […] fällen.«[29] Diese neue Auffassung vom Wert, besser gesagt vom »Nutzen«, hat sich seitdem als Standard auf dem Gebiet der Volkswirtschaft durchgesetzt. Das Konzept vom Nutzen beziehungsweise von der Utilität ist rein deskriptiv; es drückt aus, was ich begehre, nicht, was ich begehren sollte. Wenn ich mein Geld lieber für Crack als für Wein ausgebe – nun denn, dann hat Crack für mich eine höhere Nützlichkeit.

Die Einführung der Nützlichkeit wurde als ein großer Fortschritt in der ökonomischen Analyse bejubelt, nicht zuletzt, weil damit das alte, von Aristoteles aufgeworfene Problem des Verhältnisses von Gebrauchs- zu Tauschwert gelöst schien. Aristoteles hatte sich gefragt, wie es kam, dass ein Schwein und ein Bett, die zwar beide, aber doch auf sehr unterschiedliche Weise, zum guten Leben beitragen, nichtsdestotrotz auf einer gemeinsamen monetären Skala bewertet werden können. Von der neuen Warte aus betrachtet, löst sich das Problem in Nichts auf. Wenn der Gebrauchswert lediglich den »Konsumnutzen« und der Tauschwert den »Tauschnutzen« beschreibt, dann sind das, so Menger, »lediglich zwei verschiedene Formen derselben [allgemeinen Wert-] Erscheinung«.[30] Damit besteht das metaphysische Problem der Übertragung des einen Wertes in den anderen nicht mehr, sondern nur noch das technische Problem festzustellen, ab welchem Punkt Konsumgüter getauscht statt gebraucht werden. Doch wie so oft in der Ideengeschichte war das ursprüngliche Problem weniger gelöst worden, als vielmehr durch ein anderes, zugänglicheres Problem ersetzt worden. In seinem eigentlichen Sinn verstanden, also als wirkliche *Nützlichkeit* statt als bloßer Konsumnutzen, kann der Gebrauchswert ebenso wenig in Tauschwert übertragen werden wie Farbe in Länge.

Die Auflösung der Unterscheidung zwischen Gebrauchs- und Tauschwert war ungeheuer folgenreich. Von Aristoteles bis Keynes wurde der Tauschwert – beziehungsweise das Geld als seine reinste Verkörperung – als ein eigenständiges und fragwürdiges Objekt menschlichen Strebens betrachtet. Vergil sprach von der *auri sacra fames,* der verfluchten Gier nach Gold. Für Keynes gehörte die Liebe zum Geld »als Besitz« und nicht nur »als einem Mittel für die Genüsse und die Wirklichkeiten des Lebens« zu einer jener »halb verbrecherischen, halb krankhaften Neigungen, die man mit Schaudern an die Fachleute für geistige Erkrankungen« verweisen wird.[31] Wenn aber das moderne Dogma recht hat, dann ist die von Keynes hier vorgenommene Unterscheidung substanzlos. Geld an sich, getrennt gesehen von den Gütern, die es kommandiert, kann nicht das konkrete Objekt von Liebe sein. Die Leidenschaft eines Midas' oder eines Shylocks entpuppt sich keineswegs als positive Leidenschaft, sondern schlicht als eine Präferenz für zukünftigen gegenüber sofortigem Konsum beziehungsweise als Ausdruck einer gewissen Risikoabneigung. Manche sehen darin ein Zeichen des geistigen Fortschritts. Wir neigen eher der Ansicht zu, dass es sich um eine Regression im ökonomischen Denken handelt.

Halten wir einen Moment inne und ziehen Zwischenbilanz. Die im vormodernen ökonomischen Denken gezogenen Grenzen – zwischen Bedürfnissen und Begierden, zwischen Grundbedarf und Luxus, zwischen Gebrauchs- und Tauschwert – basieren ausnahmslos auf der Annahme, dass bestimmte Lebensweisen intrinsisch, also von ihrer Anlage her, anderen überlegen sind. Die moderne Wirtschaftswissenschaft hat mit dieser Annahme aufgeräumt, sie hat nicht länger den Anspruch, das Gute zu verwirklichen, sondern beschränkt sich darauf, Bedingungen zu schaffen, die es den Menschen erlauben, das, was sie für das Gute halten, zu verwirklichen. »In Anbetracht der Vielzahl der miteinander konkurrierenden Vorstellungen des guten Lebens«, schreibt der amerikanische Ökonom Robert H. Frank und bringt damit die orthodoxe Sichtweise auf den Punkt, »könnte das Beste, was wir von unseren gesellschaftlichen Institutionen erwarten dürfen, womöglich darin bestehen, dass sie uns die größtmögliche Freiheit dabei gewähren, ein Leben nach unseren eigenen Maßgaben zu gestalten.«[32] Ökonomen geht es nicht darum, die menschliche Natur neu zu gestalten. Sie nehmen die Menschen, wie sie sind, nicht, wie sie sein sollten. Und nach all den furchtbaren Dingen, die im Namen des Himmels oder irgendwelcher Utopien auf Erden schon verübt worden sind, scheint ihnen das auch eine angemessen bescheidene Haltung.

Aber warum – könnte ein Kritiker an dieser Stelle einwerfen – sollten wir dem, was Ökonomen sagen, bevorzugt Beachtung schenken? Schließlich sind sie nichts weiter als ein Haufen Wissenschaftler unter vielen Wissenschaftlern, und dazuhin noch nicht einmal ein sonderlich beliebter Haufen. Doch sie auf diese Weise abzutun, wäre höchst unklug. Die Wirtschaftswissenschaft ist nicht einfach irgendeine akademische Disziplin. Sie ist die Theologie unseres Zeitalters, die Sprache, die alle, ob hochgestellt oder von niederem Rang, beherrschen müssen, wenn sie an den Höfen der Macht wirklich Gehör finden wollen. Sie verdankt ihren Sonderstatus nicht zuletzt dem Unvermögen anderer Wissenschaften, der politischen Debatte ihren Stempel aufzudrücken. Die Philosophie war bis ins frühe 20. Jahrhundert hinein ein bedeutender Faktor in der öffentlichen Debatte, bevor sie sich in linguistischer Haarspalterei verlor. Die Soziologie warf unter Max Weber und Talcott Parsons ihren Hut in den Ring, schaffte es aber nie, einen ausreichend systematischen theoretischen Korpus zu entwickeln, mit dem sie der Wirtschaftswissenschaft hätte Konkurrenz machen können. Die Historiker gaben sich der Verehrung der Macht hin, und wenn die Poeten und Kritiker einst als die »verkannten Gesetzgeber der Welt« gefeiert wurden, ein Anspruch, den T. S. Eliot und F. R. Leavis kurz wieder anfeuerten, dann haben sie sich davon inzwischen längst schon wieder sang- und klanglos verabschiedet. Das Feld wurde den Ökonomen zur alleinigen Bestellung überlassen.

Im Triumph der Wirtschaftswissenschaft über ihre akademischen Konkurrenten spiegelt sich eine allgemeinere gesellschaftliche Veränderung wider, eine, die man vielleicht als den Zusammenbruch der institutionellen Autorität benennen könnte. Das Ideal des guten Lebens, in der Kirche und in der grundbesitzenden Aristokratie bewahrt und von einem aus Schriftstellern, Künstlern und Wissenschaftlern bestehenden »Klerus« propagiert, übte in Großbritannien bis weit ins 20. Jahrhundert hinein einen großen Einfluss aus. In den Industriezentren bildeten sich aus gemeinsamen Arbeitsverhältnissen heraus Lebensweisen, die, wenn auch nicht unbedingt »gut« im aristotelischen Sinne, so zumindest doch mehr als nur ausschließlich auf Maximierung ausgerichtet waren. All das ist heute vergangen. Die Aristokratie, ihrer politischen Funktion beraubt, ist in den (Neu-)Reichen aufgegangen, der Klerus zu einem kleinen und einflusslosen Klüngel verkommen, die Kirchen von einst nur noch ein Schatten ihres früheren Selbst und die Arbeiterklasse zerstreut und machtlos. Die neoklassische Wirtschaftslehre, atomistisch und subjektivistisch, hat sich aufgebläht, das Vakuum zu füllen.

Beide der hier untersuchten Denktraditionen, der Liberalismus nach Rawls wie auch die neoklassische Wirtschaftswissenschaft, verbieten jede *öffentliche* Präferenz für diese oder jene Lebensweise. Keine hat irgendein Problem damit, wenn Individuen für sich selbst entscheiden, dass eine bestimmte Lebensweise »gut« ist und nur gerade so viel arbeiten, um sie sich leisten zu können. (Wenn ihre »Nutzenfunktion« so geformt ist, wer sind wir dann, ihnen widersprechen zu wollen?) Doch dieses Zugeständnis ist nicht so generös, wie das den Anschein haben mag. Für eine soziale Spezies wie die unsere ist ein gutes Leben vor allem auch ein Leben in Gesellschaft mit anderen. Es hat sein Zuhause nicht in den Gehirnen von Individuen, sondern in Gruppen von Menschen, die Dinge zusammen machen. Vielleicht ist es ja mein Wunsch, den lieben Tag lang Boule im Stadtpark zu spielen, aber wenn niemand sonst Boule spielt – oder es keinen Stadtpark gibt –, wird daraus nichts. Kollektive Partizipation ist eine Grundvoraussetzung für die meisten Visionen menschlicher Erfüllung, abgesehen vielleicht von radikal solitären Lebensentwürfen.

Natürlich gibt es in einer liberalen Gesellschaft nichts, was Individuen daran hindern würde, sich zum Zwecke des guten Lebens zusammenzutun. Utopisten und Sektierer tun gemeinhin eben dies. Allerdings – und das verweist auf einen zweiten, tiefer reichenden Sinn, in dem das gute Leben essenziell öffentlich ist – hängt die dauerhafte Lebensfähigkeit solcher Gruppen von ihrer Anerkennung durch die sie umgebende Kultur ab; fehlt diese Anerkennung, sorgen Misstrauen und Ressentiments meist für ein schnelles Ende. (Man muss nur das Schicksal der meisten modernen Kommunen mit dem der mittelalterlichen Klöster vergleichen, die von der gesamten Gesellschaft moralisch und materiell unterstützt wurden.) In einer Welt, die vor allem der Befriedigung privater Begierden gewidmet ist, ist das gute Leben bestenfalls ein marginales Anliegen, ein Hobby von Exzentrikern und Enthusiasten, dessen Verfechter gerne von dem Gedanken geplagt werden, sie seien den Anforderungen des Konkurrenzkampfs einfach »nicht gewachsen« und ihre Ideale nichts weiter als eine Maske für ihr Versagen. Doch ebenso, wie eine liberale Gesellschaft beliebig viele Entwürfe des guten Lebens zulässt, bietet sie keinem davon eine gastfreundliche Umwelt.

Das Ideal von einem auf diese oder jene Weise gearteten guten Leben ist eine Konstante des menschlichen Denkens und taucht eigenständig überall auf der Welt auf. Wir allein haben es für angemessen gehalten, es zu eliminieren. Nicht das gute Leben, sondern das Leben selbst – sein Genuss, seine Bequemlichkeit und seine Verlängerung – ist zu unserem alles andere beherrschenden Ziel geworden. Unser Zeitalter ist das von Nietzsche vorhergesehene, die Zeit, »wo der Mensch nicht mehr den Pfeil seiner Sehnsucht über den Menschen hinaus wirft und die Sehne seines Bogens verlernt hat, zu schwirren!«[33]

Der Niedergang des Ideals von einem guten Leben erklärt die in Kapitel 1 skizzierte grenzenlose Ausweitung der Begierden. Die Neigung zur Unersättlichkeit ist schon immer als solche erkannt worden, doch früher wurde sie von Verboten und widerstrebenden Idealen in Schach gehalten. Diese Verbote und Ideale sind heute verschwunden. Losgelöst von gleich welcher Vorstellung davon, was das Gute für den Menschen sein könnte, und geschürt von Neid und Langeweile, vermehren sich die Wünsche wie die Köpfe der mythologischen Hydra.

Doch in all der Düsternis gibt es auch Licht. Die in diesem Kapitel präsentierten Vorstellungen vom guten Leben beschränkten sich auf kleine Eliten, die von der Arbeit anderer Menschen – nicht selten Sklaven – lebten. Die traditionellen Ökonomien waren außerstande, eine größere Zahl Menschen über das Subsistenzniveau hinaus zu erheben. Heute befinden wir uns zum ersten Mal in der Geschichte in einer Position, dieses säkulare Unrecht zu beheben. Wir verfügen über die materiellen Kapazitäten, allen Menschen das gute Leben – oder doch zumindest die Möglichkeit des guten Lebens – zu bieten. Die Erfordernisse des menschlichen Gedeihens stehen nicht länger im Widerstreit zu denen der menschlichen Gerechtigkeit.

Was aber, wenn ein gutes Leben nicht nur unter Umständen, sondern prinzipiell gar nicht allen Mitgliedern einer Gesellschaft zugänglich ist – in derselben Weise, wie das zum Beispiel die Epitheten »bestes« und »höchstes« sind? Was, wenn es sich dabei um ein inhärent snobistisches oder kontrastives Konzept handelt, eines, das nur denkbar ist, wenn es Lebensweisen gibt, die *nicht* gut sind? Der Verdacht erscheint unerfreulich plausibel. Ein Gutteil der klassischen Ethik atmet Verachtung aus für die einfachen Menschen, die Menschen von niederem Stand, und selbst die christliche Tugend der Wohltätigkeit scheint ganz und gar in der Annahme aufzugehen, dass (wie Jesus sagte) die Armen immer mit uns sein werden. Sollte die Idee von einem guten Leben auf dem beruhen, was Nietzsche das »Pathos der Distanz« nannte, dann dürfte sie unvereinbar sein mit der Demokratie, die die meisten von uns wertschätzen.

Eine ausführliche Antwort auf diesen Einwand muss bis Kapitel 6 warten. Aber lassen Sie uns, zum Zwecke der Beruhigung, anmerken, dass unsere Vorstellung vom guten Leben keineswegs einen Gegensatz zu anderen, schlechteren Lebensweisen voraussetzt. Die Freuden der Überlegenheit und Herablassung haben keinen Anteil daran. Diese Einschränkung schließt im Übrigen einen erheblichen Teil der vormodernen Moralphilosophie aus. So verspüren wir wenig Neigung, Aristoteles' Ideal des »hochgesinnten« Mannes wiederzubeleben, der sich im Bewusstsein seiner eigenen Überlegenheit sonnt. Was aber nicht heißt, dass die gesamte vormoderne Ethik mit Misstrauen beäugt werden muss. Daraus, dass die Vorstellung eines guten Lebens historisch mit den privilegierten Schichten verbunden war, folgt nicht zwingend, dass ein solches Leben Privilegiertheit voraussetzt. Die *Gentlemen* – Edelleute – bildeten zu allen Zeiten eine kleine Elite, aber ein edles Verhalten steht im Prinzip allen offen. Einem nietzscheanischen Pessimismus muss widerstanden werden.

Unsere Aufgabe lautet also, aus den Fragmenten der Weisheit, die uns geblieben sind, ob in Traditionen der Vergangenheit oder in unseren eigenen, tief begrabenen Intuitionen, ein Abbild des guten Lebens zu rekonstruieren. Wenn uns das gelingt, könnten wir möglicherweise – und in demokratisierter Form – etwas von der *Douceur* der großen Zivilisationen der Vergangenheit wiederbeleben, wenn nicht sogar ihrer schöpferischen Energie. Mephistopheles sähe sich seines Sieges beraubt.

Bevor wir aber unsere Vorstellung von einem guten Leben umreißen, müssen wir uns zunächst mit zwei anderen einflussreichen Bewegungen auseinandersetzen, die den Moloch Wachstum in die Schranken weisen wollen. Die eine appelliert an das Konzept vom Glück, die andere an das der Nachhaltigkeit. Wir sympathisieren mit den Zielen beider Bewegungen, glauben aber, dass sie die eigentliche Grundlage unserer Bedenken gegen das endlose Wachstum falsch verorten. Denn die ist unserer Überzeugung nach moralischer und nicht etwa utilitaristischer Natur.

4 DAS WUNDER DES GLÜCKS

*Es wäre ja auch unverständlich, dass das Endziel ein Spiel und
das ganze Leben ein Arbeiten und Ertragen von Härten sein soll –
um des Spieles willen.*

ARISTOTELES, *Nikomachische Ethik,* Buch X, 6. Kapitel

Denker sagen uns schon seit Langem, Wirtschaftswachstum könne uns
nicht glücklich machen. 1751 schrieb Jean-Jacques Rousseau, dass »der
Fortschritt der Wissenschaften und Künste nichts zu unserer wahren
Glückseligkeit beigetragen hat«.[1] Vielmehr habe er Neid, Ehrgeiz und
nutzlose Neugier gefördert – Leidenschaften, in deren Natur es liege,
dass sie nie ganz oder universell befriedigt werden könnten. Wahres
Glück sei das Ergebnis einfacher Vorlieben und ungekünstelter Tugenden. Das Symbol dafür sei das antike Sparta, nicht das moderne Paris.

Rousseaus Klage wurde kürzlich wiederaufgenommen, diesmal un-
termauert mit Statistik. Die »ökonomische Glücksforschung«, wie das
neue Forschungsgebiet heißt, behauptet, nachweisen zu können, dass die
Menschen in den Industrieländern zwar alles in allem ziemlich glücklich
sind, aber nicht noch glücklicher werden. Das Glücksniveau in Großbritannien hat sich demnach seit 1974 kaum verändert, während sich das
reale Pro-Kopf-Einkommen im selben Zeitraum beinahe verdoppelt hat.
In anderen Industrieländern sieht es ähnlich aus. Ab einem gewissen
Niveau scheinen Einkommen und Glück nicht mehr gekoppelt zu sein.
Die Glücksforscher drängen dementsprechend die Industriestaaten,
ihren Fokus vom BIP (Bruttoinlandsprodukt) zum BNG (Bruttonatio-
nalglück) zu verschieben. Ihr Einwand fand Beachtung. 2010 stellte David Cameron einen neuen »Glücksindex« als Ergänzung der traditionellen makroökonomischen Indizes vor. Glück ist heute ein ernsthaftes
Thema der Politik.

Die ökonomischen Glücksforscher verfolgen die denkbar besten Absichten. Sie sind alarmiert, weil sich das Wirtschaftswachstum komplett von nachvollziehbaren Lebenszielen gelöst hat. Sie wollen uns die alte Weisheit ins Gedächtnis zurückrufen, dass Reichtum für den Menschen da ist, nicht der Mensch für den Reichtum. Leider ist ihre Emanzipation von der wirtschaftswissenschaftlichen Orthodoxie keineswegs vollkommen. Wie ihre mehr konventionell orientierten Kollegen betrachten sie das ökonomische Problem im Wesentlichen als ein Problem der Maximierung; sie unterscheiden sich nur darin, was sie maximieren wollen. Dieser Ansatz hat zahlreiche Mängel. Zunächst einmal vertraut er der Genauigkeit der Umfragedaten viel zu sehr. Und was schwerer wiegt: Glück wird als ein einfaches, unbedingtes Gut behandelt, das anhand einer einzigen Dimension gemessen werden kann. Die Quellen oder Objekte des Glücks bleiben ausgeblendet, es zählt nur, ob jemand mehr oder weniger von der Sache »Glück« hat. Solche Ideen sind falsch und gefährlich. Allgemein gesagt: Glück ist nur gut, wenn es angebracht ist; wenn Traurigkeit angebracht ist, ist es besser, traurig zu sein. Glück an sich, unabhängig von Objekten, zum höchsten Ziel der Politik zu erheben, ist ein Rezept für Infantilisierung – Aldous Huxley hat das in *Schöne neue Welt* auf denkwürdige Weise dargestellt. Wir wollen die Technokraten des Wachstums nicht verbannen, nur um zu erleben, wie sie durch die Technokraten der Glückseligkeit ersetzt werden.

Eine sehr kurze Geschichte des Glücks

Wir alle wissen, was mit dem Wort »Glück« gemeint ist: der angenehme, vertraute Zustand, den alle Eltern für ihre Kinder wünschen und alle romantischen Heldinnen in der Ehe zu finden hoffen. Aber sobald wir sagen sollen, was Glück *bedeutet,* sehen wir uns einer verwirrenden Fülle von Definitionen gegenüber. Glück ist eines der »im Kern umstrittenen Konzepte«, wie Walter B. Gallie gesagt hat, und die Diskussion darüber kann nie endgültig entschieden oder beendet werden. Kurzum, Glück ist ein philosophisches Konzept.

Die erste ausführliche Erörterung, was Glück ist, finden wir in der westlichen Denktradition am Anfang von Herodots *Historien*. Herodot schildert den Besuch Solons von Athen bei Krösus, dem sagenhaft reichen König von Lydien. Krösus fragt Solon, ob er bei seinen Reisen jemanden getroffen habe, der »glücklicher als alle anderen« gewesen sei. Solon ignoriert geflissentlich die Aufforderung, seinem Gastgeber ein Kompliment zu machen, und bezeichnet stattdessen einen gewissen Tellos als den glücklichsten Menschen. Krösus ist verletzt und verlangt eine Erklärung. Solon antwortet:

> Tellos lebte in einer blühenden Stadt, hatte treffliche, wackere Söhne und sah, wie ihnen allen Kinder geboren wurden und wie diese alle am Leben blieben. Er war nach unseren heimischen Begriffen glücklich, und ein herrlicher Tod krönte sein Leben. In einer Schlacht zwischen Athenern und ihren Nachbarn in Eleusis brachte er durch sein Eingreifen die Feinde zum Weichen und starb den Heldentod. Die Athener begruben ihn auf Staatskosten an der Stelle, wo er gefallen war, und ehrten ihn sehr.[2]

Die Vorstellung von Glück, die in dieser Passage dargelegt wird, erscheint uns vertraut und fremd zugleich. Wir verstehen, warum Solon Tellos' Reichtum, seine wohlgeratenen Söhne und seine Enkelkinder erwähnt. Natürlich macht so etwas einen Mann glücklich! Schwerer zu verstehen ist für uns der Verweis auf Tellos' ruhmreichen Tod und sein Begräbnis. Davon hatte Tellos nichts mehr, allenfalls erfreute es seine hinterbliebenen Verwandten. (Natürlich könnte Tellos noch ein paar glückliche letzte Augenblicke gehabt haben, als er an seinen edlen Tod dachte, und seine Seele, wenn es so etwas denn gibt, könnte sich an seinem Nachruhm erfreut haben, aber das hatte Solon offenbar nicht im Sinn.) Der Kern des Rätsels besteht darin, dass *eudaimonia,* das griechische Wort, das üblicherweise mit »Glück« übersetzt wird, sich nicht auf einen *Bewusstseinszustand* bezieht, sondern auf einen bewundernswerten und erwünschten *Seinszustand*. Es geht nicht um das individuelle Bewusstsein, sondern um das öffentliche Urteil. Uns erscheint dieses Konzept heute seltsam diffus – teils Glück, teils Erfolg, teils Eigen-schaft –, weil wir die Erben einer Revolution des Denkens sind, die weiter unten ausführlicher beschrieben wird. Durch diese Revolution haben wir das Verständnis für ein Konzept verloren, das die meiste Zeit in der westlichen Geschichte und immer noch in weiten Teilen der nichtwestlichen Welt als vollkommen klar gilt.

Solons Geschichte beleuchtet noch einen anderen Aspekt der vorsokratischen Vorstellung vom Glück: die Abhängigkeit vom Schicksal. Tellos' Tod ist entscheidend wichtig für sein Glück, nicht nur weil er ruhmreich ist, sondern weil der Tod ihn vor weiteren Verlusten schützt. »Vor dem Tod aber darf man niemanden glücklich nennen«, formuliert es Solon – an diese Worte erinnert sich Krösus später, als die persischen Sieger ihn bei lebendigem Leib verbrennen. Herodots Moral ist klar: In einer unsicheren Welt, in der eifersüchtige Götter herrschen, ist es vermessen und dumm, mit Glück zu prahlen.

Solons Sicht, dass Glück ein Geschenk des Schicksals ist, stets gefährdet und widerrufbar, war ein zentrales Thema der antiken griechischen Literatur, vor allem der Tragödie. Doch ab dem späten 5. Jahrhundert wurde es von der elitären kulturellen Gegenbewegung namens Philosophie angegriffen. Glück, so behaupteten die Philosophen, sei eine Errungenschaft von Weisheit und Tugend, und beide lägen innerhalb unserer Macht. Sokrates und Plato gingen so weit zu behaupten, nichts, nicht einmal Folter, könne einem guten Mann sein Glück rauben. Aristoteles war wie üblich realistischer. Wenn Glück in der Tugend liege, erwiderte er, sei es immer noch vom Zufall abhängig, denn die Tugend – oder zumindest ihre Ausübung – erfordere günstige Umstände. Gewiss würde niemand Priamos, der seine Söhne und sein Königreich verloren hatte, glücklich nennen, und wer sage, ein Mensch auf der Folter sei glücklich, rede einfach Unsinn.[3]

Alle antiken Vorstellungen von Glück mit der wichtigen Ausnahme des Epikureismus sind objektiv; sie gehen der Frage nach: »Wie sieht das gute Leben aus, das vollständigste, menschlichste Leben?« Sie beschäftigen sich nicht damit, wie bestimmte Bewusstseinszustände erreicht werden können. Das Christentum blieb innerhalb dieses Rahmens, dehnte ihn aber bis zu einer paradoxen Grenze aus. Glück ist immer noch das Ziel des Menschen, aber es lässt sich nicht in weltlichen Gütern finden, nicht einmal in den ethischen und geistigen Gütern, die die Philosophen priesen. Vielmehr liegt es in solchen Umständen, die gemeinhin als *Unglück* bezeichnet werden, in Armut, Einsamkeit, Verfolgung und Tod. »Selig seid ihr«, sagt Christus, »wenn ihr […] beschimpft und verfolgt und auf alle mögliche Weise verleumdet werdet.« (Mt, 5,11) Das ist immer noch *eudaimonia* im antiken Sinn, aber denkbar weit von Solons einfacher Vorstellung entfernt.

Das englische Wort »happiness« war wie seine europäischen Verwandten ursprünglich synonym mit *eudaimonia*. Glücklich zu sein, bedeutete, dass das Schicksal es gut mit einem meinte, bedeutete, in einer begünstigten, beneidenswerten Situation zu sein. »Wir wenigen, wir wenigen Glücklichen«, sagt Shakespeares Heinrich V. vor Agincourt zu seinen Soldaten in der festen Erwartung, dass sie getötet oder verstümmelt werden. Die alte Bedeutung »glückhaft« hat in englischen Redensarten wie »happy returns« und »happy chance« überlebt, ist aber im modernen Englisch seit dem 16. Jahrhundert weitgehend durch die neue Bedeutung (ein angenehmer, zufriedener Bewusstseinszustand) ersetzt worden. Philosophische Entwicklungen spielten bei dem Bedeutungswandel eine Rolle. Wenn das Bewusstsein der Kern der Persönlichkeit ist, wie Descartes und Locke behaupteten, dann muss auch Glück etwas Innerliches sein. Die Güter, von denen man einst glaubte, sie würden Glück *bedeuten* – Reichtum, Ehre, Ruhm und so weiter –, erschienen nun lediglich als *Ursachen* von Glück neben vielen anderen, von Person zu Person unterschiedlichen. Darüber zu streiten, welche davon »wirklich« Glück sind, ist absurd; genauso gut könnten wir, wie Locke in der in Kapitel 3 zitierten witzigen Bemerkung sagt, »darüber streiten […], ob die Äpfel oder die Pflaumen oder die Nüsse am besten schmeckten«.[4]

Diese Veränderung hatte tief greifende Folgen. Wenn Glück das höchste Gut ist, wie es die Tradition lehrte, und wenn es ein angenehmer Bewusstseinszustand ist, wie die Philosophie nun verkündete, folgt daraus, *dass das Gute selbst ein angenehmer Bewusstseinszustand ist.* Aus diesem Gedanken ging der Utilitarismus hervor, die vorherrschende ethische Denkrichtung in Großbritannien seit dem 19. Jahrhundert. In seiner klassischen, von Jeremy Bentham formulierten Form definiert der Utilitarismus richtiges Handeln als ein solches, welches das allgemeine Glück oder die Lust maximiert; Glück und Lust gelten als äquivalent. Die Objekte des Glücks oder der Lust spielen keine Rolle, es kommt allein auf die *Menge* an, wie Bentham treffend sagte: »Bei gleicher Menge an Lust [ist] das Nadelschieben ebenso gut wie Poesie«.[5] Diese karge Lehre passte gut zum technokratischen Zeitgeist. Anstelle der Anarchie der Meinungen versprach sie eine mechanische Regel für die Lösung moralischer und rechtlicher Konflikte, ein »hedonistisches Kalkül«, wie Bentham es nannte. Wie ein solches Kalkül in der Praxis aussehen könnte, wurde nie richtig erklärt. Benthams Darlegung mit den sieben Vektoren Intensität, Dauer, Wahrscheinlichkeit des Eintretens, zeitliche Nähe, Fruchtbarkeit, Reinheit und Verbreitung wirkt wie eine Karikatur wissenschaftlicher Theoriebildung. Wie wir sehen werden, treibt das Messproblem den Utilitarismus bis heute um.

Der Utilitarismus gedieh auf demselben Nährboden wie die klassische Nationalökonomie. Bentham arbeitete eng mit David Ricardo und James Mill zusammen; James' Sohn John Stuart Mill griff Benthams Ideen mit einigen wichtigen Veränderungen auf. Die marginalistische Revolution des späten 19. Jahrhunderts verstärkte diese Verbindung noch. Während frühere Ökonomen sich auf die Ausweitung der Produktion konzentriert hatten, betonten die Marginalisten die Freuden des Konsums. »Unsere Bedürfnisse mit der geringsten Anstrengung auf das Höchste zu befriedigen«, schrieb William Stanley Jevons, ein Pionier der neuen Denkrichtung, »den größten Betrag des Wünschenswerten mit den geringsten, unerwünschenswerten Kosten zu verschaffen – oder in anderen Worten, *die Freude auf ein Maximum zu bringen,* ist die Aufgabe der Ökonomie.«[6] F. Y. Edgeworth, der brillante, aber exzentrische Autor von *Mathematical Psychics* (Mathematische Seelenkunde), ging noch weiter. Damit die Ökonomie sinnvoll werde, brauche man ein

»Hedonimeter«, ein »idealerweise perfektes Instrument«, um Lust zu messen:

> Von einem Augenblick zum nächsten verändert sich das Hedonimeter; bald zuckt der empfindliche Zeiger mit der Schwankung der Leidenschaften, bald ist er durch intellektuelle Tätigkeit beruhigt, über Stunden liegt er bei Null, und im nächsten Augenblick springt er in unendliche Höhe. Die Höhe wird kontinuierlich durch einen fotografischen oder einen anderen berührungslosen Apparat auf einer sich gleichmäßig bewegenden vertikalen Ebene gemessen […] Wir müssen nur noch eine weitere Dimension hinzufügen, die die Zahl der Empfindungen misst, und sie über die Zeit und das Empfindungsvermögen einfügen, und dann sind wir beim reinen Utilitarismus angelangt.[7]

Von den antiken Griechen bis zum Hedonimeter war es eindeutig ein langer Weg. Wir können vermuten, dass Tellos' Werte auf dem Hedonimeter nicht sehr gut gewesen wären.

In den ersten Jahrzehnten des 20. Jahrhunderts begannen die Ökonomen, an den psychologischen Grundlagen ihres Fachs zu zweifeln. Der Behaviorismus stand hoch im Kurs, Spekulationen über Bewusstseinszustände waren als unwissenschaftlich verpönt. Zum Glück stellte sich heraus, dass der größte Teil der ökonomischen Theorie ohne Bezug auf Bewusstseinszustände auskam. Offensichtlich genügte die Annahme, dass Konsumenten kohärente Vorlieben haben, die in ihrem Verhalten zum Ausdruck kommen. Die Vorlieben erscheinen »nützlich«, insoweit sie befriedigt werden. Wenn mir zum Beispiel ein Apfel und eine Birne angeboten werden und ich die Birne wähle, dann liegt dem die Hypothese zugrunde, die Birne habe für mich mehr Nutzen als der Apfel. Aber damit ist nichts über meine geistige Verfassung ausgesagt, nur über meine Verhaltensneigungen. Hedonimeter und dergleichen können wir als irrelevant beiseite lassen.

Diese theoretische Rekonstruktion – das Werk einiger großer Ökonomen zwischen 1900 und 1930 – erlaubte es dem Fach, gegenüber den

Fakten der menschlichen Psychologie weiterhin heitere Gleichgültigkeit zu bewahren. Aus ökonomischer Sicht spielt es keine Rolle, ob die Menschen Altruisten, Egoisten, Hedonisten, Masochisten oder etwas anderes sind; es zählt nur, dass sie bestimmte Präferenzen haben und danach handeln. Dieser Formalismus hat jedoch seinen Preis. Im 19. Jahrhundert glaubte man ganz im Sinne Benthams, mehr Reichtum führe zu mehr Glück. Doch die modernen Ökonomen können nur sagen, dass Reichtum den Nutzen maximiert im Sinne einer »Befriedigung von Konsumentenpräferenzen«. Die Frage, ob die Befriedigung von Konsumentenpräferenzen *Glück* bedeutet, können sie nicht beantworten. Das Projekt Wirtschaftswachstum erinnert ein bisschen an eine Comicfigur, die über die Klippe hinaus einfach immer weiterrennt – ihre Füße bewegen sich, aber sie hat keinen Boden mehr darunter.

In den 1930er- und 1940er-Jahren, mitten in der weltweiten Rezession und dem Krieg, konnte man solche Fragen als rein akademisch abtun. Zwei Jahrzehnte später jedoch waren sie dringlich geworden. Eine Flut wichtiger Bücher – *Gesellschaft im Überfluss* von John Kenneth Galbraith, *Der eindimensionale Mensch* von Herbert Marcuse und *Psychologie des Wohlstands* von Tibor Scitovsky – hinterfragten die Gleichsetzung von »Nutzen« und Glück. Rousseaus Ängste tauchten wieder auf. Was wäre, wenn der technische Fortschritt genauso schnell neue Wünsche entstehen lässt, wie er alte befriedigt? Was wäre, wenn die Menschen eher nach dem relativen als nach dem absoluten Vorteil streben, wodurch der Wettbewerb auf dem Markt zum Nullsummenspiel würde? Solche Fragen führten die Ökonomen aus dem Bereich ihrer Disziplin heraus und auf das zuvor verbotene Gebiet der Psychologie.

Unterdessen erlebte die Psychologie ihre eigene Revolution. Das behavioristische Veto gegen die Introspektion fiel, und damit waren Selbsteinschätzungen als Daten zugelassen. Umfragen zu Glück wurden erstmals in den 1940er-Jahren in Amerika durchgeführt und in jedem Jahrzehnt seither immer zahlreicher und immer ausgefeilter wiederholt. Die Daten waren ein Gottesgeschenk für die mittlerweile mit dem rein formalen Konzept des Nutzens unzufriedenen Ökonomen, denn sie versprachen, Wohlbefinden unabhängig von Konsumentenentscheidungen zu messen – ein harter Standard, mit dem dann die Vorteile des Wachstums zu vergleichen waren. Damit kann die Wirtschaftswissenschaft wieder werden, was sie ursprünglich sein wollte: die Wissenschaft davon, wie man das größte Glück der größten Zahl erreicht.

ÖKONOMISCHE GLÜCKSFORSCHUNG

Im Jahr 1974 veröffentlichte der Ökonom Richard Easterlin einen berühmten Aufsatz mit dem Titel »Does Economic Growth Improve the Human Lot?« (Verbessert Wirtschaftswachstum das Los der Menschheit?) Nach einer gründlichen Untersuchung von Glücksindikatoren und BIP in einer Reihe von Ländern weltweit lautete seine Antwort »vermutlich nicht«. Seither hat es unzählige weitere Studien zur Glücksforschung gegeben, aber die zentrale Aussage von Easterlins Aufsatz, das sogenannte »Easterlin-Paradox«, gilt immer noch. Wir können es mit drei einfachen Schaubildern (Schaubilder 6–8) illustrieren. Schaubild 6 zeigt die Entwicklung von BIP und Lebenszufriedenheit in Großbritannien von 1973 bis 2009. Wir sehen einen nahezu kontinuierlichen Anstieg des BIP, aber keine Veränderung bei der Lebenszufriedenheit. Daten aus anderen Industrieländern weisen ein ähnliches Muster auf. Diese Ergebnisse sind einigermaßen erstaunlich. Anscheinend haben uns alle Verbesserungen beim Lebensstandard in den letzten 36 Jahren nicht mehr Glück gebracht. Vielleicht hatte Rousseau tatsächlich recht: Mehr Geld macht uns nicht glücklicher.

Schaubild 7 basiert auf einer zwischen 2005 und 2008 durchgeführten Umfrage. Sie zeigt, wie viele Angehörige des untersten und des obersten Einkommenszehntels in Großbritannien sich als »sehr glücklich«, »ziemlich glücklich«, »nicht sehr glücklich« und »gar nicht glücklich« bezeichnen. Eindeutig gibt es mehr »sehr glückliche« Menschen bei den Reichen und mehr »gar nicht glückliche« bei den Armen. Und man hat ähnliche Ergebnisse in anderen Ländern der Welt, Entwicklungsländern wie Industrieländern, gefunden.

6. BIP pro Kopf und Lebenszufriedenheit

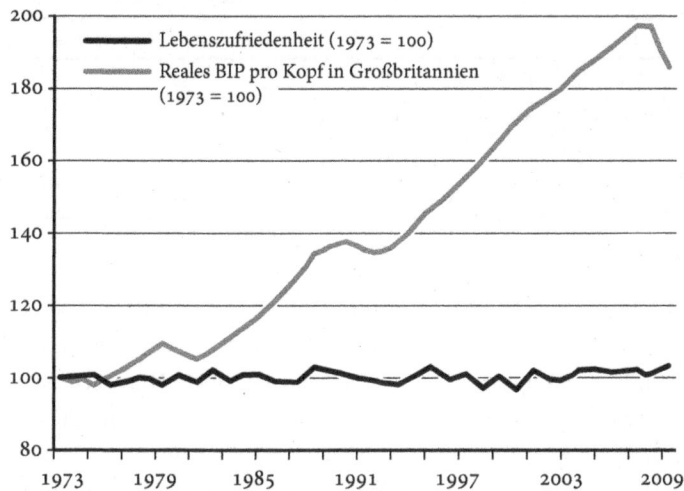

(Quelle: Eurobarometer *World Database of Happiness*
(http://worlddatabaseofhappiness.eur.nl/index.html); Office of National Statistics.

Die beiden Statistiken scheinen sich auf den ersten Blick zu widersprechen. Nach der zweiten sieht es so aus, als würde Geld uns glücklicher machen, nach der ersten nicht. Aber tatsächlich besteht kein Widerspruch. Die Zahlen ergeben einen Sinn, wenn wir voraussetzen, dass Glück mit *relativem* Wohlstand zusammenhängt, nicht mit absolutem. Mit anderen Worten: Das Glück der Reichen ist Ausdruck ihrer Zufriedenheit, weil sie an der Spitze der Pyramide stehen, das Unglück der Armen ist Ausdruck ihrer Frustration, ganz unten zu sein. Weil die Reichen immer oben bleiben und die Armen immer unten, unabhängig vom Einkommen der Gesellschaft insgesamt, verändern sich die durchschnittlichen Glückslevel nicht. (Stellen Sie sich als Vergleich eine Menschenschlange auf einer Rolltreppe vor: Die Frau am Ende der Schlange bleibt am Ende, auch wenn die Schlange insgesamt sich nach oben bewegt.)

Psychologische Experimente scheinen zu bestätigen, dass für die meisten Menschen das relative Einkommen zählt, nicht das absolute. Bei einem Experiment sollten sich Harvard-Studenten für eine von zwei Fan-

145

7. Glück nach Einkommensniveau in Großbritannien

	Unterste 10%	Oberste 10%
Sehr glücklich	43,9 %	55,0 %
Ziemlich glücklich	44,0 %	43,1 %
Nicht sehr glücklich	7,1 %	1,8 %
Gar nicht glücklich	5,0 %	0,0 %

Quelle: World Values Survey 2005–2008.

tasiewelten entscheiden – in der einen Welt verdienten sie 50.000 Dollar im Jahr bei einem Durchschnittseinkommen von 25.000 Dollar, in der anderen Welt waren es 100.000 Dollar bei einem Durchschnittseinkommen von 250.000 Dollar. Die Mehrheit der Studenten entschied sich für die erste Welt.[8] Das mag egoistisch erscheinen, und zum Teil ist es das tatsächlich, aber es gibt außer Egoismus noch andere Gründe, warum man an der Spitze der Pyramide stehen möchte. Die besten Dinge im Leben – herrliche Landsitze, unberührte Ferienorte, hervorragende Schulen – sind oft nur in begrenzter Zahl vorhanden und nur für die Reichsten verfügbar. Solche positionalen oder oligarchischen Güter sind, wie wir in Kapitel 1 gesehen haben, ein Grund, warum das Gewinnstreben selbst in den reichsten Gesellschaften stark ist.

Aber selbst wenn wir auf das relative Einkommen ausweichen, bleibt die hartnäckig flache Kurve in Schaubild 6 ein Rätsel. Ist das absolute Einkommen *irrelevant* für das Glück? Haben Laptops, E-Book-Reader, Fußmassagegeräte, Fernreisen, Sushi zum Mitnehmen und all das wirklich *nichts* zu unserem kollektiven Wohlbefinden beigetragen? Glücksforscher erinnern uns gern an unsere Anpassungsfähigkeit. Die meisten materiellen Gewinne haben nur einen flüchtigen Effekt auf unsere Stimmung, schon bald fällt sie wieder auf ihr gewohntes Niveau zurück. Deshalb kann es sein, dass das Einkommen kontinuierlich wächst, aber das Glück überhaupt nicht. Eine weitere beliebte Erklärung, warum Glück nicht entsprechend dem Wohlstand zunimmt, ist der Verweis auf Ungleichheit. Wie wir in Kapitel 1 gesehen haben, hat sich das Durch-

8. Glück und Einkommen nach Ländern

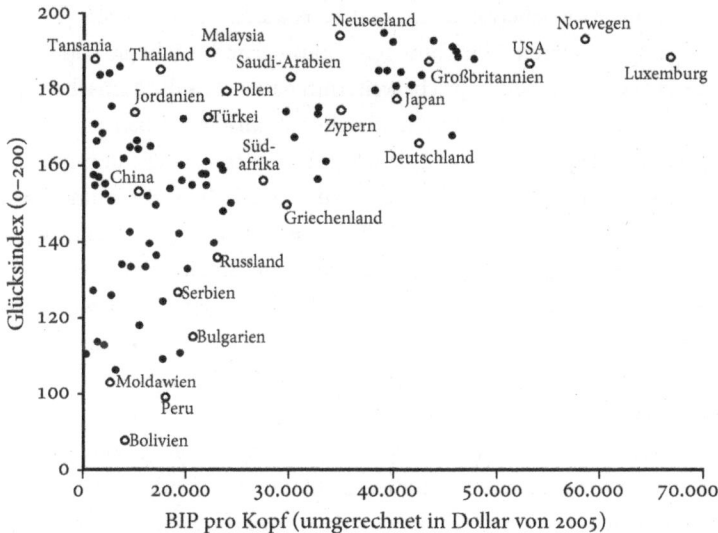

Quelle: World Values Survey 2005–2009.

schnittseinkommen in Großbritannien in den letzten 30 Jahren verdoppelt, aber das *mediane* Einkommen – das heißt der Mittelwert des Einkommens, bei dem genauso viele Menschen mehr verdienen, wie weniger verdienen – hat sich sehr viel weniger bewegt. Zuwächse konnten hauptsächlich die wenigen ganz oben verbuchen. Selbst wenn das absolute Einkommen einen Einfluss auf das Glück hat, spiegelt die Statistik womöglich die Gefühle der Mehrheit wider, deren absolute Einkommen stagnierten.

Schaubild 8 zeigt die Werte für das BIP und das Glück für viele verschiedene Länder zu unterschiedlichen Zeitpunkten in den 1990er-Jahren. Die unglücklichsten Länder haben alle Durchschnittseinkommen pro Kopf von weniger als 15.000 Dollar jährlich, bei höheren Pro-Kopf-Einkommen scheint kaum noch eine Korrelation zum Glücksempfinden zu bestehen.[9] Die Daten unterstützen eine modifizierte Version von Easterlins These: Unterhalb einer bestimmten Schwelle hat das absolute Einkommen offenbar *tatsächlich* Einfluss auf das Glücksempfinden. Das dürfte uns nicht überraschen. Es ist zu erwarten, dass ein Mangel bei Nahrung, sanitären Einrichtungen, Bildung und Wohnen deprimierend wirkt. Schaubild 8 spricht weiterhin dafür, dass die Menschen bei der Beurteilung ihres relativen materiellen Wohlstands einen nationalen Maßstab anlegen, keinen globalen. Sonst würden Länder mit mittleren Einkommen konstant unterhalb der Länder mit hohen Einkommen rangieren, und das ist nicht der Fall. In diesem Zusammenhang wird manchmal darauf verwiesen, dass ostdeutsche Arbeitnehmer sich nach der Wiedervereinigung weniger glücklich fühlten als zuvor, obwohl ihre Reallöhne stiegen. Vermutlich begannen sie, sich mit ihren neuen, sehr viel reicheren Landsleuten zu vergleichen.[10]

Was schlagen die Glücksforscher uns nun vor, um unsere schwächelnden Glückslevels wieder zu steigern? Nach ihrer Ansicht gibt es zwei Probleme: zum einen individuelle und zum anderen kollektive Irrationalität. Das erste Problem entsteht, weil die Menschen das langfristige Glück, das Konsumgüter ihnen bringen, überschätzen und die Zufriedenheit durch Muße, Bildung, Freundschaft und andere immaterielle Dinge unterschätzen. Das zweite Problem hängt damit zusammen, dass es zwar rational ist, an der Spitze der Pyramide stehen zu wollen, aber nach der Logik des Statuswettbewerbs nicht alle oben stehen können. Der Preis für den Erfolg von A ist der Misserfolg von B, und so bleibt das Glück insgesamt gleich. Oder es nimmt sogar ab, weil das Positionsgerangel unangenehm ist. Übertragen wir das auf eine andere Situation: Wenn eine Person auf einer Party sehr laut spricht, müssen auch alle anderen sehr laut sprechen, obwohl es besser für alle wäre, wenn sie nur flüsterten. Wir stecken in einem bekannten spieltheoretischen Dilemma.

Glücksforscher reagieren auf beide Probleme in vorhersehbarer Weise. Wenn bestimmte Güter keine anhaltende Vermehrung des Glücks bewirken, weder für die Besitzer noch für die Gesellschaft insgesamt, warum sollte man sie dann nicht besteuern? Das würde zum einen die Ressourcen in Güter lenken, die wie etwa Muße *tatsächlich* das

Glück steigern, und zum anderen dafür sorgen, dass öffentliche Projekte, die das Glück vermehren, mehr Ressourcen zur Verfügung hätten. So hat sich zum Beispiel der Ökonom Robert Frank für eine progressive Besteuerung des Konsums ausgesprochen, die Luxuskonsum drosseln und das Sparen fördern würde.[11] Wir schlagen in Kapitel 7 etwas Ähnliches vor, allerdings ohne Bezug auf das Glück. Oft wird in diesem Zusammenhang auch empfohlen, die Zahl der Arbeitsstunden und bestimmte Formen von Werbung zu beschränken. Allgemein können wir sagen, dass die Glücksforscher eher für den europäischen als für den amerikanischen Lebensstil plädieren, obwohl Will Wilkinson vom Cato Institute darauf hingewiesen hat, dass Amerika in den meisten Glücks-Rankings vor den großen sozialdemokratischen Ländern Europas rangiert.[12] Da es weder für die eine noch für die andere Position schlagende Beweise gibt, wird die Auseinandersetzung darüber noch eine Weile weitergehen.

WAS AN DER ÖKONOMISCHEN GLÜCKSFORSCHUNG FALSCH IST

Ökonomische Glücksforschung ist in einer Hinsicht nichts Neues. Seit Salomon und Sokrates erzählen uns gestandene Ethiker immer wieder, dass Liebe und Anständigkeit Glück bescheren, nicht Reichtümer. »Besser ein Gericht Gemüse, wo Liebe herrscht, als ein gemästeter Ochse und Hass dabei«, heißt es im biblischen Buch der Sprichwörter. *Neu* ist der Versuch, diese alte Weisheit in Zahlen zu gießen und in Formeln und Schaubildern auszudrücken. Anscheinend können wir uns nicht zugestehen, etwas zu wissen, wenn wir nicht Brief und Siegel der Wissenschaft dafür haben. Diese Form der Selbstvergewisserung ist aus zwei Gründen gefährlich: Erstens übertreibt sie den Nutzen von Umfragen zum Glück, und zweitens verlangt sie, dass wir dem Glück an sich einen unbedingten Wert zumessen, unabhängig davon, dass wir über sehr verschiedene Dinge glücklich sein können. Schauen wir uns diese beiden Irrtümer nacheinander an.

Messprobleme

Betrachten wir noch einmal Schaubild 6. Die hartnäckig flache Kurve müsste die Glücksforscher mehr stören, als sie es tut. Denn sie impliziert nicht nur, dass steigende Einkommen keine Auswirkung auf das Glück haben, sondern auch, dass die tief greifenden sozialen Veränderungen in Großbritannien in den letzten 30 Jahren *allesamt keinen* Effekt hatten. Andere Länder, für die ähnliche Daten erhoben wurden, einschließlich USA und Japan, zeigen das gleiche Muster. Eine der beiden Aussagen muss zutreffen: Entweder hängt Glück sehr wenig von Veränderungen in der sozialen Umwelt ab, oder die Glücks*messung* reagiert kaum auf Veränderungen beim Glücksempfinden. Beides ist für die Glücksforscher nicht sehr angenehm.

Es gibt Gründe anzunehmen, dass das Problem damit zusammenhängt, wie Glück gemessen wird. Schaubild 6 wurde anhand von Daten einer Umfrage erstellt, bei der die Befragten angeben sollten, ob sie 4. »sehr zufrieden«, 3. »ziemlich zufrieden«, 2. »nicht sehr zufrieden«, 1. »überhaupt nicht zufrieden« waren. Weil der erste Durchschnittswert aus dem Jahr 1973 bei 3,15 von höchstens möglichen 4 lag, konnte das Glücksempfinden in der Folgezeit um höchstens 28 Prozent ansteigen, drei- bis viermal weniger als das BIP. Und sogar ein so bescheidener Anstieg hätte sich nur ergeben, wenn verblüffende 100 Prozent der Bevölkerung gesagt hätten, sie seien »sehr zufrieden«. Selbst für einen Anstieg um nur 10 Prozent hätten 31,5 Prozent in eine höhere Kategorie wechseln müssen, zum Beispiel von »nicht sehr« zu »ziemlich zufrieden« oder von »ziemlich« zu »sehr zufrieden« – ein erheblicher Zuwachs beim nationalen Glücksempfinden. Außerdem können »begrenzte« Umfragen wie diese Veränderungen an den beiden Enden des Spektrums nicht erfassen. Wenn etwa die glücklichsten 10 Prozent noch glücklicher werden, findet das keinen Niederschlag, weil sie bereits in die Topkategorie »sehr glücklich« fallen. Wenn aber die reichsten 10 Prozent einer Gesellschaft reicher werden, können die Auswirkungen auf das BIP erheblich sein. Kurz gesagt: Der behauptete Gegensatz zwischen statischem

Glücksempfinden und steigendem BIP ist wahrscheinlich nur ein statistisches Artefakt infolge der Messmethoden.[13]

Andere Umfragen zu Glück verwenden eine numerische Skala von null bis zehn oder elf. Die Teilnehmer werden gefragt: »Wenn Sie einmal alles zusammen betrachten, wo würden Sie sich auf einer Glücksskala von null bis zehn einordnen?« Solche Befragungen anhand von Zahlen sind ein kleines bisschen sensibler als die oben beschriebenen verbalen, aber sie werfen wieder eigene Probleme auf. Die Kategorien »sehr glücklich«, »ziemlich glücklich« und »nicht sehr glücklich« sind zwar grob, aber zumindest aussagekräftig. Doch was bedeutet ein Wert von sieben auf einer Skala von zehn für das Glücksempfinden? Selbst wenn wir großzügig annehmen, dass es sinnvoll ist, Gefühlszuständen Kardinalzahlen zuzuordnen, fehlen uns die nötigen Informationen für eine solche Zuordnung. Wofür stehen beispielsweise die beiden Extreme? Bedeutet null, dass jemand zusammen mit seinen Familienmitgliedern bei lebendigem Leib in einen Kessel mit siedendem Öl gesteckt wird? Ist zehn ein Zustand vollkommener Glückseligkeit – »Gott, der einen Orgasmus in deinem Kopf hat«, wie ein Drogendealer einmal formulierte, als er die Wirkung seiner Ware beschrieb? Und was ist mit fünf? Bezeichnet dieser Wert einen mittleren Zustand zwischen den beiden Extremen? Oder einen Zustand emotionaler Gleichgültigkeit? (Das ist nicht unbedingt dasselbe; absoluter Schmerz könnte schmerzhafter sein, als absolute Lust lustvoll ist.) Oder meint fünf ein durchschnittliches Glücksempfinden? Viele Fragebogendesigner verstehen es ganz sicher so, und das erklärt ihre Überraschung, dass die große Mehrheit sich bei sechs oder höher einordnet. Und wenn fünf durchschnittliches Glücksempfinden bezeichnet, welche Population ist dann die Bezugsgröße? Das Land? Die ganze Welt? Auf all diese Fragen bekommen Teilnehmer von Glücksumfragen keine Antworten.

Bei internationalen Vergleichen vervielfachen sich die Probleme noch. Eine Schwierigkeit besteht darin, dass Aussagen zu Glück hochgradig kulturgebunden sind und von einem Land zum anderen variieren. Fragen Sie einen Amerikaner, wie es ihm geht, wird er ziemlich sicher antworten »danke, sehr gut«. Stellen Sie die gleiche Frage einem Russen, wird er wahrscheinlich mit einem Schulterzucken sagen »normalno« und damit zu verstehen geben, dass es schlimmer sein könnte. Wenn Amerikaner und Russen sich nur darin unterscheiden, wie sie ihr Glück *ausdrücken,* könnte ein persönlicher Fragebogen die Wahrheit zutage fördern. Aber wenn sie sich darin unterscheiden, wie sie Glück *wahrnehmen,* kann man von keiner noch so sorgfältig durchgeführten Umfrage erhoffen, dass sie ihre wahren Gefühle enthüllt. Glücksforscher übersehen die zweite Möglichkeit. Sie nehmen an, dass die Menschen wissen, wie glücklich sie sind, oder dass zumindest falscher Optimismus und falscher Pessimismus gleichmäßig über den Globus verteilt sind. Aber warum sollte man das annehmen? Menschen, die so erzogen sind, Glück als ein Zeichen von Erfolg zu betrachten, werden nur widerstrebend zugeben, dass sie traurig sind, sogar sich selbst gegenüber. Könnten die hohen Werte in Amerika und anderen westlichen Ländern nicht vielleicht einfach nur anzeigen, dass hier »positives Denken« vorherrscht – wilde Entschlossenheit, immer das Schöne im Leben zu sehen? Natürlich dürfen wir auch nicht vergessen, dass in den meisten westlichen Ländern große nichtwestliche Minderheiten leben, oftmals konzentriert auf bestimmten sozioökonomischen Niveaus. Kulturelle Effekte könnten deshalb sowohl bei nationalen wie bei internationalen Umfragen zu Verzerrungen führen.

Und dann ist da noch das Problem der Übersetzung. Glücksforscher müssen davon ausgehen, dass es für das englische Wort »happy« überall auf der Welt synonyme oder beinahe synonyme Begriffe gibt, ansonsten wären Vergleiche sinnlos. Aber das trifft nicht überall zu. Nehmen wir *xingfu,* das chinesische Wort, das in der chinesischen Version des World Values Survey verwendet wird. *Xingfu* bedeutet gute Lebensumstände mit einer Betonung auf starken Familienbanden. Man ist nicht *xingfu,* wenn man Tennis spielt oder eine Orange isst. Und es wäre ein Missbrauch des Begriffs, nicht nur ein psychologischer Irrtum, eine Prostituierte oder einen alternden Playboy als *xingfu* zu bezeichnen.* *Xingfu* ist, kurz gesagt, in der Bedeutung dem antiken griechischen *eu-*

daimonia näher als dem modernen englischen »happy«.[14] Bei anderen Sprachen gibt es ähnliche Schwierigkeiten. Allgemein kann man sagen, »happy« ist ein viel leichterer, weniger fordernder Begriff als seine ausländischen Äquivalente – vielleicht spiegelt das den Einfluss des Utilitarismus auf die angelsächsischen Kulturen wider. Anna Wierzbicka, eine führende Expertin für die Semantik der Emotionen, beklagt, »wie eloquent die aktuelle Literatur zu Glück sprachliche Unterschiede bestreitet«.[15]

Glücksforscher machen sich im Allgemeinen keine großen Gedanken über die genaue Formulierung ihrer Fragebögen und den Sinn ihrer Skalen. Sie sind zufrieden, wenn sie feststellen, dass das, was sie messen möchten, stark mit anderen Dingen korreliert, die mit Glück assoziiert sind: niedriger Blutdruck, starke Aktivität der linken Hirnhälfte, gute Gesundheit und viel Lächeln. Dann sind ihre Ergebnisse, in ihrem Jargon ausgedrückt, »valide«. Aber das wirft eine mehr philosophische Ratlosigkeit auf: Welche neuen Informationen können Glücksumfragen enthalten, wenn ihre Validität anhand von Fakten über Glück ermittelt wird, die wir bereits kennen? Entweder stimmen die Ergebnisse mit dem überein, was wir bereits wissen, dann sind sie überflüssig. Oder sie stimmen nicht damit überein, dann sind sie fehlerhaft. Bestenfalls können solche Umfragen das, was wir bereits wissen, mit neuen Details unterfüttern. Aber etwas radikal Neues können sie uns nicht sagen – wenn es so wäre, würden wir ihnen nicht glauben.

Es gibt zwei Arten von Korrelaten zu Selbstaussagen über Glück: physiologische Daten und Indizien. Physiologisch hat sich gezeigt, dass Menschen, die sich selbst als glücklich bezeichnen, hohe Level elektrischer Aktivität im linken Vorderhirn und ein robustes Immunsystem haben.[16] Aber woher wissen wir, dass diese Befunde auf Glück hinweisen?

---

* Das Sprachempfinden ist hier offenbar unterschiedlich: Manche chinesische Muttersprachler lassen die Prostituierte und den alternden Playboy *xingfu* sein, andere nicht. Vielleicht sind das Unterschiede zwischen Regionen oder zwischen Generationen. Aber solange eine signifikante Zahl von Chinesen *xingfu* nur im objektiven Sinn verwendet, können wir keine Äquivalenz zu »happy« unterstellen.

(Die Antwort kann eindeutig nicht lauten, dass sie selbst berichtetes Glück belegen, denn das wäre ein Zirkelschluss.) Andere Studien zeigen eine Korrelation zwischen Selbstangaben zu Glück auf der einen Seite und Handlungen und Umständen, die mit Glück assoziiert sind, auf der anderen Seite. So werden zum Beispiel Menschen, die sich selbst als relativ glücklicher einstufen, auch von ihren Freunden und Verwandten als glücklicher beurteilt, und sie lächeln häufiger.[17] Andrew Oswald und Stephen Wu haben eine Korrelation zwischen der Lebensqualität in amerikanischen Bundesstaaten (gemessen anhand von Sonnenscheindauer, Pendelzeiten, Kriminalität und so weiter) und den Angaben der Einwohner zu Glück hergestellt. (New York steht bei Lebensqualität wie Glück ganz unten.)[18]

Wenn diese Studien glaubwürdig sind, zeigen sie, dass die Menschen, die sich selbst als glücklich bezeichnen, im Durchschnitt tatsächlich glücklich sind. Aber das Ergebnis ist nicht die Bestätigung, die es auf den ersten Blick zu sein scheint, denn es setzt voraus, dass wir ein Maß dafür, wie glücklich Menschen sind, *bereits haben,* unabhängig davon, was sie zu dem Thema sagen – und das Maß ist unsere Einschätzung mit dem gesunden Menschenverstand, was Menschen bewegt und was gut für sie ist. Selbstauskünfte mögen als zusätzliche Anhaltspunkte nützlich sein, aber sie können nicht das ultimative Kriterium für Glück sein. Ein einfaches Gedankenexperiment verdeutlicht das. Stellen Sie sich eine Frau vor, deren Kinder bei einem schweren Unfall getötet wurden und deren ganzes Handeln Unglück ausstrahlt, die sich aber trotzdem als glücklich bezeichnet. Wir würden vermuten, dass sie entweder lügt oder sich selbst etwas vormacht oder Worte in einer ganz ungewöhnlichen Weise verwendet. (Vielleicht ist sie Philosophin und hat ein ganz eigenes Verständnis von »glücklich«.) Wir würden nicht allem Anschein zum Trotz darauf beharren, dass sie wirklich glücklich ist. Glück ist, mit anderen Worten, nichts, was sich nur auf der inneren Bühne im Kopf einer Person abspielt und nur für diese Person sichtbar ist. Glück manifestiert sich in Handlungen und Geschehnissen. Wäre es nicht so, wäre es ein Rätsel, wie wir überhaupt darüber sprechen können. Die Annahme, die der Umfragemethode zugrunde liegt – dass wir selbst das endgültige Urteil darüber abgeben, wie glücklich wir sind –, ist falsch.

Solche Verwirrungen zeigt auch der oben erwähnte Aufsatz von Oswald und Wu. »Obwohl es natürlich ist, sich durch offizielle Umfragedaten leiten zu lassen«, schreiben sie,

> erschien es ungewöhnlich, dass Louisiana – der Staat, den der Hurrikan Katrina verwüstet hat – einen so hohen Wert auf der Tabelle der Lebenszufriedenheit erreichte. Das Ergebnis wurde mehrfach überprüft. Dabei stellte man fest, dass Louisiana vor Katrina und auch in einer Tabelle von Mental Health America und der Applied Studies of the U. S. Substance Abuse and Mental Health Services Administration stark abgeschnitten hatte [...] Trotzdem ist wahrscheinlich, dass Katrina die Zusammensetzung des Bundesstaates verändert hat – diejenigen, die geblieben sind, stellen keinen repräsentativen Querschnitt der Bevölkerung dar –, sodass bei der Interpretation der Ergebnisse für diesen Bundesstaat Vorsicht geboten ist. Louisianas Position in der Tabelle verdient weitere statistische Erhebungen.[19]

Das ist ein aufschlussreiches Eingeständnis. Während Oswald und Wu einerseits anerkennen, sie sollten sich konsequent »an die offiziellen Umfragedaten halten«, lassen sie sich andererseits davon beeinflussen, was sie intuitiv über die Auswirkungen von Hurrikans auf das Glücksempfinden wissen. Wenn es knirscht, stellen sie die Daten infrage und nicht ihre Ansichten, was Menschen glücklich macht. In ähnlicher Weise (allerdings diesmal in kritischer Absicht) erörterten Helen Johns und Paul Ormerod eine *positive* Beziehung zwischen Glück und Gewaltverbrechen in den USA. Völlig zu Recht interpretieren sie das als Beweis für die Unzuverlässigkeit von statistischen Daten; die Möglichkeit, dass Gewaltverbrechen Menschen glücklicher machen, ziehen sie nicht in Erwägung.[20] Und selbst wenn sich herausstellen sollte, dass die Daten in diesen beiden Fällen korrekt sind – das heißt aus hinreichend großen und repräsentativen Stichproben stammen –, würden wir immer noch daran zweifeln. Wir würden vermuten, dass die Teilnehmer der Umfrage unehrlich waren oder sich getäuscht oder die Frage missverstanden haben. Wir würden nicht von dem abrücken, was wir alle über die Bedingungen von Glück wissen.

Das ist der Knackpunkt. Umfragen zu Glück sind zweifelhaft, einmal wegen der oben erwähnten Unklarheiten bei der Formulierung und den Messmethoden, darüber hinaus und grundsätzlicher aber auch, weil wir keine zuverlässigen Experten für unser eigenes Glück sind. Deshalb erfordern die Daten eine externe Validierung, entweder in Gestalt formeller Korrelationen oder durch unsere Intuition, wie glücklich Menschen sind. Aber wenn sie so validiert werden, scheiden sie als redundant aus. Ihre Funktion scheint im Wesentlichen zeremonieller Natur zu sein: Sie erteilen den Annahmen des gesunden Menschenverstands den Segen der Wissenschaftlichkeit.

Sind Umfragen zu Glück also nutzlos? Nicht ganz. Sie können zwar unser intuitives Verständnis, was Menschen glücklich macht, nicht vollkommen über den Haufen werfen, aber sie unterfüttern bestimmte Punkte, die unsicher und vage sind, mit Fakten. Zum Beispiel wird manchmal behauptet, Homosexuelle seien weniger glücklich als Heterosexuelle. Umfragen zeigen aber, dass es keinen Unterschied zwischen den beiden Gruppen gibt.[21] Das klingt interessant, aber beachten Sie, dass wir das Ergebnis nur deshalb akzeptieren, weil unsere Erfahrung nicht widerspricht. (Würden Schwule in der Regel mit langen Gesichtern herumlaufen und viel trinken, wären wir eher skeptisch.) In ähnlicher Weise können uns Umfragen helfen, die verschiedenen Ursachen von Glück und Unglück nach ihrer Wichtigkeit in eine Reihenfolge zu bringen, soweit eine solche nicht sowieso schon offensichtlich ist. Wir wissen zum Beispiel alle, dass Arbeitslosigkeit Menschen unglücklich macht, aber es ist interessant zu erfahren, dass sich Arbeitslosigkeit noch stärker auswirkt als eine Scheidung.[22] Und schließlich können Umfragen zu Glück an Orten nützlich sein, wo es schwierig oder teuer ist, Informationen über Lebensbedingungen zu bekommen. Aber sofern die Statistiken zu Gesundheit, Beschäftigung, Bildung, Ehen und so weiter ziemlich verlässlich sind wie in Großbritannien und den meisten anderen Industrieländern, gibt es keinen Grund, sich nicht direkt auf sie zu beziehen und einen Umweg über das Glück einzuschlagen. Den direkten Weg nehmen wir in Kapitel 6.

Bei internationalen Vergleichen machen die oben erwähnten kulturellen und sprachlichen Unterschiede Schlussfolgerungen sehr unsicher. Selbst der berühmte Vorkämpfer der ökonomischen Glücksforschung Derek Bok hat zugegeben, »Versuche, das durchschnittliche Wohlbefinden in unterschiedlichen Ländern zu vergleichen, sollten mit einiger Vorsicht betrachtet werden«.[23] Es ist kein Zufall, dass Menschen in Simbabwe und Haiti sich als weniger glücklich einstufen als Briten; das hätten wir wohl so vorausgesagt. Aber wir sollten uns keine Sorgen machen wegen der höheren Zufriedenheit der Dänen und keine schlaflosen Nächte damit verbringen, das Geheimnis ihres Erfolgs zu ergründen. Der Versuch, eine »nationale Gesamtrechnung des Wohlbefindens« zu erstellen als Ergänzung oder Konkurrenz zur volkswirtschaftlichen Gesamtrechnung, ist ein sinnloses Unterfangen.[24] Wir dürfen nicht vergessen, dass solche Rechnungen nur das messen, was die Menschen über ihr Glück sagen; sie messen nicht Glück an sich und können das auch gar nicht.

Ethische Probleme

Nehmen wir einmal an, die oben beschriebenen methodischen Probleme könnten überwunden werden. Nehmen wir weiter an, wir besäßen ein unfehlbares Instrument, um Glück zu messen, ein Super-Hedonimeter. Können wir dann mit dem Projekt fortfahren, Glück zu maximieren? Die Antwort lautet nein. Glück, wie es die ökonomischen Glücksforscher verstehen, ist ganz unabhängig von Messproblemen kein geeignetes Ziel für die Politik, aus dem einfachen Grund, dass es nicht automatisch gut ist. Glück zu einem Ziel der Politik zu machen, eröffnet die beunruhigende Aussicht auf »Glückstechnologie«, wie der LSD-Guru Timothy Leary das genannt hat.

Was verstehen ökonomische Glücksforscher unter Glück? Wenige denken darüber länger nach. Yew-Kwang Ng, ein führender Vertreter dieser Forschungsrichtung, gibt sich damit zufrieden, Henry Sidgwicks klassische, an Bentham orientierte Definition zu wiederholen: Glück ist »das größte erreichbare Übermaß von Lust über Unlust; dabei sollen die beiden Ausdrücke alle Arten von angenehmen und unangenehmen Empfindungen umfassen«.[25] Glück ist mit anderen Worten eine subjektiv angenehme geistige Verfassung, nicht ein objektiv wünschbarer Seinszustand. Andere Glücksforscher sagen es weniger direkt, aber wir müssen annehmen, dass sie Glück ebenfalls als etwas Psychisches verstehen, sonst wäre es ein Rätsel, warum sie sich auf Selbstauskünfte verlassen. Solon musste Tellos nicht fragen, um zu wissen, dass er der glücklichste Mensch war.

Sidgwicks psychologisches Verständnis von Glück ist zum Standard in der modernen westlichen Welt geworden. Vielen erscheint es als grundlegender gesunder Menschenverstand. Doch bei genauerer Untersuchung zeigt sich, dass unsere Vorstellung, was es bedeutet, glücklich zu sein, noch viele Relikte der älteren Idee von *eudaimonia* oder »glückhaftem Schicksal« enthält. Oder zumindest vertreten wir diese Ansicht. Wir beharren nicht darauf, sehr wohl aber darauf, dass Glück, psychologisch verstanden, nicht das höchste Gut sein kann. Wir können nicht glauben, dass Zweck all unseres Leids und unserer Mühen nur ein freudiges Kribbeln oder ein Schauer sein soll. Damit steckt unsere Argumentation in einem Dilemma. *Entweder* begreifen wir Glück im vormodernen Sinn als einen Seinszustand, und in dem Fall lässt es sich nicht durch Befragungen messen. *Oder* wir begreifen es im modernen Sinn als eine geistige Verfassung, und dann kann es nicht das höchste Gut sein. In beiden Fällen ist die ökonomische Glücksforschung zum Scheitern verurteilt.

Das Verständnis von Glück, das der modernen Glücksforschung zugrunde liegt, hat zwei Hauptbestandteile. Beide sind fragwürdig insofern, als es sich nicht damit deckt, was wir wirklich über Glück denken, und das steht wiederum im Gegensatz zu dem, was wir im ersten Augenblick zu denken *glauben*. Schauen wir uns eines nach dem anderen an.

Glück summiert sich. Mit anderen Worten: Das Glück eines ganzen

Lebens ist die Summe (oder vielleicht der Durchschnitt; das führt dann zu anderen Konsequenzen) der einzelnen glücklichen Augenblicke. Dies ist der Gegensatz zu einer »holistischen« Sicht, wie man sagen könnte, die das Glück eines Lebens als nicht reduzierbar auf das Glück in einzelnen Augenblicken betrachtet. Forscher haben unterschiedliche Auffassungen, wie man aggregiertes Glück am besten misst. Der Psychologe Daniel Kahneman hat im Sinn von Edgeworth argumentiert, wir sollten versuchen, das Glück in jedem Augenblick zu messen, und die Ergebnisse dann zusammenfügen.[26] Die meisten Forscher geben sich jedoch damit zufrieden, wie die Befragten ihr Glücksniveau insgesamt einschätzen. Aber das sind nur methodische Unterschiede. Alle Glücksforscher müssen darin übereinstimmen, dass Glück sich ansammelt und seiner Natur nach nicht holistisch ist, sonst müssten wir Solons Aufforderung folgen und dürften einen Menschen nicht glücklich nennen, bevor er tot ist.

Die Auffassung, dass Glück sich summiert, erhält einige Unterstützung aus dem kulturellen Umfeld. Das moderne Englisch erlaubt uns (im Gegensatz zu vielen anderen Sprachen), zu sagen, wir seien ein paar Stunden oder sogar nur Minuten lang glücklich; so können wir uns ein glückliches Leben als eine Abfolge von glücklichen Augenblicken vorstellen. Aber glauben wir wirklich daran? Vergleichen wir das Leben eines Menschen, der frühes Leid überwindet und große Dinge erreicht, mit dem Leben eines anderen, der eine glanzvolle Jugend hatte und später alles verliert. Wir würden natürlich den ersten als glücklich bezeichnen und den zweiten als unglücklich. Trotzdem kann es sein, dass die beiden Leben die gleiche Anzahl von Glücksmomenten enthalten. Warum kommen wir dennoch zu unterschiedlichen Urteilen? Die Antwort lautet natürlich, dass wir finden, das Leid am Anfang des Lebens werde durch den späteren Erfolg wettgemacht. Rückblickend erscheint das Leid am Anfang als Test oder Lehrzeit, als Teil einer größeren Erfolgsgeschichte. Hingegen gibt es für Leid am Ende des Lebens keinen Ausgleich – es sei denn, wir blicken über diese Welt hinaus. Das ist die tiefe Wahrheit von Solons Worten: Erst mit dem Tod wird die umfassende

Gestalt oder Bedeutung eines Lebens erkennbar. Ein Leben vor dem Tod glücklich oder unglücklich zu nennen, ist so, wie wenn wir ein Theaterstück als tragisch oder komisch bezeichnen, bevor es zu Ende ist.

Leiden, für das es keine Entschädigung gibt, ist nicht das Einzige, was die Gestalt eines Lebens beeinträchtigen kann. Ein Leben mit lauter glücklichen Momenten von Anfang bis Ende kann trotzdem unglücklich sein, wenn die Momente sich nicht zu einem großen Ganzen zusammenfügen.[27] Dabei fällt einem gleich der Playboy ein, der von einem Hafen zum anderen und von einer Freundin zur nächsten zieht. Lord Glenconner, der 2010 starb, nachdem er sein Vermögen mit verschwenderischen Vergnügungen durchgebracht hatte, war ein Beispiel dafür. »Ich habe nicht viel davon gehabt«, soll er am Ende seines Lebens gesagt haben. »Es ist wie bei einer Party – am nächsten Tag ist alles vorbei.«[28] Wir werden Glenconner vielleicht nicht als glücklich bezeichnen, obwohl sein Leben viele glückliche Augenblicke hatte. Und selbst wenn er gestorben wäre, bevor die Reue eingesetzt hätte, hätten wir ihn vielleicht immer noch nicht glücklich genannt. Auf jeden Fall ist das Urteil strittig.

Ein weiteres krasses Beispiel für dieses Szenario liefert der Philosoph Fred Feldman. Er sagt, wir sollten uns einen Fall wie den vorstellen, den Oliver Sacks in seinem Buch *Der Mann, der seine Frau mit einem Hut verwechselte* schildert. Jamie, der am Korsakow-Syndrom leidet, kann nichts länger als einige Minuten im Gedächtnis behalten. Sein Leben besteht aus lauter Fragmenten – »eine zusammenhanglose Folge flüchtiger Episoden, die nichts miteinander zu tun haben«, wie Feldman schreibt.[29] Aber Jamie ist sich seines Zustands nicht bewusst. Er genießt jeden Augenblick, wenn er Schmetterlinge beobachtet, Dame spielt und so weiter. Ist er glücklich? Als treuer Anhänger seiner hedonistischen Theorie des Glücks muss Feldman daran festhalten, dass Jamie glücklich ist. Wir sind geneigt, das anders zu sehen. Wenn Eltern ihren Kindern ein glückliches Leben wünschen, haben sie in der Regel nicht so ein Leben vor Augen, wie Jamie es führt. Derartige Überlegungen lenken uns in die Richtung einer mehr objektiven Theorie des Glücks. Jamies Unglück besteht zwar darin, wie sein Bewusstsein funktioniert, aber ist ihm nicht bewusst. Nur andere können es wahrnehmen.

Glück ist eindimensional. Die ökonomischen Glücksforscher behaupten wie Bentham und Sidgwick und anders als Mill, alle Bewusstseinszustände ließen sich danach ordnen, wie glücklich sie sind. (Einige sagen außerdem, dass man jedem Zustand eine Kardinalzahl zuordnen kann, die den *Grad* des Glücks ausdrückt, aber das ist umstritten.)[30] Um es im ökonomischen Jargon zu sagen: Es gibt eine einzige »Währung« des Glücks. Die umgangssprachlichen Unterscheidungen zwischen Glück, Freude, Lust, Zufriedenheit und ihren verschiedenen negativen Gegenstücken werden vernachlässigt. Richard Layard schlägt eine geistreiche Analogie vor: Genau wie alle Geräusche unabhängig von Höhe, Tonlage und so weiter als mehr oder weniger laut eingestuft werden können, können alle Bewusstseinszustände als mehr oder weniger glücklich eingestuft werden.[31] Wäre es nicht so, wäre das Vorhaben, Glück zu messen, von Anfang an zum Scheitern verurteilt.

Diese Annahmen mögen aus Gründen der methodischen Bequemlichkeit nötig sein, sie sind trotzdem durch und durch fehlerhaft. Positive Gefühle kommen in vielerlei Gestalt daher, Glück ist nur eine davon. Und auch beim Glück selbst gibt es qualitative Unterschiede, die sich nicht auf unterschiedliche Intensitäten reduzieren lassen. Sehen wir uns als Illustration die Unterschiede zwischen *Lust, Glück* und *Freude* an und merken nebenbei an, dass man noch andere, ebenso tief greifende Unterscheidungen treffen könnte.

Beginnen wir mit Lust. Ökonomen in der Tradition von Bentham sind schnell bei der Hand, Glück mit Lust gleichzusetzen, denn sie hoffen, auf diese Weise die Unklarheiten auszublenden. Lust – so ihr Gedankengang – ist eine besondere Art zu fühlen, die nur in der Quantität variiert. Wenn Glück also Lust ist, kann man es ebenfalls quantifizieren. Aber Lust ist, wie Aristoteles vor langer Zeit gezeigt hat, kein bestimmtes Gefühl. Er schlug vor, sich zwei Freunde vorzustellen, die in ein Gespräch vertieft sind und im Hintergrund eine Flöte hören. Wäre Lust ein bestimmtes Gefühl, könnten wir erwarten, dass sich die Lust an der Musik zu der Lust am Gespräch addiert wie die Hitze von zwei Feuern. Aber so ist es nicht. Die Musik reißt die beiden Freunde aus dem Gespräch heraus, sie können nicht beides gleichzeitig genießen.[32] Manche Leser erinnern sich vielleicht noch an eine Werbekampagne von Häagen-Dasz vor ein paar Jahren: Darin beschmierte sich ein nacktes Liebespaar begeistert mit Eiskrem. Wir haben es nicht ausprobiert, aber wir vermuten, dass sich dabei Aristoteles' These bestätigen würde: Die Lust am Sex würde von der Lust an der Eiskrem ablenken und umgekehrt. Kurzum, Lust ist nicht ein bestimmtes Gefühl, das auf diese Weise erzeugt wird; Lust ist auf ihr Objekt *gerichtet*. Glück auf Lust zu reduzieren mit dem Ziel, es als eindimensional zu entlarven, bedeutet, die Dinge von Anfang an falsch anzupacken.

Glück ist jedenfalls nicht Lust. Die logische Grammatik der beiden Konzepte ist eine ganz andere. Lust kann oft (aber nicht immer) im Körper verortet werden; denken Sie an Sprudelbäder für die Füße, Kopfmassagen und so weiter. Glück hingegen hat keinen körperlichen Ort. Wir sind nicht glücklich in unserem großen Zeh oder an einer anderen Stelle. Lust dauert eine bestimmte Zeit, sagen wir von zwölf bis eins. Glück kann im modernen Englisch zwar manchmal auch auf eine präzise Zeitspanne festgelegt werden, aber die Grenzen sind nicht so präzise (»heute Morgen bin ich glücklich aufgewacht, aber das ist schnell verflogen«). Außerdem gibt es, wie wir gesehen haben, auch eine Form von Glück, die keine zeitliche Dimension hat. Wenn wir sagen, John habe ein glückliches Leben geführt, dann meinen wir nicht, dass er zu bestimmten Zeiten oder in einem bestimmten Teil seines Lebens glücklich war. Lust ist niemals auf diese Weise zeitlos. Ein »Leben voller Lust« ist einfach ein Leben mit vielen lustvollen Episoden. Lust setzt *einzelne Punkte* im Leben, sie charakterisiert nicht das Leben insgesamt.

Die Gegensätze zwischen Glück und Lust wurzeln in einem tieferen, phänomenologischen Unterschied der beiden Zustände. Glück ist nicht nur ein inneres Gefühl, sondern eine Haltung, eine Einstellung zur Realität. Es ist das freudige Begreifen, dass etwas so und so ist: dass meine Tochter auf die Universität geht, dass mein Land befreit wurde. Es gibt ein paar Ausnahmen von dieser Regel. Babys und Tiere können glücklich sein, ohne über etwas Bestimmtes glücklich zu sein; auch Erwachsene fühlen sich manchmal »grundlos« glücklich. Aber selbst in diesen Fällen manifestiert sich das Glück typischerweise als ein bestimmtes Verhalten gegenüber der Welt. Das glückliche Tier fühlt sich wohl in seiner Umgebung, das glückliche Baby ist offen und kontaktfreudig, der glückliche Mensch betrachtet die Welt als schön, voll von Hoffnung und immer Neuem. »Die Welt des Glücklichen ist eine andere als die des Unglücklichen«, sagte Wittgenstein.[33] Die Droge Ecstasy erzeugt eine Wirkung, die das Antlitz der Welt in dieser Weise verändert, sie vorübergehend zu einem freundlicheren, schöneren Ort macht. Deshalb sind die Nachwirkungen so deprimierend. Man fühlt sich nicht nur physisch elend, sondern man realisiert, dass die eigenen Gefühle getäuscht wurden.

Lust hat Objekte, wie schon Aristoteles bemerkte, aber die unterscheiden sich von den Objekten des Glücks dadurch, dass sie primär mit Erfahrungen zu tun haben. Man kann nicht Lust an Dingen haben, die erst nach dem eigenen Tod oder auf der anderen Seite der Welt passieren werden, aber man kann Lust bei dem Gedanken daran finden. Anders als Glück ist Lust nicht entscheidend mit Überzeugungen verknüpft; Lust kann sich aus Fantasien und Illusionen ergeben. (Eine virtuelle Frau kann einem Mann vielleicht Lust bereiten, aber nur eine reale oder zumindest eine für real gehaltene kann ihn glücklich machen.) Und selbst wenn die Lust aus realen Gegebenheiten erwächst, zieht sie sie fast unmerklich in die Sphäre des Erlebens. Vergleichen Sie einmal den Satz »Ich bin glücklich, dass Arsenal an der Spitze der Tabelle steht« mit »Es bereitet mir Lust, dass Arsenal an der Spitze der Tabelle steht«. Der erste Satz deutet auf einen Zustand zufriedener Bewusstheit, der zweite klingt nach atemlosem Verschlingen von Zeitungen, Fernsehbildern und so weiter. Das erklärt, warum Lust einen so zweifelhaften Ruf besitzt. »Für die Lust« zu leben impliziert eine gezielte Kultivierung der Erfahrung, die Einstellung eines Gourmands gegenüber der Welt. Und das gilt, unabhängig davon, ob es sich bei den fraglichen Vergnügungen um »höhere« oder »niedere« handelt.

Dann gibt es die Freude. Dieser Zustand ist überschwänglicher als Lust oder Glück, aber auch schwerer fassbar. Freude geht paradoxerweise mit Leiden zusammen, deshalb spielt sie im christlichen Schrifttum eine so große Rolle. Philippa Foot erwähnt eine alte Quäkerin, die nach viel Leiden und Verfolgung davon sprach, sie habe bei der Verkündigung von Gottes Wort »ein frohes Leben« gehabt, »nicht ein ›glückliches Leben‹, das hätte seltsam geklungen«, ergänzt Foot.[34] Und wie Freude mit der Abwesenheit von Glück und Lust vereinbar ist, sind Glück und Lust mit der Abwesenheit von Freude vereinbar. In dem Gedicht »Das verlassene Dorf« geißelt Oliver Goldsmith die Vergnügungen der müßiggängerischen Reichen:

> Aber inmitten der Pracht, in der mitternächtlichen Maskerade
> Mit all den Absonderlichkeiten schamlosen Reichtums
> finden einstige Tändler die Hälfte ihrer Wünsche erfüllt;
> die schwer errungene Lust wird zu Schmerz,
> und noch während die Mode ihre schönste Kunst entfaltet,
> fragt das Herz voller Zweifel, ob das Freude sei.

Goldsmith will nicht bestreiten, dass die Feiernden sich vergnügen, mindestens bis zu dem Punkt, an dem »die schwer errungene Lust [...] zu Schmerz« wird. Sie haben »Spaß« – das englische Wort »fun« entstand nicht zufällig um diese Zeit. Aber Spaß ist nicht Freude. Vermutlich würde auch *noch mehr* Spaß nicht Freude bringen; der Unterschied liegt in der Qualität, nicht im Grad.

Glück ist also etwas anderes als Lust und Freude. Aber selbst innerhalb des Glücks müssen wir noch einmal Unterscheidungen treffen. Wir haben gesagt, Glück habe Objekte, Glück hänge mit etwas zusammen. Wir können nun hinzufügen, dass das Glück *seinen Charakter von dem bekommt,* womit es zusammenhängt. Kennzeichnend für tiefes Glück sind beispielsweise nicht Herzklopfen und Beben – ein Fehler, den viele jugendliche Geschichtenschreiber machen –, sondern typisch für Glück ist der Zusammenhang mit bestimmten zentral wichtigen Lebensereig-

nissen: Liebe, Geburt, die Vollendung eines wichtigen Werks. Man könne »nicht sinnvoll sagen«, schreibt Philippa Foot in ihrer hervorragen-
den Erörterung des Themas,

> jemand empfinde tiefes Glück, wenn er im Kleinkrieg mit dem Nachbarn um
> die Morgenzeitung oder eine Milchflasche den Sieg davonträgt – egal, wie viel
> »überschäumendes« Verhalten und Begeisterung wir uns vorstellen. Aber tie-
> fes Glück und Freude über die Geburt eines Kindes? Das ist eine andere Sa-
> che! [...] Wir sind versucht, tiefes Glück rein psychologisch zu erklären, und
> zwar so, *als könne es von seinen Objekten getrennt werden*. Warum aber sollte
> das möglich sein? Warum sollte die Bedeutung von »tief« nicht deshalb Ge-
> meingut sein, weil Menschen übereinstimmend auf bestimmte Dinge rea-
> gieren, die das menschliche Leben ganz allgemein kennzeichnen?[35]

Wenn Glückszustände in der von Foot beschriebenen Weise ihren Charakter von ihren Objekten erhalten, haben wir keinen Grund anzunehmen, dass man sie alle in der Reihenfolge ihrer Intensität ordnen kann.
Natürlich können wir das »Überschäumen« herausgreifen und *das* zum
Maß des Glücks machen, so wie wir bei Layards Vergleich die Lautstärke
eines Tons gegenüber seinen sonstigen Eigenschaften herausgreifen
können. Aber warum sollten wir das tun? Was macht das Überschäumen so wichtig? Das wäre so, wie wenn wir – um Layards Vergleich gegen ihn zu wenden – Reden nur nach ihrer Lautstärke beurteilen und uns
nicht um ihren Inhalt kümmern würden. Man könnte zum Vergleich
auch auf Menschen verweisen, die Sexualakte nur nach der Intensität
oder Zahl der Höhepunkte beurteilen und alle anderen Arten, wie sie ge-
lingen oder scheitern können, unberücksichtigt lassen.

Um dies noch an einem weiteren Beispiel zu illustrieren: Denken Sie
an die Gestalt von General Wynne-Candy, dem Blimp in dem wunderbaren Film von Michael Powell und Emeric Pressburger aus dem Jahr
1943 *The Life and Death of Colonel Blimp.* Als junger Mann verliebt
Candy sich in eine Frau, die dann seinen besten Freund heiratet. Er
kommt nie darüber hinweg, und alle seine späteren Liebschaften (die im

Film alle von derselben Schauspielerin verkörpert werden, Deborah Kerr) ähneln ihr bemerkenswert. Aber wir bekommen keine Anhaltspunkte zu vermuten, dass der General viel Zeit damit verbringt, über seine Enttäuschung in der Liebe nachzusinnen; er ist nicht, wie er selbst sagt, »der Typ langhaariger Dichter«. Er absolviert eine erfolgreiche Karriere beim Militär, jagt Großwild und verbreitet generell gute Laune. Ist Candy nun glücklich? Wenn wir »Überschäumen« als Kriterium nehmen, ist er es wohl. Am Hedonimeter würde er sicher gut abschneiden. Dass wir denken, er könnte trotzdem nicht glücklich sein oder zumindest nicht zutiefst glücklich, hat mit unserer Überzeugung zu tun, dass Liebe im Gegensatz zur Großwildjagd einen zentralen Platz unter den Zielen einnimmt, die Menschen im Leben haben. Aber möglicherweise teilt Candy selbst diese Überzeugung nicht. Wieder sehen wir uns gedrängt, nach einem stärker objektiven Verständnis von Glück zu suchen.

Wir haben zu zeigen versucht, dass ein glückliches Leben, so wie die meisten von uns diese Wendung verstehen, nicht nur eine Abfolge angenehmer Bewusstseinszustände ist, sondern ein Leben, das bestimmte grundlegende menschliche Dinge beinhaltet. *Eudaimonia* lauert unter der Oberfläche des modernen, psychologischen Verständnisses von Glück; es geht nicht nur darum, »durch die Hintertür die Vorstellung eines bestimmten Philosophen von einem erstrebenswerten Leben einzuschmuggeln«, wie Samuel Brittan und andere behauptet haben.[36] Denen, die davon nicht überzeugt sind (und das dürften viele sein), präsentieren wir einen zweiten Aspekt unseres Dilemmas: Wenn Glück nur ein Bewusstseinszustand ist, wie kann es dann zugleich das höchste Gut sein, das endgültige Objekt all unseres Strebens? Jahre an einem Kunstwerk zu arbeiten oder ein Kind aufzuziehen, um dann nur die daraus resultierende mentale Begeisterung zu spüren, verrät eine sehr spezielle Einstellung zum Leben. Aber genau diese Einstellung liegt dem gegenwärtigen Kult um das Glück zugrunde.

Das Problem lässt sich noch ein bisschen präziser formulieren. Ökonomische Glücksforscher glauben, dass Bewusstseinszustände in dem Maß gut sind, wie sie glücklich sind. Je glücklicher, desto besser, je unglücklicher, desto schlimmer. Die Objekte oder Anlässe von Glück und Traurigkeit haben keine moralische Bedeutung. »Kein gutes Gefühl ist an sich verwerflich«, schreibt Layard, »das wird es erst durch seine Auswirkungen.«[37] Andere Glücksforscher sagen es nicht so direkt, aber sie müssen ähnliche Gedanken hegen, wenn ihr Projekt moralisch einen Sinn ergeben soll. Wenn Glück nicht an sich gut ist, warum um alles in der Welt wollen wir es dann unbedingt maximieren?[*]

Das schlichte Faktum lautet, dass Glück, psychologisch verstanden, nicht an sich gut ist, sondern insofern es *passend* ist oder zumindest nicht unpassend. Glücklich zu sein wegen x, wenn x Glück nicht verdient oder nicht erreicht, ist nicht unbedingt eine gute Sache. Stellen Sie sich vor, jemand lächele breit bei der Nachricht von einer Katastrophe, bei der Hunderte Menschen gestorben sind. »Worüber bist du so glücklich?«, fragen wir vielleicht. Oder denken Sie an den Studenten, der dank einer doppelten Dosis Beruhigungsmittel seinem drohenden Scheitern gelassen entgegensieht – im Wolkenkuckucksheim, wie wir sagen. Wir denken wahrscheinlich, dass es für diesen Studenten besser wäre, *nicht* glücklich zu sein, das würde wenigstens zu seiner realen Situation passen. (Ein aristotelischer Denker könnte das gleiche Beispiel vortragen und sagen, der Student sei überhaupt nicht glücklich, aber ökonomische Glücksforscher haben diese Möglichkeit nicht.) Unverdientes Glück ist nicht immer schlecht; wir wollen einem Kind seine schiere Lebensfreude nicht nehmen und dem Sterbenden nicht seine Illusionen. Aber der Wert eines glücklichen Bewusstseinszustands hängt zumindest teilweise davon ab, dass das Objekt des Glücks einen Wert hat. Und wenn wir das als gegeben voraussetzen, dann bekommt das Projekt, das Glück an sich zu maximieren, also unabhängig von seinen Objekten, eine unheilvolle Seite.

---

[*] Um der Gerechtigkeit willen sollte hinzugefügt werden, dass die meisten Glücksforscher das Glück nicht um jeden Preis maximieren wollen, zum Beispiel durch eine Gehirnoperation. Sie sind, um im Jargon zu bleiben, »begrenzte Maximierer«: Sie wollen das Glück im Rahmen der Grundrechte und Gesetze maximieren. Wie die Beschränkungen sich angesichts ihrer eigenen utilitaristischen Grundsätze rechtfertigen lassen, wird im Allgemeinen nicht erforscht.

Genau wie unpassende Glückszustände gibt es auch unpassende Traurigkeit. Traurigkeit ist zwar oft unverdient, wenn sie aus falschen Überzeugungen oder irrationalen Denkweisen herrührt, aber in anderen Fällen ist es auch die hellsichtige Wahrnehmung von Dingen, die zu Recht traurig machen. Solange es solche Dinge gibt – und es wird sie sicher immer geben –, kann Traurigkeit nur überwunden werden, a) indem wir die Dinge ausblenden oder b) indem wir unsere Wahrnehmung so verändern, dass sie uns nicht mehr stören. Es lässt sich leicht vorstellen, wie das gehen kann. Wissenschaftler könnten eine Droge entwickeln – eine Art Aspirin für die Seele –, die alle Erinnerungen an Trauer und Kummer löscht. Zeitungen und Nachrichtensender könnten aufhören, über Hungersnöte, Erdbeben und dergleichen zu berichten. Manches davon könnte tatsächlich funktionieren, aber nichts erscheint uns nur im Entferntesten wünschenswert.

Viele Religionen und philosophische Denkschulen sehen Traurigkeit als die angemessene Reaktion nicht nur auf eine individuelle Tragödie, sondern auf die Tragödie des menschlichen Lebens an sich. Im christlichen Westen ist diese Sicht weitgehend verschwunden, aber im orthodoxen Osten ist sie noch verbreitet. »Wenn Sie sich der Dinge wirklich bewusst sind, wie tragisch das Leben ist, dann ist Ihr Genuss begrenzt«, sagte Erzbischof Bloom einmal, das einstige Oberhaupt der russisch-orthodoxen Kirche in Großbritannien. »Mit Freude verhält es sich anders. Man kann ein starkes Gefühl innerer Freude und Erhebung haben, aber die Äußerlichkeiten des Lebens zu genießen mit dem Bewusstsein, dass so viele Menschen leiden […] das finde ich schwierig.«[38] Ähnliche Gedanken begegnen uns in vielen Weltreligionen. Selbst ein areligiöser lebensbejahender Mensch wie Nietzsche hatte wenig übrig für Glück, das nicht aus Leiden entstanden ist. »Der Mensch strebt nicht nach Glück«, schrieb er in einer berühmten Formulierung, »nur der Engländer tut das.«[39]

Ökonomische Glücksforscher werden das zweifellos als Leidenskult abtun. Doch man muss kein russischer Mönch oder deutscher Philosoph sein, um das Vorhaben, das Glück an sich zu maximieren, unabhängig von seinen Objekten, einigermaßen beunruhigend zu finden. Denn die logische Schlussfolgerung eines solches Projekts ist, auf die äußeren Objekte ganz und gar zu verzichten und direkt auf das Gehirn zu zielen. Einige ökonomische Glücksforscher haben diesen Schluss bereits gezogen. Yew-Kwang Ng fordert Forschungen zur Hirnstimulierung, einer Operation, die in der Lage ist, »intensives Vergnügen [zu erzeugen], ohne den Grenznutzen zu vermindern«. Und munter fügt er hinzu, nur Gentechnik könnte wohl noch effizienter sein.[40] Richard Layard spricht begeistert über stimmungsverändernde Wirkstoffe, weniger als Medikamente bei Depressionen, sondern als Mittel zur generellen Steigerung des Wohlbefindens. Beständige Euphorie lehnt er nur ab, weil wir »schließlich [...] ja noch unseren Lebensunterhalt verdienen« müssen.[41] Ansonsten aber wären wir in einem Zustand permanenter dumpfer Glückseligkeit besser aufgehoben.

In dieser schönen neuen Welt leben wir noch nicht. Layard und Ng wollen uns nicht zwingen, Soma zu schlucken oder unsere Gehirne stimulieren zu lassen. Sie sind, wie gesagt, begrenzte Maximierer: Sie wollen das Glück innerhalb des bestehenden Rahmens der Gesetze maximieren. Aber diese Beschreibung ist nicht sehr tröstlich, denn der intensivste und verstörendste Aspekt der schönen neuen Welt ist nicht Zwang, sondern Infantilisierung – das Verschwinden jedes Wunschs oder jeder Bindung an etwas, das die Lustproduktion unterbrechen könnte. Ein solches System ist nur zufällig ein Zwangssystem; es könnte genauso gut als Ergebnis individueller freier Entscheidungen entstehen, ohne dass einem jemand eine Pistole vorhält. Wenn Vergnügungen der von Ng beschriebenen Art auf dem Markt zu bekommen wären, könnte dann jemand von uns widerstehen?

Nur in dem sehr speziellen Fall der Depression ist eine unglückliche Verfassung eindeutig schlecht und ein legitimes Ziel öffentlichen Handelns. Aber die Depression ist ein Sonderfall. Sie bedeutet nicht nur extremes Unglück, sondern unpassendes, unverhältnismäßiges Unglück, und eben das macht sie so schlimm. (Eine trauernde Witwe ist vielleicht nicht weniger unglücklich als ein Mann mit einer Depression, aber ihr

Unglück ist eine passende Reaktion auf einen Verlust, kein behandlungsbedürftiges Problem.) Die Depression ist ein Fall für die Medizin, sie wird unter der Rubrik geistige Gesundheit behandelt. Sie ist nicht, wie Layard es darstellt, Teil eines allgemeinen krisenhaften Unglücks, und der Kampf gegen die Depression sollte auch nicht als Teil eines umfassenden Bemühens, die Menschen glücklicher zu machen, gesehen werden.

Vom Wachstumsstreben zum Streben nach Glück überzugehen, bedeutet, ein falsches Ideal durch ein anderes zu ersetzen. Unser wahres Ziel als Individuen und als Staatsbürger ist nicht einfach, glücklich zu sein, sondern Grund zum Glücklichsein zu haben. Wir haben Grund, glücklich zu sein, wenn wir die guten Dinge des Lebens besitzen: Gesundheit, Respekt, Freundschaft, Muße. Ohne diese Dinge glücklich zu sein, bedeutet, einem Trugbild zu erliegen: dem Trugbild, dass das Leben in Ordnung ist, während es das tatsächlich nicht ist. Marxisten bezeichnen ein solches Trugbild als Ideologie; es dient dazu, Unterdrückung und Erniedrigung zu kaschieren. Das Paradies und der Schnaps waren die traditionellen Mittel, die Geschundenen mit ihrem Los zu versöhnen. Dass die Regierung Cameron so viel Wert auf »Glück« legt, lässt vermuten, dass es bald eine ähnliche Rolle spielen könnte.

Natürlich haben die meisten ökonomischen Glücksforscher keine derartige Agenda. Sie wollen nur, wie wir auch, die Politik weg vom blinden Wohlstandsstreben hin zu einer Verbesserung der wirklichen Lebensbedingungen lenken. Aber sie benutzen eine Sprache, die – »objektiv«, wie die Marxisten sagen – in eine ganz andere Richtung deutet. Denn wenn Glück nur ein privates Gefühl ist ohne innere Verbindung zu einem guten Leben, könnte sich zeigen, dass Soma oder Hirnstimulierung tatsächlich die billigste, effektivste Methode ist, Glück zu erreichen. Warum geben wir nicht direkt zu, dass es uns um ein gutes Leben geht – und warten, dass sich Glück von selbst einstellt?

5 NATÜRLICHE ODER MORALISCHE GRENZEN DES WACHSTUMS?

Zweifellos hat die Natur gute Absichten, aber, wie Aristoteles einmal sagte, sie kann sie nicht ausführen.

OSCAR WILDE

Nicht genug damit, dass das Wirtschaftswachstum das Los der Menschheit nicht verbessert hat, so der Vorwurf, darüber hinaus habe es die Unschuld der Natur zerstört. Der zweite Vorwurf ist beinahe ebenso alt wie der erste. Wordsworth kritisierte 1814, durch die industrielle Produktion habe man »der Natur Gewalt angetan«. Andere nach ihm beklagten die Zerstörung von Wäldern und Wildnis, die Ausrottung von Pflanzen und Tieren, die Vergiftung von Flüssen, Seen und Ozeanen. Aber in den letzten 20 Jahren beschäftigt ein anderes Schreckensszenario die kollektive Fantasie: das Szenario einer katastrophalen, unumkehrbaren Erderwärmung. Um das Desaster abzuwenden, sollen wir uns vom Wirtschaftswachstum verabschieden, vielleicht sogar von der Zivilisation, wie wir sie kennen.

Umweltschützer, die Wachstum ablehnen, sagen gern, ihre Bewegung sei die rationale Antwort auf die Fakten. Doch insgeheim durchweht die Bewegung der Geist der Romantik. Für den leidenschaftslosen Betrachter ist es nicht offensichtlich, dass der Klimawandel unsere Abkehr vom Wachstum verlangt. Er könnte vielmehr verlangen, dass wir *weiter* nach Wachstum streben, damit wir die erforderlichen Technologien finanzieren können, um die Folgen der Erwärmung zu lindern. Fakten allein können in diesem Streit nicht entscheiden, denn hier prallen Weltsichten aufeinander: prometheischer Optimismus auf der einen Seite, Ehrfurcht vor der Natur auf der anderen Seite. Aber die utilitaristische Ausrichtung unserer öffentlichen Debatte zwingt uns, stattdessen von Emissionsrechten und dem Handel damit zu sprechen.

Den verdeckt religiösen Charakter der grünen Bewegung betrachten Freunde wie Feinde oft als peinlich, sogar als Skandal. In unserer Kultur ist die Wissenschaft die höchste Instanz, die über Richtig und Falsch entscheidet; alles andere ist Geschwätz. Das ist nicht unsere Sichtweise. Wir respektieren und teilen das religiöse Gefühl, das im Mittelpunkt der Umweltbewegung steht. Aber wir glauben, dass dieses Gefühl am besten direkt ausgedrückt und nicht unter dem Feigenblatt der Wissenschaft versteckt werden sollte. Verschleierung ist nicht nur unehrlich, sie macht auch vom Zufall abhängig. Denn wenn sich herausstellen sollte, dass das Wachstum doch nachhaltig ist, was sein könnte, werden all jene, die gegen Wachstum waren, weil sie es für *nicht* nachhaltig hielten, nichts mehr zu sagen haben. Sie werden in der gleichen Position sein wie die frühen Christen, deren Glauben auf der baldigen Wiederkunft Christi gründete.

Umweltschützer erinnern sich vielleicht noch an etwas anderes. Prophezeiungen, dass Seuchen und Unwetter kommen werden, sind ein altbekannter, aber ungeliebter Weg, zum Verzicht aufzufordern. Es ist freundlicher (und wahrscheinlich effizienter), den Menschen zu zeigen, dass ein weniger überladenes Leben ein gutes, erstrebenswertes Leben ist. Der Kunsthistoriker Kenneth Clark hat über das deutsche Rokoko mit seinen hinreißenden Bögen und Verzierungen gesagt, dieser Stil wolle »nicht durch Angst, sondern durch Freude« überzeugen. Extremisten haben immer Ängste ausgenutzt, um ihre Ziele zu erreichen. Wir wollen durch Freude überzeugen – die Vision eines guten Lebens vorstellen, bei dem nicht Schuldgefühle und Angst vor Vergeltung die Triebkräfte sind, sondern Glück und Hoffnung.

GRENZEN DES WACHSTUMS

Keynes ging davon aus, dass das Wachstum an ein endgültiges *Ende* gelangen würde, einen Punkt, an dem alle materiellen Begierden ein für allemal befriedigt wären. Andere, pessimistischere Denker postulierten eine *Grenze* des Wachstums, ein äußeres Hindernis für weiteren Fortschritt. Thomas Malthus' Abhandlung *Das Bevölkerungsgesetz*, die wir in Kapitel 2 erwähnt haben, ist die erste klassische Darlegung dieser Sicht. Malthus' Argumentation ist bestechend einfach. Er geht von zwei Gewissheiten aus: der Endlichkeit der Erde und einer gewissen »Leidenschaft zwischen den Geschlechtern«. Die Fähigkeit der Erde, Nahrungsmittel hervorzubringen, ist naturgemäß begrenzt. Man kann immer mehr Felder anlegen, aber früher oder später ist eine Kapazitätsgrenze erreicht. Die Fortpflanzungsrate der menschlichen Rasse hingegen ist grenzenlos. Wenn jede Generation doppelt so viele Mitglieder hat wie die vorige – und zu Malthus' Zeit waren vier und mehr Kinder die Regel –, wird die Welt bald dicht bevölkert sein. Das Dilemma ist unausweichlich. Wie Malthus formuliert: »Die Kraft zur Bevölkerungsvermehrung ist um so vieles stärker als die der Erde innewohnende Kraft, Unterhaltsmittel für den Menschen zu erzeugen, dass ein frühzeitiger Tod in der einen oder anderen Gestalt das Menschengeschlecht heimsuchen muss.«[1]

Die meisten (allerdings nicht alle) europäischen Länder entgingen im 19. Jahrhundert Malthus' Schreckgespenst durch eine Kombination von gesteigerter landwirtschaftlicher Produktion, sinkenden Geburtenraten und massenhafter Auswanderung in die Neue Welt. Trotzdem wurde es seither noch oft beschworen. Die Autoren des Bestsellers aus dem Jahr 1972 *Die Grenzen des Wachstums* sagten voraus, Ende des 20. Jahrhunderts werde die Weltbevölkerung die Marke von sieben Milliarden erreichen, und das werde zu Engpässen bei Getreide, Öl, Gas, Kupfer, Aluminium und Gold führen.[2] Solche Voraussagen erwiesen sich als Panikmache. Vor allem die »grüne Revolution« in der Landwirtschaft, durch die eine erhebliche Steigerung der Hektarerträge an Getreide möglich wurde, wendete die Gefahr großer Hungersnöte ab, obwohl die Weltbevölkerung die prophezeite Zahl von sieben Milliarden inzwischen erreicht hat. Auch die anderen Mangelszenarien sind nicht eingetreten.[3] Die »Bevölkerungsbombe«, um den Titel eines einflussreichen Werks aus den 1960er-Jahren zu zitieren, hat sich als Rohrkrepierer erwiesen.[4]

Für Ökonomen ist diese Entwicklung nicht überraschend. Sie kennen seit Langem den grundlegenden Fehler in Malthus' Argumentation: Er übersieht die kombinierte Wirkung von Preisen und technischer Innovation. Wenn bei einem Rohstoff die Reserven schwinden, steigt sein Preis, und damit wird ein Anreiz geschaffen, a) neue Reserven zu suchen, b) vorhandene Reserven effizienter auszubeuten und c) Alternativen zu erforschen. Zum Beispiel hat der Anstieg des Ölpreises einerseits die Erschließung neuer Ölfelder in Alaska und im Golf von Mexiko gefördert und andererseits die Investition in Wind- und Sonnenenergie und andere Formen der Stromerzeugung. Wenn wir es mit einer technisch fortgeschrittenen Kultur zu tun haben, *die das Bevölkerungswachstum kontrolliert,* ist es sehr unwahrscheinlich, dass unserem Planeten die Nahrungsmittel, die Energie und andere lebensnotwendige Dinge ausgehen werden. Die Lebensqualität auf einem solchen Planeten steht freilich auf einem anderen Blatt.

Aber Malthus' Argument kann noch eine andere, drängendere Form annehmen. Was ist, wenn die endgültigen Grenzen des Wachstums nicht in den »Quellen« liegen, sondern in den »Abflüssen«, nicht im Angebot an Öl und anderen industriellen Rohstoffen, sondern in der Kapazität der Erde, die Abfallprodukte zu absorbieren? Die Umweltverschmutzung reagiert nicht auf die üblichen Marktmechanismen. Sie ist ein Beispiel für das, was Ökonomen als einen »negativen externen Effekt« bezeichnen: Ihre negativen Folgen schlagen sich nicht in Preisen nieder, deshalb besteht eine Tendenz zur Überproduktion im Verhältnis zu den wahren Kosten. Umweltverschmutzung lässt sich nur durch kollektives Handeln in den Griff bekommen. Und das Handeln muss global sein, weil die Wirkungen von Umweltverschmutzung oft weit entfernt vom Ort ihrer Entstehung spürbar werden.

Die öffentliche Diskussion wird heute von einem bestimmten Umweltschadstoff beherrscht: dem Kohlendioxid, das durch die Verbrennung von Kohle, Gas und Öl in die Atmosphäre gelangt, den drei Quellen, die 80 Prozent der weltweit verwendeten Energie liefern. Seit der industriellen Revolution ist die Konzentration von Kohlendioxid in der

Atmosphäre kontinuierlich gestiegen und steigt weiter. Das ist besorgniserregend, weil Kohlendioxid zu den Gasen gehört, die verhindern, dass die von der Sonne erzeugte Wärme in die Atmosphäre entweichen kann. Je mehr die Konzentration steigt, desto wärmer wird es auf der Erde. Der »anthropogenetische (menschengemachte) Treibhauseffekt« gilt als die Hauptursache der Erderwärmung.

Die Erderwärmung ist nach ihrer Art und Größenordnung etwas ganz anderes als die von Malthus beschworenen Szenarien. Zu den erwarteten Folgen der Erderwärmung zählen Überflutungen, Dürren, Seuchen und im schlimmsten Fall die Ausrottung des menschlichen Lebens. Die Erderwärmung zu stoppen, erfordert nicht einfach, diesen oder jenen Luxus aufzugeben, sondern auf Kohle, Erdgas und Erdöl zu verzichten – den Lebenssaft der industriellen Zivilisation. Für all jene, die die industrielle Zivilisation nie mochten, ist das ein guter Ausgangspunkt. Der Klimaaktivist George Monbiot drängt die Regierungen der reichen Länder, sie sollten »die Wachstumsraten so nahe bei null halten wie möglich«.[5] In ähnlicher Weise argumentiert der Berater für Nachhaltigkeitsfragen Tim Jackson, nur der vollständige *Wachstumsstopp* könne uns vor einer globalen Katastrophe bewahren; ermutigend fügt er noch hinzu, dass wir dadurch auch glücklicher würden.[6]

Wir stimmen zu, dass für die reiche Welt Wachstum kein vernünftiges langfristiges politisches Ziel mehr ist. Aber das betrachten wir als eine ethische Wahrheit, nicht als eine Folgerung aus wissenschaftlichen Fakten. So ernsthaft die Probleme durch die Erderwärmung sind, sie allein verlangen nicht, dass wir uns vom Wachstum abwenden. Dazu bedarf es der zusätzlichen Annahme, die allerdings weithin geleugnet wird, dass Wachstum ab einem bestimmten Punkt grundsätzlich unerwünscht und diese Schlussfolgerung zwingend ist. Unter dem Deckmantel einer pragmatischen Notwendigkeit wurde ein ethisches Ideal eingeschmuggelt – ein in unserer utilitaristischen politischen Kultur vertrauter Kunstgriff.

Häufig werden jene, die den wissenschaftlichen Konsens über die Erderwärmung infrage stellen, als »Klimawandel-Leugner« bezeichnet –

der Begriff ist die Entsprechung, mit ähnlichem Beigeschmack, zum »Holocaust-Leugner«. Wir leugnen den Klimawandel nicht. Unsere Zweifel betreffen die wirtschaftlichen Implikationen, nicht die wissenschaftlichen Erkenntnisse zur Erderwärmung. Dies vorab zur Klarstellung. Aber darüber hinaus sind die wissenschaftlichen Erkenntnisse nicht so eindeutig, wie oft behauptet wird. Die Klimaforschung ist ein junges Gebiet, auf dem noch vieles unsicher und umstritten ist. Sie ist auch hochgradig politisiert, auf beiden Seiten der Debatte sind mächtige wirtschaftliche und staatliche Interessen im Spiel. Nicht einmal der Weltklimarat (IPCC, Intergovernmental Panel on Climate Change), die weltweit wichtigste Organisation von Klimaexperten, ist über jeden Verdacht erhaben. »Es besteht ein Risiko«, heißt es in einem Bericht des britischen Oberhauses zum Klimawandel aus dem Jahr 2005, »dass der Weltklimarat in gewisser Hinsicht zu einem ›Wissensmonopol‹ geworden ist und nicht mehr auf Stimmen hört, die nicht auf seiner Linie liegen.«[7] Angesichts dieses Trommelfeuers von Vorwürfen und Gegenvorwürfen bleibt uns Nichtnaturwissenschaftlern nichts anderes übrig, als uns der Mehrheitsmeinung anzuschließen, dass die Erderwärmung tatsächlich hauptsächlich von Menschen verursacht ist. Für unsere weitere Argumentation ist es indes nicht wichtig, ob diese Meinung stimmt oder nicht.

Bei der Begründung, warum wegen der Erderwärmung eine Reduzierung des Wachstums nötig sei, wird üblicherweise utilitaristisch argumentiert. Man müsse heute ein wenig Leid ertragen, so heißt es, um viel größeres Leid in der Zukunft zu verhindern. Aber dieses Argument gilt nur, wenn a) die zukünftigen Kosten der Erderwärmung sich mit einiger Sicherheit beziffern lassen und b) die Kosten genauso schwer wiegen, egal, ob sie heute, in 50 Jahren oder in 200 Jahren spürbar werden. Beide Annahmen sind fragwürdig. Betrachten wir sie nacheinander.

Vorhersagen sind immer schwierig, vor allem auf einem Gebiet, das so komplex und so unzureichend verstanden ist wie dieses. Das hindert aber niemanden, es trotzdem zu versuchen. Der Weltklimarat legt seit 1990 Schätzungen zu den Kosten der Erderwärmung vor. Die Zahlen wurden von leistungsstarken Rechnern produziert und erstrecken sich weit in die Zukunft. Sie vermitteln den Eindruck technischer Autorität. Aber was haben sie uns wirklich zu sagen? Die Modelle des Weltklimarats basieren auf langfristigen Projektionen nicht nur des Klimas, sondern auch der Bevölkerungsentwicklung, des Wirtschaftswachstums und technischer Veränderungen – allesamt hochgradig unsicher. Zusammengenommen ergeben diese Ungewissheiten eine »Kaskade der Unsicherheit«[8], wie der Weltklimarat selbst sagt. Das halten wir für eine schwache Grundlage, um Maßnahmen zu ergreifen, die *ganz sicher* massive Auswirkungen auf unseren Lebensstandard haben werden.

Die Technik ist entscheidend, um die Kosten der Erderwärmung abzuschätzen, weil von ihr abhängt, wie wir auf die Überflutungen, Dürren und Seuchen reagieren können, die als ihre Folgen vorhergesagt werden. Aber der technische Wandel ist prinzipiell unvorhersehbar; Karl Popper hat den Grund dafür formuliert: Wenn wir voraussagen könnten, was wir wissen werden, wüssten wir es bereits.[9] (Wir könnten das auch den Raumschiff-Enterprise-Effekt nennen in Erinnerung an die bekannte Tendenz alter Science-Fiction-Filme, nur die technischen Fantasien ihrer jeweiligen Zeit auszudrücken.) Der Weltklimarat ist sich der Schwierigkeit bewusst und räumt ein, die Technologien, »die in 100 Jahren in Gebrauch sein werden, könnten Effekte auf das Klima haben, die wir uns nicht vorstellen können«.[10] Eben weil diese Effekte unvorstellbar sind, können sie nicht in ein reguläres Vorhersagemodell einbezogen werden. Unsere Vorfahren in der Zeit König Eduards VII. konnten nicht vorhersehen, dass wir mit unserer Landwirtschaftstechnologie einmal in der Lage sein würden, sieben Milliarden Menschen zu ernähren. Sollte es uns wundern, wenn unsere Nachkommen Technologien ersinnen, die es ihnen ermöglichen, mit einer Erwärmung um 3, 4 oder sogar noch mehr Grad zurechtzukommen?

Man muss dem Weltklimarat zugutehalten, dass er für die verschiedenen Szenarien keine Wahrscheinlichkeiten angibt, sondern sie einfach als »Denkmodelle« präsentiert. Unvermeidlich nehmen die Politiker das extremste Modell, wenn sie die Glaubwürdigkeit ihrer grünen Überzeugungen unterfüttern wollen, und ihre Berater machen es genauso, wenn sie sich bei ihnen anbiedern wollen. Es ist das übliche »Aufpeppen«: Man lässt bei den Aussagen von Experten alle vorsichtigen Einschränkungen weg, bis nur die leicht verdaulichen Schlagwörter übrig bleiben. So gab das düsterste der sechs Szenarien des Weltklimarats die Grundlage für den einflussreichen Stern Review aus dem Jahr 2006 ab, der wiederum Tony Blair veranlasste, in einem offenen Brief an die Staatschefs der EU-Mitgliedstaaten zu schreiben, »wir haben ein Zeitfenster von nur zehn bis fünfzehn Jahren, um die Schritte zu ergreifen, damit wir nicht an den katastrophalen Punkt geraten, an dem es kein Zurück mehr gibt.«[11] (Das war im Jahr 2006. Jetzt bleiben uns nur noch fünf bis zehn Jahre.)

Die meisten seriösen Wissenschaftler lehnen den Gedanken eines unumkehrbaren, katastrophalen »Umschlagspunkts« als empirisch nicht ausreichend fundiert ab. »Die Sprache der Katastrophe ist nicht die Sprache der Wissenschaft«, schreibt Mike Hulme, Direktor des Tyndall Centre for Climate Change Research an der University of East Anglia.[12] Aber das hat nicht verhindert, dass auch Menschen, die es besser wissen sollten, mit solchen Katastrophenszenarien operieren. Der ehemalige Geochemiker James Lovelock (mehr über ihn später) sieht die Welt auf einen Zustand zusteuern, den man »schlicht und einfach als die Hölle beschreiben kann: so heiß, so tödlich, dass nur eine Hand voll der heutigen Milliarden überleben wird«.[13] Aussagen wie diese sind eine profane Version von Pascals berühmter Wette: Sie beschwören ein Übel, das so schreckenerregend ist, dass es *jedes* Opfer rechtfertigt, wie groß es auch sein mag. Diese Argumentationsstrategie (heute zu Ehren gekommen als das »strenge Vorsorgeprinzip«) soll Panik einflößen. Bei nüchternem Nachdenken sind die Gefahren der Erderwärmung, so real sie sein mögen, nicht im Entferntesten vergleichbar mit den Gefahren, die Krieg, Seuchen und andere Katastrophen mit sich bringen. Sie verlangen nicht die *totale* Konzentration der Anstrengungen und Ressourcen, zu der die radikalen Klimaaktivisten aufrufen.

Die Begründung der Umweltschützer für eine Abkehr vom Wirtschaftswachstum setzt nicht nur voraus, dass die verheerenden Wirkungen der Erderwärmung mit einer gewissen Zuverlässigkeit vorhersehbar sind, sondern dass ihr Gewicht unverändert bleibt, egal, wie weit in der Zukunft sie liegen. Selbst wenn die Katastrophe noch 200 Jahre entfernt ist, müssen wir *heute* Opfer bringen, um sie abzuwenden. Das ist für uns extrem schwer nachzuvollziehen. Die meisten Menschen schätzen das Glück der Lebenden höher als das der noch Ungeborenen, sie sind »gegenwartsfixiert«. Die meisten Umweltökonomen tragen dem Rechnung, indem sie das zukünftige Wohlergehen mit einem »Abschlag« versehen: Sie behaupten *de facto,* ein Engpass morgen zähle weniger als ein Engpass heute. Weiter nehmen sie an, künftige Generationen würden mutmaßlich reicher sein als wir und deshalb besser in der Lage, die Kosten der Erderwärmung zu tragen. Beide Annahmen zusammen führen zu dem Schluss, »trotz ernsthafter Bedrohungen der Weltwirtschaft durch den Klimawandel sollte in nächster Zukunft nicht viel zur Reduzierung der CO_2-Emissionen unternommen werden; zukünftige CO_2-Kontrollen sollten verstärkt, aber schrittweise umgesetzt werden, ab einem Zeitpunkt mehrere Jahrzehnte in der Zukunft.«[14]

Radikale Klimaschützer lehnen Abschläge beim zukünftigen Wohlergehen entschieden ab. Warum sollte ein Mensch weniger Ansprüche an uns haben, nur weil er 2100 geboren wird und nicht 2000? Ist das nicht »Präsentismus« und genauso schlimm wie Rassismus und Sexismus? Der Stern Review operiert mit einer reinen Zeitabschlagsrate von nahe null, das heißt, er misst dem Wohlergehen aller Menschen, der heute lebenden und der zukünftigen, nahezu gleiches Gewicht bei. (Der Abschlag beträgt nur deshalb nicht null, um die geringe Wahrscheinlichkeit zu berücksichtigen, dass die Menschheit möglicherweise aufhört zu existieren.) Deshalb sei, so die Folgerung, eine zunächst minimale, bis zum Jahr 2050 auf 1 Prozent des weltweiten BIP gesteigerte Reduzierung der CO_2-Emissionen nötig, um die noch höheren Kosten der Erderwärmung zu vermeiden.[15] Stern hat seine Schätzung, was es kostet, den Klimawandel zu bewältigen, in der Folgezeit verdoppelt, und andere Autoren nach ihm haben noch höhere Zahlen ins Spiel gebracht, die das Wachstum vollständig aufzehren würden.[16]

Die Ethik des Stern Reviews ist die eines hehren Egalitaristen, für den alle Zeitalter gegenwärtig sind und alle Menschen, ob sie in der Vergangenheit lebten oder in der Gegenwart oder Zukunft leben werden, gleich viel zählen. Aber unser Standpunkt, der menschliche, ist etwas profaner. Wir betrachten die Welt von einem bestimmten zeitlichen Punkt aus und verteilen unsere Sympathien entsprechend. Wir schätzen das Wohlergehen unserer Kinder höher als das unserer Enkelkinder und das unserer Enkelkinder höher als das unserer Urenkelkinder, und es wäre falsch, das nicht zu tun. Nigel Lawson erinnert uns an die Gestalt der Mrs Jellyby, die »teleskopische Philanthropin« in Charles Dickens' Roman *Bleak House,* der die Armen in Afrika so sehr am Herzen liegen, dass sie ihre eigenen Kinder vernachlässigt. »Die ethische Grundlage, die der Stern Review für sich in Anspruch nimmt, ist nicht viel mehr als teleskopische Philanthropie auf die Zeit übertragen«, fügt Lawson hinzu.[17] Doch Sterns Position ist noch seltsamer. Mrs Jellyby stellt ihre Nächsten und Liebsten auf eine Stufe mit Fremden. Stern stellt die Lebenden auf eine Stufe mit den Nichtlebenden. Er wirft das Wohlergehen *potenzieller* Menschen mit dem realer Menschen aus Fleisch und Blut in die Waagschale. Wir können diese seltsame Denkweise zurückweisen, ohne das Motto Ludwigs XV. übernehmen zu müssen, *après moi le déluge* (nach mir die Sintflut). Wir müssen nur sagen, dass das Wohlergehen Ungeborener *weniger* zählt als das der Lebenden, aber trotzdem auch zählt.

Das Argument, weniger Wachstum mit der Erderwärmung zu begründen, ist so schwach, dass man nach tieferen Erklärungen dafür sucht, warum so viele daran glauben. Und solche Erklärungen sind nicht schwer zu finden. Die meisten radikalen Klimaschützer hassen Gier und Luxus leidenschaftlich; in früheren Epochen wären sie vielleicht Menschen vom Schlag eines Oliver Cromwell oder Girolamo Savonarola gewesen. Aus einem großen Teil der ökologischen Literatur spricht die Liebe zum Büßergewand. Sehr deutlich ist der puritanische Zungenschlag in George Monbiots Ankündigung, die Kampagne für den Klimaschutz fordere »nicht Überfluss, sondern Mangel. Es ist eine Kampagne, die nicht mehr Freiheit will, sondern weniger. Und der seltsamste Aspekt: Es ist eine Kampagne, die sich nicht nur gegen andere Leute richtet, sondern auch gegen uns selbst.«[18] Hier und nicht in den trockenen Zahlen von computergenerierten Kosten-Nutzen-Analysen schlägt das Herz der Klimaschutzbewegung.

Fassen wir zusammen: Die Forderung der Umweltschützer nach einer Verringerung des Wachstums lässt sich nicht als pragmatische Reaktion auf bekannte Fakten erklären. Darin kommt eine Leidenschaft zum Ausdruck, eine Inbrunst, die sich nicht um Fakten schert. Als Marx' ökonomische Vorhersagen durch den Gang der Ereignisse widerlegt wurden, kümmerte das seine Anhänger nicht. Ebenso wenig werden die radikalen Klimaschützer ihren Widerstand gegen Langstreckenflüge und Geländewagen aufgeben, sondern eher immer neue Argumente finden, um ihre Verzichtsforderungen zu rechtfertigen. Die Umweltschutzbewegung ist eine Glaubenslehre, keine Wissenschaft. Und woher kommt der Glaube? Um diese Frage zu beantworten, müssen wir einen Blick auf die Geschichte werfen.

Die ethischen Wurzeln der Umweltschutzbewegung

Die wissenschaftliche Revolution des 17. Jahrhunderts wollte das *regnum homini* etablieren, wie Francis Bacon sagte, die Herrschaft des Menschen. Die Natur war lediglich untätige Materie, den Menschen und seinen Zielen dienstbar; Gott war ein abstrakter »erster Beweger«, fern und gleichgültig. Der Mensch allein beherrschte die Welt. Locke und andere interpretierten die Schöpfungsgeschichte im Licht dieser neuen Philosophie um – als Auftrag Gottes, zu pflügen, zu ernten und Bodenschätze zu gewinnen – und schmiedeten damit ein Verbindungsglied zwischen dem protestantischen Glauben und der Ausbeutung der Umwelt, das bis heute Bestand hat. H. C. Carey, ein amerikanischer Ökonom des 19. Jahrhunderts, fasste die allgemeine Auffassung in Worte, als er sagte, die Erde sei »eine große Maschine, die dem Menschen gegeben wurde, damit er sie entsprechend seinen Zwecken formt«.[19]

Bacons Projekt und seine industriellen Nachwirkungen provozierten eine leidenschaftliche Reaktion der Dichter und Schriftsteller. William Wordsworth' Protest gegen die Vergewaltigung der Natur wurde in England von John Ruskin und William Morris aufgegriffen, in Amerika von Henry David Thoreau, Ralph Waldo Emerson und vielen anderen. Diese Schriftsteller bewegte keine naturwissenschaftliche Theorie über Umweltverschmutzung und die Ausplünderung von Ressourcen, sondern ein ursprüngliches, halbheidnisches Gefühl, dass die Natur etwas Heiliges ist, und ein entsprechendes Entsetzen vor menschlicher Einmischung. »Alles ist durch Geschäfte verbrannt, verdorben, durch Arbeit beschmutzt«, schrieb Gerard Manley Hopkins über die Auswirkungen menschlichen Handelns auf der Erde. Der Abscheu richtete sich gleichermaßen gegen die Landwirtschaft wie gegen die industrielle Produktion. Die Romantik förderte eine neue Vorliebe für die wilde Natur, für Moore und Berge als Gegensätze zu den Weiden und Weinbergen, die es früheren Generationen von Dichtern und Malern angetan hatten.

Die frühesten Umweltgruppen – der National Trust in Großbritannien, der Bund Heimatschutz in Deutschland, der Sierra Club in Amerika – waren Produkte des romantischen Kults um alte Gemäuer und »unberührte« Landschaften. Ihre Mitglieder waren Enthusiasten aus der Mittelschicht mit konservativer, patriotischer Gesinnung. Sie hatten prinzipiell nichts gegen Industrieanlagen, sofern sie nur diskret versteckt wurden. Die vielen Wandervereine, die Ende des 19. Jahrhunderts entstanden, waren proletarisch und linksorientiert, aber auch sie hatten nur eine vorübergehende Auszeit von der Industriekultur im Sinn, nicht ihre Abschaffung. Die Arbeiter wussten ganz genau, welche Hand sie fütterte.

Aber zur frühen Umweltschutzbewegung gehörten auch andere, radikalere Stimmen; für sie war der Feind die Technik an sich, nicht nur ihr gelegentlicher Missbrauch. Ludwig Klages, der charismatische deutsche Philosoph und Dichter, gab den Ton vor. Fortschritt »geht in Wahrheit auf *Vernichtung des Lebens aus*«, schrieb er 1913. »Er trifft es in allen seinen Erscheinungsformen, rodet Wälder, streicht die Tiergeschlechter, löscht die ursprünglichen Völker aus, überklebt und verunstaltet mit dem Firnis der Gewerblichkeit die Landschaft und entwürdigt, was er von Lebewesen noch überlässt, gleich dem ›Schlachtvieh‹ zur bloßen Ware.«[20] Der Philosoph Martin Heidegger war genauso unbedingt. In seinem Aufsatz über moderne Technik aus dem Jahr 1953 beschreibt er sie als etwas, das alles annektiert, auch das, was ihr zu entkommen versucht:

> Das Wasserkraftwerk ist nicht in den Rheinstrom gebaut wie die alte Holzbrücke, die seit Jahrhunderten Ufer mit Ufer verbindet. Vielmehr ist der Strom in das Kraftwerk verbaut. Er ist, was er jetzt als Strom ist, nämlich Wasserdrucklieferant, aus dem Wesen des Kraftwerks […] Aber der Rhein bleibt doch, wird man entgegnen, Strom in der Landschaft. Mag sein, aber wie? Nicht anders denn als bestellbares Objekt der Besichtigung durch eine Reisegesellschaft, die eine Urlaubsindustrie dorthin bestellt hat.[21]

Klages war Antisemit, Heidegger ein unbelehrbarer Nazi – und beide sind inoffizielle Vordenker der modernen grünen Bewegung. Nach dem Zweiten Weltkrieg überarbeiteten Adorno und Horkheimer ihre Ideen, sodass sie für die Linke akzeptabel wurden, und Adornos alter Kollege Herbert Marcuse exportierte sie nach Amerika. (»Die ökologische Bewegung«, sagte Marcuse gewohnt unerbittlich, »darf nicht nur nach der Verschönerung des Bestehenden streben, sondern muss eine radikale Veränderung der Institutionen und Unternehmen zum Ziel haben, die unsere Ressourcen verschwenden und die Erde verschmutzen.«)[22] In den letzten Jahrzehnten hat man den Umweltschutz als eine »progressive« Bewegung wahrgenommen. Nur ein paar orthodoxe Marxisten hegen noch den Verdacht, sein wahres Ziel könnte sein, die Armen dort zu halten, wo sie sind.

Bis in die 1960er-Jahre war die radikale Kritik an der Technik eine Sache von Studenten, Künstlern und Intellektuellen. Zwei Entwicklungen brachten sie ins allgemeine Bewusstsein: zum einen das Aufkommen der Ökologie, der Wissenschaft von den Lebewesen in ihrem natürlichen Lebensraum. Die Ökologie förderte ein neues Bewusstsein für die Interdependenz alles Lebendigen und die Gefahren menschlicher Eingriffe. Sie lieferte wissenschaftliche Unterstützung für die alte mystische Vorstellung, dass die Natur ein »Gleichgewicht« verkörpert und wir uns selbst schaden, wenn wir dieses Gleichgewicht stören. Rachel Carsons Buch *Der stumme Frühling* aus dem Jahr 1962, eine Streitschrift gegen den Missbrauch von Pestiziden, war ein einflussreicher Ausdruck dieser Denkweise. In den 1960er-Jahren tauchten auch Malthus' Sorgen wegen Bevölkerungswachstum und Ressourcenknappheit wieder auf. Paul Ehrlichs Buch *Die Bevölkerungsbombe* erschien 1968, gefolgt von *Die Grenzen des Wachstums* (1972) und *Die Rückkehr zum menschlichen Maß* des Ökonomen E. F. Schumacher (1973). Die neue Welle umweltschützerischer Argumentation umgab eine radikale Aura, aber ihr wahres Ziel war die langfristige »Nachhaltigkeit« der Industriegesellschaft, nicht ihre Abschaffung. Sie beeindruckte praktisch orientierte Männer und Frauen, die mit Entfremdung und Technik als »Gestell« im Sinne Heideggers wenig oder nichts anfangen konnten.

Seit den 1970er-Jahren kleidet die Mehrheit der Umweltschützer ihre Argumente vorwiegend in die utilitaristische Sprache der Nachhaltigkeit, obwohl ihre tieferen Triebkräfte nach wie vor moralischer, ästhetischer und sogar religiöser Natur sind. Das hat zu einer Spannung innerhalb der Bewegung zwischen »tiefen« (deep) und »seichten« (shallow) Umweltschützern geführt. Erstere schätzen die Natur als Zweck an sich, Letztere als ein Mittel zu menschlichen Zwecken. (Der Kampf gegen die Erderwärmung ordnet sich selbst dem »seichten« Lager zu, obwohl, wie wir gesehen haben, viele seiner Anhänger »tiefe« Motive haben.) Eine ähnliche Spannung besteht zwischen den ursprünglich maschinenstürmerischen Neigungen der Umweltschützer und ihrem heutigen Vertrauen auf Computermodelle. Die gleichen Leute, die vor 40 Jahren vielleicht von »Technikfaschismus« gesprochen hätten, sind heute eiserne Verfechter der naturwissenschaftlichen Orthodoxie.

Die beiden Seiten der Umweltbewegung, die romantische und die wissenschaftliche, fließen in der Person von James Lovelock zusammen, Erfinder des Elektroneneinfangdetektors und Urheber der berühmten

Gaia-Hypothese. Lovelock, ein Naturwissenschaftler mit vielfältigen Interessen in Geochemie, Ökologie und Kybernetik, kam zu der Erkenntnis, dass die Lebewesen eine entscheidende Rolle dabei spielen, Erdtemperatur und Erdatmosphäre in einem Zustand zu halten, der menschliches Leben ermöglicht. Das führte ihn zu der Überlegung, ob man sich nicht die Erde insgesamt als ein sich selbst regulierendes System ähnlich einem Organismus vorzustellen habe. Er sprach mit seinem Nachbarn, dem Schriftsteller William Golding, über seine Ahnung. »Ohne Zögern riet er [Golding], dieses Gebilde Gaia zu nennen, nach der griechischen Gottheit der Erde«.[23] Damit war ein neuer Mythos geboren.

Lovelock schlug Gaia zunächst als ein rein heuristisches Instrument vor, eine Möglichkeit, eine Hypothese zu fassen, nicht als eine faktische Aussage. »Gelegentlich war es schwierig, ohne ausgiebige Umschreibungen nicht so von Gaia zu sprechen, als sei sie bekanntermaßen ein fühlendes Wesen«, schrieb er 1979. »Dies ist um nichts ernster gemeint als die Bezeichnung ›sie‹ für ein Schiff, gebraucht von der Mannschaft, die auf ihm fährt.«[24] In Lovelocks aktuelleren Schriften sind die Einschränkungen verschwunden. »Was, wenn Maria nur ein anderer Name für Gaia ist?«, fragt er rhetorisch in seinem Buch *Das Gaia-Prinzip*. »Auf der Erde ist sie die Quelle immerwährenden Lebens – und sie lebt jetzt. Sie gab auch den Menschen das Leben, und wir sind ein Teil von ihr.«[25] Lovelock treibt hier ein doppeltes Spiel: Auf der einen Seite beruhigt er seine naturwissenschaftlichen Kollegen, auf der anderen zwinkert er den neuen Heiden zu. Die gebührend naturalistische, aber an mythischen Untertönen reiche Gaia ist die maßgeschneiderte Gottheit für ein zu transzendentalem Glauben unfähiges Zeitalter.

Gaias Botschaft ist ambivalent. Wenn sie robust ist (»eine zähe Alte«, wie Lovelocks Mitarbeiterin Lynn Margulis einmal sagte), kann sie sich vielleicht an alles anpassen, was wir ihr antun. Schließlich hat sie sich in ihrer langen Geschichte auf viele Störungen eingestellt. Aber vielleicht ist sie eben nicht mehr so robust. Oder ihre »Anpassung« an diese spezielle Störung wird so aussehen, dass sie die Quelle der Störung abstößt – uns. Lovelocks jüngstes Buch, *Gaias Rache,* beschreibt die letztgenannte

Möglichkeit als wahrscheinlich. Nun ist Gaia nicht mehr die sanfte und zarte Jungfrau Maria, sondern eine heidnische Furie. »Wir erleben heute, dass Gaia, das große irdische System, sich wie andere mythische Gottheiten verhält: Kali und Nemesis. Sie ist eine fürsorgliche Mutter, zugleich aber gnadenlos grausam gegenüber allen, die die Regeln nicht einhalten, und seien es ihre eigenen Kinder.«[26]

Damit triumphiert die Wahrsagerei endgültig über die Naturwissenschaft. Lovelocks Katastrophenszenario hat weder eine empirische noch eine theoretische Begründung. Seine Logik ist die eines Mythos: Die Missetaten des Menschen verlangen nach Rache, und da Gott tot ist, muss die Natur das Schwert schwingen. In diesem Geist rief Wordsworth in dem oben zitierten Gedicht die Natur auf, »ihre verletzten Rechte zu rächen«, und George Perkins Marsh, ein Naturforscher aus viktorianischer Zeit, sprach davon, die Natur räche sich »an dem Eindringling«.[27] Solche Rhetorik ist nicht nur schlechte Wissenschaft, sie ist auch, und das ist viel wichtiger, schlechte Religion. So, wie sich die neuen Gläubigen die Natur vorstellen, achtet sie nur auf ihr eigenes »Gleichgewicht«, nicht auf das Wohl des Menschen. Sie hat Gottes Zorn geerbt, aber nicht seine Gnade. Gaia ist ein Rückschritt, keine Weiterentwicklung, des religiösen Bewusstseins.

Die kurze Geschichte bestätigt den Schluss, zu dem wir bereits früher gelangt sind: Gefühl, nicht Wissenschaft, hat die Umweltbewegung angetrieben und treibt sie noch immer an. Warum wollen die modernen Grünen das nicht zugeben? Zum Teil, weil sie meinen, das könnte die Glaubwürdigkeit ihrer rein »positiven« Argumente untergraben, zum Teil auch, weil sie fürchten, wenn sie ihre Motive offen aussprechen, könnte viel Unappetitliches zum Vorschein kommen. Damit könnten sie recht haben. Aber leider ist es so, dass die Umweltbewegung bei allem Dummen und Hässlichem den Kern eines wunderbaren Ideals in sich trägt, und das anzuerkennen würde sie nicht schwächen, sondern sehr *stärken*. Diesem Ideal wenden wir uns nun zu.

HARMONIE MIT DER NATUR

Die moderne ökologische Ethik zerfällt in zwei große Richtungen, die wir als »seicht« und »tief« bezeichnet haben. Die Anhänger der ersten Richtung sehen die Natur als eine Ressource für die Menschheit, die man mit Blick auf die Interessen künftiger Generationen verwalten muss. Die zweite Gruppe betrachtet die Natur als Wert an sich, unabhängig von ihrem Nutzen für uns. Weder der eine noch der andere Standpunkt erfasst richtig, worum es uns bei unserer Sorge um die Natur geht. Zu einer adäquateren Formulierung können wir gelangen, wenn wir die Mängel beider Standpunkte analysieren.

Der »seichte« Flügel der grünen Bewegung, wie er in dem Stern Review und vielen nachfolgenden Publikationen zum Ausdruck kommt, verlängert die standardmäßigen Kosten-Nutzen-Analysen einfach über den üblichen Zeitrahmen hinaus. Sein Grundprinzip ist das vertraute egalitäre Kalkül: Wir dürfen unser eigenes Wohlergehen nicht über das der noch Ungeborenen stellen, genau wie wir das Wohlergehen der Weißen nicht über das der Schwarzen, das der Männer nicht über das der Frauen stellen dürfen. Wir dürfen nicht »gegenwartsfixiert« sein.

Dieses Argument bringt uns ein Stück voran. Wir haben bereits gesagt, das Wohlergehen künftiger Generationen sollte uns *etwas* bedeuten, allerdings nicht so viel wie das Wohlergehen der Lebenden, und um der künftigen Generationen willen sollten wir uns bemühen, die Erde nicht als Wüste zu hinterlassen. Die Philosophin Mary Midgley fordert, wir sollten uns vorstellen, Robinson Crusoe hätte seine Insel in die Luft gejagt, zusammen mit allen pflanzlichen und tierischen Bewohnern, bevor er nach Hause zurücksegelte. Menschliche Interessen sind nicht betroffen, trotzdem sehen wir darin einen frevelhaften Akt.[28] Oder nehmen wir ein Beispiel aus dem realen Leben: Wir sind sehr besorgt über das Schicksal von Eisbär und Schneeleopard, obwohl weder der eine noch der andere einen Nutzen für uns besitzt. (Manche könnten sagen, die Freude an ihrer Existenz *sei* unser Nutzen, aber würde das zutreffen, könnten wir diesen Nutzen leicht auslöschen, indem wir uns einfach keine Gedanken mehr um sie machen; damit würden wir uns von jeglicher Verpflichtung befreien, ihr Überleben sicherzustellen.) Es ist klar, dass wir die Existenz von Eisbär und Schneeleopard »um ihrer selbst willen« schätzen, unabhängig von einem etwaigen Vorteil, den wir vielleicht daraus ziehen. Dasselbe gilt für die große Mehrheit der gefährdeten Arten auf unserem Planeten.

Gedanken wie diese motivieren den anderen, »tiefen« Flügel der grünen Bewegung. Seine Anhänger halten die oben skizzierten »seichten« Argumente für eine reine Variante der anrüchigen Locke'schen Idee, dass die Erde nur zu unserem Nutzen existiert. Sie drängen uns, »das Gedeihen des nichtmenschlichen Lebens« als Zweck an sich anzusehen, unabhängig von langfristigen oder anderen Interessen, die wir womöglich haben.[29] Aber das wirft ein unlösbares Problem auf. Was bedeutet »das Gedeihen nichtmenschlichen Lebens« *wirklich?* Denn, geradeheraus gesagt, es gibt keine einzelne Einheit »nichtmenschliches Leben«, sondern nur eine Myriade nichtmenschlicher Organismen und Arten, die vielfach in Konkurrenz zueinander stehen. Die Ausbreitung des grauen Eichhörnchens geht auf Kosten des roten Eichhörnchens. Das Wohlergehen der Zecke geht auf Kosten des Hundes. Was ist gemeint, wenn vom »Wohlergehen des nichtmenschlichen Lebens« insgesamt die Rede ist?

Vielleicht bedeutet, das Gedeihen des nichtmenschlichen Lebens zu wollen, das Gedeihen aller nichtmenschlichen Spezies gleichermaßen zu fördern. Arne Næss, »tiefer Umweltschützer« der ersten Stunde, spricht vom »gleichen Recht zu leben und zu blühen«.[30] Aber damit tauchen viele weitere Probleme auf. Wer sind die Träger dieser »gleichen Rechte«? Sind alle Pflanzen, Pilze und Bakterien eingeschlossen? Erwirbt eine Lebensform diese Rechte, wenn sie als Spezies klassifiziert wird, und verliert sie sie, sobald sie neu als Unterart klassifiziert wird – was in der Biologie häufig vorkommt? Das klingt ziemlich hart. Impliziert das »gleiche Recht zu leben und zu blühen«, dass wir den gleichen Aufwand betreiben sollten, um den Schneeleoparden zu retten und *acanthomyops latipes,* eine von vielen hundert bedrohten Insektenarten? Wie steht es mit dem Pockenvirus, das heute nur noch in zwei Labors weltweit existiert? Natürlich müssen wir in dem Fall nur an unsere eigenen Interessen denken. Aber für »biosphärische Egalitaristen« wie Arne Næss verbirgt sich hinter der Favorisierung einer Spezies gegenüber anderen aus selbstsüchtigen, sentimentalen oder ästhetischen Gründen immer der Pferdefuß des »Anthropozentrismus«. Im Umgang mit der Natur müssen wir so vollkommen von unseren Interessen absehen wie ein Cato oder Brutus.

Ein nur etwas vernünftigerer Vorschlag ist in seiner Stoßrichtung utilitaristisch. Wenn unser Ziel darin besteht, die Lust zu maximieren und den Schmerz zu minimieren, müssen Lust und Schmerzen von Tieren genauso berücksichtigt werden. Sie zu missachten, ist Speziesismus – die willkürliche Bevorzugung unserer eigenen Spezies.[31] Aber ganz abgesehen von den allgemeinen Problemen des Utilitarismus, die wir zum Teil im letzten Kapitel angesprochen haben, stellt dieser Vorschlag unsere Sorge um die Natur falsch dar. Zunächst nennt er uns keine nicht-instrumentellen Gründe, warum wir uns um Pflanzen Gedanken machen sollten, die keine Lust und keinen Schmerz spüren. Außerdem ist das Leben vieler Tiere, vor allem wildlebender Pflanzenfresser, durch Krankheit, Hunger und Furcht gekennzeichnet. Mit einer konsequent utilitaristischen Einstellung müssten wir sie in großen Parks halten, geschützt vor Raubtieren, mit leichtem Zugang zu Futter und medizinischer Versorgung. Die Raubtiere könnte man unterdessen mit Fleisch von Tieren aus ethisch einwandfreier Haltung oder einem Ersatzfutter auf Sojabasis füttern. Diese Fantasie lässt sich beliebig ausschmücken. Der entscheidende Punkt ist, dass niemand, dem am Gedeihen unseres *natürlichen* Lebensraums liegt, so etwas befürworten kann.

Einen anderen Einwand gegen die Tiefenökologie bringt Aldo Leopold vor, ein früher Pionier der Umweltethik. »Etwas ist richtig«, schrieb Leopold, »wenn es dazu tendiert, die Integrität, Stabilität und Schönheit der biotischen Gemeinschaft zu schützen. Es ist falsch, wenn es zum Gegenteil tendiert.«[32] Hier ist die Bezugsgröße nicht die einzelne Art, sondern die *Gemeinschaft* aller Arten. Wir sind dazu aufgerufen, das Wohlergehen des Ganzen zu maximieren, selbst wenn das erfordert, einzelne Teile davon zu verletzen oder zu zerstören. James Lovelock steht in dieser holistischen Tradition. Er bezeichnet Gaia als krank, fiebernd, altersschwach und so weiter und drängt uns, zu tun, was wir können, um ihre Gesundheit wiederherzustellen. Es hat sogar den Anschein, als würde ihm der Gedanke makabres Vergnügen bereiten, Gaia könnte von unserer Zerstörung profitieren wie von der Ausrottung einer Krebsart oder eines Virus.

Solche Reden sind moralisch gefährlich, wie wir bereits ausgeführt haben. Sie sind außerdem konfus. Die biotische Gemeinschaft oder Gaia ist weder ein Organismus noch einem Organismus ähnlich. Sie kann nicht gesund oder krank sein, gedeihen oder dahinsiechen. Organismen gehören zu Arten, deren Funktions- und Lebensweise ihre Normen für Krankheit und Gesundheit definiert.[33] Ein Kamel mit nur einem Höcker ist ein unvollkommenes Kamel, außer natürlich, es ist ein Dromedar. Gaia hingegen ist *sui generis*. Es gibt nicht mehrere »Gaias«. Deshalb ist es irreführend, wenn gesagt wird, und sei es nur als Metapher, Gaia sei krank oder habe Fieber. (Was wäre die korrekte Temperatur für »eine Gaia«?) Gaias Gesundheit zu fördern, ist eine sinnlose Aufgabe – und das ist gut so, denn sonst könnte es bedeuten, dass wir gezwungen wären, kollektiven Selbstmord zu verüben.

Was ist schiefgegangen? Die Tiefenökologen betonen ganz zu Recht den intrinsischen, nichtinstrumentellen Wert der Natur; ihr Fehler besteht darin, zu folgern, *der Wert sei unabhängig von unserem Standpunkt.* Das folgt nicht daraus, und es stimmt nicht. Jeder Wert, ob instrumentell oder intrinsisch, hängt vom menschlichen Standpunkt ab, aus dem einfachen Grund, weil wir das einzige Tier sind, das wertet. Andere Tiere haben gute Dinge, aber begreifen sie nicht als erstrebenswert. Sie handeln nicht moralisch. »Anthropozentrismus« ist kein Vorurteil, sondern eine schlichte Begleiterscheinung dieser Tatsache. Wie Bernard Williams in seiner Erörterung des Themas schrieb, »gehört es zum menschlichen Leben, sich um die Belange nichtmenschlicher Geschöpfe zu kümmern, aber wir können diese Fähigkeit nur durch unser Selbstverständnis erwerben, fortbilden und lehren«.[34]

Es mag seltsam klingen, wenn wir sagen, der Wert der Natur sei sowohl anthropozentrisch *als auch* intrinsisch. Wie kann beides zutreffen? Aber wir alle kennen ein zweites Objekt, das zugleich anthropozentrischen und intrinsischen Wert besitzt: die Kunst. »Es wird eines Tages das letzte Bildnis Rembrandts und der letzte Takt Mozart'scher Musik aufgehört haben zu sein«, schrieb Oswald Spengler, »obwohl eine bemalte Leinwand und ein Notenblatt vielleicht übrig sind, weil das letzte Auge und Ohr verschwand, das ihrer Formensprache zugänglich war.«[35] Die Kunst hat, mit anderen Worten, Wert nur für Wesen, die unsere Gefühle und Interessen teilen. Aber daraus folgt nicht, dass der Wert der Kunst nur instrumentell ist – dass wir sie nur als Quelle der Lust schätzen, als kulturelles Kapital oder etwas anderes dieser Art. Der wahre Wert der Kunst ist intrinsisch, obwohl er nur durch das Fenster unserer Wahrnehmungen in die Welt kommt. Und wenn das für die Kunst gilt, warum sollte es dann nicht auch für die Natur gelten?

Wir können das Argument, dass der Wert der Natur sowohl anthropozentrisch wie intrinsisch ist, auch anders ausdrücken: *Harmonie mit der Natur gehört zu einem guten menschlichen Leben.* Diese Formulierung erfasst beide Seiten des Bildes. Sie macht klar, dass der Wert der Natur intrinsisch ist (in Harmonie mit etwas zu leben, bedeutet, dass man es nicht für die eigenen Ziele manipuliert) und zugleich anthropozentrisch (Harmonie mit der Natur ist etwas Gutes für *uns).* Die Formulierung bewahrt, was an der tiefen und der seichten Position wahr ist, und rangiert aus, was falsch ist.

Gartenarbeit bietet eine praktische Illustration, was »Harmonie mit der Natur« bedeutet. Ein guter Gärtner kennt und respektiert die Möglichkeiten der Natur. Er betrachtet Bäume und Büsche nicht als reines »Material« (außer er ist Franzose), das man nach Belieben in jede Form trimmen kann. Trotzdem sind seine Eingriffe nicht vollkommen interesselos. Er gibt manchen Pflanzen Wasser, andere gräbt er aus. Er stutzt Bäume, wenn sie zu groß werden. Er legt Gift gegen Schnecken aus. Kurzum, er kanalisiert die inhärenten Tendenzen der Natur entsprechend einem menschlichen Ideal von Bequemlichkeit und Schönheit.

Sein Verhältnis zur Natur ist weder primitiv instrumentell noch verbissen aufopferungsvoll. Es eine harmonische Beziehung.[36]

Weil Gartenarbeit so besonders eindrücklich klarmacht, was es heißt, in Harmonie mit der Natur zu leben, spielt sie weltweit in allen Beschreibungen eines gutes Lebens eine ganz besondere Rolle. In der Bibel leben Adam und Eva in einem Garten. Der Koran verspricht dem Gläubigen einen »Garten der Wonne«, in dem beständig Wasser fließt und Früchte wachsen. Chinesische Philosophen werden bevorzugt dargestellt, wie sie zwischen Bergen oder Bambushainen wandeln, weit weg vom Getriebe der Stadt. »Wenn du einen Garten hast und dazu noch eine Bibliothek«, schrieb Cicero, »wird es dir an nichts fehlen.« Dass solche Bilder weltweit in unterschiedlichen Kulturen wiederkehren, spricht dafür, dass Harmonie mit der Natur ein universelles Bedürfnis der Seele ist – ein »Basisgut«, wie wir es im nächsten Kapitel nennen.

Wenn das so ist, warum kommt dann die Idee der Harmonie mit der Natur nur so selten in der modernen Literatur zum Umweltschutz vor? Die Antwort lautet vermutlich, dass sie die Natur als etwas betrachtet, mit dem wir in Harmonie sein *könnten,* etwas, das uns bestimmte Lebensweisen im Gegensatz zu anderen abverlangt. Dieses Bild erkennen wir nun als »metaphysisch« im schlechten Sinn. In der modernen Standardversion ist die Natur einfach da: faktisch, hart, nach menschlichem Verständnis undurchdringlich. Natur ist nichts, mit dem wir in Harmonie sein können (oder eben nicht sein können). Sich um die Natur zu sorgen, kann nur bedeuten, dass wir sie in unserem langfristigen Interesse bewirtschaften oder sie ansonsten ihrem seltsamen Gang überlassen. Ersteres ist der Standpunkt der seichten, Letzteres der Standpunkt der tiefen Ökologie.

Aber es bleibt die Tatsache, dass die meisten Menschen – selbst jene, die durch die positivistische Mühle gegangen sind, wenn sie sich gerade nicht von ihrer orthodoxen Seite zeigen – *sehr wohl* unterscheiden, welche Aktivitäten »in Harmonie« mit der Natur sind und welche nicht. Sie finden die Gärten von Versailles künstlich im Vergleich zu denen von Stowe, obwohl sie wissen, dass beide Produkte menschlicher Kunst sind.

Massentierhaltung stößt sie ab, obwohl sie wissen, dass zu jeder Form der Tierhaltung eine bewusste Veränderung der Lebensweise gehört. Der gesunde Menschenverstand, der maßgebliche Schiedsrichter in allen praktischen Dingen, sagt uns, dass manche Aktivitäten »mit« der Natur stattfinden und andere »gegen« sie. Wir brauchen mehr als eine philosophische Theorie, um uns vom Gegenteil zu überzeugen.

Wie könnte ein entsprechend modifiziertes Modell des Umweltschutzes – »Umweltschutz für ein gutes Leben«, wie wir es nennen – in der Praxis aussehen? Jedenfalls wäre es sehr verschieden von dem gegenwärtigen Umweltschutz, ob in der tiefen oder seichten Version. Es würde eine »grüne« Lebensweise nicht nur um der Natur oder künftiger Generationen willen propagieren, sondern *für uns*. Es würde uns ermuntern, für unser Wohlergehen Wissen über lokale Pflanzen und Tiere zu erwerben, lokal produzierte Nahrungsmittel zu essen und wenn möglich an der Produktion teilzunehmen durch Fischen, Gartenbau und andere Betätigungen. Viele Umweltschützer folgen bereits solchen Erwägungen über ein »gutes Leben«, obwohl die meisten es nicht gern zugeben würden. (Wie viele Engländer, die einen Kleingarten besitzen, würden es ausdrücken wie die russische Dame, die einmal zu uns sagte, Gemüse anzubauen sei »gut für die Seele«?) Andere Umweltschützer sind konsequenter in ihrer Geringschätzung menschlicher Interessen. James Lovelock beispielsweise plädiert dafür, die Landwirtschaft komplett aufzugeben zugunsten künstlich synthetisierter Nahrungsmittel – was immer der Nutzen für Gaia sein könnte, *unsere* Lebensfreude würde das gewiss nicht steigern.[37]

Zweitens hat Umweltschutz für ein gutes Leben keine Verwendung für die Voreingenommenheit von Romantikern gegen Landwirtschaft und Gartenbau. Im Gegenteil, er respektiert beides als Versuche, Mensch und Natur besser in Einklang zu bringen. Dieses Modell teilt das Naturgefühl, wie es Vergil klassisch formuliert hat, der in seinen Versen das Pfropfen und Züchten preist und die Landwirte drängt, »die wilden Früchte durch Kultur zu zähmen, damit die Erde nicht müßig daliegt«. Das soll nicht heißen, dass Landwirtschaft immer harmlos ist. Käfighaltung und Monokulturen sind abscheulich. Aber sie sollten als Perversionen normalerweise vernünftiger Praktiken betrachtet werden und nicht als Ausdruck einer Verdorbenheit, die zur Landwirtschaft dazugehört. Die Ansicht des Ökologen J. Baird Callicott, »eine Herde Rinder, Schafe oder Schweine verschandelt die Landschaft genauso wie eine Flotte Vierradfahrzeuge«, stimmt einfach nicht.[38]

Hat der Umweltschutz für ein gutes Leben Platz für »Unkraut und Wildnis«, die Hopkins und andere Romantiker so liebten? Wohl schon. Aber wir legen fest, wo Platz dafür ist, je nachdem, wie es gut für uns ist, und nicht, wie es gut für die Natur an sich ist, was immer das heißen mag. Das Bild des Menschen, wie er die Erde in einen großen Garten verwandelt, das den viktorianischen Fortschrittsdenker Herbert Spencer so sehr bewegte, erfüllt uns Heutige mit Klaustrophobie. Wir neigen eher Spencers romantischem Zeitgenossen John Stuart Mill zu, der dafür plädierte, die Wildnis zu bewahren, denn »es tut dem Menschen nicht gut, wenn er notgedrungen immerfort in Gegenwart seines Gleichen verbleiben muss«.[39] Aber egal, ob der Schutz der Wildnis in der Theorie wünschenswert ist oder nicht, in der Praxis ist es ein paradoxes Unterfangen, denn eine Wildnis, die nur durch den Eingriff des Menschen in ihrem Zustand erhalten werden kann, ist keine richtige Wildnis mehr. Die afrikanischen Savannen, aufmerksam beobachtet und gepflegt von Wissenschaftlern, sind in Wahrheit riesige Parks, die sich nur in ihrer Größe von Parks in ländlichen Gebieten Englands unterscheiden. Und wenn wir uns außerdem bemühen, wie die Gerechtigkeit es uns abverlangt, die Wildnis nicht nur für Wissenschaftler und Forscher zugänglich zu machen, sondern auch für normale Touristen, wird das ihre Unberührtheit weiter beeinträchtigen. Es sieht also so aus, als wäre es uns vom Schicksal bestimmt, die Welt in einen Garten zu verwandeln, egal, wie unsere Absichten sind.

Drittens wird ein Umweltschützer, dem ein gutes Leben am Herzen liegt, ohne Zögern zugeben, dass ihm das Überleben des Schneeleoparden wichtiger ist als das der Ameisenart *acanthomyops latipes*. Nach einer Erklärung gefragt, wird er einfach sagen, dass der Leopard ein wunderschönes Tier mit einer langen Geschichte in Kunst und Heraldik ist. Natürlich ist das anthropozentrisch, aber welche Alternative haben wir? Tiefenökologen glauben vielleicht, dass der volle intrinsische Wert der Natur zum Vorschein kommt, wenn wir sie jeder Bedeutung für uns Menschen entkleiden. Das Gegenteil ist richtig. Wenn wir das könnten – tatsächlich können wir es nicht –, bliebe etwas ganz ohne intrinsischen Wert übrig, wie Kohle oder Ölreserven. Wert wird durch den Schleier menschlicher Symbolik verliehen. Wenn wir diesen Schleier wegziehen, haben wir nur die »öden und nackten Kiesel der Welt«.

Schließlich wird Umweltschutz für ein gutes Leben das Problem des Bevölkerungswachstums ernst nehmen. Im Jahr 2011 hat die Bevölkerungszahl die Marke von sieben Milliarden überschritten, und sie wächst weiter, wenn auch nicht mehr so schnell. Ob das Bevölkerungswachstum eine Krise wie von Malthus prophezeit auslöst oder nicht, auf jeden Fall wird es unsere Lebensqualität beeinträchtigen. Die Aussicht, dass Menschen zusammengepfercht wie Käfighühner hausen, ist, selbst wenn es »nachhaltig« sein sollte, alles andere als wünschenswert. Keynes selbst betrachtete als eine Voraussetzung, die wirtschaftliche Glückseligkeit zu erreichen, die »Macht, den Bevölkerungszuwachs zu überwachen«. Wie diese Macht zu erlangen ist, stellt ein drängendes technisches Problem dar; allerdings überschreitet das die Grenzen unseres Buchs.

Welche Implikationen hat Umweltschutz für ein gutes Leben? Schutz der Landwirtschaft, Einschränkungen für den Bau von Supermärkten, Förderung der handwerklichen Nahrungsmittelproduktion – das sind nur einige Beispiele, welche Strategien helfen könnten, die Verbindung zur Scholle zu erhalten. Umweltökonomen wie E. F. Schumacher propagieren sie seit Jahrzehnten, wenngleich oft aus falschen utilitaristischen Gründen. Wie würden sie sich auf das Wachstum auswirken? Wahrscheinlich negativ, obwohl Frankreich und Italien ihre landwirtschaftlichen Traditionen erfolgreicher bewahrt haben als England, ohne dass dies nennenswerte Beeinträchtigungen für das Wirtschaftswachstum brachte. Wie auch immer, das ist nicht entscheidend. Umweltschutz für ein gutes Leben verfolgt nicht aktiv weniger Wachstum, das ist vielmehr ein neutraler Nebeneffekt von Maßnahmen, die für sich genommen wünschenswert sind.

Eine in dieser Weise reformierte Umweltschutzbewegung wäre nicht länger von wissenschaftlichen Behauptungen abhängig, die unsicher und irrelevant sind. Falls es natürliche Grenzen des Wachstums gibt, kommen sie für die Erfordernisse eines guten Lebens viel zu spät ins Spiel. Wenn wir unsere Hoffnung allein auf die Knappheit der Ressourcen setzen, verdammen wir uns zu Jahrzehnten, vielleicht Jahrhunderten geistlosen Konsums. Umweltschutz für ein gutes Leben wird außerdem die Atmosphäre des mürrischen Moralismus zerstreuen, die in letzter Zeit über der Umweltbewegung hängt. Wir würden daran erinnert, dass ein Leben im Einklang mit der Natur nicht Verzicht und Opfer bedeutet, sondern unbedingt erstrebenswert ist. Die Natur ist weder Rohmaterial, das wir nutzen können, wie es uns gefällt, noch eine fremdartige Göttin, die Opfer verlangt. Sie ist ein »schlummernder Geist«, wie die deutschen Romantiker gern sagten – der stumme Träger desselben Lebens, das durch uns Bewusstsein erlangt hat. Wenn wir ihr unrecht tun, schädigen wir die Wurzeln unserer Existenz.

6 WAS ZU EINEM GUTEN LEBEN GEHÖRT

Ich brauche einen Krug Wein und einen Gedichtband,
zum Essen einen halben Laib Brot,
und dann werden wir, Du und ich, an einem einsamen Ort
mehr Reichtum besitzen als ein Sultan.

OMAR KHAYYAN

Wir haben es bereits gesagt: Unsere Fixierung auf Konsum und Arbeit hängt in erster Linie damit zusammen, dass die Frage, was zu einem guten Leben gehört, vollkommen aus der öffentlichen Diskussion verschwunden ist. Die Wunschziele, die Keynes und Virginia Woolf nannten – 500 Pfund im Jahr und ein Zimmer für sich allein –, spielen schon lange keine Rolle mehr, wir lassen uns permanent von immer neuen Konsumangeboten verführen. Wenn wir ein Verständnis dafür entwickeln wollen, was es bedeutet, genug zu haben, müssen wir lernen, wieder die Frage zu stellen: Was heißt es, gut zu leben?

Ein gutes Leben, wie in Kapitel 3 beschrieben, ist ein wünschenswertes, erstrebenswertes Leben, nicht einfach ein Leben, wie viele es haben wollen. Wir können es nicht definieren, indem wir Köpfe zählen oder Fragebögen verteilen. Aber ein gutes Leben kann auch nicht vollkommen anders sein als das, was die Menschen überall auf der Welt und zu allen Zeiten sich wünschten und immer noch wünschen. Anders als in den Naturwissenschaften ist in der Ethik der universelle Irrtum ausgeschlossen, denn zum Gegenstand der Ethik – dem, was gut für den Menschen ist – haben alle Menschen etwas zu sagen. Es gibt keine Experten für Moral. Aristoteles wusste das, deshalb ging er an ethische Fragen so heran, dass er zuerst einmal »Meinungen« sammelte, allgemeine Meinungen und die von gebildeten Menschen. Er erkannte, dass die gewöhnliche Erfahrung Weisheit enthält, und sei sie verborgen oder verdreht. Heute können wir dasselbe Verfahren in viel größerem Umfang anwenden und die Meinungen nicht nur unserer Landsleute heranziehen, sondern die aller zivilisierten Völker in der Geschichte.

An diesem Punkt der Erörterung weist man üblicherweise auf die große Bandbreite moralischer Überzeugungen und Verhaltensweisen hin. Wie können wir angesichts einer solchen Vielfalt Kriterien für »ein gutes Leben« benennen? Ist das nicht einfach nur Chauvinismus oder, noch schlimmer, »Kulturimperialismus«, die willkürliche Zuschreibung unserer Vorlieben, die andere womöglich nicht teilen? Sollten wir uns nicht darauf beschränken, einen neutralen Rahmen von Regeln zu erstellen, der Menschen mit unterschiedlichen Überzeugungen erlaubt, harmonisch zusammenzuleben? Wie wir in Kapitel 3 gesehen haben, ist das die typische Position des modernen Liberalismus, insbesondere des Wirtschaftsliberalismus.

Zwei Antworten sind angebracht. Erstens folgt aus der Tatsache, dass moralische Ansichten so verschieden sind, nicht automatisch, dass sie gleichwertig sind. Es könnte durchaus sein, dass manche Kulturen – natürlich auch unsere eigene – bei manchen ethischen Fragen *falsche Auffassungen* hegen. Sogar hartnäckige Wertrelativisten kann man in der Regel mit Standardbeispielen wie der weiblichen Beschneidung in Nordafrika oder dem Binden der Füße in China zum Schweigen bringen. Es kann auch eine Kultur eine andere davon überzeugen, dass ihre Haltung falsch ist – natürlich nicht mit schlagenden Argumenten, sondern indem sie bislang schlummernde Gefühle von Abscheu oder Mitgefühl weckt. Hier wären die Liberalisierung der Familienstrukturen unter dem Einfluss des Buddhismus in China zur Tang-Zeit zu nennen und im 20. Jahrhundert unter dem westlichen Einfluss in Indien. Milton Friedman hatte nicht recht, als er sagte, über unterschiedliche Auffassungen bei Grundwerten könnten die Menschen »letztlich nur handgreiflich streiten«.[1]

Zweitens trifft es zwar zu, dass Moralvorstellungen verschieden sind, aber die Unterschiede sind nicht so groß, wie oft angenommen wird. Alle Kulturen auf der Welt unterstützen mehr oder weniger stabile Verbindungen von Männern und Frauen, damit Kinder geboren und aufgezogen werden, aber die konkreten Formen der Verbindungen variieren stark. Alle Menschen leben in Gruppen, die über die erweiterte Familie hinausreichen, mit irgendeiner Form der politischen Organisation. Alle haben eine Vorstellung von Eigentum und Tausch. In allen Kulturen gibt es Betätigungen, die über die reine Befriedigung von Grundbedürfnissen hinausgehen, ob religiöser oder ästhetischer Natur, ob der Erholung oder einem anderen Zweck dienend. Alle wertschätzen die natürliche Umwelt mit ihren pflanzlichen und tierischen Bewohnern, sei es in religiöser Verehrung oder durch Malerei oder Dichtung. In allen oder zumindest fast allen Kulturen bedecken die Menschen ihre Genitalien. Alle behandeln ihre Toten mit Respekt und nicht einfach als verwesendes Fleisch.[2]

Diese und andere Gemeinsamkeiten zeichnen Menschen im Gegensatz zu allen anderen Lebewesen aus. Sie zeigen eine breite Übereinstimmung über das, was wir die »Basisgüter« nennen könnten – die Dinge, die zu einem guten Leben gehören. Gesundheit, Respekt, Sicherheit, vertrauens- und liebevolle Beziehungen zählen überall zu einem guten menschlichen Leben, ihr Fehlen gilt überall als ein Unglück. Diese Güter erscheinen in vielfältigen Formen. Einem javanischen Prinzen bekundet man auf andere Weise Respekt als einem Londoner Taxifahrer, aber die Vorstellung, was Respekt heißt, ist universell. Das sehen wir daran, dass wir auf die Schilderung von Demütigung in Geschichten aus aller Welt mitfühlend reagieren.[3] »Denn es ist letzten Endes ›derselbe‹ Mensch«, schreibt der deutsche Philosoph Ernst Cassirer, »der uns in tausend Offenbarungen und in tausend Masken in der Entwicklung der Kultur immer wieder entgegentritt.«[4] Damit haben wir das Material für eine universelle Erkundung, was ein gutes Leben bedeutet, unabhängig von den Grenzen von Raum und Zeit. Wir sind nicht zu einem chauvinistischen »Zusammenprall der Kulturen« verdammt, der nur durch die Regeln des Marktes oder internationaler Verträge gemildert wird.

Was hat unser Thema mit anderen in letzter Zeit geführten Diskussionen zu tun? In *Eine Theorie der Gerechtigkeit* und anderen Werken skizzierte John Rawls eine Kategorie von »Grundgütern«, Gütern, die ein rationales Individuum unabhängig von allem anderen haben will, »weil sie im Allgemeinen für die Aufstellung und Ausführung eines vernünftigen Lebensplanes notwendig sind«.[5] Auf Rawls' Liste der Grundgüter stehen Menschen- und Bürgerrechte, Einkommen und Besitz, Zugang zu öffentlichen Ämtern und »die sozialen Grundlagen der Selbstachtung«. Grundgüter sind für sich genommen nicht Bestandteile eines guten Lebens, sondern vielmehr die Mittel, um ein gutes Leben führen zu können. Sie sind die äußeren Bedingungen der Autonomie. Ein liberaler Staat muss dafür sorgen, dass sie gerecht unter seinen Angehörigen verteilt sind, aber er soll nicht kontrollieren, zu welchen Zwecken sie verwendet werden, denn das hieße, das Grundprinzip der Neutralität zu verletzen.

Amartya Sen und Martha Nussbaum – der eine kommt aus der Entwicklungsökonomie, die andere aus der Moralphilosophie – haben Rawls vorgeworfen, er beachte nicht, wie unterschiedlich die Menschen in der Lage seien, die Grundgüter in Chancen zu verwandeln. Ein behinderter Mensch wird mehr Geld brauchen, um das gleiche Niveau an physischer Mobilität zu erreichen wie ein nichtbehinderter; ein Mädchen in einer patriarchalischen Kultur wird mehr Bildungsressourcen brauchen, um den gleichen Stand zu erreichen wie ihre männlichen Altersgenossen. Unser Fokus sollte demnach nicht auf Güter gerichtet sein, sondern auf *Befähigungen* – konkrete Spielräume, zu denken und zu handeln. Die Frage sollte nicht lauten, »wie viele Ressourcen stehen Soundso zur Verfügung?«, sondern, »was kann Soundso tun und sein?«. Nussbaum hat eine Liste mit zehn zentralen menschlichen Befähigungen vorgelegt, unter anderem körperliche Gesundheit und Unversehrtheit, Fantasie, Denken, praktischer Verstand, Verbundenheit mit anderen Menschen und Spiel.[6] Solche Befähigungen, so sagen sie und Sen, definierten den Rahmen für die Bewertung von Lebensqualität. Ihre Ideen waren in der Dritte-Welt-Forschung sehr einflussreich und trugen dazu bei, den Fokus weg vom BIP und hin zu spezielleren Kennzahlen zu verschieben.

Trotz aller Differenzen zu Rawls stimmen Sen und Nussbaum mit ihm überein, was die Sorge um die Autonomie angeht. Eben diese Sorge veranlasst sie, über Rawls' Liste der Grundgüter hinauszugehen. Martha Nussbaum schreibt über ihr Verhältnis zu Rawls:

> Wir wollen einen Ansatz, der das Streben jeder Person nach Gedeihen achtet, der jede Person als einen Zweck und als Quelle von Handlungsfähigkeit und Wert in ihrem eigenen Recht behandelt. Zu dieser Achtung gehört auch, nicht diktatorisch in Bezug auf das Gute zu sein, zumindest nicht bei Erwachsenen und nicht in einigen Kernbereichen, damit die Individuen breiten Raum für wichtige Entscheidungen und bedeutungsvolle Beziehungen haben. Aber zu dieser Achtung gehört auch, Position zu beziehen, welche Bedingungen ihnen erlauben, ihrem eigenen Kurs zu folgen, frei von tyrannischen Vorgaben von Politik und Tradition.[7]

Der Wunsch, die Autonomie zu wahren, erklärt, warum Sen und Nussbaum sich stärker auf Befähigungen konzentrieren als auf tatsächliche Funktionsweisen. Auf den ersten Blick erscheint uns dieser Fokus etwas seltsam. Warum sollten wir uns Gedanken darüber machen, ob Menschen zu Gesundheit, Bildung und so weiter *fähig* sind? Es zählt doch, ob sie *wirklich* gesund und gebildet sind. Aber in letzterer Frage öffentlich Stellung zu beziehen, bedeutet in den Augen von Nussbaum, »diktatorisch« hinsichtlich des Guten zu sein. »Wenn es um erwachsene Staatsbürger geht, ist die Befähigung, nicht die Funktionsweise, das angemessene politische Ziel.«[8]

Unser Ansatz ist vollkommen anders. Basisgüter, wie wir sie definieren, sind nicht nur Mittel oder Befähigungen zu einem guten Leben, sie *sind* das gute Leben. Überdies betrachten wir solche Güter als angemessenes Ziel nicht nur für privates Handeln, sondern auch für politisches Handeln. Wenn in den meisten Fällen nicht nur die Befähigung zählt, ein gutes Leben zu führen, sondern, ob ein solches Leben tatsächlich geführt wird, warum sollten wir uns dann die Handlungsspielräume vorenthalten, die wir haben, um es herbeizuführen? Stellen wir uns zwei Gesellschaften vor: In der einen gibt es keine Krankenhäuser, in der anderen gibt es Krankenhäuser, aber niemand nutzt sie. In der einen Gesellschaft ist die Befähigung für Gesundheit vorhanden, in der anderen nicht, aber letztlich zählt, dass die Menschen in beiden Gesellschaften gleichermaßen *nicht gesund* sind. Und beide Gesellschaften stellen uns vor ein politisches Problem, ein Problem des staatlichen Handelns.

Außerdem erfordert auch unser spezielles Dilemma – ein Dilemma des Reichtums, nicht der Armut –, dass wir den Fokus auf die Ziele legen statt auf die Befähigungen. Sen und Nussbaum beschäftigen sich hauptsächlich mit armen Ländern, in denen vielen Menschen die Ressourcen für ein gutes Leben fehlen. Aber in der wohlhabenden Welt stehen wir vor dem vollkommen anderen Problem, wie wir vorhandene Ressourcen gut nutzen. Wenn das Ziel der Politik nur durch Befähigungen definiert wird, gerät das aus dem Blick. »Ein Mensch, der Gelegenheiten zum Spielen hat, kann sich trotzdem für das Leben eines Workaholic entscheiden«, schreibt Nussbaum und unterstellt dabei, solange die Entscheidung frei ist, sei das Ergebnis nicht von öffentlichem Interesse.[9] Aber wenn das Workaholic-Leben trotz Arbeit arm ist, wie es nach Ansicht der meisten Menschen, die darüber nachgedacht haben, der Fall ist, dann sollte uns die Entscheidung gegen ein »besseres Leben«, ob sie frei getroffen wurde oder nicht, tatsächlich beunruhigen.

An diesem Punkt werden unsere Gegner auf das Schreckgespenst des *Paternalismus* verweisen. Wenn wir sagen, die Politik sollte sich auf Ziele konzentrieren statt auf Mittel und Chancen, sind wir dann nicht »diktatorisch hinsichtlich des Guten«? Zwei Überlegungen können helfen, diesen Verdacht auszuräumen oder ihm zumindest seinen Stachel zu nehmen. Erstens hatten bis vor Kurzem alle westlichen Länder viele Gesetze, die explizit darauf abzielten, die Menschen besser zu machen, als sie von selbst wären. (Bis in die 1960er-Jahre war Pornografie im britischen und amerikanischen Recht definiert als etwas, das tendenziell »verderben und korrumpieren« würde.) Viele solche Gesetze gelten noch immer und wurden sogar ausgeweitet, wenngleich heute üblicherweise mit der Begründung, es solle Schaden für Dritte abgewendet werden. Beispiele dafür sind Gesetze gegen Drogen, Inzest und Sodomie, Beschränkungen beim Verkauf und Gebrauch von Pornografie, Alkohol und Zigaretten und viele Gesetze zu Gesundheits- und Sicherheitsbelangen. Nur in der abgehobenen Welt der akademischen Philosophie sind liberale Staaten nicht »diktatorisch«, wenn es darum geht, was gut ist.

Da, zweitens, ein gutes Leben nach jeder vernünftigen Definition autonom und selbstbestimmt ist, kann der Staat als Zwangsanstalt es immer nur bis zu einem gewissen Grad fördern. Es ist einfach absurd, wenn man wie Peter der Große, der unter Androhung von Folter den Adligen befahl, Salons zu besuchen und über philosophische Fragen zu diskutieren, die Menschen *zwingen* will, kultiviert zu sein. Aber der Staat kann viel tun, ohne zu solchen extremen Mitteln zu greifen. Ökonomische Anreize, um die Menschen zu einem guten Leben zu motivieren, werden im Allgemeinen nicht als diktatorisch empfunden, außer vielleicht von einigen ganz unbedingten Verfechtern der Freiheit. Tatsächlich nutzen alle liberalen Staaten solche Anreize bereits, allerdings ist ihre offizielle Begründung in der Regel eher utilitaristisch als ethisch. (Zum Beispiel werden Steuervorteile für Verheiratete oft damit gerechtfertigt, dass Kinder, die in einer Ehe aufwachsen, später im Leben besser zurechtkommen. Das ist zwar richtig, geht aber am Kern der Sache vorbei.) Im nächsten Kapitel schlagen wir mehrere Wege vor, wie man bestehende ökonomische Anreizinstrumente im Dienst eines guten Lebens weiterentwickeln könnte. Der Staat kann es den Menschen leichter machen, gut zu leben anstatt schlecht, aber die letzte Entscheidung muss jedem selbst überlassen bleiben.

Der Begriff des guten Lebens kann auch noch tiefer, auf einer metaphysischen Ebene, untersucht werden. Das moderne naturwissenschaftliche Bild, dass die Natur keine inhärenten Zwecke hat, unterstützt den Gedanken, dass auch der Mensch keinen inhärenten Zweck hat, dass jeder Mensch seine eigene Vorstellung vom Guten hegt. Dieser Gedanke ist die Quelle dessen, was die Ökonomen als Lehre von der »Gegebenheit der Bedürfnisse« bezeichnen, die wir in Kapitel 3 vorgestellt haben.

Aber stimmt das? Eine umfassende Antwort auf diese Frage führt uns in unsichere Gewässer, deshalb muss eine vorläufige Antwort ausreichen. Selbst wenn die Naturwissenschaft uns verbietet, von Zwecken zu sprechen – was, nebenbei bemerkt, in der Biologie viel weniger zutrifft als in der Physik und der Chemie –, warum sollte das bei Dingen, die uns viel unmittelbarer angehen, unser Denken beschränken? Die Naturwissenschaft ist ein wunderbares Instrument, um die äußere Natur zu erforschen. Aber wenn der Forschungsgegenstand das für den Menschen Gute ist, müssen wir uns von unserer Intuition, erweitert um Lektüre, Reisen und Gespräche, leiten lassen.

DIE BASISGÜTER

Die Liste der Basisgüter umgibt eine Aura von Willkür. Um sie zu zerstreuen, müssen wir unsere Kriterien definieren. Es sind vier:

1. Basisgüter sind *universell*, das heißt, sie gehören zu einem guten Leben an sich, nicht zu einer bestimmten, lokalen Vorstellung von einem guten Leben. Das Universelle hinter dem Speziellen zu erkennen, erfordert eine starke philosophische Intuition, die sich von Zeugnissen aus unterschiedlichen Zeitaltern und Kulturen leiten lässt. Dieser letzte Aspekt wird oft vergessen. Zu oft wiederholen die »Einsichten« moderner Philosophen einfach nur die zu Beginn des 21. Jahrhunderts geläufigen Plattitüden. Nussbaums Katalog der zentralen menschlichen Möglichkeiten enthält beispielsweise den »Schutz vor Diskriminierung wegen Rasse, Geschlecht, sexueller Orientierung, Religion, Kaste, ethnischer Zugehörigkeit oder nationaler Abstammung« – eine einwandfrei progressive Liste, aber wohl kaum eine universelle.[10] Eine stärker philosophische Ausrichtung würde vielleicht die Gleichsetzung von universellen mit modernen liberalen Werten ins Wanken bringen. Vor dem Hintergrund der Ewigkeit betrachtet, ist unsere Kultur genauso beschränkt wie jede andere.

2. Basisgüter sind *final*, das heißt, sie sind gut an sich und nicht nur als Mittel zu etwas anderem, das gut ist. (Das unterscheidet unsere Basisgüter von Rawls' Grundgütern und von den Befähigungen von Sen und Nussbaum.) Die philosophische Standardmethode, um finale Güter aufzuspüren, besteht darin, immer wieder »wozu?« zu fragen, so wie kleine Kinder, die uns manchmal damit auf die Nerven gehen. Wenn keine Antwort mehr kommt, wissen wir, dass wir bei dem endgültigen Gut angekommen sind. »Wozu ist das Fahrrad da?« »Damit ich zur Arbeit gelange.« »Und wozu ist die Arbeit da?« »Damit ich Geld habe.« »Und wozu ist das Geld da?« »Damit ich Essen kaufen kann.« »Und wozu ist das Essen da?« »Damit ich am Leben bleibe.« »Und wozu ist das Leben da?« Ratlosigkeit. Das Leben ist »für« nichts da. In unserer Begrifflichkeit ist es Teil des Basisguts der Gesundheit.

Alle Basisgüter sind final, aber nicht alle finalen Güter sind basal. Eine Kette von Erklärungen könnte mit dem Satz zu Ende sein, »um meine Sammlung von Briefmarken aus der Sowjetunion zu vervollständigen«. Eine Briefmarkensammlung zu vervollständigen ist ein finales Gut – normalerweise dient es keinem anderen Zweck –, aber es ist nicht basal, denn es ist weder universell noch unverzichtbar; das werden wir weiter unten diskutieren.

Viele Philosophen würden bei einer Sequenz von Erklärungen wohl noch einen letzten Begriff anfügen wollen, nämlich »um mich glücklich zu machen«. Wir halten das für einen Fehler. Außerhalb von psychiatrischen Kliniken und philosophischen Seminaren erklären Menschen ihr Handeln in der Regel nicht damit, dass sie sagen, »das wird mich glücklich machen«. Wie wir bereits in Kapitel 4 dargelegt haben, ist das ein gewichtiger Grund, Glück nicht als das höchste Gut zu betrachten.

Das Kriterium der Finalität schließt viele Güter aus, die auf den ersten Blick basal erscheinen. Essen zum Beispiel steht auf vielen traditionellen Listen guter Dinge, aber wie die oben zitierte Kette von Fragen zeigt, ist es tatsächlich ein Mittel zu dem Basisgut Leben oder Gesundheit. Darüber hinaus ist Essen nicht mehr nützlich, sondern kann sogar schaden. (Das heißt nicht, dass alle Gewürze und Geschmackszusätze, die nicht der Gesundheit dienen, nicht gut sind; es heißt nur, dass sie keine *Basis*-Güter sind. Wir wollen nicht verlangen, dass alle nur von Salat und Tofu leben.) Wichtiger für unser Thema ist, dass Geld kein Basisgut sein kann, weil es seinem Wesen nach ein Mittel ist, um andere Dinge zu bekommen. Andere gute Dinge sind noch ambivalenter. Gesundheit, Sicherheit und Freizeit sind in manchen Fällen final, nach anderen instrumentell. Wir kommen darauf später zurück.

3. Basisgüter sind *sui generis*, das heißt, sie sind nicht Bestandteil anderer guter Dinge. Das Gut »Freiheit von Krebs« ist sicher universell und final, aber es ist nicht basal, denn es lässt sich unter das höhere Gut Gesundheit subsumieren. Ob ein Gut *sui generis* ist oder nicht, ist oft schwer zu entscheiden. Familiäre Beziehungen beispielsweise haben wir unter das Gut »Freundschaft« gefasst, aber man könnte auch der Meinung sein, dass sie eine eigene Kategorie darstellen. Doch da das, was familiäre und nichtfamiliäre Beziehungen gut macht, mehr oder weniger dasselbe ist – Liebe, Vertrauen, Stabilität –, haben wir entschieden, dass eine zweite Kategorie überflüssig wäre.

4. Basisgüter sind für jedermann *unverzichtbar,* das heißt, sie nicht zu haben, wird als schwerer Verlust oder Nachteil angesehen. Der Begriff »jedermann« ist wichtig. Dass die eine Briefmarke fehlt, mit der die Sammlung komplett wäre, mag dem Briefmarkenliebhaber Kummer bereiten, aber deshalb ist sie noch kein Basisgut. Der Betroffene muss den fraglichen Verlust oder Nachteil auch gar nicht als solchen wahrnehmen. Nachteile erscheinen so oft als selbstverständlich, dass man sie gar nicht mehr registriert, aber trotzdem bleiben es Nachteile.

Ein anderer Weg, die Unersetzlichkeit Basisgüter zu unterstreichen, besteht darin, dass wir sie uns als Bedürfnisse vorstellen. Der Begriff »Bedürfnis« erfasst besser als »Gut« den Gedanken, dass solche Dinge das *sine qua non* einer anständigen Existenz sind und Priorität bei jeder Verteilung knapper Ressourcen haben müssen. Zunächst haben wir erwogen, besser von »Basisbedürfnissen« zu sprechen als von »Basisgütern«, aber schließlich blieben wir aus rein stilistischen Gründen bei »Gütern«, weil »Bedürfnis« einen unangenehm puritanischen Beiklang hat. »Das brauchst du nicht« hat oft die Implikation »und deshalb sollst du es nicht haben.« (»Oh! nicht vernünfteln, was es braucht!«, sagt König Lear, als seine schrecklichen Töchter ihm ein solches Argument vorhalten.) Wenn wir von Basisgütern sprechen, wird hingegen klar, dass ganz und gar nichts Schamvolles dabei ist, solche guten Dinge über die elementaren hinaus zu verfolgen – vorausgesetzt, es geht nicht zu Lasten der elementaren Dinge.

Das Kriterium der Unverzichtbarkeit unterscheidet unsere Liste Basisgüter von anderen, ähnlichen Listen. Der Rechtsphilosoph John Finnis beispielsweise definiert Basisgüter oder Werte als »die Grundziele der menschlichen Existenz«, aber nicht als Dinge, deren Abwesenheit für ein Individuum einen schweren Nachteil oder Verlust bedeutet. Dadurch kann er »Religion« (sehr breit gefasst als Beschäftigung mit der letzten Ordnung der Dinge) und »ästhetische Erfahrung« in seine Liste basaler Werte mit aufnehmen.[11] Nun können wir eine Kultur ohne Religion und ästhetische Erfahrung vielleicht als verarmt ansehen, aber wir können nicht sagen, dass es jemandem ernsthaft schadet, beides nicht zu haben. Viele Menschen haben einfach keinen Sinn für Kunst und Religion, führen aber ansonsten ein gutes, erfülltes Leben. Finnis' Definition ergibt im Hinblick auf sein Vorhaben, die Grundprinzipien des Naturrechts zu bestimmen, absolut Sinn, aber unser Ziel, ein Kriterium zu erarbeiten, wann es genug ist, verlangt, nur die Güter als basal zu behandeln, deren Mangel einen ernsthaften Verlust oder Nachteil bedeutet. Denn nur bei solchen Gütern können wir zu dem Ergebnis kommen, dass ihr Besitz »genug« ist.

Welche Güter sind im Sinn dieses Kriteriums basal? Wir haben sieben identifiziert. Unsere Liste erhebt keinen Anspruch auf Endgültigkeit. Einige dieser guten Dinge überschneiden sich am Rand oder betreffen mehrere verwandte Anliegen; andere könnte man womöglich streichen. »Harmonie mit der Natur« wird oft – nach unserer Ansicht zu Unrecht – als eine spezifisch westliche Obsession betrachtet, Produkt der Romantik und der Umweltschutzbewegung. Und manche haben die Frage gestellt, ob »Gesundheit« und »Sicherheit« für sich allein genommen gute Dinge sind oder um anderer Dinge willen. Insofern ist hier einiges unklar und manches strittig. Aber das muss kein Einwand sein. Bei Themen, die von Natur aus unscharf sind, ist ehrliche Unbestimmtheit besser als vorgespiegelte Präzision.[*]

Gesundheit. Unter Gesundheit verstehen wir die vollständige Funktionsfähigkeit des Körpers, die Perfektion unserer tierischen Natur. Zur Gesundheit gehört alles, was nötig ist, um das Leben über eine vernünftige Dauer zu erhalten, aber sie beschränkt sich nicht darauf. Zur Gesundheit zählen auch Vitalität, Energie, Wachheit und die rotwangige Schönheit, die Tolstoi und andere Moralisten über dekadentere Ideale stellten. Gesundheit wird im Allgemeinen mit der Abwesenheit körperlicher Schmerzen assoziiert, aber ihr Wert ist nicht rein utilitaristisch, denn jemand, der auf angenehme Weise krank ist (weil er zum Beispiel an einem Morphiumtropf hängt), ist trotzdem schlechter dran als ein Gesunder. Vor allem anderen bedeutet Gesundheit, auf glückliche Weise nicht über den eigenen Körper nachzudenken, weil er ein Werkzeug ist, das seine Aufgaben perfekt erfüllt. Oder wie es der französische Arzt René Leriche ausgerückt hat, Gesundheit ist »das Leben im Schweigen der Organe«.[12] Gesundheit macht offen für die Welt. Krankheit wirft den Kranken auf sich selbst zurück.

---

[*] Aristoteles hat es in einer berühmten Formulierung so ausgedrückt: »Der logisch geschulte Hörer wird nur insoweit Genauigkeit auf dem einzelnen Gebiet verlangen, als es die Natur des Gegenstandes zulässt.« *(Nikomachische Ethik,* 1. Buch,1. Kapitel, S. 7). In ähnlichem Sinn soll Keynes gesagt haben, »es ist besser, ungefähr recht zu haben als präzise unrecht«.

Viele Philosophen stellen die Gesundheit auf eine tiefere Stufe als andere gute Dinge, weil sie zu unserer tierischen Natur gehöre und nicht zu unserer spezifisch menschlichen. Die äußeren Güter, schrieb Aristoteles und gab damit den Ton vor, »sind [...] der Seele wegen wählenswert, und alle Vernünftigen sollten sie darum wählen, nicht aber um jener Dinge willen die Seele«.[13] Wenn das stimmt, dann ist Gesundheit nicht in unserem Sinn final und hat darum keinen Platz auf einer Liste menschlicher Basisgüter. Aber warum sollten wir der Gesundheit den Status eines Endzwecks absprechen, nur weil Tiere sie auch besitzen können? Ist das nicht nur ein intellektuelles Vorurteil? Wenn wir die Vitalität eines jungen Mannes bewundern, muss sich nicht gleich der Gedanke anschließen, dass ihm das helfen wird, zur Arbeit zu kommen, seinem Land zu dienen oder was auch immer. Wir können die Vitalität um ihrer selbst willen bewundern, genau wie wir einen springenden Delfin bewundern oder ein Leopardenjunges.

Heute ist Gesundheit das einzige Gut, das liberale Staaten positiv zu bewerten wagen, denn anders als die Dinge, die für die Seele gut sind, ist sie mit der Autorität der Wissenschaft ausgestattet. Aber macht das wirklich einen Unterschied aus? Die Wissenschaft kann uns sagen, ob Wirkstoff x bei Zustand y hilft, aber nicht in jedem Fall, dass Zustand y eine Krankheit darstellt. Letzteres setzt ein *vor*-wissenschaftliches, selbstverständliches Wissen voraus, was Menschen guttut. Wir alle erkennen ein gesundes Baby, wenn wir eines sehen, genau wie wir Blindheit und Lahmheit als Behinderungen erkennen. Andere Fälle sind weniger eindeutig. Wie dick muss jemand sein, damit er als übergewichtig gilt? In wie guter körperlicher Verfassung, um als fit zu gelten? Unsere Antwort auf diese Fragen wird davon abhängen, wie wir über die kriegerischen Tugenden, Sport, Sex und vieles andere denken. Kurzum, Gesundheitsurteile sind objektiv im selben Sinn und im selben Grad wie moralische Urteile: Sie beruhen auf einer Vorstellung davon, wann es Menschen gut geht.

In Anbetracht dieses Zusammenhangs ist die Beobachtung nicht überraschend, dass sich parallel zum Niedergang des teleologischen

Denkens in unserer Kultur auch das Konzept Gesundheit aufgelöst hat. Der Prozess ist ähnlich dem, den wir bereits in Verbindung mit dem Geld festgestellt haben. Der frühere Begriff von Gesundheit als »Tipp-Topp-Zustand«, in dem alles »funktioniert, wie es soll« wurde zugunsten eines neuen Ideals der permanenten Verbesserung aufgegeben. Ein Symptom dieser Verschiebung ist unsere Fixierung auf Langlebigkeit. Früher verfolgte die Medizin das Ziel, Menschen zu helfen, dass sie ihre natürliche Lebensspanne ausschöpfen konnten. »In hohem Alter« zu sterben, war kein Verhängnis. Aber wenn es so etwas wie eine natürliche Lebensspanne nicht gibt, nur eine schwankende, je nach Kultur relative Norm, dann erscheint der Tod in *jedem* Alter als bedauerliches Versagen, das man verhindern kann. Die moderne Wissenschaft hat das alte Alchemistenversprechen der ewigen Jugend wieder hervorgeholt. Unterdessen werden Menschen, die noch vor ein paar Jahrzehnten schnell und relativ schmerzlos gestorben wären, in einem Zustand chronischen, qualvollen Leidens am Leben erhalten.[*]

Die Orientierungslosigkeit ist auch daran abzulesen, dass die klare Trennung zwischen *Heilen* von Kranken und *Verbessern* von Gesunden verschwunden ist. Früher war die Trennlinie eindeutig: auf der einen Seite lebenswichtige Operationen, auf der anderen Seite Schönheitschirurgie. Aber wenn es so etwas wie perfekte Gesundheit nicht gibt, kann *jeder* unerwünschte Zustand als Krankheit definiert und medizinisch behandelt werden. (Und, wie wir in Kapitel 1 gesehen haben, ist die Liste der Dinge, die Menschen womöglich unerwünscht finden, endlos.) Die Entwicklung wird durch die Pharmafirmen vorangetrieben, die ein starkes Interesse daran haben, Krankheiten zu identifizieren, die ihre Medi-

---

[*] Der Gerontologe Aubrey de Grey hat behauptet, wir würden uns bald jahrtausendelang einer guten Gesundheit erfreuen. Guy Jones, Neurowissenschaftler in Cambridge, klingt nüchterner. »Wir fügen dem Leben weitere Jahre hinzu«, schreibt er, »aber es sind Jahre mit schlechter Lebensqualität ganz am Ende.« (Guy Jones, »No Way to Go «, in: *The Guardian,* 14. November 2007). Wir wollen nicht, dass die Menschen schneller ins Grab kommen, sondern dass sie in Würde alt werden können. »Ein Mann, der seinen 85. Geburtstag feiern kann«, schrieb der chinesische Philosoph Lin Yutang, »gilt als jemand, mit dem es der Himmel besonders gut gemeint hat.«

kamente heilen können. Ein typisches Beispiel ist Pfizer, der Hersteller von Viagra, der aus einem Zustand, der früher Bestandteil der menschlichen Komödie war, die furchteinflößende neue Krankheit »erektile Dysfunktion« gemacht hat.

Letztlich zerstört die Anpassung der Medizin an den ökonomischen Konkurrenzkampf die Vorstellung von Gesundheit. Wenn jeder körperliche Zustand im Vergleich mit einem anderen, vorgezogenen Zustand als defizitär betrachtet werden kann, dann sind wir alle in gewisser Weise dauernd krank. Die Welt wird, wie Goethe vorausgesagt hat, ein großes Krankenhaus, in dem jeder jeden pflegt. Mehr noch: Weil die Nachfrage nach Gesundheit unersättlich ist, steigen die Gesundheitskosten parallel zu den Einkommen oder noch stärker, und damit bleiben wir in der Tretmühle Arbeit/Wachstum gefangen. Es ist für unser Anliegen entscheidend wichtig, Gesundheit *nicht* in dieser Weise durch die Nachfrage zu definieren, sondern an der älteren Bedeutung – Gesundheit als natürliche Vollkommenheit des Körpers – festzuhalten. Denn nur in diesem Sinn kann sie ein Kriterium abgeben, wann wir genug haben.

Sicherheit. Unter Sicherheit verstehen wir die berechtigte Erwartung eines Menschen, dass sein Leben weiterhin mehr oder weniger seinen gewohnten Gang gehen wird ohne Störung durch Krieg, Verbrechen, Revolution oder größere gesellschaftliche und wirtschaftliche Umbrüche. Sicherheit ist eine notwendige Bedingung für die Verwirklichung anderer Basisgüter auf unserer Liste, insbesondere von Persönlichkeit, Freundschaft und Muße. Aber Sicherheit ist auch ein Gut an sich. Wie jedes Lebewesen hat auch der Mensch eine Umwelt, eine Reihe selbstverständlicher Gegebenheiten, die den Rahmen seines Lebens darstellen. Wenn diese Umwelt sich abrupt oder häufig ändert, wird er verwirrt sein und sich bedroht fühlen, wie eine Katze in einer neuen Wohnung oder ein Zootier in freier Wildbahn. Natürlich haben wir als intelligente Wesen etwas in uns, das jede Umwelt transzendiert – »über dem Dach die Sterne wissen«, hat der Philosoph Josef Pieper das genannt.[14] Trotzdem sind Dächer und alles, was dazugehört, wichtig, nicht zuletzt, weil sie einen stabilen Standort bieten, um von dort aus zu den Sternen hinaufzublicken. Überall auf der Welt hat das Wort »Frieden« einen beruhigenden Klang, während »Tumult«, »Chaos« und ihre Äquivalente Unheil verheißen.

Natürlich gibt es Menschen – Tyrannen, Spekulanten, romantische Dichter –, die im Chaos aufblühen. Der große Vorsitzende Mao, Tyrann und romantischer Dichter, liebte das Chaos so sehr, dass er es umtaufte in »permanente Revolution«. In der westlichen Welt haben Bohème-Künstler und Intellektuelle die Sicherheit so lange verunglimpft, dass das Bekenntnis zu Sicherheit heute fast so schlimm ist wie das Eingeständnis, man möge Gartenzwerge. Tatsächlich aber lieben alle kreativen Geister die Sicherheit – auch die Dichter, wenn sie sich selbst gegenüber ehrlich sind – als Bedingung ihrer Produktivität. W. B. Yeats betete 1919, als Irland in den Krieg schlitterte, seine kleine Tochter möge in Sicherheit aufwachsen:

> Und bring ihr Bräutigam sie in ein Haus
> Wo alles Sitte ist und guter Brauch;
> Denn Arroganz und Hass, das sind die Sachen,
> Die im Durchgang Kasse machen.
> Was außer Brauch und Sitte sieht
> Schönheit und Unschuld neugeborn?
> Brauch ist ein Name für das reiche Horn
> Und Sitte für den Lorbeer, der da blüht.[15]

Yeats war nicht immun gegen die Romantik der Unordnung. Er hatte fieberhaft über die »schreckliche Schönheit« des Osteraufstands 1916 geschrieben. Aber angesichts des realen Chaos war seine Entscheidung klar. Er wusste, dass extreme Unordnung in der Gesellschaft die Künste zerstören kann.

Welche Auswirkungen hat der Kapitalismus auf die Sicherheit? Im 19. Jahrhundert glaubten die Intellektuellen, *le doux commerce* (der süße Handel) werde beruhigend auf die internationalen Beziehungen wirken, weil Länder, die miteinander Handel treiben, keine guten wirtschaftlichen Gründe hätten, gegeneinander Krieg zu führen. Dieses Argument hat etwas für sich, aber Handel treibende Länder können auch aus schlechten wirtschaftlichen Gründen miteinander Krieg führen oder aus *nicht*wirtschaftlichen Gründen. Im Innern ist der Effekt freier Märkte auf die Sicherheit weniger segensreich. »Alles Ständische und Stehende verdampft«, schrieb Karl Marx in einer berühmten Formulierung über die unendliche Umwälzung der Technologien, Fertigkeiten und Lebensweisen im Kapitalismus. Die wiederholte Auflösung des sozialen Geflechts ist für die Produzenten wie für die Konsumenten belastend. Besonders anstrengend ist es für die über 40- und 50-Jährigen, die womöglich den Geschmack am Neuen verloren haben. Marktfundamentalisten reagieren auf solche Einwände mit kaum verhohlener Verachtung. Wenn jemand an seinem Wohnort keine Arbeit findet, muss er eben umziehen; wenn eine Qualifikation nicht mehr gebraucht wird, muss der Betreffende eben umlernen. Das ist ein Rückschritt. Nicht die Menschen müssen sich dem Markt anpassen, sondern der Markt muss sich den Menschen anpassen. Das war das Leitprinzip der Sozialliberalen zu Beginn des 20. Jahrhunderts. Deren aufgeklärte Bemühungen, die durch den Kapitalismus verursachten Unsicherheiten zu minimieren, hat man inzwischen weitgehend aufgegeben, wie wir im nächsten Kapitel sehen werden.

Respekt. Jemandem Respekt zu erweisen, bedeutet, durch eine förmliche Geste oder auf andere Weise zu zeigen, dass man seine Ansichten und Interessen für beachtenswert hält, für etwas, das man nicht ignorieren oder mit Füßen treten darf. Respekt impliziert nicht Übereinstimmung oder Zuneigung: Man kann auch einen Feind respektieren. Respekt beinhaltet auch keine besondere Bewunderung. Doch er verlangt ganz sicher eine gewisse Anerkennung oder »Einbeziehung« des anderen Standpunkts, eine Haltung, die sich fundamental von der Haltung gegenüber Tieren unterscheidet. Man kann große Zuneigung zu einem Hund haben, wird ihm aber weder respektvoll noch respektlos begegnen.*

Respekt ist eine notwendige Bedingung für andere Basisgüter, insbesondere für Freundschaft. Aber Respekt ist auch für sich genommen ein Gut. Überall auf der Welt gilt Sklaverei – das heißt die vollkommene Verweigerung von Respekt – als fast so schlimm oder sogar noch schlimmer als der Tod. Tatsächlich wurde oft gesagt, die Sklaverei sei eine Art sozialer Tod, denn der Sklave ist zwar im biologischen Sinn noch ein Mensch, aber hat den *Status* eines Menschen verloren. »Dieser Blick wurde nicht zwischen zwei Menschen ausgetauscht«, schreibt der Auschwitz-Überlebende Primo Levi, als er sich an seine Prüfung durch einen Nazi-Wissenschaftler erinnert.[16] Menschen, die regelmäßig solchen Blicken ausgesetzt sind, verhalten sich bald entsprechend. Die Selbstachtung besteht nicht lange, wenn einem die Achtung der anderen entzogen wird.

Respekt muss nicht gleich oder wechselseitig sein. Ich kann jemanden respektieren, der mich weniger oder gar nicht respektiert. Aber gegenseitiger Respekt ist einzigartig befriedigend für beide Seiten, denn unser tiefster Wunsch ist es, dass uns die Menschen, die wir respektieren, ihrerseits respektieren. (Die Bewunderung eines Speichelleckers oder der Masse führt eher zu Selbstverachtung als zu Selbstrespekt.) In allen Zeitaltern finden wir Gruppen von »Ebenbürtigen« oder »Gleichrangigen«, die sich selbst respektierten, aber auf alle anderen herabschauten. Die Athener Bürger waren eine solche Gruppe, der mittelalterliche Adel eine weitere. Die moderne Demokratie weitet den Kreis der Ebenbürtigen auf alle Erwachsenen in einem bestimmten Gebiet aus. Ob ihr Triumph von der Geschichte garantiert ist, wie Francis Fukuyama behauptet hat, oder nicht, zumindest auf dem Papier bekennt sich fast die ganze Welt zur Demokratie. Keine moderne Version des guten Lebens

---

* Was wir hier »Respekt« nennen, heißt oft auch »Würde«, besonders in religiösen Zusammenhängen. Wir ziehen den Begriff »Respekt« vor, weil die zwischenmenschliche Dimension darin besser zum Ausdruck kommt. Respekt wird einem Menschen entgegengebracht, Würde besitzt er. Aber unsere Fähigkeit, einen Menschen zu respektieren, setzt voraus, dass etwas an ihm ist, das Respekt verdient, und dieses Etwas könnte man Würde nennen.

kommt ohne sie aus. Das schließt, wie wir in Kapitel 3 gesehen haben, Überlegenheit und »Hochgesinntheit« aus, die sich prinzipiell nicht auf alle ausdehnen lassen.

Respekt hat viele, von Kultur zu Kultur unterschiedliche Quellen. Stärke, Geld, Landbesitz, Adel, Bildung und Amt standen zu unterschiedlichen Zeiten im Vordergrund. In modernen bürgerlichen Gesellschaften sind die beiden wichtigsten Quellen von Respekt die Bürgerrechte und die persönliche Leistung. Bürgerrechte verleihen »formalen« Respekt, wie man sagen könnte; sie garantieren ihrem Inhaber Schutz vor den schlimmsten Formen willkürlicher Machtausübung. Aber weil alle Bürger ungeachtet ihrer Verdienste Bürgerrechte besitzen, schaffen sie keinen wirklichen Respekt. Dafür muss ein Mensch etwas aus seinem Leben machen; zumindest muss er sein Geld auf ehrliche Weise verdienen. Rang und Titel sichern nicht mehr automatisch Respekt. Heute muss ein Herzog seine Würde unter Beweis stellen, indem er beispielsweise in der Leitung wohltätiger Organisationen sitzt. Ansonsten erscheint er beinahe als Parasit.

Gleichheit beim formalen Respekt kann neben Ungleichheit beim realen Respekt bestehen, aber nur bis zu einem gewissen Punkt. Wenn die Kluft zu tief wird, kommt die formale Gleichheit unter Druck. Nehmen wir an (was durchaus einigermaßen plausibel ist), anhaltende Arbeitslosigkeit würde zu einer Spaltung der Gesellschaft in zwei erbliche Kasten führen, eine arbeitende Mehrheit und eine arbeitslose Minderheit. Es wäre dann nur zu einfach, diesen faktischen Unterschied in Gesetze zu gießen und beiden Gruppen unterschiedliche Bürger- und Wahlrechte zuzusprechen. Dann wäre es mit der Demokratie, wie wir sie kennen, vorbei. Für wechselseitigen Respekt ist es auch wichtig, dass die Ungleichheit gewisse Grenzen nicht übersteigt.[17] Eine Elite, die vollkommen getrennt von der breiten Bevölkerung lebt, spielt und lernt, wird sich nicht mehr durch das Band der gemeinsamen Staatsbürgerschaft mit ihr verbunden fühlen. Demokratische Solidarität erfordert mehr Gleichheit – wenn auch nicht vollkommene Gleichheit – bei der Verteilung von Besitz und Einkommen.

Es ist ein Merkmal unseres Ansatzes im Gegensatz zu den meisten aktuellen liberalen Erörterungen, dass wir der Meinung sind, man könne die Erfordernisse der Gerechtigkeit nicht unabhängig von dem Guten festlegen, sondern müsse dabei einer bestimmten Vorstellung folgen, was gut ist. Gleichheit gründet auf Brüderlichkeit, nicht umgekehrt. Daraus folgt, dass es auf die Frage »wie viel Ungleichheit ist zu viel?« keine abstrakte Antwort *a priori* geben kann, eine Antwort von der Art, wie sie Rawls versucht hat. Man muss die Wirkungen der Ungleichheit auf das moralische und insbesondere auf das politische Gefüge einer Gesellschaft betrachten. Wenn sich die Reichen arrogant über das Gesetz stellen, die Armen ohnmächtig resignieren und Politiker nur dem Geld gehorchen, hat die Ungleichheit die kritische Marke überschritten.

Persönlichkeit. Mit Persönlichkeit meinen wir vor allem die Fähigkeit, einen Lebensplan zu entwerfen und umzusetzen, der die eigenen Vorlieben, das eigene Temperament und die eigene Vorstellung, was gut ist, widerspiegelt. Die Kantianer nennen das Autonomie und die Aristoteliker praktische Vernunft. Aber der Begriff Persönlichkeit beinhaltet noch etwas anderes: ein Element von Spontaneität, Individualität und Tatkraft. Viele Philosophen – Kant selbst fällt einem gleich ein – waren Vorbilder in rationaler Selbststeuerung, aber bedauerlicherweise fehlte ihnen Persönlichkeit.

Warum machen wir einen Unterschied zwischen Persönlichkeit und Respekt? Die beiden Konzepte hängen doch offenbar zusammen: Der Respekt gilt der Persönlichkeit, eine Persönlichkeit verlangt Respekt. Aber es gibt einen feinen Unterschied. Wir können uns eine Gemeinschaft vorstellen – zum Beispiel einen Mönchsorden oder eine revolutionäre Gruppe –, in der alles Eigentum geteilt wird, alle Angelegenheiten offengelegt werden und der Wille eines jeden dem gemeinsamen Wohl untergeordnet ist. Die Mitglieder dieser Gemeinschaft können hohen Respekt voreinander haben, aber trotzdem würde es ihnen an Persönlichkeit fehlen. Zur Persönlichkeit gehört ein privater Raum, ein »Hinterzimmer«, wie Montaigne sagte, in dem das Individuum sich entfalten kann, auch sich selbst gegenüber. Der Begriff bezeichnet die Innenseite der Freiheit, das, was den Ansprüchen der öffentlichen Vernunft und Pflicht widersteht.

Persönlichkeit ist ein Ideal, das sich in Europa nach dem Mittelalter entwickelt hat; es entspricht grob dem, was der französische Liberale Benjamin Constant als »moderne Freiheit« bezeichnete. Aber ihre Anziehung wirkt nicht nur lokal. Alle Kulturen haben ihre heiligen Narren und großen Liebenden, die sie in Versen und Liedern verehren, wenn schon nicht im realen Leben. Eine Gesellschaft ohne Persönlichkeit, in der die Individuen ihre sozialen Rollen ohne Spannung und Protest akzeptieren, wäre nicht wirklich menschlich. Es wäre eher eine Kolonie intelligenter sozialer Insekten, von der Art, wie sie in manchen Science-Fiction-Filmen vorkommen.

Im modernen Liberalismus gibt es eine Tendenz, die Persönlichkeit – oder Autonomie, wie sie üblicherweise genannt wird – zum *Ur*-Gut zu erheben, von dem alle anderen guten Dinge abhängen. Etwas in dieser Art liegt, wie wir gesehen haben, dem Widerstreben von Rawls, Sen und Nussbaum zugrunde, letzte Ziele zu erörtern. Wir halten das für einen Fehler. Autonomie ist ein Gut neben anderen und hat keine Vorrangstellung. (Sie kann, ohne dass das absurd wäre, der Liebe geopfert werden.) Losgelöst von einem breiteren ethischen Hintergrund, verkommt Autonomie zu der »Freiheit der Gleichgültigkeit«, für die alles möglich ist und nichts wichtig. Das moderne Reden davon, man könne »Werte wählen«, ist ein Symptom dieser Verwirrung. Richtig verstanden, stellt die Wahl eine *Reaktion* auf Werte dar. Wenn es erlaubt ist, Werte zu *erschaffen,* wird die Wahl willkürlich – wie wenn man Pfeile auf ein Scheunentor schießt und anschließend Zielscheiben darum herum malt.

Privateigentum ist eine wichtige Absicherung der Persönlichkeit, denn es erlaubt Individuen, nach ihren eigenen Vorlieben und Idealen zu leben, frei von der Tyrannei der Bevormundung und der öffentlichen Meinung. »Stabile Vermögen [...] sind ein unsichtbarer Aktivposten der Gesellschaft, von dem jede Art von Kultur mehr oder weniger abhängt«, schrieb der französische Ökonom Marcel Labordère in einem

Brief an Keynes. »Finanzielle Sicherheit hinsichtlich des eigenen Lebensunterhalts ist eine notwendige Bedingung für organisierte Muße und Nachdenken. Organisierte Muße und Nachdenken sind eine notwendige Bedingung für eine echte, nicht nur mechanische, Zivilisation.«[18] Halten wir fest, dass *Besitz*, nicht Einkommen, diese befreiende Wirkung hat. Sowjetische Apparatschiks, die Zugang zu allen denkbaren Konsumgütern hatten, aber nicht zu Kapital, konnten keine Persönlichkeit entwickeln. Ebenso wenig die Händler an der Wall Street, deren gigantische Gehälter sich sofort in »notwendige« Ausgaben verflüchtigen.* Unabhängigkeit hat nichts mit Überfluss zu tun und ist sehr viel wichtiger.

Die Verteidigung von Eigentum im Interesse der Persönlichkeit spielt in der katholischen Soziallehre eine zentrale Rolle und ist dort Teil eines raffinierten Doppelangriffs sowohl auf den marktwirtschaftlichen Kapitalismus wie auf den Staatssozialismus. Die Grundlage legte Papst Leo XIII. mit seiner Enzyklika *Rerum Novarum* im Jahr 1891. Jeder Familienvater, so der Papst, solle die nötigen Mittel haben, um sich und seine Familie jetzt und in Zukunft versorgen zu können. Diese Mittel nicht zu haben, bedeute, in entwürdigende Abhängigkeit von den Verwaltern des Kapitals, ob Privatleute oder Vertreter des Staates, gezwungen zu sein. »Der Staat muss dieses Recht [auf persönlichen Besitz] in seiner Gesetzgebung begünstigen und nach Kräften dahin wirken, dass möglichst viele von den Staatsangehörigen eine eigene Habe zu erwerben trachten.«[19] Diese Ideen flossen in die »distributive« Bewegung in England im frühen 20. Jahrhundert ein und ebenso in das christdemokratische Denken in Deutschland und Italien, wie wir im nächsten Kapitel sehen werden.

Das Plädoyer für Privateigentum, weil es der Persönlichkeit nützt, unterscheidet sich von der üblichen marktwirtschaftlichen Begründung

---

* Sherman McCoy, der »Meister des Universums« in Tom Wolfes Roman *Fegefeuer der Eitelkeiten*, gibt sein ganzes Gehalt für eine teure Miete, hohe Schulgebühren usw. aus, und als er seinen Arbeitsplatz verliert, ist er binnen weniger Wochen pleite. Er ist ein Lohnsklave, wenn auch ein gut betuchter.

und hat andere Implikationen. Im ökonomischen Mainstream ist Eigentum einfach Teil der rechtlichen Infrastruktur des Kapitalismus. Seine Verteilung ist nur insoweit von Interesse, als es zu Monopolen führen kann. Mit Blick auf die Persönlichkeit verletzt hingegen die Konzentration von Eigentum in wenigen Händen seine zentrale Funktion, nämlich Einzelnen und Familien eine unabhängige Lebensgrundlage zu geben. Eigentum muss breit verteilt sein, sonst kann es seine ethische Aufgabe nicht erfüllen. Wie eine solche breite Verteilung erreicht werden kann, ist ein zentrales Thema des nächsten Kapitels.

Harmonie mit der Natur. Warum Harmonie mit der Natur zu den Basisgütern im menschlichen Leben gehört, haben wir im letzten Kapitel erörtert. Aber das Thema ist nach wie vor umstritten. Martha Nussbaum schreibt, einige ihrer südostasiatischen Kollegen würden die Idee als »Marotte einer romantischen grünen Partei« abtun.[20] Wir haben bei chinesischen Freunden eine ähnliche Reaktion erlebt. Es kann nicht geleugnet werden, dass die Menschen im Westen heute gerne sentimental auf die Natur blicken, manchmal so sehr, dass sie die gewichtigeren Forderungen übersehen, die menschliches Leiden stellt. Trotzdem: Ein Gefühl der Nähe zu Tieren, Pflanzen und der Natur ist wohl kaum eine westliche Besonderheit. Die Fülle von Naturdichtung in Sanskrit, klassischem Chinesisch und anderen Sprachen weltweit beweist das hinlänglich.

Harmonie mit der Natur wird oft so verstanden, als sei das Landleben schätzenswerter als das Leben in der Stadt. Seit den Tagen von Rom und Babylon gelten Städte als Sammelbecken von Schmutz und Lastern. Aber der gegenteilige Standpunkt hat ebenfalls Verteidiger. Sokrates fand alle Weisheit, die er brauchte, innerhalb der Mauern Athens. Marx sprach vom Idiotismus des Landlebens. Wir müssen uns hier nicht auf diese alte Debatte einlassen; beide Standpunkte haben etwas Wahres. Neu ist allerdings die schiere Größe einer modernen Stadt. Ein Bewohner von Paris im 18. Jahrhundert, damals die größte Stadt der Welt, musste nur eine halbe Stunde zu Fuß gehen, bis er Ackerland erreichte. Sein heutiges Pendant müsste sechs Stunden durch dichten Verkehr marschieren. Das ist die Quelle des typisch modernen Unbehagens an der Stadt und der in ihren Wirkungen oft komischen Sehnsucht »zurück zur Natur«. Psychologen haben die negativen Effekte städtischer Übervölkerung auf Verhalten und Stimmung gut dokumentiert.

Sollen wir also die moderne Stadt abschaffen? In Anbetracht der gegenwärtigen Bevölkerungsdichte würde das bedeuten, die ländlichen Gebiete in gewaltige Vorstädte zu verwandeln. Aber wir sollten *versuchen*, dafür zu sorgen, dass die Städte nicht vollkommen entfremdet von ihrem ländlichen Umfeld sind. Über Jahrtausende waren lokale Lebensmittelmärkte der wichtigste Berührungspunkt zwischen Stadt und Land. Solche Märkte sind in England inzwischen praktisch verschwunden und mit ihnen jedes Gefühl für Ort und Jahreszeit. Der moderne britische Feinschmecker kann seinen abgestumpften Gaumen mit japanischem Tempura, Chili aus Sichuan, Couscous aus Marokko und einer Fülle anderer Leckereien aus dem globalen Supermarkt kitzeln, die allesamt aus jedem Bedeutungszusammenhang herausgelöst angeboten werden. Entfremdung von der Natur ist eine von vielen heimlichen Kosten der Wahlmöglichkeiten des Konsumenten.

Freundschaft. Dieses Wort ist unvermeidlich eine unzulängliche Übersetzung für das alte griechische Wort *philia,* das alle festen, von Zuneigung getragenen Beziehungen bezeichnete. Vater, Ehemann, Lehrer, Arbeitskollege: Sie alle können »Freunde« in unserem Sinn des Begriffs sein. Wie oben erwähnt, könnte das den Anschein erwecken, als verwische es die wichtige Unterscheidung zwischen familiären Beziehungen, die man sich nicht aussucht, und Freundschaften im engen Sinn, die gewählt werden. Aber bei näherer Betrachtung ist die Unterscheidung nicht so eindeutig. Alle familiären Beziehungen haben ein Element der Wahlfreiheit – ab einem bestimmten Punkt muss man daran *arbeiten,* Mutter oder Schwester zu sein –, und alle tiefen nichtfamiliären Beziehungen haben eine Verbindlichkeit, die oft darin zum Ausdruck kommt, dass familiäre Bezeichnungen auf sie angewendet werden: Blutsbruder, Mutter Oberin und so fort. Struktur und Bedeutung von Familie und anderen persönlichen Beziehungen sind in unterschiedlichen Kulturen verschieden, aber prinzipiell gehören solche Beziehungen wesentlich zu jeder denkbaren Version eines guten Lebens. »Ohne Freunde möchte niemand leben«, schrieb Aristoteles, »auch wenn er die übrigen Güter alle zusammen besäße.«[21]

Warum sprechen wir von »Freundschaft« und nicht von »Gemeinschaft«, einem Begriff, der in den letzten Jahrzehnten schrecklich populär geworden ist? Es geht uns um Konkretisierung. Es ist nur allzu leicht, vom »Wohl der Gemeinschaft« zu sprechen, als wäre dies etwas, das unabhängig über dem Wohl der Mitglieder steht. Der Begriff »Freundschaft« eignet sich für solchen Missbrauch nicht. Meine Freundschaft mit Paul ist eindeutig eine *Beziehung* zwischen Paul und mir; sie schwebt nicht geistergleich über uns, mit eigenen Interessen und Rechten. Wenn wir lernen könnten, so über Gemeinschaften zu denken – als Netzwerke von Freunden –, könnte eine berüchtigte Quelle politischer Unterdrückung ausgeschaltet werden.

In der Antike hat man Freundschaft sehr ernst genommen. Aristoteles differenziert in seiner klassischen Erörterung des Themas die eigentliche Freundschaft in die Nutzen-Freundschaft (die auf gemeinsamen Interessen beruht) und die Lust-Freundschaft (die auf gemeinsamen Vergnügungen beruht). Wahre Freundschaft besteht, wenn jeder das Wohl des anderen als sein eigenes betrachtet und dadurch ein neues *gemeinsames* Wohl entstehen lässt. Eine solche Beziehung ist nur zwischen tugendhaften Menschen möglich, die einander um ihrer selbst willen schätzen, nicht wegen dem, was sie zu bieten haben. Freundschaft ist sowohl persönlich wie politisch. Sie verbindet Mitglieder einer Familie und im Weiteren die Bürger einer Polis. Freundschaft ist »für die Staaten das höchste Gut – so nämlich dürfte es am wenigsten zu Bürgerkämpfen kommen«.[22] Für moderne Ohren klingen solche Worte fremd. Wir sind gewohnt, den Staat als einen Zusammenschluss selbstsüchtiger Individuen zu betrachten und Freundschaft als eine rein private Beziehung ohne politische Bedeutung. Aber von Aristoteles' Standpunkt ist ein Staat ohne Freundschaft kein Staat. Ein Staat ist nicht nur »eine Gemeinschaft des Ortes und nicht da, um sich nicht gegenseitig unrecht zu tun und der Warenübermittlung wegen«. Ein Staat ist vielmehr »die Gemeinschaft des guten Lebens sowohl für die Häuser und für die Geschlechter um eines vollendeten und selbstgenügsamen Lebens willen«.[23]

Einhundertfünfzig Jahre vor Aristoteles teilte Konfuzius auf der anderen Seite der Welt dessen Überzeugung, persönliche Beziehungen seien wichtig für die Politik. »Es gibt selten Menschen, die ihren Eltern mit Ehrfurcht, ihren älteren Brüdern mit Achtung begegnen und die trotzdem gegen die Obrigkeit rebellieren wollen.«[24] Aber die Ähnlichkeit ist nur oberflächlich. Konfuzius konzentriert sich auf die Ehrerbietung gegenüber der Autorität, nicht auf die Teilhabe an gemeinsamen Gütern. Und während Aristoteles die Familie unter den Oberbegriff *philia* mit einschließt, hebt Konfuzius sie besonders hervor. »Ehrfurcht gegenüber den Eltern und Achtung gegenüber den älteren Brüdern – das sind die Wurzeln der Sittlichkeit.«[25] Diese Unterschiede in der Einstellung sind bis heute sichtbar. Kinder im Westen betrachten ihre Eltern oft als »Freunde« im engen Sinn, während in China die Beziehung zwischen Eltern und Kindern lebenslang von wechselseitiger Liebe und Opferbereitschaft bestimmt ist.

Freundschaft ist nicht primär ein ökonomisches Gut, aber sie hat ökonomische Voraussetzungen. In Zeiten einer Hungersnot gedeiht gesellschaftliches Vertrauen nicht. Und eine Volkswirtschaft, in der dauernde Umstrukturierungen, Verschlankungen und Produktionsverlagerungen an der Tagesordnung sind, wird kein gutes Umfeld für tiefe, beständige Beziehungen bieten. »Sie müssen die Blutsauger aus Ihrem Leben verbannen und durch Energiespender ersetzen«, schreibt der amerikanische Lifestyle-Coach Robert Pagliarini; seine Botschaft wird in unzähligen Selbsthilfebüchern und auf entsprechenden Websites wiederholt.[26] In aristotelischen Begriffen ausgedrückt, sind Freunde, die man darum gewinnt, damit sie einem »Energie spenden«, keine richtigen Freunde, sondern utilitaristische Freunde. Aber solche Freundschaften sind zu erwarten in einer Kultur, die Autonomie und Mobilität über alles andere stellt.

Muße. Im gegenwärtigen Sprachgebrauch ist Muße ein Synonym für Entspannung und Erholung. Aber es gibt eine andere, ältere Vorstellung von Muße, wonach sie nicht einfach nur arbeitsfreie Zeit ist, sondern eine besondere Form der Tätigkeit nach ihrem eigenen Recht. Muße in diesem Sinn ist das, was wir um seiner selbst willen tun, nicht als Mittel zu etwas anderem. Der Philosoph Leo Strauss schrieb über seinen Freund Kurt Riezler, »die Tätigkeit seines Geistes hatte den Charakter des edlen und ernsthaften Einsatzes von Muße, nicht den von gehetzter Arbeit«.[27] In diesem Sinn wollen wir »Muße« verstehen.

Muße in unserem Sinn hat nicht viel mit dem Begriff Freizeit zu tun, wie er üblicherweise verwendet wird. Bezahlte Arbeit kann Muße sein, wenn sie nicht primär dem Geldverdienen dient, sondern um ihrer selbst willen geleistet wird. (Viele Schriftsteller würden auch dann weiterschreiben, wenn sie nichts damit verdienen oder mit einer anderen Arbeit mehr verdienen könnten.) Umgekehrt sind viele »Freizeitaktivitäten« nicht Freizeit in unserem Sinn, entweder weil sie instrumentell betrieben werden – man spielt Squash, um abzunehmen – oder weil sie zu passiv sind, um als *Aktivität* zu zählen. (Fernsehen und sich betrinken sind Aktivitäten nur im minimalsten Sinn des Wortes. Ihnen fehlen die Spontaneität und der Kenntnisreichtum, die für Aktivität im vollständigen Sinn charakteristisch sind, und deshalb können sie bestenfalls als »Erholung« gesehen werden und nicht als Muße.) Muße in unserem Verständnis zeichnet sich nicht durch das Fehlen von Ernsthaftigkeit oder Nachdrücklichkeit aus, sondern durch die Abwesenheit von äußerem Zwang. Sie kommt damit dem ziemlich nahe, was Marx als nicht entfremdete Arbeit bezeichnete und als »freie Lebensäußerung, daher Genuss des Lebens«[28] definierte.

Die Bedeutung der Muße wurde in allen Zivilisationen weltweit anerkannt. Alle drei großen Religionen, die auf Abraham zurückgehen, kennen einen wöchentlichen Sabbat oder Ruhetag, der allerdings nicht ganz Muße in unserem Sinn ist, weil er nicht der frei gewählten Tätigkeit dient, sondern der Anbetung.[29] Aristoteles kam unserem Verständnis mit seiner Unterscheidung von »freien« und »niedrigen« Künsten näher; Erstere waren eines freien Mannes würdig, Letztere fielen Handwerkern und Sklaven zu. (»Demnach nennen wir auch solche Fertigkeiten, die den Körper in eine allzu schlechte Verfassung bringen, niedrige Fertigkeiten und ebenso auch die Arbeitstätigkeiten um Lohn; sie machen nämlich das Denken mußelos und niedrig.«)[30] Ganz besonders wurde die Muße in Japan während der Edo-Zeit kultiviert. In Jahrhunderten des Friedens hatte die Feudalaristokratie ihre traditionellen Betätigungen verloren und wandte sich stattdessen den Künsten des Lebens zu. Aus alltäglichen Verrichtungen wie Baden und Teetrinken machte sie exquisite Zeremonien. Der französische Philosoph Alexandre Kojève bezeichnete Japan als die erste »post-historische« Gesellschaft. Wir könnten hoffen, schrieb er nur halb ironisch, »dass der kürzlich begonnene Austausch zwischen Japan und der westlichen Welt nicht zu einem Rückfall der Japaner in die Barbarei führen wird, sondern zu einer ›Japanisierung‹ der Menschen im Westen«.[31]

Warum ist Muße ein Basisgut? Die Erklärung ist offensichtlich: Ein Leben ohne Muße, in dem alles um etwas anderen willen getan wird, ist nutzlos. Es ist ein Leben in beständiger Vorbereitung, das nie richtig beginnt. Muße ist die Quelle von Nachdenklichkeit und Kultur, denn erst wenn wir uns vom Druck der Notwendigkeit befreit haben, *sehen* wir die andere Welt wirklich, nehmen wir sie in ihrem anderen Charakter und Umriss wahr. (Das altgriechische Wort für Muße, *scholē*, enthält diese Konnotation noch.) »Die Erquickung, die uns zuströmt im hingegebenen Anschauen einer sich erschließenden Rose, eines schlafenden Kindes, eines göttlichen Mysteriums – gleicht sie nicht der Erquickung, die uns zuteil wird in tiefem traumlosem Schlaf?«, schrieb Josef Pieper. »In solcher schweigenden Geöffnetheit der Seele mag auch dem Menschen einmal geschenkt werden, zu gewahren, ›was die Welt im Innersten zusammenhält‹.«[32] Ohne Muße gibt es keine wirkliche Zivilisation, sondern nur die »mechanische«, von der Marcel Labordère sprach. Die moderne Universität mit ihren »Rankings« und ihrem »Output« verkörpert dieses Schreckgespenst.

Eine solche Konzeption von Muße mag abgehoben und hochgestochen erscheinen, aber das ist nicht unsere Absicht. Alle Formen der Erholung, zu denen aktive, kenntnisreiche Teilnahme gehört – ob man im Park Fußball spielt, die eigenen Möbel herstellt oder verschönert, mit Freunden Gitarre spielt –, sind Muße in unserem Sinn. Nicht auf das intellektuelle Niveau kommt es an, sondern darauf, dass es »zweckhaft ohne Zweck« ist.

Welches sind die ökonomischen Bedingungen für Muße? Erstens eine Reduzierung der *lästigen Pflichten,* eine Kategorie, die nicht nur bezahlte Arbeit beinhaltet, sondern jede notwendige Tätigkeit, auch den Weg zur Arbeit und die Hausarbeit, und bezahlte Arbeit ausschließt, die primär um ihrer selbst willen verrichtet wird wie die Arbeit eines Schriftstellers oder bildenden Künstlers. Wenn die lästigen Pflichten einen so großen Teil des Tages beanspruchen, dass nur Zeit für Schlafen und Essen übrig bleibt, ist Muße unmöglich. Aber nur die lästigen Pflichten zu reduzieren, reicht noch nicht aus für Muße in unserem Sinn, wie Keynes' Beispiel der gelangweilten Ehefrauen zeigt. »Weise, angenehm und gut« zu leben erfordert nicht nur Zeit, sondern auch Einsatz und Geschmack. Es ist ironisch, wenngleich nicht überraschend, dass die alten Lebenskünste – Konversation, Tanz, gemeinsames Musizieren – gerade in einer Zeit verschwinden, in der wir sie besonders brauchen. Eine Wirtschaft, die auf den maximalen Ausstoß marktfähiger Produkte ausgerichtet ist, wird eher vorgefertigte als spontane Formen der Muße hervorbringen.

DIE BASISGÜTER VERWIRKLICHEN

Dies sind also die Basisgüter. Ein Leben, in dem sie alle verwirklicht sind, ist ein gutes Leben. »Verwirklicht« ist natürlich ein vager Begriff. Wie viel Respekt ist nötig, damit dieser Punkt »realisiert« ist? Die Antworten auf diese Frage werden naturgemäß und berechtigt sehr unterschiedlich ausfallen, von Mensch zu Mensch wie von Kultur zu Kultur. Doch wie schon gesagt, Unbestimmtheit ist nicht automatisch eine Schwäche in einer Untersuchung, die ihrem Wesen nach vage ist.

Schwerer wiegt die Möglichkeit von Konflikten. Was ist, wenn meine Selbstverwirklichung verlangt, dass ich mich von einem alten Freund abwende? Was ist, wenn der Genuss der Muße mich zwingt, auf den Respekt zu verzichten, der damit verbunden ist, den eigenen Lebensunterhalt zu verdienen? Solche Dilemmata nähren den Gedanken, dass so etwas wie ein »höchstes Gut« existieren muss, dem alle anderen als Aspekte oder Mittel untergeordnet werden können. Ohne ein solches Gut scheint es keine rationale Basis zu geben, ein Gut höher zu schätzen als ein anderes. Wir stehen vor einem blinden, willkürlichen Sprung – das Dilemma von Existenzialisten wie Jean-Paul Sartre.

In der modernen Literatur zu ethischen Fragen dominieren zwei Kandidaten für die Rolle des höchsten Guts. Der eine ist Glück oder Nützlichkeit, der andere ein »guter Wille« im Sinn von Kant, ein Wille, der dem Moralgesetz gehorcht. Wir finden weder das eine noch das andere einleuchtend. Glück kann aus den in Kapitel 4 dargelegten Gründen nicht unser höchstes Gut sein: Im klassischen Sinn ist es einfach nur ein Synonym für das gute Leben und kann also nicht zwischen seinen verschiedenen Elementen entscheiden. Im üblichen modernen Sinn ist Glück eine angenehme Gemütsverfassung und keineswegs automatisch gut. Auch Kants moralischer Wille kann nicht unser höchstes Gut sein, denn das Konzept ist zu eng, um all die Dinge zu erfassen, die wir im Leben wertschätzen. Nur ein Moralfanatiker (als solchen bezeichnete Nietzsche Kant) kann auf die Idee kommen, dass nichts uneingeschränkt gut ist außer einem guten Willen.

Die Vielfalt ist also unausweichlich. Wir stehen vor »tragischen« Dilemmata, bei denen ein Basisgut einem anderen geopfert werden muss. Aber das sollte uns nicht übermäßig beunruhigen. Es gehört zu den alltäglichen Tatsachen des Lebens, dass wir über unvereinbare Ziele nachdenken und zwischen ihnen wählen müssen. Soll ich eine politische Karriere anstreben und Muße und Nachdenken dafür opfern? Soll ich mit Tennis weitermachen und dafür das Klavierspielen aufgeben? Menschen, die vor solchen Entscheidungen stehen, müssen ihre Wahl ohne die Hilfe eines universellen Algorithmus treffen. Im staatsbürgerlichen Bereich sind Debatten über unvereinbare Ziele das politische Alltagsgeschäft, zumindest wenn die Politik so funktioniert, wie sie soll. Nur der hartgesottene Technokrat sieht keinen Mittelweg zwischen Kalkül und Chaos.[33]

Die Pluralität der Basisgüter hat die wichtige Konsequenz, dass der Mangel an einem nicht durch Überfluss an einem anderen aufgewogen werden kann, so wie ein Überfluss an Dollars vielleicht einen Mangel an Euros aufwiegen kann. In einem Leben ohne Freundschaft und Muße fehlt etwas, das noch so viel Respekt nicht ersetzen kann. Deshalb haben Moralphilosophen seit Aristoteles und Konfuzius immer vor übergroßer Spezialisierung gewarnt. Die einseitige Konzentration auf einen kleinen Teil einer Kunst oder Wissenschaft mag Kunst oder Wissenschaft allgemein bereichern, aber nur um den Preis einer Deformation des einzelnen Künstlers oder Wissenschaftlers. Natürlich können jene, die im vollen Besitz aller Basisgüter sind, in vernünftigem Maß nach zusätzlichen, spezielleren Gütern streben. Wir wollen nicht alle zu mittelmäßigen Generalisten machen. Aber niemand, so erfolgreich er in einem einzelnen Bereich sein mag, kann behaupten, ein gutes Leben zu führen ohne wenigstens ein Mindestmaß an Gesundheit, Muße, Persönlichkeit und so weiter.

Wenn das erste Ziel eines Menschen darin besteht, für sich ein gutes Leben zu verwirklichen, dann ist es die erste Pflicht des Staates, ein gutes Leben für alle seine Bürger zu verwirklichen, soweit es in seiner Macht steht. (Dieses Prinzip der Gerechtigkeit gründet auf dem Gut des wechselseitigen Respekts, das wir oben diskutiert haben.) Die Einschränkung »soweit es in seiner Macht steht« ist wichtig. Gesundheit und Freundschaft stehen zu einem großen Teil in der Macht des Schicksals. Persönlichkeit, Respekt und Muße hängen zum Teil vom Handeln des Individuums ab. Trotzdem hat der Staat eine wichtige und legitime Rolle dabei, die *materiellen Bedingungen* zu schaffen, unter denen diese und andere gute Dinge gedeihen können. Dazu gehört nicht nur ein bestimmtes Niveau an allgemeinem Wohlstand, sondern auch die gerechte Verteilung und die weise Verwendung des Wohlstands und vieles andere mehr. Der Rest liegt bei den Einzelnen und den zivilgesellschaftlichen Institutionen. Um einen Satz von Keynes abzuwandeln: Der Staat ist nicht der Treuhänder der Zivilisation, sondern der Treuhänder der Möglichkeit der Zivilisation.

Wir haben gesagt, es sei die *erste* Pflicht des Staates, die materiellen Bedingungen eines guten Lebens für alle zu schaffen. Es steht ihm frei, wenn das erreicht ist, nach Schönheit, Macht und Größe zu streben. Versailles und die Pyramiden haben ihren Platz im System der Zivilisation, aber nicht um den Preis von Leben, Gesundheit und Wohlergehen. Diese Lehre hat den schrecklichen Namen »Suffizienzphilosophie« bekommen, aber im Kern geht es um ein Wissen des gesunden Menschenverstands: dass Bedürfnisse nicht für Luxuswünsche geopfert werden dürfen. Wenn ein Basisgut auf viele verschiedene Wege verwirklicht werden kann, sollte der Staat die Freiheit haben, entsprechend seinen historischen Traditionen einen Weg den anderen vorzuziehen. Indien und China sind nicht verpflichtet, dem westlichen Vorbild zu folgen, wenn es um die Legalisierung der Homosexuellen-Ehe und die Kriminalisierung der Tierquälerei geht. Nur wenn eine historische Tradition ein Basisgut zerstört, verlangt die Gerechtigkeit, dass sie aufgegeben wird.

Und wo bleibt bei all dem das Wachstum? Offenbar ist für vernünftige Politik Wachstum niemals ein Endzweck. Aristoteles folgte nur dem gesunden Menschenverstand, als er schrieb, »der Reichtum ist gewiss nicht das gesuchte oberste Gut. Er ist nur ein Nutzwert: Mittel für andere Zwecke«.[34] Aber wenn Wachstum kein Selbstzweck ist, könnte es trotzdem aus anderen Gründen wünschenswert sein. Drei solche Gründe fallen einem gleich ein.

Erstens könnte man Wachstum vernünftigerweise erstreben als *Mittel* zu einem oder mehreren Basisgütern. Gesundheit erfordert anständiges Essen und Medizin. Muße erfordert Zeit ohne lästige Pflichten. Persönlichkeit erfordert einen Raum, in den man sich zurückziehen kann, ein »Hinterzimmer«. Wenn die Menschen in einem Staat zu arm sind, um diese Güter erwerben zu können, haben sie allen Grund, nach mehr Wohlstand zu streben. In unseren Überflussgesellschaften sind jedoch die materiellen Voraussetzungen für Gesundheit, Muße und Persönlichkeit seit Langem erfüllt; unser Problem besteht darin, den richtigen Gebrauch davon zu machen. Wie die anderen Basisgüter – Sicherheit, Respekt, Freundschaft und Harmonie mit der Natur – hängen sie nicht so sehr vom absoluten Wohlstandsniveau ab, sondern von der Organisation des Wirtschaftslebens und von anderen nichtökonomischen Faktoren. Sie geben uns keinen Grund, weiter auf Wachstumskurs zu bleiben.

Zweitens könnte Wachstum uns als *Hinweis* auf etwas anderes, das wir schätzen, interessieren. Adair Turner schlug in seinen Robbins-Vorlesungen 2010 vor, Wachstum »sollte nicht als *Ziel* der Wirtschaftspolitik betrachtet werden, sondern eher als ein höchst wahrscheinliches Ergebnis [...] zweier Dinge, die um ihrer selbst willen erstrebenswert sind: ökonomische Entscheidungsfreiheit und ein rastloser Forschergeist und Veränderungswille«.[35] Wachstum könnte, anders formuliert, wie ein Kardiograf funktionieren: ein für sich genommen banales Messgerät, das etwas Wichtiges (wie beim Kardiografen die Leistung des Herzens) misst. Aber Wachstum kann diese Funktion nur erfüllen, wenn es a) zuverlässig mit ökonomischer Freiheit verbunden ist und b) ökonomische Freiheit selbst ein übergeordnetes Gut ist. Vor allem die zweite Annahme ist sehr zweifelhaft. Natürlich ist ein gewisser Grad ökonomischer Freiheit etwas Gutes (in unseren Begriffen ausgedrückt, ist ökonomische Freiheit ein Teil des Basisguts Persönlichkeit), aber andere Dinge sind auch gut, und einige davon könnten das Wachstum behindern.* Eine Gesellschaft, in der die Menschen sichere Arbeitsplätze haben und viel Zeit für Muße, könnte in ökonomischer Hinsicht träge sein. Ob eine gut ausbalancierte Volkswirtschaft Wachstum fördert oder nicht, ist eine empirische Frage; wir können nicht *a priori* annehmen, dass eine schnell wachsende Volkswirtschaft eine gesunde Volkswirtschaft ist.

---

* Lord Turner räumt diese Möglichkeit ein. In seiner Vorlesung formuliert er, die Ziele Wandel und ökonomische Freiheit »müssen nicht gegeneinander oder gegen andere potenziell wünschbare Ziele abgewogen werden«. Aber er sollte noch hinzufügen, dass es damit schwerer wird, Wachstum als Indikator für ökonomische Gesundheit zu verwenden.

Schließlich kann es sein, dass man Wachstum aus kurzfristigen pragmatischen Gründen verfolgt. Während einer Rezession, bei hoher Arbeitslosigkeit und hoher Staatsverschuldung hat Wachstum zu Recht Priorität. Aber wir müssen die kurzfristige und die langfristige Perspektive unterscheiden. Wachstum ist so etwas wie ein Antidepressivum: nützlich, damit der Patient wieder auf die Beine kommt, aber nicht geeignet als Droge für die dauerhafte Anwendung. Leider macht Wachstum wie viele Drogen süchtig. Die Politik muss ihre Behandlung klug wählen, damit das kurzfristige Heilmittel nicht zur bleibenden Gewöhnung führt.

Das fortgesetzte Streben nach Wachstum ist für die Verwirklichung der Basisgüter nicht nötig, es kann sie sogar zerstören. Die Basisgüter sind ihrem Wesen nach nicht marktfähig: Man kann sie nicht wirklich kaufen und verkaufen. Eine Volkswirtschaft, die darauf ausgerichtet ist, den Marktwert zu maximieren, wird diese Güter verdrängen und durch marktfähige ersetzen. Das Ergebnis ist eine vertraute Form der Korruption. Persönlichkeit wird ein Werbeschlagwort; Konsumenten der alltäglichsten Produkte wird suggeriert, sie würden durch den Konsum ihre Persönlichkeit »ausdrücken« oder sich »definieren«. Freundschaft ist nicht mehr wie für Aristoteles eine ernsthafte ethische Beziehung, sondern ein Zeitvertreib. Unterdessen ist die Muße selbst zum Gegenstand derselben ökonomischen Logik geworden, die in der Produktion herrscht: Sport, Spiele und Nachtclubs wollen ein Maximum an Aufregung in ein Minimum an Zeit pressen. »Der Markt durchdringt Lebensbereiche, die bis vor Kurzem noch dem Zugriff des monetären Austauschs entzogen waren«, schreibt der Soziologe Zygmunt Bauman. »Er hämmert uns unablässig die Botschaft ein, dass alles eine Ware ist oder zur Ware werden kann, und wenn es noch keine Ware geworden ist, sollte es *wie* eine Ware behandelt werden.«[36]

Solche Verschiebungen sind statistisch schwer fassbar. Die Basisgüter sind Qualitäten, nicht Quantitäten, Objekte des Urteilsvermögens, nicht der Messung. Messen lassen sich Stellvertreter für Basisgüter – Quantitäten, von denen man annimmt, dass sie mit ihnen steigen und fallen. Die Ergebnisse solcher Messungen sind entmutigend. In Großbritannien hat sich das Pro-Kopf-Einkommen seit 1974 mehr als verdoppelt. Doch soweit wir es beurteilen können, sind die Basisgüter in dieser Zeit überhaupt nicht gewachsen, eher haben sie abgenommen. Andere wohlhabende Länder zeigen ein stärker gemischtes Bild.

Gesundheit. Die durchschnittliche Lebenserwartung ist in Großbritannien von 1974 bis 2009 um etwas mehr als sieben Jahre gestiegen. Doch dieser Anstieg hat wenig mit dem Wachstum zu tun. In fast allen Ländern ist in diesem Zeitraum die Lebenserwartung gestiegen, hauptsächlich infolge von Fortschritten der Medizin und Verbesserungen der Infrastruktur.[37] China und Brasilien hinken dem Westen nur noch um sechs bis sieben Jahre hinterher, und Kuba, eines der ärmsten Länder der Welt, rühmt sich einer Lebenserwartung, die genauso hoch ist wie in den USA. Außerdem ist allein die Länge des Lebens ein schlechter Indikator für Gesundheit, denn die *Länge* sagt nichts über die Qualität. »Lebensqualität ist sicherlich nicht in Jahren messbar«, schrieb der 86-jährige James Lovelock, »sondern in der Intensität der Freude und den fruchtbaren Konsequenzen der Existenz.«[38]

Es kann sogar sein, dass Überfluss in mancher Hinsicht der Gesundheit schadet. In Großbritannien hat die Zahl der Todesfälle im Zusammenhang mit Alkohol seit den 1990er-Jahren stark zugenommen, aber nicht in anderen reichen Ländern (siehe Schaubild 9). Die Zahl der fettleibigen Menschen hat sich in Europa seit den 1980er-Jahren verdreifacht, selbst in Ländern mit traditionell niedrigen Raten (siehe Schaubild 10).[39] Die Zahl der Medikamentenverschreibungen wegen Depressionen ist ebenfalls gestiegen, was allerdings nicht unbedingt eine Zunahme der Depressionen widerspiegeln muss.[40] Der Stress am Arbeitsplatz ist seit 1992 größer geworden, vor allem für Frauen.[41] Im historischen Vergleich sind wir nach wie vor außerordentlich gesund, aber die alte Gewissheit, dass das auch so bleiben wird, schwindet. Womöglich werden die Wohlstandskrankheiten bald die Armutskrankheiten in den Schatten stellen.

9. Todesfälle im Zusammenhang mit Alkohol in Großbritannien

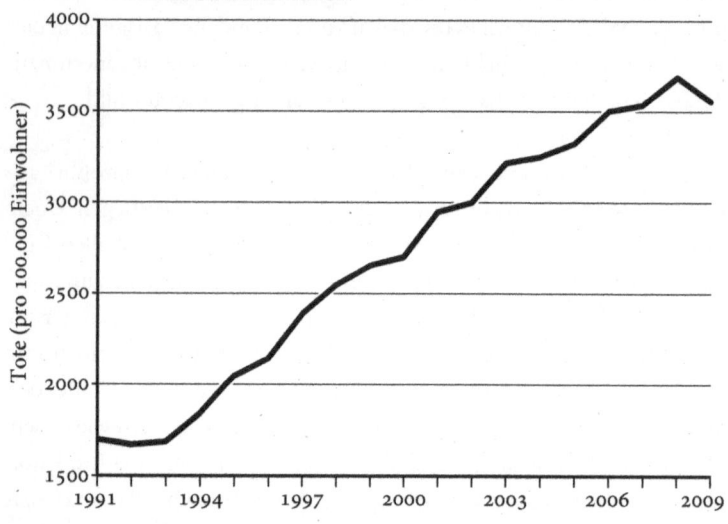

Quelle: Global Information System on Alcohol and Health (GISAH) der WHO.

Sicherheit. Vollbeschäftigung wurde als Ziel der makroökonomischen Politik in der Ära von Reagan und Thatcher aufgegeben, und dabei blieb es dann. In Großbritannien kletterte die Arbeitslosigkeit 1980 erstmals über die Marke von 5 Prozent, seither ist sie nicht mehr darunter gefallen; in Rezessionsphasen erreichte sie sogar 10 Prozent und mehr. Ein ähnliches Muster sehen wir in allen OECD-Staaten, wie Schaubild 11 zeigt. In Großbritannien und den USA wurden unbefristete Arbeitsverträge zunehmend durch befristete oder sonstige prekäre Arbeitsverhältnisse ersetzt. Die Zeit, die jemand in einem bestimmten Arbeitsverhältnis verbrachte, sank bei britischen Männern von 1975 bis 1995 um 20 Prozent. (Bei den Frauen war der Rückgang weniger signifikant, vor allem weil sie heute seltener wegen Kindern aus einem Arbeitsverhältnis ausscheiden.)[42] Gleichzeitig gab es einen deutlichen Anstieg bei befristeten Arbeitsverhältnissen, insbesondere

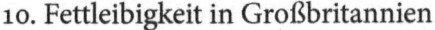

10. Fettleibigkeit in Großbritannien

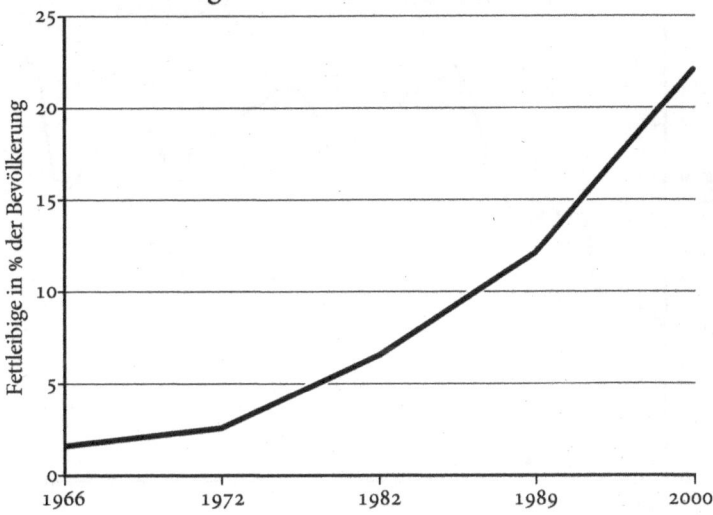

Quelle: Daten der WHO zum BMI.

Leiharbeitern; ihre Zahl hat sich seit 1992 verdoppelt.[43] Diese Trends haben zum Teil strukturelle Ursachen – eine Folge des anhaltenden Abbaus von Arbeitsplätzen im produzierenden Gewerbe und einer Zunahme von Jobs im Dienstleistungsbereich –, aber die Politik hat sie noch verstärkt. Sicherheit galt als etwas, das man legitimerweise dem höheren Gut Wachstum opfern konnte, nicht als ein menschliches Grundbedürfnis.

Respekt. In den meisten westlichen Ländern ist das größte Hindernis für gegenseitigen Respekt die Tatsache, dass sich seit Anfang der 1970er-Jahre eine permanente Unterschicht gebildet hat.* »Prolls«

---

* Wie groß die britische Unterschicht genau ist, lässt sich schwer sagen, aber aufschlussreich ist die Tatsache, dass sich die Zahl der Anträge auf Hilfsleistungen wegen Erwerbsunfähigkeit von Ende der 1970er-Jahre bis 2006 verdreifacht hat (Carol Black, *Working for a Healthier Tomorrow,* Department for Work and Pensions, London 2008, S. 34).

11. Arbeitslosigkeit in OECD-Ländern

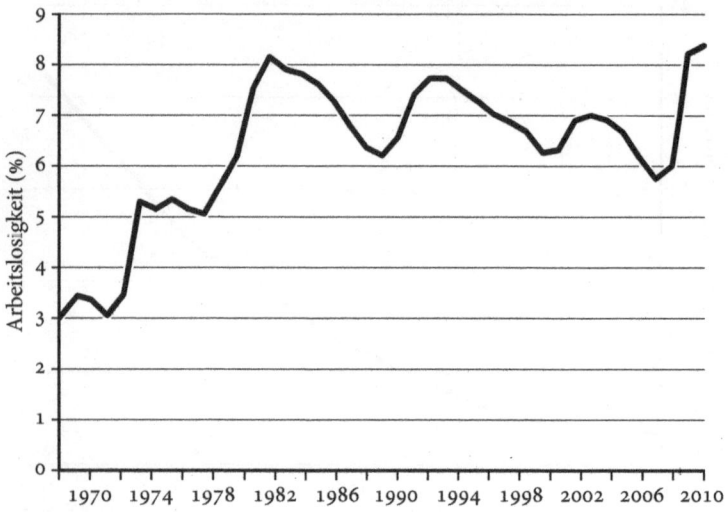

Quelle: OECD Employment Outlook, 2011.

und »Assis« waren früher noch durch einen Rest von christlichem und sozialdemokratischem Empfinden geschützt, heute werden sie in Presse und Fernsehen hemmungslos verunglimpft. Ein weiteres Hindernis für gegenseitigen Respekt ist übermäßige Ungleichheit. Sie zerstört den Respekt nicht nur gegenüber denen ganz unten, sondern auch gegenüber denen ganz oben, vor allem wenn ihre Vorteile unverdient erscheinen. In den meisten westlichen Ländern hat die Ungleichheit seit den 1970er-Jahren zugenommen, besonders stark in Großbritannien und den USA, wie Schaubild 12 zeigt. Dieser Trend ist zum Teil eine Wirkung autonomer gesellschaftlicher Kräfte, aber die Steuererleichterungen für Spitzenverdiener unter Thatcher und Reagan haben ihn zweifellos verstärkt.

Schließlich hat der »Turbokapitalismus«, den die Wall Street und die Londoner City in den letzten 30 Jahren zu ihrem Leitbild erhoben haben, zu einer Brutalisierung der Arbeitsbeziehungen geführt. »Stämmige

12. Einkommensungleichheit seit 1977

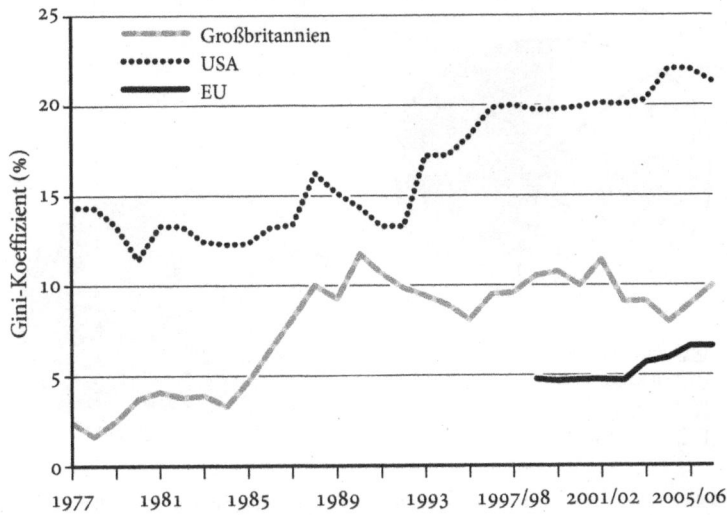

Quelle: Office for National Statistics (ONS); Weltbank; Eurostat.

Männer nehmen ihm seinen BlackBerry und seinen Firmenausweis ab, er darf seine E-Mails nicht mehr anschauen und bekommt fünf Minuten, um seinen Schreibtisch auszuräumen«, heißt es in einem Artikel über einen Wertpapier-Analysten, der entlassen wurde, weil er sich vom Arbeitsplatz entfernt hatte, um seine kranke Frau zu besuchen.[44] Solche Szenen sind mittlerweile an der Tagesordnung. Hohe Gehälter bieten heute keinen Schutz mehr vor Proletarisierung und den damit einhergehenden Demütigungen.

Persönlichkeit. Wir haben gesagt, Eigentum sei der wichtigste Schutz der Persönlichkeit. Das klingt vielleicht zunächst so, als wäre es eine gute Nachricht für Großbritannien, wo der Anteil der Wohnungseigentümer im letzten Jahrhundert stetig gestiegen ist und mittlerweile nach einem Allzeithoch von 71 Prozent im Jahr 2003 bei 68 Prozent liegt. Doch weil Wohneigentum meistens mit Hypotheken belastet ist, kommt das wirk-

13. Vermögensverteilung in Großbritannien

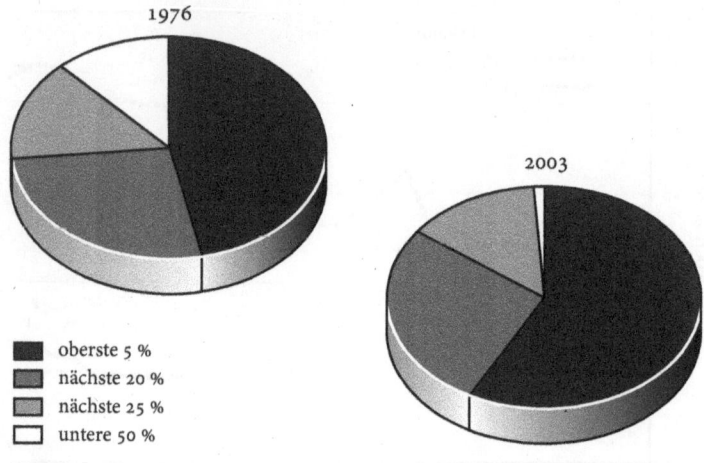

1976

2003

■ oberste 5 %
■ nächste 20 %
■ nächste 25 %
☐ untere 50 %

Quelle: ONS, HNRC. [Anmerkung: Netto- oder Reinvermögen ist der Wert aller Vermögenswerte, die gekauft und verkauft werden können – Aktien, Grundbesitz, Bankguthaben und so weiter – abzüglich der Verbindlichkeiten. Nicht mitgerechnet werden beispielsweise Betriebsrenten, die bei einem Arbeitsplatzwechsel nicht mitgenommen werden können. Bei dieser Rechnung ist der Wert von Häusern und Wohnungen nicht eingeschlossen, weil sie häufiger weitergegeben und vererbt als gekauft werden.]

liche Eigentumsrecht erst spät im Leben, wenn überhaupt, und deshalb wirkt Wohneigentum nicht emanzipatorisch. Ein mit Hypotheken belasteter Besitz bindet den Besitzer an eine regelmäßige Arbeit. Die Freiheit, einen autonomen Lebensplan zu verfolgen, entsteht mit *Vermögen* – definiert als Wert des Besitzes eines Individuums abzüglich seiner Verbindlichkeiten. Die britischen Regierungen haben sporadisch Initiativen gestartet, um das Vermögen breiter zu verteilen; die Privatisierungen unter Margaret Thatcher in den 1980er-Jahren sollten, so hieß es damals, mehr Menschen zu Anteilseignern machen. Es gab auch Bestrebungen, durch Mitarbeiterprogramme von Unternehmen die Zahl der Aktionäre zu vergrößern. Ein in Großbritannien sehr bekanntes Beispiel ist John Lewis, die beliebteste Einzelhandelskette, die ihren 76.500 festen Mitarbeitern gehört und von ihnen geleitet wird.[45] Doch solche visionären Un-

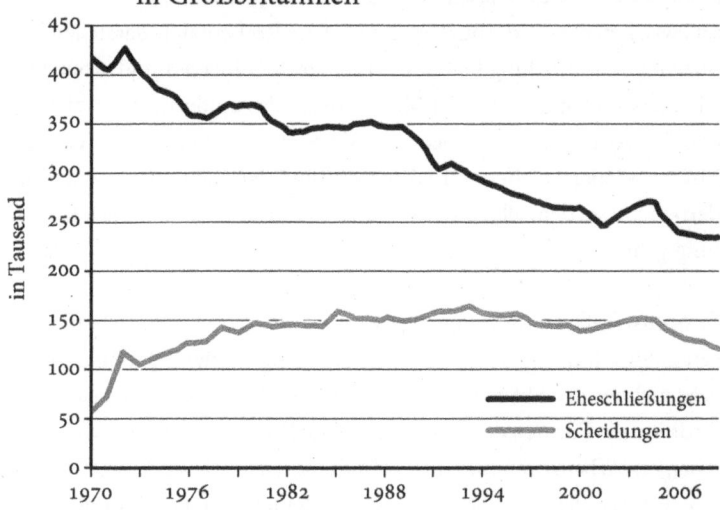

14. Eheschließungen und Scheidungen in Großbritannien

— Eheschließungen
— Scheidungen

Quelle: ONS.

ternehmen konnten die Vermögenskonzentration in den Händen einiger weniger nicht verhindern, wie aus Schaubild 13 hervorgeht.

Harmonie mit der Natur. Die britische Landwirtschaft ist schon seit Langem nicht mehr so vielfältig wie die französische oder italienische und verliert immer weiter an Vielfalt. Immer weniger von dem, was wir essen, wird lokal produziert, immer mehr wird aus dem Ausland importiert. 1970 beliefen sich die Importe von Nahrungsmitteln auf 2 Milliarden Pfund, seither sind sie doppelt so schnell gewachsen wie die Exporte, auf mittlerweile 20 Milliarden Pfund. Die Selbstversorgungsquote in Großbritannien (die angibt, wie viel unserer Nahrung wir selbst produzieren können) liegt heute mit 60 Prozent so niedrig wie nie zuvor; in den 1970er-Jahren betrug sie konstant zwischen 70 und 80 Prozent.[46] Die großen Ketten haben auf Kosten kleiner Läden stetig expandiert; mittlerweile gehören über 97 Prozent der Lebensmitteleinzelhändler einer Kette an.[47] In den Hauptstraßen der meisten britischen Städte sind Keynes' »Geschäfte, die wirkliche Geschäfte sind«, dünn gesät zwischen denen, die nur »Spalten auf der Rechentafel« darstellen. Ein bisschen Abwechslung bieten Bauernmärkte, Bioläden und Ähnliches. Aber das sind Spielereien der Mittelschicht, das moderne Äquivalent zu den französischen Hofdamen von Marie Antoinette, die in Versailles Milchmädchen spielten. Ihre Angebote sind teuer und exklusiv und ändern nichts an dem allgemeinen Trend, der in die entgegengesetzte Richtung geht.

Freundschaft. Die Soziologen streiten darüber, ob Freundschaft in unserem Sinn (oder »soziales Kapital«, um den geläufigen Barbarismus zu gebrauchen) gedeiht oder schwindet. Ohne Zweifel befinden sich viele traditionelle Formen der Geselligkeit – die Kirchen, die Gewerkschaften, Kneipen, Arbeitervereine – in Großbritannien im Niedergang.[48] Aber es gibt Ersatz. New-Age-Sekten sind auf dem Vormarsch. Immer neue Bürgerinitiativen formieren sich. Und dann ist da natürlich noch das Internet mit seinen unendlich vielen Möglichkeiten, um Kontakte zu knüpfen. Typisch ist eine Verschiebung von Beziehungen, die auf Gemeinsamkeiten in der Lebensführung gründen, hin zu Beziehungen auf der Grundlage gemeinsamer Interessen und Identitäten. Letztere passen besser zum amöbenhaften postmodernen Selbst.[49] Ähnliche Trends hat man in anderen OECD-Ländern beobachtet.[50]

Eine Institution bereitet besondere Sorgen. In allen Industrieländern werden weniger Ehen geschlossen, und häufiger enden Ehen in einer Scheidung.[51] Oft ist zu hören, exklusive, lebenslange Bindungen seien eine Falle, insbesondere für Frauen. Doch die Empirie spricht dafür, dass stabile Beziehungen für alle Beteiligten gut sind, besonders für die Kinder, und dass Ehen generell stabiler sind als informelle Verbindungen.[52] Wohl aus diesem Grund ist die Sexualität überall auf der Welt durch Rituale und Strafen reguliert. Nur in modernen westlichen Gesellschaften gilt sexuelle Freiheit als ein Grundrecht.

Muße. Wie wir in Kapitel 1 gezeigt haben, ist die Freizeit in den letzten 20 Jahren nicht mehr geworden, eher weniger, wenn wir Pendelzeiten und andere unliebsame Pflichten in die Rechnung einbeziehen. Aber da »Muße« in unserem Sinn nicht einfach nur Zeit ohne Arbeit ist, sondern Zeit, die für selbst gewählte, nicht zweckgebundene Tätigkeiten zur Verfügung steht, ist es wichtig zu fragen, wie die freien Stunden gefüllt werden. Es gibt unterschiedliche Trends. Das Fernsehen spielt in Großbritannien und anderen Ländern nach wie vor die Hauptrolle, der durchschnittliche Brite verbringt täglich über vier Stunden vor dem Fernsehapparat.[53] Videospiele und soziale Netzwerke werden vor allem bei jungen Leuten immer populärer. Der Zahl der erwachsenen Briten, die zumindest eine Sportart betreiben, ist zwischen 1990 und 2002 von 48 auf 43 Prozent gesunken; in Kanada und den USA ist die Tendenz ähnlich.[54] Die Zeit, die Menschen in Großbritannien und in Frankreich mit Lesen verbringen, hat seit 1975 etwas zugenommen, obwohl die Zahl der Leser zurückgegangen ist, vor allem der Zeitungs- und Zeitschriftenleser. In den USA hat es sowohl bei der Zahl der Leser wie bei den Lesestunden einen starken Einbruch gegeben.[55] Kulturveranstaltungen konnten 2003 in Großbritannien etwas mehr Interessierte anziehen als 1986, wie Schaubild 15 zeigt. Derartige Statistiken sind unvermeidlich zu grob, um die laufende Debatte zwischen Kulturpessimisten und -optimisten zu entscheiden. Klar ist jedoch, dass Keynes' Vision, wonach die Kultur der Mittelschicht sich mit mehr Freizeit zur Masse hin ausbreitet, nicht Wirklichkeit geworden ist.

Dass in den letzten 30 Jahren in Großbritannien und anderen Ländern mehr Menschen eine höhere Bildung erwerben, könnte man als einen Zuwachs an Muße interpretieren. Doch weil das höhere Bildungswesen zunehmend nach utilitaristischen Erfordernissen umgebaut wurde, ist die Zuordnung von Bildung zu Muße nicht mehr evident. Bildung, deren primäre Aufgabe es ist, dem Schüler oder Studenten einen »Mehrwert« zu verleihen, indem sie ihm »übertragbare Fertigkeiten« beibringt, ist nicht mehr Muße in unserem Sinn, sondern Arbeit – anders in der Intensität, aber nicht im Charakter als bezahlte Berufsarbeit.

15. Besuch von Kulturveranstaltungen in Großbritannien

	1986/87	96/97	98/99	2000/01	01/02	02/03
Kino	31 %	54 %	57 %	55 %	57 %	61 %
Theater	23 %	24 %	22 %	23 %	24 %	24 %
Galerien/ Ausstellungen	21 %	22 %	21 %	21 %	22 %	24 %
Klassische Musik	12 %	12 %	11 %	12 %	12 %	13 %
Ballet	6 %	7 %	6 %	6 %	6 %	7 %
Oper	5 %	7 %	6 %	6 %	6 %	7 %
Zeitgenössischer Tanz	4 %	4 %	4 %	4 %	5 %	5 %

Quelle: Target Group Index; BM RB International; Cinema Advertising Association

Generell sieht es nicht gut aus für die Befürworter von Wachstum um jeden Preis. Obwohl sich das Pro-Kopf-Einkommen in Großbritannien seit 1974 verdoppelt hat, besitzen wir von den Basisgütern nicht mehr; in mancher Hinsicht haben wir sogar weniger. Wir jagen Überflüssigem nach und vernachlässigen Notwendiges. Das könnte, nebenbei bemerkt, erklären, warum die in Kapitel 4 diskutierte Glückskurve flach verläuft, sofern der Verlauf doch etwas anderes als ein statistisches Artefakt ist. Die Leiterin der britischen Statistikbehörde ONS (Office for National Statistics) Jill Matheson identifiziert als die Dinge, die für Glück am wichtigsten sind, »Gesundheit, Beziehungen, Arbeit und Umwelt« – ihre Liste deckt sich weitgehend mit unseren Basisgütern.[56] Angesichts der Tatsache, dass sich unser Leben in dieser Hinsicht seit 1974 nicht merklich verbessert hat, ist es nicht verwunderlich, dass wir nicht glücklicher sind.

Heißt das, dass wir die Rückkehr zum Lebensstandard von 1974 vorschlagen? Nicht unbedingt, denn es wäre schmerzlich, auf den Luxus, den wir seither gewonnen haben, wieder zu verzichten, selbst wenn er nichts zu unserem wirklichen Wohlbefinden beiträgt. (Das ist ein Beispiel für die allgemeine Wahrheit, dass schädliche soziale Veränderungen nicht immer korrigiert werden können, indem man sie einfach rückgängig macht. Genauso wenig kann man einen Menschen, der von einer Dampfwalze überrollt wurde, dadurch wieder lebendig machen, dass man die Dampfwalze noch einmal über ihn zurückrollen lässt.) Damit wollen wir sagen, dass das langfristige Ziel der Wirtschaftspolitik nicht Wachstum sein sollte, sondern die Gestaltung unserer kollektiven Existenz in einer Weise, die ein gutes Leben erleichtert. Wie das gehen könnte, ist Thema des letzten Kapitels.

7 AUSWEGE AUS DER TRETMÜHLE

Denn was bedeutet dieses unerbittliche Jagen nach Fortschritt,
der dahinschwindet, sobald einer glaubt, ihn erreicht zu haben?
PAPST PAUL VI., *Octogesima Adveniens*

Keynes' Generation der Ökonomen ging noch davon aus, dass die Menschen, je effizienter sie darin würden, ihre Wünsche zu befriedigen, desto weniger arbeiten und ihr Leben umso mehr genießen würden – und das als rationale Akteure auch tun sollten. Wir haben zwei Arten von Hindernissen identifiziert, die verantwortlich dafür sind, dass Keynes' Prophezeiung sich nicht bewahrheitet hat: Hindernisse, die sich aus den bestehenden Machtverhältnissen ergeben, und Hindernisse, die aus der Unersättlichkeit des menschlichen Begehrens entstehen. Zusammengenommen erzeugen sie ein Ethos der Gewinnsucht, das Gesellschaften zur ebenso pausen- wie ziellosen Jagd auf Reichtum verdammt – etwas, was es in früheren Zeiten nicht gab und das in gewisser Hinsicht dem Kapitalismus speziell zueigen ist.

Weiter angefacht wird das Feuer des Gewinnstrebens durch den internationalen Wettbewerb. Ungeachtet des hohen Wohlstandsniveaus, das wir erreicht haben, wird uns in einem fort gesagt, wir müssten uns diesen oder jenen neuen Herausforderern stellen, insbesondere den Chinesen und anderen armen, aber strebsamen Nationen. »Das asiatische Jahrhundert überleben« lautet einer dieser typischen Aufrufe zu mehr Leistung und Produktivität. »Großbritannien muss seine Möglichkeiten voll ausschöpfen, doch leider plagen uns vier Schwächen [...] niedrigere Unternehmensinvestitionen, eine weniger qualifizierte Arbeiterschaft, weniger innovative und produktive Unternehmen und eine vergleichsweise schwache Position in den aufstrebenden Märkten.«[1] Aber warum sollten wir, wenn wir doch schon genug haben, eine stärkere Präsenz in den »aufstrebenden Märkten« anstreben?

In dem Bemühen, unsere »Möglichkeiten voll auszuschöpfen«, erhalten wir ein System aufrecht, das auf Kosten eines guten Lebens unbeirrt weiter die Gewinnsucht propagiert. Unsere Politiker haben uns nicht mehr anzubieten als Wirtschaftswachstum, Wirtschaftswachstum und nochmals Wirtschaftswachstum, und das ungeachtet der fast schon erdrückenden Beweislage dafür, dass das kapitalistische System in unserem Teil der Welt in die Phase seines Niedergangs eingetreten ist. Das wichtigste Indiz dafür ist die Vorherrschaft des Kapitals, von sich selbst berauscht, aber zusehends aller sinnvoller Einsatzmöglichkeiten beraubt. Die angloamerikanische Version des individualistischen Kapitalismus wird vor allem zum Nutzen einer habgierigen Plutokratie am Leben erhalten, deren Mitglieder im ganz großen Stil abkassieren und die ihre Raubzüge in der Sprache der Freiheit und Globalisierung verbrämen. Unsere politischen Führer erfreuen sich derweil weiter an den Floskeln der Macht; die Realität entzieht sich den neugierigen Blicken der Öffentlichkeit, ja sogar ihrem Verständnis. Unser System ist in seinem Kern von einer moralischen Fäulnis befallen, und hingenommen wird das nur, weil das Ausmisten dieses Augiasstalls eine Aufgabe wäre, die sich niemand auch nur vorzustellen wagt.

Hier lohnt daran zu erinnern, dass das Ideal eines wirtschaftlichen Wachstums als ein Ziel ohne Ziel von vergleichsweise junger Provenienz ist. Als der britische Premierminister Harold Macmillan 1959 vor die Briten trat und sagte, uns sei es »noch nie so gut gegangen«, brachte er damit die weithin geteilte Ansicht zum Ausdruck, dass die kapitalistischen Länder des Westens mit Riesenschritten einem beispiellosen Konsumplateau entgegenstrebten und dass das hauptsächliche Problem der Zukunft darin bestünde, die Früchte dieses neuen Überflusses möglichst demokratisch zu verteilen. John Kenneth Galbraith fing diese Stimmung in seinem über die Maßen einflussreichen Buch *Gesellschaft im Überfluss* mit dem Gegensatzpaar von »privater Reichtum und öffentliche Misere« ein. Wie in Kapitel 2 gezeigt, formten die Annahme eines allgemeinen und dauerhaften Wohlstands und die daraus resultierende Auflehnung gegen die Technologie und psychologische Distanzierung von der Welt der Arbeit den imaginativen Hintergrund der utopistischen Bewegungen in den Vereinigten Staaten der 1960er-Jahre.

Wie aber war es möglich, dass auf die Erwartung einer unmittelbar bevorstehenden materiellen Glückseligkeit die Wiedererweckung des darwinistischen Kapitalismus in den 1980er-Jahren folgte? Was brachte Reagan und Thatcher an die Macht und bewirkte die Erneuerung des marktwirtschaftlichen Fundamentalismus?

Warum Glückseligkeit in der von den Adepten Marcuses erträumten Form eine Illusion ist, lässt sich unschwer erkennen. Aus Gründen, die in Kapitel 1 erläutert wurden, nimmt in reichen Gesellschaften mit der wachsenden Bedeutung des relationalen Wettbewerbs die Habgier eher noch zu, als dass sie schwindet. Dieser säkulare Trend aber erklärt noch lange nicht den plötzlichen Kollaps eines Systems der politischen Ökonomie, das im wohlhabenden Teil der Welt die Morgendämmerung des universellen Wohlstands an den Himmel gezaubert hatte.

Die Frage ist: Wie konnte das Wirtschaftswachstum so schnell und so absolut über alle anderen wirtschaftspolitischen Ziele triumphieren? Die einfache, aber überraschende Antwort: Nachdem die Vorgabe der allgemeinen Vollbeschäftigung scheinbar erreicht war, *gab es keine anderen wirtschaftspolitischen Ziele mehr.* Damit konnte sich das ökonomische Denken einmal mehr auf die Effizienz des Produktionsprozesses konzentrieren, was zudem besser mit der *maximierenden* Ausrichtung der Wirtschaftswissenschaften korrespondiert, sprich dem Bemühen, möglichst großen Nutzen aus einer gegebenen Menge an Ressourcen zu ziehen. Dass das Wachstum zum einzigen Ziel der Wirtschaftspolitik werden konnte, lag zum großen Teil auch daran, dass nationale Leistungskennziffern wie das Bruttoinlandsprodukt entwickelt wurden, die Vergleiche zwischen der Wirtschaftsleistung von Ländern ermöglichten. Und schließlich nahm sich nach zwei extrem zerstörerischen Weltkriegen der Versuch, die Völker reicher und nicht die Nationen kriegerischer zu machen, wie ein überaus zivilisiertes Anliegen aus.

Verstärkt wurde der Trend durch zwei Begleitumstände. Zum einen sah man im gesamten Westen die Notwendigkeit für ein beschleunigtes Wachstum, um im Wettrüsten mit dem Sowjetblock nicht ins Hintertreffen zu geraten. Nicht nur schien das Sowjetsystem in den 1960er-Jahren schneller zu wachsen als der westliche Kapitalismus; indem es den privaten Konsum niedrig hielt, konnte es auch einen deutlich größeren Teil des wachsenden Reichtums für Rüstungszwecke einsetzen. Der Westen musste also zeigen, dass er Kanonen *und* Butter produzieren konnte. Der zweite Grund lag darin, dass ein schnelleres Wirtschaftswachstum die Möglichkeit bot, das Problem der ungleichen Machtverteilung zu umgehen. Mit dem Wachstum der Wirtschaft konnte man die Lage der Armen verbessern, ohne dass man im Gegenzug die Steuern für die Reichen erhöhen musste. In diesem zweiten Sinne war die Politik des Wirtschaftswachstums eine linksgerichtete Politik, die das Wohl der Arbeiterklasse förderte, ohne dabei den latenten Klassenkonflikt um die Verteilung des Nationalprodukts anzufachen. Die Wachstumsapostel der 1960er-Jahre waren denn auch hauptsächlich linke Ökonomen und Politiker, die sich von der Sozialisierung der Produktionsmittel als Instrument der Umverteilung verabschiedet hatten – beziehungsweise in den USA niemals dafür eingetreten waren –, aber dessen ungeachtet weiter den sozialistischen Traum von einer »gleicheren« Gesellschaft träumten. Sie sehnten sich nach einer demokratischen Version der sowjetischen Planwirtschaft, eine Wirtschaft, in der die privaten Unternehmen mithilfe von Planzielen, Subventionen und Steueranreizen zu beständig höheren Leistungen angespornt und zugleich ein immer größerer Anteil der Erträge aus der unternehmerischen Tätigkeit in die Bildung, die Wohlfahrt und die öffentlichen Dienste umgelenkt würden. In Großbritannien mit seiner nur langsam wachsenden Wirtschaft war dies besonders verlockend.

Doch all das war immer noch ein gutes Stück von dem krisenanfälligen Kapitalismus entfernt, mit dem wir es heute zu tun haben. Die hauptsächliche Zutat, die Thatcher (1979 gewählt) und Reagan (1980 gewählt) der Wachstumsphilosophie hinzufügten, war ihr ideologischer

Glaube an das marktwirtschaftliche System. Der Weg zu mehr Wachstum lag nicht in staatlicher Planung, sondern darin, die Märkte vom Gängelband des Staates zu befreien, durch niedrigere Steuern Anreize zu schaffen, die Macht der Gewerkschaften zu beschränken und die Märkte durch Privatisierung und Deregulierung auszuweiten. Zusammengenommen würden diese Maßnahmen eine sehr viel effizientere Allokation des Kapitals bewirken. Zudem galt im weltanschaulichen System Thatcher/Reagan die Zunahme der Einkommensungleichheit als akzeptabel, da dies zusätzliche Anreize für die »Wohlstandserzeuger« schuf und durch »Trickle-down-Effekte« der Wohlstand quasi von den Reichen hinab zu den Armen sickern würde. Dieses Gedankengerüst sollte auf die nächsten 30 Jahre hinaus zum, wie Adair Turner das formulierte, alle Politikbereiche dominierenden »allgemeinen Glaubenssatz« aufsteigen.[2]

Rückblickend gesehen wurde die von uns in Kapitel 1 benannte Unersättlichkeit der Begierden weniger durch das Aufkommen einer Philosophie des Wachstums an sich entflammt, als vielmehr dadurch, dass diese Wachstumsphilosophie marktbasiert war. Eine »staatliche Wachstumsplanung« hätte nicht mehr bedeuten müssen, als das Wohlergehen der Armen schrittweise an das der Reichen anzugleichen.

Mit dem Siegeszug des marktbasierten Wachstums jedoch schwand nach und nach jedes Interesse an den *sozialen* Folgen des Wachstums. Das ökonomische System diente nun der Maximierung der individuellen Bedürfnisbefriedigung, wie sie sich in den Märkten ausdrückte. Der Einzelne wurde nicht länger als Teil einer Gesamtheit betrachtet; stattdessen waren die Gesamtheiten nun nichts weiter als Summe ihrer individuellen Mitglieder. Diese Reduzierung des ökonomischen Lebens auf einen kruden Individualismus lässt sich in seinen Ursprüngen auf die 1970er-Jahre datieren. In den Wirtschaftswissenschaften ersetzte die Mikroökonomik, das Studium des wirtschaftlichen Verhaltens von Individuen, die Makroökonomik, also das Studium der Wirtschaft als Ganzes. In der politischen Theorie traten die Rechte und Pflichten von Individuen an die Stelle der Rechte und Pflichten von Gruppen. Natürlich unterlag auch diese Art der Marktordnung der Herrschaft des Gesetzes; das individuelle Streben nach Wohlstand jedoch unterlag keinerlei moralischen, politischen oder kulturellen Beschränkungen mehr; wenn überhaupt, dann waren es nun allein die natürlichen Grenzen des Wachstums, die noch einschränkend wirken konnten.

Jede radikale Veränderung im Bewusstsein erfordert den Stimulus der Krise. Für die Ritter der freien Marktwirtschaft war dies die »Krise der keynesianischen Ökonomie« – die Kombination von steigender Arbeitslosigkeit und höherer Inflation, die Milton Friedman als die unausweichliche Konsequenz der Vollbeschäftigungspolitik identifizierte. Die Marktradikalen führten einige eindrucksvolle Argumente ins Feld: Das bestehende System war sklerotisch geworden, die Macht der Gewerkschaften war erdrückend, und die Steuersätze waren nicht einfach umverteilend, sondern nachgerade bestrafend. Als viel entscheidender für den Niedergang der keynesianischen Sozialdemokratie aber erwiesen sich die beiden Ölpreisexplosionen von 1973 und 1979, die, nach heutigem Geldwert ausgedrückt, zusammen einem Kapitaltransfer in Höhe von 1900 Milliarden US-Dollar aus den Industrieländern in die ölexportierenden Länder – hauptsächlich im Nahen Osten gelegene Scheichtümer – entsprachen. Der sprunghafte Anstieg der Energiekosten erforderte einen Rückgang der Realeinkommen in den Öleinfuhrländern. Angesichts des massiven, von den Gewerkschaften angeführten Widerstands gegen Lohnkürzungen schlugen diese massiven Transferleistungen jedoch zunächst vor allem auf die Unternehmensgewinne und nicht auf die Löhne durch. Die Wiederherstellung der gewohnten Profitrate durch die Aufkündigung der Verpflichtung zur Vollbeschäftigung, die Zerschlagung der gewerkschaftlichen Kontrolle über die Löhne und die Restrukturierung der Wirtschaft durch den Ausbau des Dienstleistungssektors auf Kosten des Herstellungssektors formten das konkrete Projekt, das in der Ideologie vom freien Markt eine ideale theoretische Unterfütterung fand. Im Grunde gaben die Regierungen Reagan und Thatcher ganze Wirtschaftssektoren an die privaten Unternehmer zurück. Die Rolle des Staates wurde, über sämtliche Bereiche hinweg – Management, Besitz, Regulation, Allokation und Distribution –, drastisch beschnitten. Die Politik gab jeden Versuch auf, die Marktkräfte in Richtung irgendwelcher gesellschaftlich erwünschter Ziele zu steuern, und beschränkte sich darauf, die für ein reibungsloses Funktionieren der Märkte erforderlichen Rahmenbedingungen zu schaffen beziehungsweise aufrechtzuerhalten. Indem man das Gewinnstreben von seinen gemeinschaftlichen Fesseln befreite, versprach man sich, hieß es in einer Art Neuauflage der einst von Adam Smith und seinen Gefolgsleuten vorgetragenen Argumente, den Wohlstand der Nationen noch schneller wachsen zu lassen.

Vorausgesetzt, alles verläuft nach Plan, gibt es in einer solchen Welt keinen Grund, warum der Kapitalismus je ein Ende finden sollte. Keynes' Konzept der Sättigung hat hier keinen Platz: das System erzeugt beständig neue Begierden und stimuliert den Statuswettbewerb immer wieder neu. Und jegliche Neigung reicher Gesellschaften, sich auf ihren Lorbeeren auszuruhen und weniger zu konsumieren, wird durch die Logik der Globalisierung und den Stimulus der zusätzlichen Einkommensungleichheit wieder aufgehoben. Doch natürlich wird und kann in einem solchen – gleichermaßen ethisch wie ökonomisch ineffizienten – System nicht alles nach Plan laufen. In der Tat kann es nur fortbestehen, weil wir vergessen haben, wofür Reichtum da ist, weil uns die Sprache des guten Lebens abhanden gekommen ist. Von einigen wenigen, unten noch anzuführenden Ausnahmen abgesehen, wird in der modernen Wirtschaftswissenschaft und politischen Theorie die These vertreten, der Staat sei hinsichtlich der Entscheidungen und Präferenzen der Individuen zu Neutralität verpflichtet. In einem System wie dem unseren jedoch bewirkt das unweigerlich und unausweichlich, dass Entscheidungen über das System und seine Instrumente in die Hände derer fallen, die über den größten Reichtum und die größte Macht verfügen.

Damit kommen wir zur wichtigsten Frage: Welche geistigen, moralischen und politischen Ressourcen sind in den westlichen Gesellschaften noch vorhanden, um den Großangriff der Unersättlichkeit zurückzuschlagen und das Ziel eines guten Lebens wieder in den Mittelpunkt unseres Strebens zu rücken?

In seinem Buch *Der Verlust der Tugend* fordert der Philosoph Alasdair MacIntyre den Leser auf, sich eine Katastrophe vorzustellen, der sämtliche Naturwissenschaften zum Opfer fallen. Alles, was uns noch geblieben wäre, seien von jeglichem Wissen um ihren theoretischen Kontext losgelöste Bruchstücke aus Fakten und Praktiken. MacIntyres Hypothese nun lautet, dass »in der Welt, in der wir heute leben, die Sprache der Moral ebenso verwahrlost ist wie die Sprache der Naturwissenschaften in dieser imaginären Welt«. Sollte das zutreffen, beschränkt sich das, was wir heute als Moral bezeichnen, auf bloße Fragmente vergangener Moralsysteme, losgelöst von den Begriffsschemata und dem Kontext, die ihnen ihre Bedeutung verliehen. Fast schlimmer noch, wir wissen noch nicht einmal, dass sich diese Katastrophe ereignet hat. Selbst die mit Moralfragen befassten Wissenschaften und Wissenschaftler sind sich der Katastrophe nicht bewusst. Sie sehen nur die Bruchstücke, die uns geblieben sind und um die sie erbitterte Auseinandersetzungen führen. Eben deshalb kann die ethische Debatte kein Ende finden und ist eine strikte *Neutralität* bezüglich der unterschiedlichen Moralvorstellungen die einzig mögliche Haltung des modernen liberalen Staates.[3]

Die Katastrophe, die MacIntyre im Sinn hat, ist der Aufstieg des modernen Staates und der mit ihm verbundenen Ideologie. So ist denn auch das einzig mögliche Heilmittel, das er zu erkennen vermag, der vollständige Rückzug aus der Sphäre des Politischen – ein neues Mönchstum. »Was in diesem Stadium zählt, ist die Schaffung lokaler Formen von Gemeinschaft, in denen die Zivilisation und das intellektuelle und moralische Leben über das neue finstere Zeitalter hindurch aufrechterhalten werden können, das bereits über uns gekommen ist […] Wir warten nicht auf Godot, sondern auf einen – sicherlich ganz anderen – heiligen Benedikt.«[4]

MacIntyres Worte lassen einen ebenso an die Ökokommunen denken, die in den letzten 30 Jahren überall im Westen entstanden sind, wie an Initiativen wie die Freiwillige Einfachheit (Voluntary Simplicity) in den USA und die aus Italien stammende Slow-Food-Bewegung.

MacIntyre liefert uns eine hellsichtige Diagnose der Krankheiten, die unsere Zivilisation befallen haben, doch auch er verzweifelt an der scheinbaren Unmöglichkeit einer politischen Reform. Tatsächlich wurde die Politik der westlichen Staaten bis vor nicht allzu langer Zeit, wenn auch nicht immer explizit, so doch implizit von dem Konzept eines guten Lebens und dem einer gerechten Gesellschaft geprägt. Diese Konzepte waren keineswegs zum Untergang verdammt; stattdessen wurden sie in dem oben skizzierten politischen Kampf besiegt. Viele von ihnen sind unter der Oberfläche oder in den Randgebieten des öffentlichen Lebens noch überaus lebendig, und es würde nicht sonderlich viel politische Courage erfordern, sie wieder an ihren angestammten Ort im Zentrum zu rücken. Private Initiativen, wie MacIntyre sie sich vorstellt, sind natürlich zu begrüßen, werden aber ohne öffentliche Unterstützung stets gefährdet und marginal bleiben. Ohne einen Kaiser Konstantin I., das sollten wir nicht vergessen, hätte es auch keinen heiligen Benedikt gegeben.

Das umfangreichste unter den Fragmenten der alten sozialen Morallehren, die uns noch verfügbar sind, ist die katholische Soziallehre, die praktischerweise in den zwölf päpstlichen Enzykliken zusammengefasst ist, deren erste 1891 mit *Rerum Novarum* und bislang letzte 2009 unter dem Titel *Caritas in Veritate* erschienen ist. Diese Lehre ist natürlich einer ganz bestimmten Kirche zueigen, doch man muss kein Katholik oder auch nur Christ sein, um ihre Aussage wertzuschätzen. Anders als viele protestantische Kirchen hat sich die katholische Kirche heidnischem Wissen gegenüber seit jeher aufgeschlossen gezeigt. In ihrem Eintreten für das Eigentum, in ihren Forderungen nach gerechten Preisen und Löhnen und in ihrer Verurteilung der Habgier und des Wuchers steht sie ebenso sehr in der Tradition von Aristoteles wie jener der Evangelisten. Entschieden christlich und überaus unaristotelisch ist die katholische Lehre dann, wenn sie auf die Arbeit als notwendige Buße für die Sündhaftigkeit des Menschen verweist. (»Der Mensch [ist] zur Arbeit geboren wie der Vogel zum Fluge«, formulierte Pius XI. das im Papstrundschreiben von 1931.) Dessen ungeachtet hat die katholische Soziallehre *unablässige* harte Arbeit niemals als Ideal propagiert. »Die wahre und rationale Doktrin«, schrieb Monsignore John Ryan, ein amerikanischer Theologe des frühen 20. Jahrhunderts, »lautet, dass die Menschen, sobald sie das Lebensnotwendige und alle angemessenen Genüsse und Behaglichkeiten für die gesamte Bevölkerung besorgt haben, das, was ihnen an Zeit bleibt, auf die Pflege ihres Geistes und ihres Wollens sowie darauf verwenden sollten, nach dem höheren Leben zu streben.«[5]

Eine der vielen Stärken der katholischen Lehre liegt darin, dass sie gleichermaßen gegen einen Staatssozialismus wie gegen einen entfesselten Kapitalismus eintritt. *Rerum Novarum*, das 1891 (mit dem Untertitel »Über die Arbeiterfrage« versehene) veröffentlichte Papstrundschreiben von Leo XIII., beginnt mit einer großartigen Anprangerung des Kapitalismus, auf die selbst Marx stolz gewesen wäre:

[So] geschah es, dass die Arbeiter allmählich der Herzlosigkeit reicher Besitzer und der ungezügelten Habgier der Konkurrenz isoliert und schutzlos überantwortet wurden. Ein gieriger Wucher kam hinzu, um das Übel zu vergrößern [...] Produktion und Handel sind fast zum Monopol von wenigen geworden, und so konnten wenige übermäßig Reiche einer Masse von Besitzlosen ein nahezu sklavisches Joch auflegen.[6]

Die vom Kirchenoberhaupt empfohlenen Heilmittel hingegen hatten ganz und gar nichts mit denen von Marx gemein, dessen Lehren Leo XIII. als falsch und verderblich verdammte. Die Lösung der sozialen Frage liege, so der Papst, in der »Befolgung der Vorschriften zur Gerechtigkeit« zwischen den Klassen, namentlich in der Förderung eines allgemeinen Grundbesitzes. Das katholische Ideal war das des kleinbäuerlichen Hofes oder der Werkstatt in Familienbesitz. Nur durch Besitz war es dem Mann (Frauen kamen in den frühen Enzykliken, wenn überhaupt, nur als Ehefrauen und Mütter vor) möglich, dem Boden »den Stempel des Bearbeiters« aufzudrücken und die Versorgung seiner Familie zu gewährleisten. Die Löhne und Bedingungen der Arbeit sollten so sein, dass der

Sparsame in bescheidenem Rahmen Eigentum zu erwerben imstande war; die freie Zeit sollte so bemessen sein, dass er sich von der Mühsal der Arbeit erholen und um das Heil seiner Seele kümmern konnte. Dabei richteten sich die Hoffnungen der *Enzyklika Rerum Novarum* nicht auf den Staat, sondern auf zwischengeschaltete – beziehungsweise, wie wir heute sagen würden, »zivilgesellschaftliche« – Einrichtungen, deren wichtigste natürlich die Kirche selbst war. Die Reichen oblagen der Pflicht zur Wohltätigkeit; Arbeitgeber und Arbeiter wurden ermutigt, katholische politische Parteien und Arbeitsverbände zu gründen. Die Rolle des Staates hingegen, der zunächst lediglich als Sicherheitsnetz und letztlicher Garant der Gerechtigkeit dienen sollte, gewann in der Abfolge der Enzykliken in dem Maße an Bedeutung, in dem das Ziel, Gerechtigkeit zwischen Klassen zu schaffen, anspruchsvoller wurde.

Man kann diese wahlweise mit »Distributismus«, »Korporatismus« oder »Personalismus« etikettierten katholischen Doktrinen als Verteidigung einer nichtkapitalistischen und nichtmarktorientierten Form des privaten Eigentums als einer entscheidenden Bedingung der Persönlichkeit begreifen; statt den sich aus Eigentum ergebenden Vorteilen betonten sie die damit verbundenen Pflichten, riefen zur Wohltätigkeit auf und forderten besonderen Respekt gegenüber den Armen.

Unisono aber beharrten alle Päpste darauf, dass wir nur dann, »wenn wir das künftige unsterbliche Leben zum Maßstabe nehmen, unbefangen und gerecht über das gegenwärtige Leben urteilen [können]. Gäbe es kein anderes Leben, so würde eben damit der wahre Begriff sittlicher Pflicht verloren gehen, und das irdische Dasein würde zu einem dunklen, von keinem Verstande zu entwirrenden Rätsel.«[7] Anders gesagt, der religiöse Glaube und die Institutionen der Religion waren die einzigen Mittel, die Habgier der Menschen in die Schranken zu weisen.

Die wichtigste weltliche Frucht der katholischen Sozialtheorie war die »soziale Marktwirtschaft«.[*] Entwickelt von einer Gruppe antinatio-

---

[*] Die vom italienischen Faschismus propagierte Theorie des »korporativen Staates« beruhte auf einer missbräuchlichen Auslegung der von Leo XIII. in seiner Enzyklika vertretenen Ideen.

nalsozialistischer Intellektueller in den 1940er-Jahren, bestand ihr Hauptzweck darin, die von mächtigen Kartellen beherrschte, am Boden liegende und kompromittierte deutsche Wirtschaft auf der Grundlage des Kleinunternehmertums wieder aufzubauen und auf diese Weise das Ziel eines breit gestreuten Besitzes an den Produktionsmitteln zu verwirklichen, in dem sie eine unerlässliche Voraussetzung der Freiheit sahen. Hohe Erbschaftssteuern sollten gerechte Ausgangsbedingungen für alle schaffen, während die »Mitbestimmung« von Arbeitgebern und Arbeitnehmern in Großunternehmen und auf nationaler Ebene erforderlich war, um das Vertrauen aller gesellschaftlichen Schichten zu gewinnen. Diese Forderungen wurden von 1948 an zunächst von den Christdemokraten und später ab 1959 von den Sozialdemokraten unterstützt. Das Konzept der sozialen Marktwirtschaft war auch bestimmend für das soziale Modell der Europäischen Union, dessen Kennzeichen ein vergleichsweise schwacher Staat mit zugleich starken zivilen Institutionen war. Es besteht eine enge Verwandtschaft zwischen dem kontinentalen Sozialkatholizismus, dem soziologischen Liberalismus französischer Denker wie Montesquieu und Tocqueville, dem von den Führern der britischen Conservative Party in der Zeit vor Thatcher propagierten Konservatismus à la Burke sowie den diversen Mischformen der Eigentumsverhältnisse (wie zum Beispiel Gegenseitigkeitsgesellschaften und Mitarbeitergenossenschaften), die zurück auf die mittelalterlichen Gilden verweisen.[8]

Den der katholischen Soziallehre entsprechenden Beitrag des Protestantismus können wir lose unter dem Etikett »Neoliberalismus« zusammenfassen. Anders als Ersterer war dieser Neoliberalismus säkular, progressiv und hauptsächlich dirigistisch, stimmte mit ihm in der Praxis aber in vielen Punkten überein. Der frühe, im Großbritannien vor 1914 angesiedelte »New Liberalism« war ebenfalls von der elenden Lage der Armen angerührt. Beeinflusst von Hegels Idealismus, strebten die frühen Neoliberalen eine Modernisierung des »klassischen« Liberalismus der politischen Ökonomie an. An die Stelle des *Homo oeconomicus* trat die Vorstellung des Individuums, das sich selbst in der Gemeinschaft mit anderen verwirklicht; der Staat wurde vom bloßen Vollstrecker von Rechten und Verträgen zur Verkörperung des Gemeinwohls befördert. Die Neoliberalen führten für ihre Reformprojekte zwei konkrete Argumente ins Feld: Erstens, dass moralisches Versagen nicht nur oder auch nur hauptsächlich eine Folge von charakterlichen Defiziten sei, sondern vielmehr einer krankhaften sozialen Umwelt. Und dass zweitens der unregulierte Kapitalismus den Reichen einen »unverdienten Gewinn« (beziehungsweise »steuerpflichtigen Mehrwert«) beschert, den man gerechterweise zur Linderung der Armut heranziehen kann. Die wichtigsten Politikinstrumente der Neoliberalen waren demzufolge die Erbschaftssteuer und die progressive Einkommenssteuer, deren Erträge für die Bildung, die soziale Absicherung und andere Verbesserungsmaßnahmen zu verwenden waren. Die neoliberale Theorie vom »befähigenden Staat« – einem Staat, der den Menschen hilft, sich zu entfalten – nahm viele spätere Theorien vorweg, darunter die von Amartya Sen und Martha Nussbaum, denen zufolge staatliches Handeln das Ziel haben sollte, die individuellen »Fähigkeiten« zu befördern.

Die zweite, mit Keynes, Beveridge und Roosevelt assoziierte Welle des Neoliberalismus baute sich auf in den turbulenten 1930er- und 1940er-Jahren und erlebte ihre Blüte in den 1950er- und 1960er-Jahren. Keynes trat an, die wichtigste »Lücke« in der klassischen Marktwirtschaft zu schließen, nämlich ihre Unfähigkeit, dauerhafte Vollbeschäftigung zu erzeugen. In seiner im Original 1936 erschienen *Allgemeinen Theorie der Beschäftigung, des Zinses und des Geldes* vertrat er die Ansicht, es sei die Pflicht des Staates, eine die kontinuierliche Beschäftigung aller verfügbaren Ressourcen gewährleistende Gesamtnachfrage zu erzeugen. Eine dauernde Vollbeschäftigung war nicht nur eine Grundvoraussetzung für Sicherheit, sondern auch, wie wir gesehen haben, ein Bestandteil von Keynes' ethischem Projekt, so schnell als möglich die Hürde der »wirtschaftlichen Aufgabe« zu überwinden, damit allen Menschen ein gutes Leben erreichbar werde. William Beveridge, Begründer des britischen Wohlfahrtsstaates und einer der allerersten Neoliberalen, trat an mit dem Ziel, die fünf großen Übel Verwahrlosung, Unwissenheit, Not, Untätigkeit und Krankheit auszumerzen. Mit seinem berühmten »Beveridge Report« bewirkte er nicht nur die Einführung der Sozialversicherungspflicht und damit die soziale Absicherung der Briten »von der Wiege bis zur Bahre« gegen die »Gefahren« von Pensionierung, Arbeitslosigkeit und Erwerbsunfähigkeit. Beveridges großer Wurf wurde später ergänzt durch einen nationalen Gesundheitsdienst und ein landesweites Schulsystem, beide durch Steuern finanziert. In den USA verkündete Franklin Delano Roosevelt unmittelbar nach seinem Amtsantritt 1933 den New Deal, um den Kollaps der amerikanischen Wirtschaft abzuwenden. Auch wenn die Politik des New Deal sich größtenteils auf pragmatische Antworten auf die Probleme bestimmter Wirtschaftssektoren beschränkte, gelobte Roosevelt in seiner Antrittsrede Anfang 1933 doch, die »Geldwechsler aus dem Tempel zu verjagen«. Die Programme des New Deal wurden weitergeführt und in den 1960er-Jahren sogar ausgedehnt, um die Chancengleichheit ethnischer Minderheiten zu fördern.

Ein drittes Fragment der Sozialtheorie wurde von der Sozialdemokratie beigesteuert, die sich Ende des 19. Jahrhunderts vom revolutionären Sozialismus absplitterte und in der Hauptsache davon ausging, dass der Sozialismus, definiert als der gemeinsame Besitz an den Produktionsmitteln, auf demokratischem Wege (sprich durch parlamentarische Mehrheiten) erreicht werden könnte. Nach dem Zweiten Weltkrieg spaltete sich der inzwischen unwiderruflich vom Kommunismus losgelöste demokratische Sozialismus erneut auf zwischen denjenigen, die immer noch den Sozialismus verwirklichen wollten, und den sogenannten Sozialdemokraten, die den sozialistischen Traum aufgegeben hatten und stattdessen darauf setzten, das Los der Armen mittels eines reformierten Kapitalismus zu verbessern. So fügte die Sozialdemokratie dem Neoliberalismus in einer »Mischwirtschaft« aus privaten und öffentlichen Sektoren eine ausgeprägt egalitäre Verpflichtung hinzu, ein Basismodell, das, in unterschiedlichen Spielarten, seine politische Heimat in Großbritannien, Frankreich, Italien und Skandinavien fand.

Auch in den Wirtschaftswissenschaften überdauerten Fragmente der alten Morallehren. Die wissenschaftliche Ökonomik begann ihr Dasein, indem sie der Hegemonie des Marktes substanzielle Verpflichtungen auferlegte. Zusätzlich zur allgemeinen Obliegenheit, die Bedingungen für den Wettbewerb zu gewährleisten, übertrug Adam Smith dem Staat die drei Herrscherpflichten der äußeren Verteidigung, der Besorgung einer verlässlichen Rechtspflege sowie der »Schaffung und Erhaltung« öffentlicher Institutionen und Betriebe, die, wiewohl dem Gemeinwesen insgesamt zuträglich, jedoch niemals im Interesse privater Unternehmer lagen und demzufolge gerechtermaßen durch Besteuerung finanziert werden konnten. Mit eingeschlossen in dieser dritten Kategorie war der Bildungssektor.[9] Diese Hinweise auf Nichtmarktgüter wurden weiterentwickelt in der modernen Theorie der *öffentlichen* und *meritorischen* Güter: Güter, die von der Gesellschaft zwar nachgefragt, jedoch aus unterschiedlichen und zumeist technischen Gründen vom Markt nicht bereitgestellt werden. Gegen Ende des 19. Jahrhunderts entwickelten Wohlfahrtsökonomen utilitaristische Begründungen für die Einkommensumverteilung, die auf der Annahme basierten, dass der nächste Dollar oder das nächste Pfund dem Reichen weniger von Nutzen ist als dem Armen, woraus folgt, dass eine größere Einkommensgleichheit die gesamtgesellschaftliche Utilität beziehungsweise Wohlfahrt verbessert. Kennzeichnenderweise aber schmuggelte die Wirtschaftswissenschaft auch hier prinzipiell ethische Argumente im Gewand des »Marktversagens« in ihr utilitaristisches Modell ein und beraubte sie so ihres moralischen Bisses.

Nichtsdestotrotz übten diese sich zum Teil überlappenden Fragmente einer Sozialtheorie in der ersten Hälfte des 20. Jahrhunderts einen so starken Einfluss aus, dass die westlichen Gesellschaften große Fortschritte im Hinblick auf die ethischen und materiellen Bedingungen des von Keynes erträumten Utopia erreichen konnten. Es mangelt uns hier am Raum, auf die vielen verschiedenen politischen Ansätze einzugehen, die dabei verfolgt wurden, unter dem Strich aber könnte man sagen, dass die westlichen Länder ganz darauf hinarbeiteten, die materiellen Voraussetzungen für das Wohlergehen aller Bürger zu erfüllen. Der Kapitalismus wurde zwar nicht abgeschafft, aber doch in einem solchen Maße zurechtgestutzt, dass in Großbritannien ein sozialistischer Theoretiker wie der Labour-Politiker Anthony Crosland 1956 in dem Buch *Future of Socialism* offen die Frage stellte, ob man es noch mit derselben Bestie zu tun habe. Die hauptsächlichen Errungenschaften des Vierteljahrhunderts von 1950 bis 1975 waren die durchgängige Vollbeschäftigung, die Reduzierung der Ungleichheit durch progressive Einkommenssteuern, der massive Ausbau der sozialen Sicherungssysteme und die Friedenssicherung. Dank der stetig steigenden Produktivität stiegen bei einer sehr moderaten Inflation die Reallöhne, und die Arbeitszeiten gingen zurück. Die entwürdigende Armut der Art, wie sie noch im 19. Jahrhundert weit verbreitet war, gab es nicht mehr. Im Gesundheitsbereich, in der Bildung, bei der Gleichberechtigung der Frau, überall wurden Fortschritte erzielt. Dass die Wirtschaft wuchs, wurde als eine Folgeerscheinung der Politik im Allgemeinen verstanden, nicht als ein eigenständiges oder gar alles andere dominierendes Politikziel. Getragen von realen Verbesserungen des Lebensstandards aller Schichten, entwickelte sich eine starke soziale Kohäsion.

Die politische Ökonomie dieser Zeit war in vielerlei Hinsicht in geradezu bewunderungswürdiger Weise auf die möglichst flächendeckende Bereitstellung der Basisgüter ausgerichtet. Das Problem war, dass ihr die Sprache verloren gegangen war, sich selbst in diesen Beziehungen zu beschreiben. Vor allem aus diesem Grund gelang es ihr nicht, die wirtschaftlichen und gesellschaftlichen Erschütterungen zu überstehen, von denen die westlichen Gesellschaften in den 1970er-Jahren getroffen wurden. Der Historiker Peter Clarke nahm an diesem Zusammenhang die hilfreiche Unterscheidung zwischen einem »moralischen« und einem »mechanistischen« Reformismus vor. Der moralische Reformismus begriff Verbesserungen der materiellen Lage als eine Möglichkeit, die Menschen auf eine moralisch höhere Stufe zu heben; dem mechanistischen Reformismus dagegen ging es allein darum, ihren Wohlstand zu mehren.[10] Durch den Niedergang des Religiösen und die dezidiert individualistische Ausrichtung in der Ökonomie und der politischen Philosophie ihrer ethischen Sprache beraubt, sahen sich die »moralischen« Liberalen zum Rückgriff auf eine rein »mechanistische« Argumentation gezwungen. Sie betonten den positiven Effekt einer besser ernährten, besser untergebrachten, besser gekleideten, gesünderen und besser gebildeten Arbeiterschaft auf die Produktivität. Das war aller Wahrscheinlichkeit nach auch zutreffend, doch indem sie sich der Sprache der Effizienz bedienten, machten sich die moralischen Reformer angreifbar für den Vorwurf, ihre Reformen hätten Ineffizienz erzeugt, und zwar indem sie die Anreize für Arbeiten und Sparen geschwächt und Ressourcen aus dem produktiven Sektor abgezogen hätten. Der Sozialliberalismus der 1950er- und 1960er-Jahre konnte keine Alternative mehr zum Profitmotiv anbieten und kam in seiner Kritik nicht über auf bestimmte Aspekte des »Marktversagens« bezogene Einschränkungen hinaus. Als die sozialliberal regierten Staaten in den 1970er-Jahren in eine Fiskalkrise schlitterten, konnten sie der Neuauflage der Philosophie vom ungehemmten Eigeninteresse intellektuell nichts Zwingendes entgegensetzen. Die Steuersätze fielen, der Wohlfahrtsstaat wurde zusammengestrichen, Staatsunternehmen privatisiert und dem Finanzsektor Tür und Tor geöffnet.

Der *Coup de grâce* schließlich erfolgte mit dem Fall des Kommunismus. In der Zeit des Kalten Kriegs musste der Westen als Gegengewicht für die Versprechungen des Kommunismus ein eigenes Konzept vom guten Leben propagieren. Diese Notwendigkeit hatte sich nun erübrigt; es gab keinen ideologischen Herausforderer mehr, und im postkommunistischen Russland brach sich die lange unterdrückte Gewinnsucht ungestüm Bahn. Die aktuelle Krise des Kapitalismus hat zwar spontane Ausbrüche eines Antikapitalismus provoziert, aber bislang noch nicht zur Herausbildung einer alternativen Theorie geführt. Der Marktindividualismus ist nach wie vor unangefochtener Herr im Haus.

Dabei liegt die Ironie unserer Situation gerade darin, dass wir nicht länger genötigt sind, das gute Leben, so wie wir es definiert haben, auf dem Altar der Effizienz zu opfern. Falls wir tatsächlich den Punkt erreicht haben, an dem, wie Keynes das formulierte, »die Anhäufung von

Reichtum nicht mehr von hoher gesellschaftlicher Wichtigkeit ist«, dann wären wir frei, »die schein-sittlichen Grundsätze [und] alle Arten von gesellschaftlichen Gewohnheiten und wirtschaftlichen Kniffen von uns zu werfen, die die Verteilung des Reichtums, wirtschaftliche Belohnungen und Strafen betreffen und die wir jetzt […] mit allen Mitteln aufrechterhalten, weil sie ungeheuer nützlich sind, die Anhäufung von Kapital zu fördern.«[11] Was würde das in der Praxis bedeuten?

EINE SOZIALPOLITIK FÜR DIE BASISGÜTER

Unser Geschäft ist es nicht, irgendwelche Parteimanifeste zu verfassen, daher können wir hier nur allgemeine Hinweise aussprechen. Ebenso wenig wollen wir den Eindruck erwecken, unsere hier formulierten Ziele könnten unmittelbar verwirklicht werden. Wie Keynes wollen wir »in die Zukunft blicken«, allerdings von einer Position aus, die zugleich mehr und weniger günstiger als die seine ist: günstiger insofern, als wir vier bis fünf Mal so wohlhabend sind wie die Menschen zu seiner Zeit; ungünstiger zum einen, weil wir einen Gutteil der moralischen Sprache verloren haben, über die er und seine Leser noch ganz natürlich verfügten, und zum anderen, weil neue, sich aus dem Bevölkerungswachstum und der Erschöpfung der natürlichen Ressourcen ergebende Ursachen der Knappheit unsere Zukunft bedrohen.

Wie müsste eine ökonomische Organisation aussehen, die auf die Realisierung der Basisgüter ausgerichtet ist? Sie würde ausreichend Güter und Dienstleistungen bereitstellen müssen, um die Grundbedürfnisse aller Menschen zu erfüllen *und* ihnen einen angemessenen Lebensstandard zu ermöglichen. Sie würde das weiterhin bei einer gleichzeitigen beträchtlichen Reduzierung des erforderlichen Arbeitsaufwands bewerkstelligen müssen, damit den Menschen mehr Zeit zur Muße bleibt, wobei unter Muße hier selbstbestimmte Aktivitäten zu verstehen sind. Sie würde für eine gleichmäßigere Verteilung von Vermögen und Einkommen sorgen müssen, nicht nur, um den Arbeitsanreiz zu vermindern, sondern auch, um die sozialen Grundlagen von Gesundheit,

Persönlichkeit, Respekt und Freundschaft zu stärken. Schließlich würde eine Gesellschaft, die die Basisgüter von Freundschaft und Harmonie mit der Natur zu verwirklichen sucht, mehr Gewicht auf Lokalität und weniger auf Zentralisierung und Globalisierung legen. Diese materiellen Erfordernisse sind miteinander verbunden, und ist eine nicht erfüllt, gefährdet das zugleich die anderen, wenn auch in unterschiedlichem Maße. Wenn die Menschen sich allzu hart mühen müssen, um ihre materiellen Bedürfnisse zu befriedigen, werden Basisgüter wie Muße geopfert. Große Ungleichheit mag erträglich sein, solange jedermann über ausreichend materielle Güter verfügt; wenn aber unter solchen Umständen eine Minderheit sehr viel mehr hat, als genug wäre, würde das die Unersättlichkeit befeuern und jeden Wohlstand unsicher machen. Und schließlich erscheint das Prinzip der Lokalität, ob nun in der Produktion oder im politischen Leben, untrennbar mit Persönlichkeit, Respekt und Harmonie mit der Natur verbunden.

Wie weit sollte die Politik gehen in dem Bestreben, diese Ziele zu verwirklichen? Die Krux der Sache betrifft die Frage, bis zu welchem Punkt ein liberaler Staat in die Entscheidungen der Individuen darüber eingreifen darf, wie viel sie arbeiten oder wie viel sie konsumieren möchten. Liberale Ökonomen und Philosophen sind entschiedene Antipaternalisten, sprich, sie sind überzeugt, dass jedes Individuum am besten dazu befähigt ist, über seine eigenen Interessen zu urteilen; beziehungsweise, wenn nicht, dann zumindest die Freiheit haben sollte, seine eigenen Fehler zu begehen. Die Leute sollten so viel arbeiten dürfen, wie sie wollen, und was die Verbraucher zu kaufen wünschen, sollte darüber bestimmen, was produziert wird, weil allein eine die Begierden der individuellen Konsumenten befriedigende Güterallokation die Wohlfahrt der Gemeinschaft maximiert. Allgemeiner formuliert, hängen die meisten modernen Liberalen dem Glauben an, dass in diesen Dingen jede Abweichung vom Grundsatz der »Neutralität« seitens des Staates einer Beschränkung der Freiheit des Individuums gleichkommt.

Wofür wir eintreten, ließe sich vielleicht am treffendsten als Paternalismus ohne Zwang beschreiben. Wir glauben, dass der Staat seine

Macht durchaus dafür einsetzen darf, die Basisgüter zu fördern, allerdings nur insoweit, als er damit nicht gegen das Basisgut der Persönlichkeit verstößt. Wir geben demnach stets zwangsfreien Maßnahmen den Vorzug gegenüber solchen, die mit Zwang einhergehen. Bei dem, was wir weiter unten vorschlagen, geht es also darum, bestimmte Verhaltensweisen zu fördern beziehungsweise zu hemmen, ohne dabei aber der individuellen Wahlfreiheit neue Beschränkungen aufzuerlegen; tatsächlich sind unsere Vorschläge sogar darauf ausgelegt, dem durchschnittlichen Individuum mehr Wahlfreiheit zu bieten.

In Kapitel 1 haben wir als hauptsächliche Antriebskräfte der Tretmühle Arbeit die überlegene Macht des Kapitals im Vergleich zur Arbeit sowie unseren – von der Werbung befeuerten – unersättlichen Hunger auf Konsumgüter identifiziert. Ersteres bestimmt die Menge des Realeinkommens, das die Menschen als Ausgleich für die Unannehmlichkeit oder Qual der Arbeit aufwenden müssen, Zweiteres das Einkommen, das sie glauben haben zu müssen, um auf Arbeit verzichten zu können. So oder so, unser gegenwärtiges System fördert ein Mehr an Mühsal auf Kosten der Muße, im ersten Fall dadurch, dass es den Anstieg des Medianeinkommens im Gleichschritt mit dem Produktivitätszuwachs verhindert, im zweiten Fall, weil es auf jeder Einkommensebene den psychischen Drang zum Konsum anheizt. Unsere Aufgabe ist demzufolge eine zweifache: einmal müssen wir dafür Sorge tragen, dass die Erträge der steigenden Produktivität gerechter verteilt werden, und zweitens müssen wir den Konsumzwang reduzieren.

Ein zentraler Aspekt des ersten Problems gründet darin, dass die derzeitige Einkommensverteilung den durchschnittlichen Produktivitätsanstieg nicht widerspiegelt. Wären die Produktivitätsgewinne im produzierenden Gewerbe und einigen spezialisierten Dienstleistungsbereichen auf die gesamte Bevölkerung umgelegt worden, wären die durchschnittlichen Arbeitszeiten auch nach 1980 aller Wahrscheinlichkeit nach weiter zurückgegangen. Stattdessen aber hat das Kapital einen immer größeren Anteil des Produktivitätswachstums absorbiert. Zugleich ist im öffentlichen Dienst, wo Produktivität nur schwer gemessen werden kann und zudem häufig irrelevant ist, der Grundsatz aufgehoben worden, dass die Gehälter im Gleichschritt mit dem durchschnittlichen Produktivitätszuwachs steigen, womit die Einkommen im öffentlichen Sektor den Willfährigkeiten des Staatshaushalts ausgeliefert worden sind.

Das Problem, welches Keynes schon 1930 benannte – dass »unsere Entdeckung von Mitteln zur Ersparung von Arbeit schneller voranschreitet als unsere Fähigkeit, neue Verwendung für die Arbeit zu finden«[12] –, ist nicht in der Art und Weise gelöst worden, wie er das erwartet hatte. Die Automatisierung der Produktion hat keineswegs einen massiven Anstieg der Freizeit bewirkt, sondern vielmehr eine massive Verlagerung von Arbeit in den schlechter bezahlten Dienstleistungssektor, wo die Menschen länger arbeiten müssen, wollen sie mit ihrem Einkommen auskommen, während all diejenigen, die in der Dienstleistungswirtschaft nicht unterkommen, arbeitslos oder unterbeschäftigt sind oder sich mit Gelegenheitsarbeiten über Wasser halten müssen. Zugegeben, die letztgenannte Methode reduziert die Arbeitszeit, vor allem aber verschärft sie die Beschäftigungsunsicherheit und widerspricht damit dem Basisgut der Sicherheit. Die Stagnation der Einkommen wiederum trägt zur zunehmenden Verschuldung bei, da der unstillbare Konsumwunsch durch das Einkommen aus Arbeit nicht länger befriedigt werden kann.

Dass der Anteil des Dienstleistungssektors an der Gesamtwirtschaft steigt, ist eine in reichen Gesellschaften ganz natürliche Entwicklung. Allerdings sollte der Dienstleistungssektor nicht in dem Maße, wie das gegenwärtig der Fall ist, auf die Befriedigung der Bedürfnisse des »oligarchischen Reichtums« ausgerichtet sein. In der Tat fallen wir langsam zurück in die Zustände früherer Zeiten, als die Gesellschaften in eine kleine Klasse von *Rentiers* und eine großen Klasse von Bediensteten zerfielen, jedoch ohne die hierarchischen Strukturen, die derartige Statusunterschiede damals erträglicher machte. Alle, die über substanzielle Vermögen verfügen, werden sich die Dienste all derjenigen erkaufen können, die wegen des Mangels an Vermögen gezwungen sind, viel zu arbeiten – Chauffeure, Gärtner, Hausbedienstete, Raumpfleger, Kindermädchen, Nachhilfelehrer, Trainer, Kosmetikerinnen, Stallhelfer, Verkaufspersonal, Kellner und so weiter. In solchen Gesellschaften wird es neben privat finanzierten hochwertigen Dienstleistungen für die Reichen kollektiv finanzierte minderwertige Dienstleistungen für den großen Rest geben.

Für ein Zeitalter des Überflusses wäre das allerdings ein ziemlich erbärmliches Ergebnis. Wie wir das verhindern können? Dazu müssten wir erstens und vor allem gegen die Einkommensungleichheit angehen. Denn die durchschnittliche Arbeitszeit wird nur dann wieder sinken, wenn die Realeinkommen der Mehrheit relativ zu den derzeit von einer kleinen Minderheit bezogenen Einkommen steigen. In den USA und Großbritannien hat sich die Lücke zwischen Spitzen- und Medianeinkommen zu einer Kluft ausgewachsen. Es sollten nachhaltige Anstrengungen unternommen werden, den auf Lehrer, Ärzte, Krankenschwestern und andere Fachkräfte im öffentlichen Dienst entfallenden Einkommensanteil zu vergrößern. Allerdings wird das nicht ohne Steuererhöhungen gehen und aus diesem Grund auf mehr politischen Widerstand stoßen als in Ländern mit einer gleichmäßigeren Einkommensverteilung.

Aber das wird nicht reichen. Dazu kommt nämlich noch das von Juliet Schor aufgezeigte Problem der ungleichen Machtverteilung am Arbeitsplatz, dank derer der Arbeitgeber über die bloße Entlohnung hinaus die Bedingungen und Umstände der Arbeit diktieren kann. Für einen Unternehmer ist es profitabler, wenn eine kleine Zahl von Mitarbeitern längere Arbeitszeiten hat, als wenn er dieselbe Arbeit auf mehr Schultern verteilt – mit der Folge, dass der Arbeitsmarkt aufgeteilt ist zwischen denen, die gezwungen sind, mehr Stunden zu arbeiten, als ihnen lieb ist, und denen, die nicht genügend Arbeit erhalten können.

Die Macht der Bosse bei der Gestaltung der Arbeitsumstände und -bedingungen zu beschränken, wird mehrere unterschiedliche Ansätze erfordern. Der einfachste Schritt wäre, per Gesetz eine progressive Reduzierung der Arbeitszeit zu verordnen, zum Beispiel durch die Begrenzung der maximalen Wochenarbeitsstunden und/oder die Erhöhung des gesetzlichen Mindesturlaubs. Daran ist nichts Neues: Die Arbeitszeiten werden seit den Tagen der Fabrikgesetze (Factory Acts) im frühen 19. Jahrhundert kontrolliert. Die Arbeitszeitrichtlinie der Europäischen Union beschränkt die maximale Wochenarbeitszeit derzeit auf 48 Stunden (in Großbritannien allerdings können Arbeiter individuell auf diese Obergrenze verzichten), während sie in Frankreich seit 2000 auf 35 Stunden begrenzt ist. Ideal wäre es, für die meisten Berufe maximal zulässige Arbeitszeiten festzulegen und Ausnahmen für Sonderfälle zu erlauben, zum Beispiel was die selbstständige Arbeit, Partnerschaften, Familienbetriebe oder Kleinunternehmen betrifft.

Innerhalb eines solchen Rahmens stünde es Arbeitgebern und Arbeitnehmern dann frei, flexible Ruhestandsregelungen und Teilzeitlösungen auszuhandeln. Das Konzept der Teilzeitarbeit, des »Jobsharing«, lehnen die Ökonomen seit jeher ab mit dem Verweis auf die sogenannte »Lump-of-Labour-Fallacy«, sprich den Trugschluss, es gäbe eine fixe Arbeitsmenge, die auf alle aufgeteilt werden könnte, die arbeiten wollen. Dieser Einwand ist relevant, solange das Ziel der Wirtschaftspolitik in der Wachstumsmaximierung besteht. Sobald man sich aber vom Wachstum als zentralem Politikziel verabschiedet, ist das Modell der Teilzeitarbeit in einer Welt, in der infolge der voranschreitenden Automatisierung die Nachfrage nach Arbeit im produzierenden Sektor schrumpft, am ehesten geeignet, einen Ausgleich zwischen der Nachfrage nach Arbeit und dem Angebot an Arbeit zu schaffen. Das Teilzeitmodell kann zwar auch auf schlechter bezahlte Stellen im Dienstleistungssektor angewendet werden, würde dann aber durch zusätzliche Maßnahmen ergänzt werden müssen.

Übrigens gibt es keinen Grund, weshalb eine allgemeine Reduzierung der Arbeitszeiten zu einem Rückgang der durchschnittlichen Einkommen führen muss. Die durchschnittliche Arbeitszeit der Niederländer zum Beispiel liegt unter der der Briten, dennoch verfügen sie – bei einer zudem gleichmäßigeren Einkommens- und Vermögensverteilung – über ein höheres Pro-Kopf-Durchschnittseinkommen (42.000

US-Dollar gegenüber 36.000 US-Dollar). Unter Umständen kann die Produktivität sogar steigen, wenn sich Teilzeitarbeiter in den Stunden, die sie arbeiten, mehr engagieren oder die Arbeitgeber die Arbeitsbedingungen verbessern. Genau das scheint dort, wo das Experiment gewagt wurde, auch eingetreten zu sein. So wurden in den zwei Monaten, die Edward Heath 1974 Großbritannien auf eine Drei-Tage-Arbeitswoche setzte, kaum Produktionsrückgänge verzeichnet. Und als der Autokonzern Volkswagen in den 1980er-Jahren die wöchentliche Arbeitszeit von 36 auf 28,8 Stunden senkte, um nicht 30.000 Arbeiter entlassen zu müssen, konnte er durch die Reorganisation der Arbeit die Produktivität sogar steigern. Kürzere Arbeitszeiten bedeuten, dass Unternehmen mehr Schichten fahren und die Betriebszeiten trotz geringerer Wochenarbeitszeiten der Mitarbeiter steigern können, wodurch wiederum die Stückkosten sinken.[13] Auch in anderen Teilen Europas wurden in den 1980er- und 1990er-Jahren ähnliche Modelle eingeführt, um die Auswirkungen des großen »Downsizing« der Industrie abzumildern. Die meisten davon werden bis heute fortgeführt, und nach Lage der Dinge sind sie nicht nur effektive Instrumente zur Arbeitszeitreduzierung, sondern haben zudem auch noch das Lohngefälle zwischen Voll- und Teilzeitmitarbeitern schrumpfen und die Produktivität steigen lassen.[14]

Darüber hinaus gibt es mehr als genug Hinweise dafür, dass die Menschen durchaus bereit sind, Einkommen gegen Freizeit einzutauschen, wenn ihnen das erlaubt wird und die Einkommenseinbußen nicht allzu groß sind. Dänemark hat 1993 ein Gesetz verabschiedet, indem das Recht der Menschen auf diskontinuierliche Arbeit explizit anerkannt und ihnen zugleich Anspruch auf kontinuierliche Bezahlung gewährt wurde. Das Gesetz ermöglicht ganz neue Formen der Teilzeitarbeit. So haben Mitarbeiter die Option, sich alle vier oder sieben Jahre ein Jahr lang freistellen zu lassen, können dieses Jahr aber auch in kürzere Zeiträume unterteilen. Während dieser Zeit übernehmen Arbeitslose die Stelle, während die freigestellten Mitarbeiter rund 60 Prozent ihres bisherigen Nettolohns beziehen. Die dänischen Gewerkschaften haben es verstanden, mithilfe dieses in Gesetzform gegossenen individuellen Rechts die durchschnittliche Arbeitzeit ganzer Unternehmensbelegschaften zu senken und so zusätzliche feste Arbeitsplätze zu schaffen. In einem öffentlichen Verkehrsunternehmen etwa haben die Arbeiter beschlossen, die Mitarbeiterzahl um 10 Prozent aufzustocken und im Gegenzug dafür jedes Jahr ein Zehntel der Belegschaft freizustellen. Natürlich erhalten die Arbeiter, die beschließen, weniger zu arbeiten, auch weniger Geld, aber das ist ihre Entscheidung. Wie der Erfolg des dänischen Modells belegt, setzen viele Arbeiter – anders als die meisten Ökonomen – den Lebensstandard nicht zwingend mit dem Pro-Kopf-Einkommen gleich. Einkommen steigert den Wert der Muße, aber es schließt sie nicht mit ein.[15]

Trotz ihrer Vorteile sind derartige Teilzeitarbeitsmodelle für viele Arbeitnehmer in niedrigen Lohngruppen nicht praktikabel, die auf eine Vollzeitstelle angewiesen sind, um über die Runden zu kommen. Aber auch diese Arbeiter müssten so gestellt werden, dass sie es sich leisten können, weniger zu arbeiten. Und genau in diesem Zusammenhang entwickelt das Konzept eines von jeder Arbeitsverpflichtung unabhängigen Grundeinkommens seinen Reiz.

Das Grundeinkommen

»Das Grundeinkommen ist ein Einkommen, das der Staat jedem vollen Mitglied oder akkreditierten Residenten einer Gesellschaft bezahlt, unabhängig davon, ob er oder sie einer bezahlten Tätigkeit nachzugehen wünscht, oder reich oder arm ist, mit anderen Worten, unabhängig von allen anderen Einkommensquellen, über die diese Person möglicherweise verfügt, und unabhängig von der gewählten Form des Zusammenlebens im häuslichen Bereich.«[16]

Das Grundeinkommen ist zu unterscheiden vom »Mindesteinkommen«, mit dem verhindert werden soll, dass die Einkommen aus Arbeit unter die sogenannte »Armutsgrenze« fallen. Das Instrument des Mindesteinkommens ist bedarfsorientiert und mit dem Arbeitsmarkt verbunden, entweder durch die Anforderung, dass der Bezieher aktiv nach einer Arbeit sucht (in Großbritannien ist das Arbeitslosengeld umbenannt worden in »Arbeitssuchendenunterstützung«), oder indem es zur Aufstockung der Löhne in besonders schlecht bezahlten Berufsfeldern verwendet wird. Beim Grundeinkommen handelt es sich im Gegensatz dazu um eine bedingungslose Zahlung an alle Bürger, idealerweise in einer Höhe, die ihnen eine echte Wahl darin erlaubt, wie viel sie arbeiten möchten.

Das Konzept von einem Grundeinkommen – oder Bürgereinkommen, wie es manchmal auch genannt wird – reicht weit in die Vergangenheit zurück. Wir können die Idee von Thomas Hobbes im 17. Jahrhundert über Tom Paine im 18. Jahrhundert bis ins 19. Jahrhundert zu den Anhängern (des von John Stuart Mill gelobten) Charles Fouriers und in der Tradition Jeffersons stehenden amerikanischen Autoren nachverfolgen. In jüngeren Zeiten ist sie in der einen oder anderen Variante von Quäkern und Sozialisten sowie von James Meade, Samuel Brittan und André Gorz propagiert worden.[17] 1943 regte in Großbritannien die liberale Politikerin Lady Rhys-Williams die Einführung einer »Sozialdividende« an, zahlbar an alle Familien und zu finanzieren aus der Einkommenssteuer, die im Gleichschritt mit dem nationalen Volkseinkommen steigen würde. Neuere, in diese Richtung gehenden Vorschläge, wie beispielsweise Milton Friedmans »negative Einkommenssteuer« – eine einmalige jährliche Geldzahlung an alle, deren Einkommen eine bestimmte Schwelle unterschreitet –, wurden vor allem als Versuch angesehen, ein billigeres soziales Sicherungssystem zu schaffen.[18] Darüber hinaus ist etwas, das ebenfalls als Grundeinkommen bezeichnet wird, als Instrument zur Lohnergänzung für Fälle gefördert worden, in denen der marktübliche Lohn das Existenzminimum unterschreitet, und ist in dieser Funktion vielerorts in Form von Steuerfreibeträgen übernommen worden.

In ihrer Mehrzahl gingen die früheren Begründungen für ein Grundeinkommen von gegebenen Rechten oder Ansprüchen aus, etwa, um ein typisches Beispiel zu nennen, von der Vorstellung, jeder Bürger habe – im Ausgleich für den ursprünglichen Akt der ersatzlosen Enteignung – Anspruch auf einen Teil des materiellen Besitzes der Nation, sprich ihres natürlichen oder ererbten Reichtums. Mitunter wurde auch der Wert von Gütern wie Unabhängigkeit und Muße gewürdigt.

In der Reinform der bedingungslosen Einkommensgarantie für alle ist das Grundeinkommen bislang noch immer an zwei Einwänden gescheitert. Erstens, dass es sich dabei um einen negativen Arbeitsanreiz handelt, und zweitens, dass die Gesellschaften sich seine Finanzierung gar nicht leisten können. Wegen solcher Bedenken findet man die wenigen in der Praxis existierenden Grundeinkommensmodelle in Regionen wie Alaska und (zum Teil) den Vereinigten Arabischen Emiraten, die über einen großen Reichtum an natürlichen Ressourcen verfügen, deren Gewinnung vergleichsweise wenig Arbeit erfordert, und die ihren Bürgern deshalb nur wenig Beschäftigungsmöglichkeiten bieten können.[*]

Wenn das Problem aber nicht im Mangel, sondern im Überfluss liegt, und das Ziel der Politik nicht darin besteht, das Wachstum zu maximieren, sondern die Versorgung mit den Basisgütern zu gewährleisten, entfallen beide Einwände. In einer solchen Situation lautet das Ziel nämlich genau, den Arbeitsanreiz zu *vermindern* und Muße attraktiver zu machen; außerdem können es sich reiche Gesellschaften in zuneh-

---

[*] Der 1976 eingerichtete Alaska Permanent Fund (APF) finanziert sich aus den Einnahmen der Ölfelder des Bundesstaates. Jeder, der seinen Wohnsitz seit mindestens sechs Monaten im Bundesstaat Alaska hat und nicht wegen eines Verbrechens verurteilt ist, erhält ein jährliches Grundeinkommen, das sich nach der durchschnittlichen Wertentwicklung des Fonds in den vorangegangenen fünf Jahren richtet. 2010 betrug die Dividende 1282 US-Dollar, sie kann aber auch deutlich darüber liegen, wie zum Beispiel 2008, als sie sich (einschließlich einer einmaligen Sondervergütung) auf 3269 US-Dollar summierte. Dank des Fonds ist in keinem anderen US-Bundesstaat die Einkommensverteilung so gleichmäßig wie in Alaska. Im Durchschnitt der 1990er-Jahre entsprach die Dividende aus dem AFP 6 Prozent des BIP von Alaska – mit der Folge, dass in einem Jahrzehnt, in dem im Gesamtdurchschnitt der USA die Einkommen der ärmsten Familien um 12 Prozent stiegen, die der reichsten Familien aber um 26 Prozent, in Alaska Einkommen der Ärmsten um 28 Prozent zulegten, die der Reichsten dagegen nur um 7 Prozent. Die Sozialdividende ist beliebt, aber politisch umstritten, da sie aus der Ausbeutung eines begrenzten Vorkommens an natürlichen Ressourcen finanziert wird. Bislang ist Alaska das einzige Beispiel für die praktische Umsetzung eines Grundeinkommensmodells, allerdings hat Brasilien 2004 ein Gesetz über die Einführung eines Grundeinkommens verabschiedet, das ab 2005 schrittweise und beginnend bei den bedürftigsten Bevölkerungsgruppen eingeführt werden soll. In den Vereinigten Arabischen Emiraten gibt es zwar auch eine an den Einnahmen aus dem Ölexport bezogene Sozialdividende, in deren Genuss aber nur die (sich in der Minderheit befindlichen) eigenen Staatsangehörigen kommen, nicht jedoch die Mehrheit der Ausländer, die den Großteil der Arbeit machen.

mendem Maße *leisten*, ihren Bürgern ein Grundeinkommen zu bezahlen. Ein bedingungsloses Grundeinkommen würde vielen, die heute Vollzeit arbeiten müssen, die Teilzeitarbeit ermöglichen; zudem würde es allen Arbeiternehmern zumindest im Ansatz dieselbe Freiheit geben, darüber zu entschieden, wie viel – und unter welchen Bedingungen – sie arbeiten möchten, die bislang denen vorbehalten ist, die über ein beträchtliches Kapital verfügen. 2005 fasste der britische Wirtschaftsautor Samuel Brittan die hinter dem Konzept des Grundeinkommens stehende Logik auf eine Weise zusammen, die unsere volle Zustimmung findet:

> Das Ziel eines Grundeinkommens besteht darin, jeden Bürger in einen kleinen Rentier zu verwandeln. Privateigentum und unverdientes Einkommen, von den Marxisten so verteufelt, sind nicht an sich böse. Das Problem liegt darin, dass (abgesehen von Wohneigentum) nur so wenige Leute darüber und über die vielen Vorzüge der persönlichen Unabhängigkeit verfügen, die sie einem erschließen. In der besseren Gesellschaft, die einige von uns anstreben, sollten diese Vorzüge zweifelsohne allgemeinere Verbreitung finden.[19]

Verwirrenderweise kommt das sogenannte Grundeinkommen in zwei Varianten vor: in Form einer einmaligen Zahlung oder als garantiertes jährliches Einkommen. Analytisch betrachtet, könnte man argumentieren, läuft beides auf dasselbe hinaus, da die einmalige Kapitalausstattung dem diskontierten Wert der erwarteten zukünftigen Einkommen entspricht. Doch der Besitz an Kapital gibt den Leuten eine Wahlmöglichkeit: Sie können entweder »von seinem Ertrag leben« oder es ausgeben, also ein Haus kaufen, ein Unternehmen gründen, es ansparen oder verprassen. Das garantierte kontinuierliche Grundeinkommen bietet mehr Sicherheit für die gesamte Lebenszeit, die Einmalzahlung dagegen mehr individuelle Wahlfreiheit. Unter dem Strich geben wir der Einmalzahlung den Vorzug, weil auf diese Weise das Ziel einer gleichmäßigeren Verteilung des verfügbaren Vermögens – mithin der Basis von Respekt und Persönlichkeit – erreicht werden würde. Da aber kein Basisgut ein

anderes Basisgut ausschließen soll, könnte man entweder ein Grundein-
kommensmodell anbieten, das eine einmalige Kapitalzahlung mit einem
lebenslangen Grundeinkommen kombiniert, oder, nach einer gewissen
Erfahrungszeit, den Leuten die Wahl zwischen einem von beiden lassen.[20]

Der Einwand, ein Grundeinkommen – also ein Einkommen, das alle
Bürger über die Armutsgrenze hebt – sei nicht finanzierbar, verliert in
wohlhabenden Gesellschaften zusehends an Gültigkeit. In seiner 1989 erscheinen Schrift *Agathotopia: The Economics of Partnership* hat der
Wirtschaftswissenschaftler und Nobelpreisträger James Meade vorge-
rechnet, dass ein dem Arbeitslosengeld entsprechendes Subsistenzein-
kommen für alle Bürger durch eine Kombination aus Kapitalsteuern
und Erträgen von in Staatsbesitz befindlichen, aber privat gemanagten
Investmentfonds finanzierbar wäre, wobei dieses Grundeinkommen im
Gleichschritt mit dem Nationaleinkommen angehoben würde.[21] Manche sind der Ansicht, dass der Verkauf von auf die Umweltfolgen bezogenen Verschmutzungsrechten wie zum Beispiel CO_2-Emissions-
rechten ausreichen würde, um EU-weit ein Grundeinkommen von
1500 Euro zu finanzieren.[22] Steuern auf Finanztransaktionen – auch als
Tobin-Steuern bezeichnet – stellen eine weitere potenzielle Einnahme-
quelle dar. 2001 legten zwei amerikanische Professoren, Bruce Ackerman und Anne Alstott, einen durchgerechneten Plan für eine als Teil-
haberanteile bezeichnete einmalige Kapitalzahlung vor, finanziert aus
einer Steuer auf Privatvermögen.[23] Ein kleiner Schritt hin in Richtung
einer Kapitalgrundausstattung für alle war der Child Trust Fund, den
Gordon Brown als britischer Schatzkanzler 2001 vorstellte. Browns Plan
sah vor, für jedes Neugeborene einen steuerfreien »Kindertreuhandfonds« mit einer Einlage von bis zu 800 Pfund einzurichten.* Dieser 2005

---

* Vorgesehen war, dass der britische Staat jedem der im Durchschnitt 700.000 Neugebo-
renen in Großbritannien ein Treuhandkonto einrichtet; die Kosten dafür wurden mit
rund 480 Millionen Pfund veranschlagt. Das Fondskapital sollte von Finanzinstituten bis
zur Volljährigkeit der Kinder investiert werden und danach von diesen für bestimmte
Zwecke wie Studium, Berufsausbildung, Unternehmensgründung, Kauf einer Wohnim-
mobile verwendet werden. Die Kapitalausstattung der Fonds reichte von 400 Pfund für
Kinder wohlhabender Familien bis hin zu 800 Pfund für Kinder aus den ärmsten Fami-

schließlich eingeführte Fonds hätte Teil eines weitaus umfassenderen Systems werden können, in das Einnahmen aus Sozialversicherungssteuern, aus Kapital- und Finanztransaktionssteuern sowie aus Gewinnen staatlicher Investmentfonds geflossen wären. Doch 2010 schaffte die neu ins Amt gewählte Koalition aus Konservativen und Liberalen den Child Trust Fund wieder ab.

Der Vorwurf ist häufig zu hören, ein Grundeinkommen, ob nun der einen oder anderen Art, würde nur Faulheit und Ausschweifung Vorschub leisten. Ausgestattet mit einem garantierten Jahreseinkommen, würde ein Großteil der erwachsenen Bevölkerung zu lethargischen und sittlich verderbten Staatsabhängigen mutieren. Und eine einmalige Kapitalausstattung, ausgegeben an verantwortungslose 18-Jährige, würde von diesen im Handumdrehen in Drogen und Designerklamotten umgesetzt, womit sie genauso schlecht – wenn nicht sogar schlechter – als zuvor dastünden.

Diese Risiken sind natürlich nicht von der Hand zu weisen, doch es gibt auch zwei optimistischere Möglichkeiten. Die erste betrifft die einmalige Kapitalausstattung. Es gibt keinen Grund für die Annahme, die Empfänger der Einmalzahlung seien weniger als irgendwelche Erben in der Lage, ihr Kapital zu bewahren, insbesondere da die Kapitalausstattung nicht als unverhoffter Glücksfall (wie zum Beispiel bei einem Lotteriegewinn) anfällt, sondern Bestandteil eines Gesellschaftsvertrages wäre. Wie viele Kinder reicher Eltern haben ihr Erbe schon verschleudert oder verzockt? Und doch haben sich die Reichen über die Generationen hinweg erstaunlich gut darauf verstanden, ihren Reichtum zu bewahren. Allerdings haben sie das nicht ganz ohne Hilfestellung getan. Vermögen werden oftmals in einer Form vererbt, zum Beispiel als

lien. Um speziell arme Familien zum Sparen zu ermuntern, bot der Staat ihnen für zusätzliche in den Fonds eingezahlte Sparbeträge Ausgleichszuschüsse an. Nach einer vom britischen Institute for Public Policy Research (IPPR) – der Denkfabrik, die die Labour-Regierung davon überzeugte hatte, den Kindertreuhandfonds einzuführen – erstellten Modellrechnung wäre ein 1981 mit 750 Pfund eingerichteter »Babyfonds« bis 1999 auf 2625 Pfund angewachsen.

Treuhandfonds, die der Verschwendungslust der Erben Grenzen setzen. Dasselbe Prinzip ließe sich auch auf die weitaus bescheideneren einmaligen Kapitalausstattungen anwenden. Die Gefahr, dass die Mittel im Unverstand verprasst werden, wird verringert, wenn man ihre Verwendung auf bestimmte Zwecke (wie zum Beispiel Bildung) beschränkt und das Auszahlungsalter auf 30 Jahre oder mehr anhebt (Erbschaften werden normalerweise ja auch eher in vorgerücktem Lebensalter angetreten).

Zum zweiten würden die Menschen natürlich im Gebrauch ihrer Freizeit unterrichtet werden müssen. Gegenwärtig vermittelt unser Bildungssystem, das ja vor allem die Schüler für den Arbeitsmarkt fit machen soll, lediglich das Wissen und die Fertigkeiten, die dafür nötig sind. In der Zukunft dagegen, stellen wir uns vor, findet Bildung in dem Bewusstsein statt, dass die Menschen einen immer kleineren Anteil ihrer wachen Stunden auf das »Arbeitsleben« verwenden und eine der Hauptaufgaben darin besteht, sie darin zu unterrichten, wie man ein erfülltes Leben jenseits des Arbeitsmarktes führt. An den meisten der hauptsächlich von Kindern aus wohlhabenden Familien besuchten privaten Schulen weiß man um die Wichtigkeit einer Erziehung zur Freizeitgestaltung und bietet den Schülern einen breit gefächerten Lehrplan; die staatlichen Schulen dagegen sind in ihrer Ausrichtung zusehends utilitaristisch geworden. Die wohlhabenden Gesellschaften werden, wenn sie nicht wollen, dass nur eine Minderheit für ein gutes Leben und die Mehrheit für ein Leben in Plackerei ausgebildet wird, die staatliche Bildung völlig neu ausrichten (und deutlich besser finanzieren) müssen. In der Vergangenheit gehörten die Ökonomen mit zu einer großen Gruppe von Denkern, deren Ansicht nach der Anstieg der Einkommen eine Ausbildung der Menschen erfordern würde, um ein gutes Leben führen zu können. Erst später gaben sie diesen Anspruch auf und gingen dazu über, Schulen allein als Produktionsstätten für Humankapital zu betrachten.[24]

Ein garantiertes Grundeinkommen würde die Menschen ja nicht daran hindern, im Rahmen der gesetzlichen Arbeitszeitvorschriften so lange und so hart zu arbeiten – arbeiten im herkömmlichen Sinne –, wie sie das möchten. Ohne jeden Zweifel würden viele das Grundeinkommen lediglich zur Aufstockung ihres Einkommens aus regulärer Arbeit verwenden. Diejenigen aber, die mehr Zeit auf unbezahlte Aktivitäten verwenden möchten – und von denen es, wie in Kapitel 1 gesehen, viele gibt –, könnten das nun auch tun. Dasselbe gälte für alle, die gerne aus einem langweiligen, aber gut bezahlten Beruf – sagen wir Immobilienmakler – in einen sie erfüllenden, aber schlechter bezahlten Beruf – sagen wir Kunsthandwerker – wechseln würden. (Das Grundeinkommen würde, um mit Frithjof Bergmann zu sprechen, die »Arbeit von der Diktatur der Beschäftigung befreien«.)[25] Unserer Auffassung nach bedeuten beide Optionen einen Gewinn an Muße – an freiwilliger, selbstbestimmter Aktivität – und sind damit zu begrüßen. Doch insgesamt sind sie nur Teil eines umfassenderen Maßnahmenpakets, das die Menschen zu einem guten Leben führen soll.

Wider den Konsumdruck

Weil wir vor allem arbeiten, damit wir konsumieren können, ist die Reduzierung des Konsumdrucks ein wichtiges Mittel, den Zwang zur Arbeit zu vermindern: Je weniger wir konsumieren wollen, umso weniger werden wir das Gefühl haben, arbeiten zu müssen. Das Problem ist, dass unsere Gesellschaft den extravaganten Geltungskonsum anheizt, selbst bei denjenigen, die sich das nicht leisten können. (Was, nebenbei bemerkt, auch mit dafür verantwortlich ist, dass die Neureichen so etwas wie »Müßiggang« nicht mehr pflegen.)

Am 5. September 2011 konnte man in einer Londoner Tageszeitung lesen, dass eine Gruppe junger Leute das Haus eines in der Harley Street praktizierenden Neurologen besetzt hatte. Der Neurologe sagte, er sei ohne irgendwelche besonderen Vorteile ins Leben gestartet und arbeite 60 Stunden pro Woche, damit er den Kredit auf sein 1 Million Pfund teures »Traumhaus« abzahlen könne. Kann man sich ein besseres Abbild des modernen Kapitalismus vorstellen? Die Reichen verpfänden ihre Zukunft an ihre Träume – und die Armen rächen sich. Wie viel muss unser Neurologe vor Steuern verdienen, um die auf seinem Traumhaus lastende 900.000 Pfund schwere Hypothek zu bedienen? Je nach Laufzeit und Bedingungen der Hypothek könnte die Antwort in der Größenordnung von 200.000 Pfund pro Jahr liegen. Ein Ende der Überstunden ist da nicht in Sicht. Ein solches Haus und die Familie, die es beherbergt – die Frau des Neurologen erwartete ein Kind –, sind im Unterhalt höchst kostspielig. Da wird es einen oder auch zwei Hausangestellte geben, ein Kindermädchen, einen Privattrainer (um sich für die 60 Wochenstunden fit zu halten), teuren technischen Schnickschnack, Urlaube und Kleider, ganz abgesehen von den Kosten für die Privatschulen der aller Voraussicht nach zwei Kinder. Wozu wird all das benötigt? Nun, weil es sich um die Art Ausgaben handelt, die Menschen in der Einkommensgruppe unseres Neurologen nun einmal zu gewärtigen haben. Doch die Sache hat einen Haken. Mit seinem Haus im Wert von 1 Million Pfund steigt er auf in die Riege der »erfolgreichen Jungen«, nicht in die der »erfolgreichen Alten«. Er wird ältere Freunde und Bekannte haben, die Häuser besitzen, die 2 oder 3 Millionen Pfund wert sind, Häuser in exklusiveren Vierteln, vielleicht sogar Häuser mit einem eigenen Swimmingpool. Wer weiß, vielleicht sind 60 Stunden die Woche ja doch nicht genug? So nährt unser Lebensstil unsere Unersättlichkeit und unsere Unersättlichkeit unseren Lebensstil.

Unser Neurologe ist ein Geltungskonsument. Aber unser Konsumdrang beschränkt sich bei Weitem nicht auf Luxusgüter. Der moderne Kapitalismus dringt durch jede Pore in uns ein, um den Konsumhunger anzuheizen. Der Konsum ist zum großen Placebo der modernen Gesellschaft geworden, zu unserer scheinbaren Belohnung für exzessive Arbeit. Eltern geben die »Konsumsucht« an ihre Kinder weiter, indem sie sie mit Spielzeug und technischem Krimskrams überhäufen, statt Zeit mit ihnen zu verbringen.[26] Unbestritten, viele der Innovationen, die auf den Markt geworfen werden, verbessern die Lebensqualität, allerdings in den allermeisten Fällen nur in einem sehr geringen Maße. Den Konsumwettbewerb, der wiederum verhindert, dass die Arbeitszeiten zurückgehen, heizen sie nichtsdestotrotz an. Mit eines der schlimmsten

Übel am modernen Kapitalismus liegt darin, dass er zu viel Arbeit produziert und zu wenig Muße und die damit verbundenen Dinge – Freundschaften, Hobbys, ehrenamtliche Tätigkeiten.

Wie also kann der Staat den Konsumdruck vermindern?

Durch Steuern und andere Maßnahmen nimmt der Staat seit Langem Einfluss auf die Ausrichtung des Konsums. Er zwingt die Bürger, Abgaben für Dinge zu leisten, die sie entweder gar nicht haben oder lieber aus ihrem eigenen (unbesteuerten) Einkommen finanzieren möchten, und enthält ihnen Dinge vor, die sie haben möchten, zum Beispiel bessere Schulen, Krankenhäuser und öffentliche Verkehrsmittel. Noch augenfälliger ist der Einfluss des Staates auf den Konsum im Falle der sogenannten meritorischen Güter, Güter die als gut für die Gesellschaft erachtet werden, unabhängig davon, ob die Leute dafür bezahlen möchten oder nicht. Typische Beispiele dafür sind kostenlose Schulmahlzeiten, die subventionierte Bereitstellung von günstigem Wohnraum und eine kostenfreie medizinische Grundversorgung für arme Menschen.[27] Aber auch Kunstgalerien, Museen, Konzertsäle, Theater, Opernhäuser und so weiter gehören dazu. Umgekehrt gibt es auch die Kategorie der sogenannten »demeritorischen« Güter, Alkohol und Zigaretten zum Beispiel, von deren Konsum nach allgemeinem Dafürhalten die Leute abzuhalten sind – Güter, die der Staat mit einer »Sündensteuer« belegt. In beiden Fällen, kann der Ökonom kraft einer etwas gewundenen Begründung behaupten, dass der Staat im Interesse der Verbraucher oder doch zumindest in dem ihres »besseren« Selbst handelt. Die Leute wollen zwar keine Steuern auf Tabakprodukte, ihre Gesundheit jedoch schätzen sie hoch. Tatsächlich trifft der Staat eine ethische Entscheidung, dass ein bestimmtes Maß der Bereitstellung solcher Güter erwünscht beziehungsweise unerwünscht ist. Es ist allein unsere verarmte öffentliche Sprache, die verleugnet, dass der Staat in einer Vielzahl von Angelegenheiten ethische Entscheidungen treffen *muss*.

In Kapitel 1 haben wir von dem unersättlichen Verlangen gesprochen, mehr und mehr zu konsumieren, ein Verlangen, das zum Großteil von der Statusfunktion des Konsums herrührt. Ab einem bestimmten Wohlstandsniveau wird der überwiegende Teil des Einkommens für Dinge ausgegeben, die streng betrachtet in keinerlei Hinsicht notwendig sind, sondern vielmehr dazu dienen, ihre Besitzer gegenüber anderen als höher- beziehungsweise wenigstens gleichrangig auszuweisen. Diese Dinge müssen im Verhältnis zum Durchschnitt unweigerlich teuer sein, ansonsten könnten sie ihre distinguierende Funktion gar nicht erfüllen; und angetrieben durch den Statuswettbewerb ist zu ihrem Erwerb ein immer höheres Einkommen erforderlich. Dasselbe gilt für begehrte Güter, deren Angebot begrenzt ist. Eben deshalb erklimmen die Preise für alte Meister stratosphärische Höhen. Der Teufelskreis des Statuskonsums bewirkt, dass die Arbeitszeiten nicht sinken, und beschädigt dadurch das Basisgut der Muße. Und weil er die Menschen in Konkurrenzbeziehungen zu anderen zwingt, geht er auch zu Lasten der Basisgüter Freundschaft, Persönlichkeit und Sicherheit.

Die traditionelle Methode zur Begrenzung der Ausgaben für Statusgüter waren Luxusgesetze, die verschiedene Spielarten des Statuskonsums untersagten. In Athen begrenzten die auf das 6. Jahrhundert vor Christus zurückgehenden »solonischen Gesetze« die Größe von Begräbnisfeierlichkeiten und den Wert der Speisen, die dabei gereicht werden durften. Es gab auch Regeln, die den Wert von Mitgiften und Geschenken beschränkten und sogar das Hochzeitskleid der Braut betrafen. Auch die frühen römischen Luxusgesetze richteten sich vor allem gegen Extravaganz und protzige Zurschaustellung bei Familienfeierlichkeiten; für die Größe von Mausoleen etwa galten ebenso Obergrenzen wie für die von Leichenschmäusen. In späteren Zeiten verlagerte sich das Hauptaugenmerk der Luxusgesetze von Hochzeiten und Begräbnissen auf den ostentativen Konsum von Lebensmitteln. Auch wenn darin nicht ihr eigentliches Anliegen bestand, waren die Luxusgesetze, eben weil sie vor allem den Konsum von Luxusartikel betrafen, gut geeignet, die durch Statuswettbewerb getriebene Eskalation der Begierden zu unterbinden.

Hinter den Luxusgesetzen standen gleichermaßen moralische wie ökonomische Argumente. Einmal bezogen sie ihre Unterstützung aus der vorherrschenden Ansicht, dass der Luxus ein moralisches Übel sei, ein Laster, das den Tugenden der Genügsamkeit und Zähigkeit entgegenwirkte. Rousseau brachte es ganz offen auf den Punkt: »Der Luxus ist den guten Sitten diametral entgegengesetzt.« Der Luxus schürte nicht nur die Spaltung der Gesellschaft; indem er die Aristokratie entkräftete, untergrub er zudem die militärischen Tugenden. Im ökonomischen Diskurs impliziert »Extravaganz«, dass wirtschaftliche Ressourcen ihrer produktiven Verwendung vorenthalten werden; in Gesellschaften, für die Ressourcenknappheit eine ständige Realität war, wurde Verschwendung mit Mangel, Hunger und Ruin assoziiert. Im 17. und 18. Jahrhundert gehörten Gesetze gegen die Einfuhr von Luxusgütern mit zu den Instrumenten, mit denen die merkantilistischen Staaten ihre Handelsbilanzen beeinflussten.[28] In späteren Zeiten wurden direkte Verbote durch Steuern ersetzt, die mit den oben erwähnten Sündensteuern vergleichbar waren, aber auf mehr Güter angewendet wurden.

Der Niedergang der Luxusgesetzgebung folgte eng dem – im faustischen Handel in Kapitel 2 beschriebenen – Weg des Luxus hin zu allgemeiner Akzeptanz. Bernard Mandeville war der Erste, der argumentierte, der Luxus würde den wirtschaftlichen Wohlstand fördern, als er schrieb: »Indes des Luxus Prachtaufwendung [...], trieb wie ein Schwungrad an die Industrie.«[29] Selbst er aber gestand schon ein, dass der Luxus, wiewohl von öffentlichem Nutzen, doch ein privates Laster sei. Die Abschaffung der Luxusgesetze war zudem eine Folge der Überzeugung, dass der Konsum getrost der Entscheidung des Einzelnen überlassen werden könne. Für Adam Smith gehörte »Genügsamkeit« mit zum Eigeninteresse, was hieß, dass Gesetze zur Beschränkung des Luxuskonsums überflüssig waren.[30] Was er nicht vorhersah, war, dass sich der reine Geltungskonsum, vormals auf den Kreis der sehr Reichen beschränkt, in wohlhabenden Gesellschaften zu einem allgemeinen Phänomen auswachsen und damit den Eintritt ins Paradies der Fülle auf ewig hinausschieben würde. So, wie die Dinge liegen, gibt es demnach wieder gute Gründe, die für Luxusgesetze sprechen.

In einer dynamischen Volkswirtschaft ist das Verbot oder die Besteuerung bestimmter Güter ebenso unwirksam wie willkürlich, da Individuen, die entschlossen sind, ihren Reichtum zur Schau zu stellen, stets andere Wege finden werden, dies zu tun. Das gilt allerdings nicht für eine *allgemeine* Konsumsteuer. Konsumsteuern – genauer gesagt Konsumausgabensteuern – wurden 1955 von Nicholas Kaldor und 1978 von James Meade angeregt, hauptsächlich als ein makroökonomisches Steuerungsinstrument, um bei Vollbeschäftigung den privaten Konsum zu begrenzen und die Spar- und Investitionsquote zu fördern. Das Ziel einer Verbrauchssteuer sei, schrieb Kaldor, »die Konsumnachfrage auf den Anteil an den nationalen Ressourcen zu begrenzen, den die Gemeinschaft, handelnd durch das Organ der Regierung, beschlossen hat, diesem Zweck zu widmen.«[31] Kaldor bediente sich dabei eines Argumentes, das auf Hobbes zurückgeht: Der Konsum geht zu Lasten des langfristigen Wachstums, während Arbeit und Sparen dieses fördern.[32] Folgerichtig sollten die Leute nach ihren Ausgaben, nicht nach ihrem Einkommen besteuert werden. Weiter sollte diese Steuer im Interesse des politisch gewollten Ziels einer größeren ökonomischen und gesellschaftlichen Gleichheit in progressiver Form erhoben werden[33] und vom ökonomischen Zweck her die »reichen Rentiers zum Sparen und Investieren zwingen, statt ihr Geld für Geltungskonsum zu verschwenden«.[34] (In Indien, wo man Ende der 1950er-Jahre mit einer Art Kaldor-Steuer experimentierte, nannte man sie »Maharadscha-Steuer«.)[35]

Die Ausgabensteuer hatte schon vor Kaldor namhafte Fürsprecher, unter anderem John Stuart Mill, wurde aber stets für nicht praktikabel angesehen, da es von den Leuten zu verlangen schien, genau Buch über alle ihre Ausgaben zu führen. Erst 1937 zeigte der US-Ökonom Irving Fischer, dass dem nicht so ist; schließlich kann der Konsum aus der Differenz zwischen Einnahmen und Ersparnissen in einem bestimmten Zeitraum errechnet werden. Dazu muss das Finanzamt nur das jährliche Einkommen der Leute sowie den Betrag wissen, den sie gespart respektive investiert haben, und dann den Differenzbetrag besteuern, wobei es zum Schutz der Armen einen Steuerfreibetrag geben würde.[36]

Der Wirtschaftswissenschafter Robert H. Frank hat Kaldors Vorschlag neu aufgegriffen, nicht aber um damit, wie Kaldor das wollte, das Wachstum anzukurbeln, sondern um den »Konsumismus« zu beschränken.[37] »Der hemmungslose Konsum an der Spitze hat«, schreibt Frank, »ein Luxusfieber ausgelöst [...] das uns alle fest im Griff hält.«[38] Je stärker der Konsum der Reichen auf Geltung und Prestige ausgerichtet ist, umso höher hinauf führt die Leiter des emulativen beziehungsweise nachahmenden Konsums. Darüber hinaus geht der Geltungskonsum zu Lasten der für »nicht statusorientierte Güter« verfügbaren Ressourcen: »Freiheit von Verkehrsstaus, Zeit für Familie und Freunde, Urlaubszeit, eine ganze Reihe befriedigender Arbeitsplatzmerkmale [...] eine bessere Luftqualität, mehr städtische Grünflächen [...] sauberes Trinkwasser [...] weniger Gewaltverbrechen [...] mehr medizinische Forschung.«[39] Franks Liste »nicht statusorientierter Güter« ist zwar nicht mit unserer Liste der Basisgüter identisch, der Grundgedanke aber ist derselbe: So, wie derzeit praktiziert, begünstigt der Kapitalismus ein zur Unersättlichkeit neigendes Konsumverhalten. Da die Preise der von den Reichen gekauften Güter per Snob-, Bandwagon- und Veblen-Effekt das allgemeine Preisniveau nach oben zwingen, müssen die Menschen aller Einkommensgruppen mehr als eigentlich erforderlich arbeiten, um mit ihren jeweiligen Nachbarn mithalten zu können.

Nach Frank würden alle Konsumausgaben, die über 7500 US-Dollar pro Kopf und Jahr hinausgehen, einem progressiv steigenden Steuersatz unterworfen. Umso höher der Geldwert des persönlichen Konsums, umso höher also auch der Steuersatz, und zwar bis zu einem maximalen Grenzsteuersatz von 70 Prozent. Die höchsten Steuern würden auf den Luxuskonsum der Reichen entfallen, die allein über die notwendigen Einkommen verfügen, um sich derlei Dinge leisten zu können.[40] Selbst wenn sich eine vollständige Umstellung von der Einkommens- auf eine Konsumsteuer als unpraktikabel* erweisen sollte, böte sich für den Fall,

---

* Die beiden zentralen Probleme betreffen die steuerliche Behandlung von langlebigen Konsumgütern sowie die von Geschenken. Sollte der Anschaffungspreis teurer langlebiger Konsumgüter als Investition und damit von der Steuer befreit oder als steuerpflichtiger

dass eine Anhebung der Einkommenssteuer wegen politischer Wider-
stände ausgeschlossen ist, eine Konsumsteuer als alternative Möglichkeit
an, den Grenzsteuersatz zu erhöhen. Bei der Begrenzung des Geltungs-
konsums würde diese Variante weitgehend denselben Effekt wie eine
reine Ausgabensteuer haben und auf gleicher Weise das zur Befriedigung der Unersättlichkeit erforderliche Einkommen (und damit auch
den erforderlichen Arbeitsaufwand) reduzieren. Auch wenn das Spiel
weiterläuft, es muss ja nicht, wie Keynes einmal in einem anderen Zusammenhang bemerkte, »um so hohe Einsätze wie gegenwärtig gespielt
werden«.[41]

Um das Wachstum anzukurbeln, wollte Kaldor eine Steuer, die Sparen belohnte. Das ist in den heutigen Zeiten des Überflusses lange nicht
mehr so wichtig. Aber ein zusätzlicher Sparanreiz könnte auch heute notwendig sein, um die immer längere werdende Zeit des Ruhestands zu finanzieren. Zum Beispiel könnte man die Höhe der Ausgabensteuer so
festsetzen, dass ausreichend private und öffentliche Ersparnisse gebildet
werden, aus denen ein sorgenfreier Ruhestand für alle finanziert werden
kann – womit auch die beiden Basisgüter Respekt und Sicherheit erfüllt
wären. Eine progressive Ausgabensteuer hätte demnach zwei Vorteile gegenüber der progressiven Einkommenssteuer: Sie würde den Statuswettbewerb durch Konsum verringern und das Sparen für die Alters-
vorsorge fördern. Außerdem könnte sie als eine Finanzierungsquelle für
ein allgemeines Grundeinkommen verwendet werden.

Sie würde, für sich genommen, jedoch nichts an der Liebe zum Geld
um seiner selbst willen ändern. Das sichtbarste Zeichen dafür ist die sich
unablässig weiter ausbreitende Finanzdienstleistungsindustrie, die der

Konsum behandelt werden? Und sollen Geschenke auf der Seite des Schenkers von der
Steuer ausgenommen und (falls für Konsumzwecke ausgegeben) als zu versteuernde Ausgaben des Beschenkten behandelt werden? Im zweiten Fall bestünde für Reiche die Möglichkeit, die Progression der Ausgabensteuer zu umgehen, indem sie Geschenke an niedriger besteuerte Personen geben, damit diese dann in ihrem Auftrag Ausgaben tätigen.
Ungeachtet ihrer theoretischen Einfachheit würde die Umsetzung der Ausgabensteuer aller Wahrscheinlichkeit nach eine noch gründlichere Untersuchung der persönlichen Umstände erfordern, als dies bei der Einkommenssteuer schon der Fall ist.

eigentliche Motor des zeitgenössischen Kapitalismus ist und die ungeheuerlichste Quelle persönlicher und unternehmerischer Bereicherung. Adair Turner, der frühere Vorsitzende der Financial Services Authority, der britischen Aufsichtsbehörde für Finanzdienstleitungen, hat einen Gutteil der Finanzinnovationen als »gesellschaftlich nutzlos« bezeichnet.[42] Von unserer Warte aus betrachtet, sind sie viel schlimmer als nur nutzlos. Sie sind ein wichtiger Motor der Unersättlichkeit, die wir eindämmen wollen. Eine Möglichkeit, dem Finanzsektor Zügel anzulegen, wäre, den Handel mit Finanzinstrumenten wie Derivaten zu besteuern. Mit solchen »Tobin-Steuern« könnte man zwei Fliegen mit einer Klappe schlagen: Einmal könnte man die Macht der Finanzindustrie begrenzen, die wirtschaftliche Aktivität zu diktieren, zum anderen könnte man die Einnahmen aus der Steuer zur öffentlichen Finanzierung gesellschaftlich erstrebenswerter Ziele einsetzen.

Weniger Werbung

Der Konsumdruck wird durch die Werbung gezielt weiter angeheizt. Nun wird häufig behauptet, der einzige Effekt von Werbung bestehe darin, den Leute dabei zu helfen, das zu bekommen, was sie haben möchten. Selbst wenn das stimmte, würde sie damit nicht zu unserem Anliegen beitragen, welches lautet, dass die Leute vor allem anderen das bekommen sollten, was sie brauchen, nicht was sie begehren. Aber davon ganz abgesehen, ist es gelogen, dass die Werbung den Leuten lediglich dabei hilft, das zu bekommen, was sie haben wollen.

Wie üblich wirft die Ökonomie hier ein scharfes, leider aber irreführendes Licht auf eine komplexe Frage. Ihre Analyse der Wirkung von Werbung basiert auf der Doktrin vom souveränen Verbraucher. Danach werden Kaufentscheidungen von rationalen Konsumenten getroffen, die unter Bedingungen des Wettbewerbs die Maximierung ihres Nutzens betreiben. Weil die Konsumenten also bereits über eine klar definierte »Nutzenfunktion« verfügen, kann Werbung in diesem Modell die Konsumpräferenzen gar nicht beeinflussen. Die Rolle der Werbung ist demnach eine rein informative: den Verbraucher über ein Produkt, seine Qualität und seinen Preis aufklären, sodass er eine besser informierte, sprich rationalere Entscheidung treffen kann. Staatliches Eingreifen in Form regulierender Gesetze ist nur zum Schutz von Kindern und Jugendlichen sowie zur Bekämpfung von Schwindel und Betrug erforderlich. Im Grunde genommen sind alle von einer Nützlichkeit der Werbung ausgehenden Ansätze – und die gibt es in vielerlei komplizierten Ausführungen – nichts weiter als Variationen desselben Grundthemas: Werbung hilft den Verbrauchern schlicht dabei, eine bessere Wahl zu treffen. Ein »Überkonsum« von Gütern gleich welcher Art kann es per Definition gar nicht geben, da ein Gut lediglich etwas ist, das ein Verbraucher kaufen möchte.[43]

Eine solche rein »informationelle« Sichtweise der Werbung war einmal durchaus plausibel – im frühen 20. Jahrhundert war Reklame im Allgemeinen sehr faktenlastig. Inzwischen aber steht sie im krassen Gegensatz zur Realität. Heutzutage transportiert Werbung kaum noch irgendwelche echten Informationen; vielmehr ist es ihr Ziel, ein Produkt mit einer Atmosphäre zu umgeben, seinen Glamour und seine Verlockung zu verstärken, kurz, sie will uns dazu bringen, etwas haben zu wollen, das haben zu wollen uns sonst gar nicht eingefallen wäre. Nehmen wir die höchst erfolgreich iPod-Werbekampagne von 2003, in der nichts außer den Silhouetten von Menschen zu sehen waren, die ekstatisch vor einem in knalligen Farben gehaltenen Hintergrund tanzten. Dass damit Emotionen geweckt und nicht Informationen vermittelt werden sollten, wird wohl niemand ernsthaft bezweifeln.

Konfrontiert mit solchen Fakten, können die Ökonomen ihr rosarot eingefärbtes Bild von einer rein informativen Werbung nur mithilfe diverser Kunstgriffe aufrechterhalten. So wird zum Beispiel behauptet, dass jede Werbung, selbst die der gänzlich informationsfreien Variante, den Verbraucher zumindest über eine Tatsache informiert: nämlich die, dass dem werbenden Unternehmen sein Markenimage ausreichend wichtig ist, um Geld zu seiner Pflege auszugeben. Laut einer anderen Theorie erhöht Werbung den Wert des angepriesenen Produkts, indem sie sein Image aufpoliert. (Sie kaufen nicht einfach einen Renault Clio;

Sie bekommen dazu auch noch das ganze »Va Va Boom«.)* Das vielleicht einfallsreichste Argument stammt von Gary Becker und Kevin Murphy und besagt: Selbst wenn die Präferenzen der Verbraucher durch Werbung verändert werden, ist dies nur möglich, weil die Konsumenten *a priori* eine Präferenz – eine, wenn man so will, Meta-Präferenz – dafür haben, dass man ihre Präferenzen verändert. Daran sei nichts Schlechtes, nicht mehr jedenfalls als daran, dass der Erwerb eines Bleistiftes Ihren Wunsch nach einem Bleistiftspitzer verstärkt. Natürlich wird, im Gegensatz zu Bleistiften, Werbung üblicherweise nicht gezielt nachgefragt; sie kann sogar – wie Becker und Murphy mit entwaffnender Offenheit eingestehen – »Angst und Depression auslösen, Gefühle von Neid gegenüber dem Erfolg und dem Glück anderer schüren und Schuldgefühle gegenüber Eltern oder Kindern hervorrufen«.[44] Aus diesem Grund werden Anzeigen und Spots generell auch im Umfeld von angenehmen Artikeln oder Fernsehsendungen platziert: um das Publikum für den negativen Nutzen ihres Betrachtens zu entschädigen. Nichtsdestotrotz, die Tatsache, dass die Menschen freiwillig Werbung anschauen, könnte dafür sprechen, sie als »Ergänzung« zu anderen Gütern zu betrachten, nicht als Verursacher von Präferenzverlagerungen. Im Internet wird die Theorie von der »Ergänzung« perfektioniert und den Nutzern eine Vielzahl von Produkten angeboten, die denen ähneln, die sie bereits bestellt (oder sich auch nur angesehen) haben.

Allen diesen neoklassischen Theorien der Werbung ist eine Weltsicht gemeinsam, nach der die Leute mit feststehenden Präferenzen in den Markt gehen, Präferenzen, die sie möglichst vollständig zu befriedigen suchen. Dabei ignorieren diese Theorien jedoch die Art und Weise, wie der Markt eben die Präferenzen prägt, die nur zu befriedigen er vorgibt. Die marxistische Tradition mit ihren hegelianischen Wurzeln hat ein weitaus besseres Gespür für den dynamischen und relationalen Charakter der menschlichen Begierden beziehungsweise – wie sie üblicher-

---

*AdÜ: Der in Großbritannien zur Markteinführung des Renault Clio ausgestrahlte Spot beginnt mit der Frage »What is Va Va Boom?« und ist mit einem entsprechenden Soundtrack unterlegt.

weise genannt werden – Bedürfnisse. »Ein Bedürfnis wird«, schrieb Hegel, »nicht sowohl von denen, welche es auf unmittelbare Weise haben, als vielmehr durch solche hervorgebracht, welche durch sein Entstehen einen Gewinn suchen.«[45] Diese These Hegels bildete die Grundlage für die in Kapitel 2 dargelegte Konsumismuskritik von Marcuse sowie von John Kenneth Galbraiths im Original 1967 erschienen Werk *Die moderne Industriegesellschaft*. Darin argumentierte Galbraith, dass die Produzenten, nicht die Verbraucher, den Produktionsprozess initiieren und die Bedürfnisse der Verbraucher auf das hin konditionieren, was sie produzieren. Stanley Resor, in den 1950er-Jahren Präsident der größten Werbeagentur in den Vereinigten Staaten, war derselben Meinung. Die Leute, schrieb er,

> haben kein Bedürfnis nach einem Zweitwagen, sofern man sie nicht daran erinnert. Dieses Bedürfnis muss in ihnen hervorgerufen werden, und man muss ihnen den Vorteil begreiflich machen, zu dem ein Zweitwagen ihnen verhelfen wird. Manchmal sind sie sogar völlig dagegen. Ich betrachte die Werbung als eine Erziehungs- und Aktivierungskraft, die in der Lage ist, die für uns notwendigen Nachfrageveränderungen einzuleiten. Indem sie vielen Leuten einen höheren Lebensstandard beibringt, steigert sie den Konsum bis zu dem Grad, dem unsere Produktivität und unsere Ressourcen gerecht werden.[46]

Falls Werbung unsere Neigung zur Unersättlichkeit fördert, ist das ein guter Grund, sie stärker zu regulieren. Insbesondere was »Sündengüter« und Kinder und Jugendliche angeht, unterliegt die Werbung bereits heute verschiedensten Restriktionen. Schweden und Norwegen zum Beispiel haben im Kinderfernsehen Werbung gleich welcher Art verboten und erlauben auch keine Werbung, die gezielt Kinder unter zwölf Jahren ins Visier nimmt. In vielen europäischen Ländern müssen Werbespots im Fernsehen blockweise vor oder nach den Sendungen ausgestrahlt werden, wodurch der Zuschauer sie leicht umgehen kann und die Attraktivität des Fernsehens für die Werbewirtschaft sinkt. In Großbritannien ist der Trend in den vergangenen Jahrzehnten unglücklicherweise eher in Richtung von weniger und nicht etwa mehr Beschränkungen in der Werbung gegangen. Das Werbeverbot für Anwälte wurde 1984 aufgehoben, was einen sprunghaften Anstieg von Schadensersatzklagen nach amerikanischem Vorbild auslöste. Welche Folgen die 2011 verkündete Aufhebung des Verbots der Produktplatzierung im Fernsehen – sprich die von Herstellern gesponserte Verwendung von Markenprodukten in Sendungen – haben wird, bleibt noch abzuwarten.

Einschränkungen der Werbefreiheit lassen sich auch im Namen des Verbraucherschutzes rechtfertigen. Ein erheblicher Teil des Konsums ist verschwenderisch in dem Sinne, dass die Leute Produkte kaufen, über deren Eigenschaften sie nicht richtig oder falsch informiert sind und die entweder gar nicht funktionieren oder nicht das tun, wofür sie gekauft wurden. Die Verbraucher haben dann die Wahl, das Produkt wegzuwerfen oder Ersatz beziehungsweise Entschädigung zu fordern, was aber kostspielige Rechtsstreitigkeiten nach sich ziehen kann. (Das gilt im Übrigen für Finanzprodukte ebenso wie für Konsumgüter.) Besser wäre es, wenn man versuchen würde, diese Art der Verschwendung mit der Vorschrift zu reduzieren, dass jede Werbung mit einem deutlich sichtbaren Warnhinweis versehen werden muss, so wie das heute bereits bei Zigaretten zwingend vorgeschrieben ist. *Caveat emptor* – Käufer sei wachsam!

Dabei könnte man mit einer einzigen Änderung im Steuerrecht die gegenwärtige exzessive Werbekultur bis ins Mark treffen: Man müsste den Unternehmen nur die Möglichkeit nehmen, Aufwendungen für Werbung als Betriebsausgaben von der Steuer abzusetzen.[*] Das zwänge die Unternehmen abzuwägen, ob der erwartete Gewinn aus der Bewerbung eines Produktes die Kosten der zusätzlichen Steuerbelastung übersteigt. Unternehmen, die viel werben, müssten möglicherweise die Preise ihrer Produkte oder Dienstleistungen anheben, was wie gewünscht dazu führen würde, dass sie weniger verkaufen. Da Güter des Grundbedarfs nicht groß beworben werden müssen, wären vor allem Güter betroffen, für die kein wirklicher Bedarf besteht. Darüber hinaus

---

[*] An dem Vorschlag, Kosten zu besteuern, ist nichts Neues. Lohnkostensteuern etwa sind Steuern, die auf die Kosten der Beschäftigung von Arbeit erhoben werden.

würde eine solche Steuerreform auch das Privatfernsehen ganz emp-
findlich treffen, das sich im weltweiten Durchschnitt zu 49 Prozent aus
Werbeeinnahmen finanziert. Das hieße, die Privatsender müssten sich
mehr Geld von ihren Abonnenten (aktueller Anteil 42 Prozent), aus Li-
zenzgeschäften und von der öffentlichen Hand besorgen, die das
(schrumpfende) Segment des öffentlichen Fernsehens finanziert. Auf
dieselbe Weise ließe sich Werbung im Internet besteuern.

Natürlich sind die oben skizzierten Maßnahmen zur Verminderung
des Arbeits-, Konsum- und Kapitalerwerbsdrucks nicht frei von Problemen. Sie sind als Richtungsvorgaben und nicht als Mustervorlagen
für die Gesetzgebung gedacht. Sie sind paternalistisch, aber frei von
Zwang. Sie sind dazu gedacht, Gesellschaften behutsam in Richtung eines guten Lebens zu führen, nicht, es ihnen in den Hals zu stopfen.

INTERNATIONALE IMPLIKATIONEN

Kehren wir ein letztes Mal zu Keynes' »Wirtschaftlichen Möglichkeiten«
zurück. Selbst »wenn es für einen selbst aufgehört hat, vernünftig zu sein
[wird es]«, schrieb er dort, dennoch »vernunftgemäß bleiben, wirtschaftlich zweckhaft für andere zu sein«. Mit diesen »anderen« meint er,
wie er erläutert, »Klassen und Gruppen von Menschen«. Mit Ersteren
dürfte er aller Wahrscheinlichkeit nach die Armen im eigenen Land gemeint haben, »Gruppen von Menschen« aber beinhaltet keine geografi-
sche Begrenzung.[47] Demnach ist es unsere Pflicht, den Armen zu helfen,
unabhängig davon, wo diese leben mögen.

Keynes widmete der sich entwickelnden Welt in diesem Aufsatz
keine spezielle Aufmerksamkeit. Was nicht weiter überraschend ist, da
das Konzept von einer Entwicklungspolitik zu seiner Zeit bestenfalls in
Ansätzen existierte. Einige Teile der Welt waren eben reicher als andere,
genauso wie zum Beispiel in Großbritannien ein paar gesellschaftliche
Gruppen reicher waren als andere. Nach Keynes' Überzeugung würden
die ärmeren Regionen der Welt bald schon die reichen Länder einholen
und sich am Punkt der Sättigung mit ihnen treffen. Der Gedanke, die rei-

chen Länder könnten sich von den armen Ländern absetzen, kam ihm ebenso wenig in den Sinn wie der, dass sich in seinem eigenen Land die Reichen von den Armen absetzen könnten.

Wie wir heute wissen, lag er damit ganz und gar falsch. Auch wenn mehrere asiatische Länder den Westen eingeholt haben oder zumindest im Begriff sind, das zu tun, verharrt nach wie vor ein Viertel der Weltbevölkerung in Armut. Ebenso wenig sah Keynes die globale Bevölkerungsexplosion voraus. Und zudem ging er davon aus, dass sich Kapital und technologischer Fortschritt durch die Zwillingskräfte des Kolonialismus und der liberalen Marktwirtschaft ausreichend schnell auf die ganze Welt verbreiten würden. Damals waren die meisten armen Länder noch Kolonialgebiete der reichen Länder und das auf Ausbeutung gerichtete Konzept des Imperialismus im Begriff, von dem der »Treuhänderschaft« verdrängt zu werden, nach dem den Kolonialherren die politische und ökonomische Entwicklung ihrer Kolonien oblag. Die konkrete wirtschaftliche Ausgestaltung dieses Projekts lief – zumindest im Falle Großbritanniens – auf die Bewahrung eines freien Marktes für den Import von Waren in die eine und eines freien Marktes für den Export von Kapital in die andere Richtung hinaus. Beides war in einer Welt, in der ein Teil über weitaus mehr Kapital als der andere verfügte, sehr sinnvoll. Kapital floss aus den Regionen, in denen es im Überfluss vorhanden war, in solche, wo Mangel daran bestand und es einen höheren Gewinn erwirtschaften konnte. Die Politik freier – soll heißen zollfreier – Importe versetzte die Schuldnerländer in die Lage, die aufgenommenen Kredite zu bedienen. Schon damals wurden in den wohlhabenden Ländern Stimmen laut, die kritisierten, die Kapitalexporte gingen zu Lasten der eigenen nationalen Entwicklung und die billigen Importe würden Arbeitsplätze im Inland vernichten. Insgesamt gesehen aber, waren die Austauschbeziehungen zwischen den reichen und den armen Ländern komplementär und nicht konkurrierend. Die reichen Länder exportierten Industriegüter und Kapital, die armen Ländern Nahrungsmittel und Rohstoffe.

In diesem Rahmen denkend und ohne jede Vorstellung von der immer schneller tickenden Bevölkerungszeitbombe, nahm Keynes 1930 aus durchaus nachvollziehbaren Gründen an, dass die armen Länder in einem Jahrhundert die reichen Ländern »eingeholt« haben würden. Sobald das eingetreten war, würde die Logik des freien Handels und des Kapitalexports, die nichts anderes ist als die Logik der Knappheit, überflüssig werden, da die Menschen weltweit ja bereits all die Dinge haben würden, die sie sich wünschten. Völker könnten es sich nach Belieben aussuchen, wie viel Handel sie miteinander treiben. Handel würde wieder das werden, was Adam Smith in ihm gesehen hatte: eine Angelegenheit des »natürlichen« Vorteils.[*] Die dann noch verbliebenen geografischen Ungleichgewichte würden durch eine globale Umverteilung in Form von Unterstützungsprogrammen gemildert werden.

Unser Ausgangspunkt ist ein anderer: Die wohlhabenden Länder haben, wie Keynes das vorhersagte, die Schwelle ihrer »Glückseligkeit« erreicht, doch der Großteil der restlichen Welt ist nach wie vor in Armut gefangen, und zwar vor allem, weil die Wachstumsrate der Bevölkerung die Akkumulationsrate des Kapitals weit hinter sich gelassen hat. Zudem, und ebenfalls in Zusammenhang mit dem unkontrollierten Bevölkerungswachstum stehend, sieht sich die Welt heute mit der Gefahr eines absoluten Ressourcenmangels konfrontiert. Wie sollten, unter diesen Bedingungen, die reichen Länder ihre wirtschaftlichen Beziehungen mit den armen Ländern gestalten?

Viele Leute haben Angst vor Zuwanderern, weil sie glauben, sie würden den Menschen, die jetzt Arbeit haben, den Platz streitig machen. In dem Maße, wie durch die Ausbreitung der Teilzeitarbeit und die Ein-

---

[*] Die »natürliche« Form des Handels ist der zwischen geografischen Gebieten mit unterschiedlichen Ressourcenausstattungen und klimatischen Bedingungen. Denn in diesem Fall ist es unmöglich oder extrem kostspielig, sämtliche gewünschten Güter an einem Ort zu produzieren. Wenn die Schotten Wein trinken möchten, werden sie ihn aus Weinanbaugebieten importieren müssen, im Austausch gegen, sagen wir Schottenröcke. Die *effizienteste* Form des Handels jedoch folgt dem *komparativen* Kostenvorteil: Land A profitiert davon, sich auf das oder die Produkte zu spezialisieren, das oder die es im Vergleich zu Land B am kostengünstigsten produzieren kann, selbst wenn es alle Produkte günstiger als Land B herstellen könnte. Das ist die Grundlage der modernen Freihandelsdoktrin. In einer Welt der Fülle jedoch, in der Billigkeit nicht länger der wichtigste Aspekt ist, verliert sie naturgemäß ihre Überzeugungskraft.

führung eines Grundeinkommens der auf den Menschen lastende Arbeitsdruck abnimmt, sollte die Angst davor schwinden, dass Immigranten uns Jobs wegnehmen. Andererseits ist in einer Gesellschaft, in der die Bürger ein Grundeinkommen erhalten und Immigranten nicht, das Basisgut des Respekts sehr viel schwieriger zu verwirklichen. Eben das ist das Problem in den Vereinigten Arabischen Emiraten, wo das Grundeinkommen auf die eigenen Bürger beschränkt ist, der Großteil der Arbeit aber von einer aus Ausländern bestehenden »Helotenklasse« ohne Bürgerrechte oder das Recht auf Wohnsitznahme geleistet wird. In der Europäischen Union etwa könnte durch einen gemeinsamen Ansatz in Sachen maximale Arbeitszeit, Teilzeitarbeit und Grundeinkommen die Herausbildung einer zweigleisigen Wirtschaft verhindert und zugleich die freie Mobilität der Arbeit gewährleistet werden.

Zu Keynes' Zeiten war der internationale Handel größtenteils komplementär; heute dagegen ist er weitgehend kompetitiv. Die wohlhabenden kapitalistischen Länder haben weite Teile ihrer Produktion und einige Dienstleistungen in arme Länder ausgelagert, wo Arbeit viel billiger ist. Diese billigeren Güter und Dienstleistungen werden dann in die reichen Länder importiert. Unter diesen Bedingungen kann der freie Handel zum Verlust von Arbeitsplätzen in den reichen Ländern führen, da die Löhne dort nicht ausreichend flexibel sind, um in Anbetracht der Niedriglohnkonkurrenz eine durchgängige Vollbeschäftigung zu gewährleisten. Und selbst wenn in einem Bereich verloren gegangene Jobs durch neue in anderen Bereichen ersetzt werden können, bleibt immer noch die Frage, ob die neuen Jobs ebenso gut sind wie die alten. Die Auslagerung von Arbeitsplätzen nach China und Indien hat dazu geführt, dass trotz wachsender Handelsüberschüsse die Realeinkommen vieler westlicher Arbeiter nicht gewachsen oder sogar zurückgegangen sind.[48] Dazu merkte der amerikanische Wirtschaftsnobelpreisträger Paul Samuelson in einem Interview einmal an: »Dass wir im Supermarkt manche Dinge 20 Prozent billiger bekommen, reicht nicht notwendigerweise aus, um die Lohneinbußen wettzumachen, die eingetreten sind, weil diese Dinge jetzt in China hergestellt werden.«[49] Und selbst wenn der internationale Handel mehr Gewinner als Verlierer erzeugt und die Gewinner somit theoretisch die Verlierer entschädigen könnten, gibt es keine Garantie, dass die das auch tun werden.

Auch für arme Länder ist der freie Handel nicht notwendigerweise von Vorteil. Das größte Problem liegt darin, dass er es ihnen unmöglich macht, ihre jungen Industrien zu schützen. Der Wirtschaftswissenschaftler Erik S. Reinert etwa argumentiert, dass es »möglicherweise besser ist, einen Herstellungssektor zu haben, der ineffizient ist, als überhaupt gar keinen Herstellungssektor zu haben«, und schlägt eine internationale Abmachung vor, nach der die reichen Länder ihren Agrarsektor schützen dürfen (nicht aber ihre Überschüsse zu Dumpingpreisen auf den Weltmarkt werfen), während es den armen Länder erlaubt ist, ihren Herstellungssektor und höherwertige Dienstleistungssektoren zu schützen. Das entspricht den Bedingungen, unter denen sich unsere Volkswirtschaften über viele Jahrhunderte hinweg entwickelt haben, bis das Dogma vom freien Handel damit aufräumte.[50] Bislang ist noch kein Land unter einem Freihandelsregime reich geworden. Die heute reichen Länder sind von einem Ausgangspunkt des Wohlstands in den globalen Markt eingetreten, nicht von einem der Armut. Oder, in den Worten des südkoreanischen Entwicklungsökonomen Ha-Joon Chang: »Mit nur wenigen Ausnahmen entwickelten sich die reichen Länder von heute, einschließlich Großbritanniens und der USA, angeblich Heimat des freien Handels und des freien Marktes, dank einer Kombination aus Protektionismus, Subventionen und weiteren staatlichen Maßnahmen, von denen man den Entwicklungsländern heute dringend abrät.«[51]

Damit verbleiben Kapitalexporte als wichtigstes Instrument zur Verknüpfung der Interessen der reichen und der armen Länder. Laut gängiger Wirtschaftstheorie verhält es sich so, dass der Export von Kapital in arme Länder den reichen Ländern höhere Renditen bietet, als sie im eigenen Land erreichbar sind, während auf der anderen Seite die Kreditkosten in den armen Ländern sinken sollten. Tatsächlich aber fließt ein ganz beträchtlicher Teil des Kapitals »bergauf« – von den armen in die reichen Länder –, da Investitionen in armen und politisch instabilen Ländern riskant sind, ein Risiko, das im 19. Jahrhundert mit seinen kolonialen oder quasikolonialen Abhängigkeiten weitaus geringer war. Dabei sind die modernen Kleptokraten mit ihren korrupten Netzwerken und dicken Schweizer Bankkonten nur das krasseste Symbol für die »Kapitalflucht« aus den armen in die reichen Länder. Den freien Fluss des Kapitals wechselseitig vorteilhaft zu gestalten, würde eine grundlegende Reform des globalen Währungssystems sowie eine Beschränkung der »Hot Money«-Ströme voraussetzen, sprich der um den Globus schwappenden spekulativen Geldflüsse. Weiter müsste, sollte der Handel ausgedrückt als Anteil am globalen Bruttoinlandsprodukt zurückgehen, ein Teil der Kapitalexporte aus den reichen in die armen Ländern nicht als Darlehen, sondern in Form von Zuschüssen erfolgen, da die Möglichkeiten zu einer Rückzahlung in Form von Sachleistungen beschränkt und die Erträge gering wären.

Um die Voraussetzungen eines guten Lebens für alle zu erfüllen, werden wir, lautet unsere Schlussfolgerung, uns von den ferneren Gestaden der ökonomischen Integration zurückziehen müssen, zumindest bis das mit dem »Einholen« kein bloßer Anspruch mehr ist, sondern eine Tatsache. Die Industrieländer werden zur Befriedigung ihrer Bedürfnisse verstärkt auf nationale Produktionskapazitäten setzen müssen; die Entwicklungsländer wiederum werden sich von exportgestützten Wachstumsmodellen verabschieden müssen, die von einem unablässig weiter wachsenden Konsum in den wohlhabenden Ländern abhängen. Eine weniger starke Integration von reichen und armen Ländern könnte sich für die armen Länder sehr wohl als weitaus vorteilhafter erweisen. So oder so, wir könnten unser direktes Engagement in ihren nationalen Volkswirtschaft einstellen, ohne dass dies ihnen auf lange Sicht notwendigerweise schaden würde. Wir dagegen würden unsere Märkte trotzdem für die sehr armen Länder Afrikas offen halten müssen. Allerdings dürfte uns das nicht allzu viel kosten. Zusammengenommen sind die Volkswirtschaften der Länder in Afrika südlich der Sahara nicht einmal so groß wie die Belgiens.

Lassen Sie uns kurz einen Schritt zurücktreten. In der Welt der Genügsamkeit, die Keynes vorschwebte, tendiert die Rentabilität von Neuinvestitionen gegen Null. Gespart werden würde hauptsächlich für das Alter und das Ersetzen vorhandener Ausrüstungen. Gewisse Ertragsmöglichkeiten könnten sich aus der Entwicklung neuer Produkte ergeben. Doch unter solchen Umständen dürfte das Hauptmotiv dafür, »wirtschaftlich zweckhaft für andere zu sein, wenn es für einen selbst aufgehört hat, vernünftig zu sein«, in dem Wunsch liegen, den ganz Armen auf der Welt dabei zu helfen, auf das von uns bereits erreichte Niveau der allgemeinen materiellen Grundversorgung aufzusteigen

Eine solche »Arbeit für die Armen« muss nicht in der traditionellen Form bezahlter Arbeit daherkommen. Wenn nach und nach die Dinge verschwinden, die den »alten Adam« in uns zufrieden stellen, sollte man erwarten, dass an ihre Stelle neue Dinge beziehungsweise Betätigungsfelder für den Ehrgeiz treten, die dem Bereich der »Muße« zugehörig sind. Aus freiem Willen den eigenen Komfort einschränken, um weniger begünstigten Menschen zu helfen, wird allgemein als moralisch bewunderungswürdig erachtet. Schon heute mehrt sich die Zahl derjenigen, die im ehrenamtlichen Dienst bei sich zu Hause oder im Ausland ein Ventil für ihre altruistischen (und zum Teil auch abenteuerlustigen) Instinkte finden. Indem sie ihre Kraft, ihre Erfahrungen, ihr Wissen und ihre Liebe in den Dienst der Hilfe für andere stellen, opfern diese Menschen Einkommen für Muße in unserem Sinn. Sie führen ein gutes Leben und helfen damit anderen, ebenfalls ein gutes Leben führen zu können.

Unser Anliegen in diesem Kapitel war es, eine gesellschaftliche und ökonomische Organisation zu skizzieren, die den Rückgang der zur Befriedigung der materiellen Voraussetzungen für ein gutes Leben erforderlichen Menge an Arbeit widerspiegelt. Das bedingt die Abkehr von der in unserer Wirtschaftswissenschaft eingebauten Perspektive der Knappheit, die die Effizienz zum Idol verklärt. Stattdessen fragen wir: Wie könnte eine Gesellschaft, die bereits »genug« hat, über die Organisation ihres kollektiven Lebens nachdenken? Als Konsequenz daraus haben wir Lebensentwürfe vorgeschlagen, die einigen der am höchsten geachteten ökonomischen Glaubenssätze widersprechen – Glaubenssätze allerdings, die auf eine Welt des Mangels ausgerichtet sind.

Die materielle Basis unserer aktualisierten Version von Keynes' »Wirtschaftlichen Möglichkeiten für unsere Enkelkinder« gründet in eben der Logik, die ihn überhaupt erst dazu brachte, diese Vision zu entwickeln: dass die kontinuierliche Steigerung der Arbeitsproduktivität langfristig einen Rückgang der Nachfrage nach Arbeit bedingt. Wir können das entweder zu unserem Vorteil wenden, indem wir die Bereiche der gemeinsamen Arbeit und Muße stark ausbauen – eine Option, für die sich zumindest ein paar europäische Länder entschieden haben –, oder wir fahren fort mit dem angloamerikanischen System der Erzeugung immer neuer Begierden, angetrieben durch Unersättlichkeit, aufrechterhalten um den Preis schwindender Beschäftigungssicherheit und sich weiter verschärfender Einkommensungleichheit und ohne Respekt vor der Zukunft der Menschheit.

Wie steht es um die politische Möglichkeit, den Traum von einem guten Leben Wirklichkeit werden zu lassen? Die für die materiellen Voraussetzungen für politischen Wandel stets empfänglichen Marxisten vertreten die Ansicht, dass »das Ende des Kapitalismus schon begonnen hat«. In Form der digitalen Technologie hat der Kapitalismus das Instrument zu seiner Vernichtung bereits erschaffen. Der französische Soziologe André Gorz sieht im digitalen Hacker die »emblematische Figur« des Aufstands gegen den privaten Besitz an Wissen, den Bannerträger einer neuen »anarchistisch-kommunistischen Ethik«. Mit anderen Worten, die Bühne ist bereit für den sich abzeichnenden Kampf zwischen den digitalen Eliten und dem digitalen Proletariat.[52]

Wir bezweifeln, dass es dazu kommen wird. Falls doch, dann dürften die digitalen Eliten diesen Kampf wohl für sich entscheiden, denn sie werden immer wieder Wege finden, Wissen zu privatisieren. Aber selbst wenn die digitalen Proletarier gewinnen sollten, was könnten sie an die Stelle dessen setzen, was sie zerstören? Ohne ein tragfähiges Konzept von einem guten Leben sind ihre Bemühungen zum Scheitern verurteilt, ob sie nun gewinnen oder verlieren.

Dieses Buch ist von uns gedacht als Anregung und Aufforderung dazu, nochmals neu zu denken, was wir vom Leben wollen; wozu Geld da ist und was es heißt, ein »gutes Leben« zu führen. Dazu hat es gehört, philosophische und ethische Ideale wiederzubeleben, die zwar lange Zeit außer Mode waren, aber keineswegs verloren sind. Tatsächlich sind die Leute sehr hin- und hergerissen in der Frage ihrer Ethik. Die meisten Banker in der City of London geben zu, dass sie überbezahlt sind und Ärzte und Lehrer unterbezahlt.[53] Doch werden sie durch ihre Berufe so sehr bestimmt und festgelegt, wie Häftlinge durch ihr Eingesperrtsein, dass sie sich ein Leben außerhalb ihres gewohnten Umfelds kaum mehr vorstellen können. Doch auch Menschen, die danach streben, im bestehenden System ihr Bestmögliches zu geben, können die Hoffnung auf ein Leben in einem anderen, besseren System in sich tragen. Dieses Buch will ihnen helfen, ein solches System zu entdecken.

Unsere Verpflichtung auf die Basisgüter Persönlichkeit und Respekt schließt Zwang kategorisch aus. Vielmehr zielen wir darauf ab, die gesellschaftlichen Einrichtungen so zu gestalten, dass sie das gute Leben begünstigen – dass sie es den Menschen leichter machen, einen eigenen Ausweg aus der Tretmühle zu organisieren, zum Beispiel indem sie für sich selbst Lebensweisen entdecken, in denen das Geldverdienen nicht im Mittelpunkt steht. Kein politisches oder rechtliches System ist frei von Voreingenommenheit, ganz gleich, wie sehr es auf seine Neutralität pochen mag. Auch unser gegenwärtiges System ist, wie wir gezeigt haben, in vielen Bereichen alles andere als unparteiisch. In einigen Fällen finden wir das in Ordnung, in anderen führt es, wie wir glauben, in eine falsche Richtung. Worauf es uns ankommt, ist, dass der Staat seine ethischen Entscheidungen explizit macht, statt so zu tun, als würde er allein als neutraler Stellvertreter der individuellen Konsumenten agieren. Erst dann können wir eine moralische Debatte führen, die diesen Namen auch verdient. Wenn wir schon Paternalisten sein müssen, dann sollten wir uns auch offen dazu bekennen und es nicht verheimlichen.

Ob eine solche Neuausrichtung der Politik auf den Beistand der Religion angewiesen wäre? Höchstwahrscheinlich. Die Basisgüter, wie wir sie in Kapitel 6 definiert haben, sind zwar in keiner Form von einer bestimmten religiösen Doktrin abhängig, dennoch ist ihre Verwirklichung aller Voraussicht nach nicht möglich ohne die Autorität und Inspiration, die nur Religionen zu transportieren vermögen. Die meisten liberalen Reformer des 19. und 20. Jahrhunderts waren Christen; vom Rest gehörten viele zu denen, die, wie Keynes, von sich sagten, dass sie »zwar das Christentum zerstörten, doch in den Genuss seiner Vorzüge kamen«.[54] Ob eine Gesellschaft, der jeglicher religiöser Impuls abhanden gekommen ist, sich selbst dazu motivieren kann, das gemeinsame Wohl anzustreben? Wir glauben, eher nicht.

Was auch immer die Leser von unseren konkreten Vorschlägen halten mögen: Der Verzicht auf den Versuch, eine kollektive Vision von einem guten Leben zu entwerfen, einfach blind weiterzustolpern, ohne jede Vorstellung davon, *wofür* Reichtum da ist, ist ein Luxus, den sich reiche Gesellschaften nicht länger leisten können. Die wirkliche Verschwendung, mit der wir heute konfrontiert sind, ist nicht die Verschwendung von Geld, sondern die Verschwendung von Möglichkeiten von Menschen. »In dem Augenblick, in dem wir uns die Freiheit nehmen, das Ergebnis der Gewinnprüfung eines Buchhalters in den Wind zu schlagen«, verkündete Keynes 1933, »fangen wir an, unsere Zivilisation zu verändern.« Die Zeit für eine solche Veränderung ist mehr als reif.

ANMERKUNGEN

Einleitung

1. JOHN MAYNARD KEYNES, »The End of Laissez-faire« (1926), in: JOHN MAY-
   NARD KEYNES, *Essays in Persuasion. The Collected Writings of John Maynard Keynes*, Bd. 9, Cambridge 1978, S. 293.
2. JOHN MAYNARD KEYNES, »Wirtschaftliche Möglichkeiten für unsere Enkelkinder«, in: EDUARD ROSENBAUM, *Politik und Wirtschaft. Männer und
   Probleme. Ausgewählte Abhandlungen von John Maynard Keynes*, Tübingen 1956, S. 264.
3. GEORGE ORWELL, *Der Weg nach Wigan Pier*, Zürich 1982, S. 190.
4. WILLIAM STANLEY JEVONS, *Die Theorie der Politischen Ökonomie*, Jena
   1924, S. 36.
5. BERTRAND RUSSELL, *Lob des Müßiggangs*, Zürich 1970, S. 83, S. 85.
6. CHARLES BAUDELAIRE, *Baudelaires intime Tagebücher. Bildnisse und
   Zeichnungen*, München 1920, S. 42.
7. JOHN MAYNARD KEYNES, *Allgemeine Theorie der Beschäftigung, des Zinses
   und des Geldes*, 11. Aufl., Berlin 2009, S. 315f.
8. IMSciences.net, abgerufen am 9. September 2011.
9. H. J. JOHNSON, »The Political Economy of Opulence«, in: *Canadian Journal of Economics and Political Science*, Bd. 26, Nr. 4 (1960), S. 554.
10. ADAM SMITH, *Untersuchung über Wesen und Ursachen des Reichtums der
    Völker*, Tübingen 2005, 1. Buch, 7. Kapitel; ALFRED MARSHALL, *Principles
    of Economics*, 1945, S. 1; LIONEL ROBBINS, *An Essay on the Nature and Sig-
    nificance of Economic Science*, London, 1932, S. 16.
11. JOHN MAYNARD KEYNES, »Wirtschaftliche Möglichkeiten«, S. 272.

1. Keynes' Irrtum

1. Zitiert bei Robert Skidelsky, *John Maynard Keynes: The Economist as Saviour. 1920–1937*, London 1992, S. 72, S. 235.
2. JOHN MAYNARD KEYNES, »Wirtschaftliche Möglichkeiten«, S. 263–272. Zu

früheren utopischen Äußerungen siehe Skidelsky, *John Maynard Keynes: The Economist as Saviour,* S. 634, Anm. 53.

3. G. E. Moore, *Principia Ethica,* Stuttgart 1970, S. 260.

4. A. W. Plumptre, zitiert bei Skidelsky, *John Maynard Keynes: The Economist as Saviour,* S. 237.

5. Über Wachstumsraten in den USA, Europa und dem Rest der Welt siehe Fabrizio Zilibotti, »Economic Possibilities for our Grandchildren 75 Years After: A Global Perspective«, in: Lorenzo Pecchi und Gustavo Piga (Hrsg.), *Revisiting Keynes: Economic Possibilities for Our Grandchildren,* Cambridge/Mass. 2008, S. 27–39.

6. John Maynard Keynes, »Wirtschaftliche Möglichkeiten«, S. 267.

7. Wencaho Jin et al., *Poverty and Inequality in the UK,* Institute for Fiscal Studies, London 2011.

8. *The Week,* 16. Juli 2011.

9. Jonathan Gershuny, »Busyness as the Badge of Honour for the New Superordinate Working Class«, *Institute for Social and Economic Research Working Paper 2005–2009* (2005).

10. US Bureau of Labor Statistics.

11. Siehe Axel Leijonhufvud, in: Pecchi und Piga (Hrsg.), *Revisiting Keynes,* S. 117–124.

12. Henry Phelps-Brown, *The Inequality of Pay,* Oxford 1977, S. 84ff.

13. W. I. Lenin, *Staat und Revolution,* VI. Kapitel, 3. Unterkapitel; http://www.sol-hh.de/index.php/publikationen/sol-media/78-lenin-staat-und-revolution; Adam Smith, *Untersuchung über Wesen und Ursachen des Reichtums der Völker,* Tübingen 2005, S. 111; Jeremy Bentham, *A Table of the Springs of Action,* London 1817, S. 20.

14. Diese Kritik an Keynes zieht sich wie ein roter Faden durch das Buch von Pecchi und Piga (Hrsg.), *Revisiting Keynes.* Siehe die Beiträge von Stiglitz, S. 46, Freeman, S. 140f., und Fitoussi, S. 157.

15. Tom Rachman, *Die Unperfekten,* München 2010, S. 107f.

16. Aditya Chakrabortty, »Why our Jobs are Getting Worse«, in: *The Guardian,* 31. August 2010. Siehe auch Irena Grugulis et al., »›No Place to Hide‹: The Reality of Leadership in UK Supermarkets«, *SKOPE Research Paper* 91 über die »McDonaldisierung« der Arbeit, 2010. Über digitalen Taylorismus siehe Philip Brown et al., *The Global Auction: The Broken Promises of Education, Jobs and Incomes,* New York 2010, S. 65–82. Über

die schreckliche Welt der Callcenter siehe SIMON HEAD, *The New Ruthless Economy: Work and Power in the Digital Age,* New York 2003, S. 100–116.

17. ST PAUL'S INSTITUTE, *Value and Values: Perceptions of Ethics in the City Today,* London 2011.

18. HARALD BIELENSKI, GERHARD BOSCH und ALEXANDRA WAGNER, *Wie die Europäer arbeiten wollen. Erwerbs- und Arbeitszeitwünsche in 16 Ländern,* Frankfurt/Main 2002. Die genaue Fragestellung in der Umfrage lautete (ebenda S. 26): »Nehmen Sie bitte einmal an, dass Sie (und Ihr Partner) die freie Wahl hätten, was Ihre Arbeitszeit angeht, und denken Sie dabei bitte auch an das notwendige Geldverdienen: Wie viele Stunden pro Woche würden Sie selbst derzeit am liebsten arbeiten?« Damit ist die Abwägung von Freizeit gegen Einkommen zumindest implizit angesprochen.

19. JEREMY REYNOLDS, »When Too Much is Not Enough: Actual and Preferred Work Hours in the United States and Abroad«, in: *Sociological Forum,* Bd. 19, Nr. 1 (2004), S. 89–120. Ein Hinweis: Bei dieser Umfrage wurde im Gegensatz zu der EFILWC-Umfrage nicht gefragt, ob jemand mehr, weniger oder genauso viel wie zurzeit arbeiten wollte. Von Löhnen war keine Rede. Reynolds hält es für wahrscheinlich, »dass die Befragten bei ihren Angaben, ob sie länger oder kürzer arbeiten wollten, berücksichtigten, wie sich das auf ihr Einkommen auswirken würde«. Aber selbst wenn das nicht der Fall sein sollte, legen die Ergebnisse den Schluss nahe, dass die meisten Arbeit als etwas Unangenehmes ansehen.

20. SARAH ANDERSEN ET AL., *Executive Excess 2010: CEO Pay and the Great Recession,* Institute for Policy Studies, London 2010.

21. UK Office of National Statistics; US Bureau of Labor Statistics.

22. *The Guardian,* 15. August 2011.

23. JULIET SCHOR, *The Overworked American: The Unexpected Decline of Leisure,* New York 1991, S. 66.

24. JULIET SCHOR, »Towards a New Politics of Consumption«, in: JULIET SCHOR und DOUGLAS B. HOLT (Hrsg.), *The Consumer Society Reader,* New York 2000, S. 459. Schor schreibt, wenn die politisch Verantwortlichen einen nachhaltigeren Lebensstil fördern wollten, dürften sie es nicht mit Appellen an die Menschen bewenden lassen, ihr gegenwärtiges Lebens- und Konsumniveau zu reduzieren: »Ansätze, die strukturell den Zufluss von immer mehr Einkommen zu den Konsumenten bremsen, versprechen mehr Erfolg.« Vgl. auch mehrere päpstliche Enzykliken zu dem Thema, zum Bei-

spiel Papst Paul VI. (1971) *Octogesima Adveniens*: »Während sehr große Be-völkerungsgruppen nicht einmal die vorrangigen Bedürfnisse des Lebens befriedigen können, geht man darauf aus, das Verlangen nach überflüssigen Dingen zu wecken.« http://www.vatican.va/holy_father/paul_vi/apost _letters/documents/hfp_vi apl 19710514_octogesima-adveniens_en.html; abgerufen am 12. Januar 2012.

25. André Gorz, *Auswege aus dem Kapitalismus. Beiträge zur politischen Öko-nomie,* Zürich 2009, S. 9.

26. *The Week,* 16. Juli 2011. *The Week* bringt eine regelmäßige Kolumne »For those who have everything« – »Für die, die alles haben«.

27. Roy Harrod, »The Possibility of Economic Satiety – Use of Economic Growth for Improving the Quality of Education and Leisure«, *Problems of US Economic Development,* Committee for Economic Development, 1958, S. 207–213.

28. Fred Hirsch, *Social Limits to Growth,* London 1977, S. 16–23.

29. Gary Becker, »A Theory of the Allocation of Time«, in: *The Economic Journal,* Bd. 75, Nr. 299, 1965, S. 493–517.

30. Staffan Linder, *Warum wir keine Zeit mehr haben. Das Linder-Axiom,* Gütersloh 1971, S. 85.

31. John Maynard Keynes, »Wirtschaftliche Möglichkeiten«, S. 267.

32. Die erste umfassende Darstellung dieser Konzepte findet sich bei Harvey Leibenstein, »Bandwagon, Snob, and Veblen Effects in the Theory of Con-sumers Demand«, in: *The Quarterly Journal of Economics,* Bd. 64, Nr. 2, 1950 S. 183–207.

33. Craufurd D.Goodwin, (Hrsg.), *Art and the Market: Roger Fry on Com-merce and Art,* Ann Arbor 1998.

34. Juliet Schor, *The Overworked American,* S. 120.

35. Alexis de Tocqueville, *Über die Demokratie in Amerika,* Stuttgart 1985, 28. Kapitel.

36. Richard B. Freeman, »Why Do We Work More than Keynes Expected?«, in: Pecchi und Piga, *Revisiting Keynes,* S. 133–142.

37. Adam Smith, *Untersuchung,* Buch 2, 3. Kapitel.

38. Karl Marx, »Grundrisse«, in: David McLellan, (Hrsg.), *Selected Works,* 2. Aufl., Oxford 2000, S. 414.

2. Der faustische Handel

1. JOHN MAYNARD KEYNES, »Wirtschaftliche Möglichkeiten«, S. 272.

2. Siehe KRISHAN KUMAR, *Utopia and Anti-Utopia in Modern Times,* Oxford 1987, S. 3–9.

3. THOMAS MORE, *Utopia,* hrsg. von Ralph Robinson, 1869, Vorwort des Herausgebers.

4. KRISHAN KUMAR, *Utopia and Anti-Utopia,* S. 35.

5. THOMAS MORUS, *Utopia,* hrsg. von Alexander Heine nach der Ausgabe von Dr. Hubert Schiedel. Essen o. J., S. 110, 134.

6. NICCOLÒ MACHIAVELLI, *Geschichte von Florenz,* Zürich 1986, S. 285.

7. PAPST LEO XIII., *Rerum Novarum,* Rom 1891, Par. 43, online unter http://198.62.75.1/www1/overkott/rerum.htm.

8. KARL LÖWITH, *Weltgeschichte und Heilsgeschehen; die theologischen Voraussetzungen der Geschichtsphilosophie,* Stuttgart 1983, S. 158–172.

9. WILLIAM BLAKE, *Die Hochzeit von Himmel und Hölle: eine Auswahl aus den prophetisch-revolutionären Schriften,* Bad Münstereifel 1987, S. 66.

10. BERNARD MANDEVILLE, *Die Bienenfabel, oder: Private Laster als gesellschaftliche Vorteile,* München 1988, S. 37.

11. Siehe BERNARD MANDEVILLE, *The Fable of the Bees: or Private Vices, Public Benefits,* Phillip Harth (Hrsg.), Harmondsworth 1989, S. 49, 51, Einleitung des Herausgebers. Siehe auch N. T. PHILLIPSON, *Adam Smith: An Enlightened Life,* London 2010, S. 48.

12. BERNARD MANDEVILLE, *Die Bienenfabel,* S. 18, S. 25.

13. DAVID HUME, »Über Verfeinerung in den Künsten«, in: David Hume, *Politische und Philosophische Essays,* Hamburg 1988, S. 203f.

14. Die Genealogie von »Interesse« und *»le doux commerce«* wird nachgezeichnet von ALBERT O. HIRSCHMAN in seinem Buch *Leidenschaften und Interessen: Politische Begründungen des Kapitalismus vor seinem Sieg,* Frankfurt/ Main 1980, S. 51–76. »Eigenliebe« trat ins Leben als ein augustinisches Schmähwort, wurde aber von Rousseau und in seinem Gefolge Adam Smith umgeprägt zu einem neutralen Ausdruck zur Beschreibung des natürlichen Interesses der Menschen an ihrem persönlichen Wohlergehen. Für mehr Details siehe PIERRE FORCE, *Self-Interest before Adam Smith,* Cambridge 2003, S. 57–67.

15. ALEXANDER POPE, *Vom Menschen,* Hamburg 1993, S. 75.

16. EDMUND BURKE, *Über die Französische Revolution: Betrachtungen und Abhandlungen,* Berlin 1991, S. 159.

17. ADAM SMITH, *Theorie der ethischen Gefühle,* Hamburg 1977, S. 513–523.

18. Ebenda, S. 316f.

19. ADAM SMITH, *Wohlstand der Nationen,* Tübingen 2005, Buch 50, S. 747f.

20. JOHN STUART MILL, *Grundsätze der politischen Ökonomie,* Bd. 3, Aalen 1968 (Neudruck der Ausgabe von Leipzig 1869), »Vom stationären Zustand«, S. 60. Für eine Kritik an Mills »Moralismus« siehe MICHAEL MONTGOMERY, »John Stuart Mill and the Utopian Tradition«, in: JÜRGEN GEORG BACKHAUS (Hrsg.), *The State as Utopia: Continental Approaches,* Berlin 2011, S. 19–34.

21. THEODOR ZIOLKOWSKI, *The Sin of Knowledge: Ancient Themes and Modern Variations,* Princeton 2000, S. 68.

22. JOHANN WOLFGANG GOETHE, *Faust – Der Tragödie erster Teil,* Stuttgart 1971, S. 50f.

23. JOHANN WOLFGANG GOETHE, *Faust – Der Tragödie zweiter Teil,* Stuttgart 1971, S. 207.

24. JOHANN PETER ECKERMANN, *Gespräche mit Goethe in den letzten Jahren seines Lebens,* Stuttgart 2006, S. 769.

25. KARL JASPERS, *Unsere Zukunft und Goethe,* Bremen 1949, S. 18.

26. Siehe JOHN GRAY, *Black Mass: Apocalyptic Religion and the Death of Utopia,* London 2007.

27. Zitiert in LESZEK KOLAKOWSKI, *Die Hauptströmungen des Marxismus: Entstehung, Entwicklung, Zerfall,* Bd. 1, München 1977, S. 393.

28. Ebenda, S. 394.

29. Siehe ERIC HOBSBAWM, *How to Change the World: Tales of Marx and Marxism,* Boston 2011, S. 147: »Ein Mechanismus für den Zusammenbruch [von Sklavengesellschaften] wird nirgendwo skizziert […]«

30. KARL MARX und FRIEDRICH ENGELS, *Manifest der Kommunistischen Partei,* Karl Marx/Friedrich Engels, *Werke,* Bd. 4, Berlin/DDR 1959, S. 467.

31. Ebenda, S. 466.

32. Ebenda, S. 465.

33. Ebenda, S. 467.

34. Ebenda, S. 474.

35. KARL MARX, *Das Kapital,* Karl Marx/Friedrich Engels, *Werke,* Bd. 23, Berlin/DDR 1959, S. 791.

36. KARL MARX und FRIEDRICH ENGELS, *Manifest der Kommunistischen Partei*, Karl Marx/Friedrich Engels, *Werke*, Bd. 4, Berlin/DDR 1959, S. 468.

37. Zitiert in MEGHNAD DESAI, *Marx's Revenge: The Resurgence of Capitalism and the Death of Statist Socialism*, London 2004, S. 93.

38. Ebenda, S. 79.

39. KARL MARX, *Zur Kritik der politischen Ökonomie*, Karl Marx/Friedrich Engels, *Werke*, Bd. 13, Berlin/DDR 1959, S. 9.

40. KARL MARX, *Die deutsche Ideologie*, Karl Marx/Friedrich Engels, *Werke*, Bd. 3, Berlin/DDR 1959, S. 33.

41. LEO TROTZKI, *Literatur und Revolution*, Berlin 1968, S. 214f.

42. JUNG CHANG und JOHN HOLLIDAY, *Das Leben eines Mannes. Das Schicksal eines Volkes*, München 2005, S. 575.

43. Siehe zum Beispiel JOHN STRACHEY, *Contemporary Capitalism*, London 1956, sowie Anthony Crosland, *The Future of Socialism*, London 1956.

44. CHARLES REICH, *Die Welt wird jung: Der gewaltlose Aufstand der neuen Generation*, Wien, München, Zürich 1971, S. 193–196; Zitat nach R. N. BERKI, »Marcuse and the Crisis of the New Radicalism: From Politics to Religion?«, in: *Journal of Politics*, Bd. 34 (1972), S. 151.

45. THEODORE ROSZAK, *The Making of a Counter-Culture: Reflections on the Technocratic Society and its Youthful Opposition*, Berkeley 1969, S. 17f.

46. Zum kapitalistischen »Goldenen Zeitalter« siehe ROBERT SKIDELSKY, *Die Rückkehr des Meisters: Keynes für das 21. Jahrhundert*, München 2009, 5. Kapitel.

47. Im Vorwort von *The Making of a Counter-Culture*, ein Thema, das Roszak später in *Where the Wasteland Ends* (Berkeley 1973) weiter ausführte. JOHN KENNETH GALBRAITH prägte in *The New Industrial State*, Princeton 2007, den Begriff »Technostruktur«.

48. CHARLES REICH, *Die Welt wird jung*, S. 292.

49. Zitiert in ALAIN MARTINEAU, *Herbert Marcuse's Utopia*, Montreal 1984, S. 7.

50. Zitiert in ebenda, S. 20.

51. HERBERT MARCUSE, *Der eindimensionale Mensch: Studien zur Ideologie der fortgeschrittenen Industriegesellschaft*, München 1994, S. 14.

52. HERBERT MARCUSE, *One-Dimensional Man: Studies in the Ideology of Advanced Industrial Society*, Boston 1991, S. xxx, S. xlii.

53. HERBERT MARCUSE, *Der eindimensionale Mensch*, S. 252.

54. Herbert Marcuse, *Triebstruktur und Gesellschaft: Ein philosophischer Beitrag zu Sigmund Freud*, Frankfurt/Main 1984, S. 53ff.

55. Herbert Marcuse, *Der eindimensionale Mensch*, S. 267f.

3. *Über den Nutzen von Reichtum*

1. Joseph Schumpeter, *Geschichte der ökonomischen Analyse*, Göttingen 1965, S. 96.

2. Aristoteles, *Nikomachische Ethik*, Stuttgart 2010, 10. Buch, 7. Kapitel, S. 288. In seinem anderem großen moralischen Werk, der *Eudemischen Ethik*, zeigt sich Aristoteles noch unentschiedener zwischen dem aktiven und dem philosophischen Leben.

3. Aristoteles, *Politik*, Stuttgart 1989, 1. Buch, 9. Kapitel, S. 81.

4. Georg Simmel, *Philosophie des Geldes*, Frankfurt/Main 1989, S. 332.

5. Zitiert in Robert Skidelsky, *John Maynard Keynes: The Economist as Saviour 1920–1937*, London 1992, S. 476.

6. Aristoteles, *Politik*, 1. Buch, 10. Kapitel, S. 98.

7. Ebenda, 9. Kapitel, S. 96.

8. Aristophanes, *Plutos – eine Komödie des Aristophanes*, Tübingen 1807, S. 23f.

9. Quintus Horatius Flaccus, *Satiren*, Mannheim 2011, Buch 1, Zeile 39f., S. 24.

10. Siehe Peter Brown, *Poverty and Leadership in the Later Roman Empire*, Hanover, New Hampshire 2002.

11. Thomas von Aquino, *Summe der Theologie*, 3 Bde., hrsg. von Joseph Bernhart, Stuttgart 1985, Bd. 2, *Der Mensch und das Heil*, S. 118. Untersuchung, S. 446f.

12. Zitiert in Anne Derbes und Mark Sandona, »Barren Metal and the Fruitful Womb: The Program of Giotto's Arena Chapel in Padua«, in: *Art Bulletin*, Bd. 80, 1998, S. 227.

13. Max Weber, *Die protestantische Ethik und der »Geist« des Kapitalismus*, 3. Aufl., Weinheim 2000, S. 30.

14. Patrick Olivelle (Übers.), *The Dharmasutras*, Oxford 1999, S. 35.

15. Für eine ausführlichere Darstellung siehe Max Weber, *Die Wirtschaftsethik der Weltreligionen. Hinduismus und Buddhismus: Schriften 1915–1920*, hrsg. von Helwig Schmidt-Glintzer, Tübingen 1998, S. 61–68.

16. Patrick Olivelle, *The Dharmasutras*, S. 326.

17. Frank Dispeker (Übers.), *Die schönsten Upanischaden: Der Hauch des Ewigen,* Freiburg/Breisgau 1994, S. 172f.

18. Siehe Chakravarthi Ram-Prasad, *Eastern Philosophy,* London 2005, S. 212: »Es kann nicht abgestritten werden, dass die logische Theorie in der chinesischen Philosophie eher marginal ist und nur während der kurzen buddhistischen Vorherrschaft eine kleine Rolle spielte.«

19. Konfuzius, *Gespräche,* übers. und hrsg. von Ralf Moritz, Stuttgart 1998, 2. Kapitel, I.2, S. 12.

20. Li Bai, »On a Banquet with my Cousins on a Spring Night in the Peach Flower Garden«, in: Burton Watson, *Chinese Lyricism: Shih Poetry from the Second to the Twelfth Century,* New York 1971.

21. Zitiert in Lin Yutang, *Weisheit des lächelnden Lebens,* Stuttgart 1979, S. 157–161.

22. Burton Watson, *Records of the Grand Historian of China,* Bd. 2, übers. nach dem *Shih chi* von Ssu-ma Ch'ein, New York 1961, S. 491f.

23. Dieser Punkt wird sehr nachdrücklich vertreten von Michael Sandel in *Justice: What's the Right Thing to Do?,* London 2009, S. 244–269. (Auf Deutsch zur Veröffentlichung anstehend unter dem Titel *Gerechtigkeit: Wie wir das Richtige tun,* Berlin 2012.)

24. Tariq Modood zum Beispiel verteidigt das religiöse Establishment in Großbritannien, vertritt inzwischen aber auch die Ansicht, dass es auf andere religiöse Gruppen ausgeweitet werden könnte. Siehe Tariq Modood, *Multicultural Politics: Racism, Ethnicity, Muslims in Britain,* Minneapolis 2005, S. 146–150.

25. John Kenneth Galbraith, *Gesellschaft im Überfluss,* München und Zürich 1959, S. 163.

26. John Locke, *Versuch über den menschlichen Verstand,* Bd. 1, Leipzig 1913, S. 312.

27. Für eine klassische moderne Diskussion der Unterscheidung zwischen Bedürfnis und Begierde siehe David Wiggins, »Claims of Need«, in: Wiggins, *Needs, Values, Truth: Essays in the Philosophy of Value,* Oxford 1998, S. 1–49.

28. Aristoteles, *Politik,* 1. Buch, 9. Kapitel, S. 81.

29. Carl Menger, *Grundsätze der Volkswirtschaftslehre,* in: Carl Menger, *Gesammelte Werke,* Bd. 1, hrsg. von F. A. Hayek, Tübingen 1968, S. 86.

30. Ebenda, S. 214f.

31. VERGIL, *Aeneis,* 3. Gesang, Zeile 56, Düsseldorf 2007; Keynes, »Wirtschaftliche Möglichkeiten«, S. 270.

32. ROBERT H. FRANK, *Luxury Fever: Money and Happiness in an Era of Excess,* Princeton 2000, S. 66.

33. FRIEDRICH NIETZSCHE, *Also sprach Zarathustra,* Stuttgart 1987, S. 10.

4. Das Wunder des Glücks

1. JEAN-JACQUES ROUSSEAU, *Über Kunst und Wissenschaft. Über den Ursprung der Ungleichheit unter den Menschen,* übers. und hrsg. von Kurt Weigand, Hamburg 1955, S. 53.

2. HERODOT, *Historien,* hrsg. von JOSEF FEIX, Bd. 1, München 1963, S. 29.

3. ARISTOTELES, *Nikomachische Ethik,* Stuttgart 2010, 7. Buch, 14. Kapitel, S. 207f.

4. JOHN LOCKE, *Versuch über den menschlichen Verstand,* Bd. 1, Leipzig 1913, S. 312.

5. Zitiert bei G. E. MOORE, *Principia Ethica,* 3. Kapitel, Abs. 47, Stuttgart 1970, S. 124.

6. WILLIAM STANLEY JEVONS, *Die Theorie der politischen Ökonomie,* Jena 1924, S. 36.

7. F. Y. EDGEWORTH, *Mathematical Psychics: An Essay on the Application of Mathematics to the Moral Sciences,* London 1881, S. 101f.

8. SARA SOLNICK und DAVID HEMENWAY, »Is More Always Better? A Survey on Positional Concerns«, in: *Journal of Economics Behaviour and Organisation,* Bd. 37 (1998), S. 373–383.

9. Ob das Glück über der Einkommensschwelle von 15.000 Dollar jährlich noch zunimmt, ist umstritten. Nach jüngeren Umfragen nimmt es zu. Weitere Einzelheiten nennt ANGUS DEATON, »Income, Health and Well-Being around the World: Evidence from the Gallup World Poll«, in: *The Journal of Economic Perspectives,* Bd. 22, Nr. 2 (2008), S. 53–72.

10. RICHARD LAYARD, *Die glückliche Gesellschaft. Kurswechsel für Politik und Wirtschaft,* Frankfurt/Main 2005, S. 57.

11. Siehe ROBERT H. FRANK, *Luxury Fever: Money and Happiness in an Era of Excess,* S. 207–226.

12. WILL WILKINSON, »In Pursuit of Happiness Research: Is It Reliable? What does it Imply for Policy?«, in: *Policy Analysis,* Nr. 590 (2007).

13. Die Argumentation in den letzten beiden Abschnitten folgt HELEN JOHNS und PAUL ORMEROD, *Happiness, Economics and Public Policy,* London 2007, S. 28–34.

14. Richard Layard sowie Ed Diener und Eunkook Mark Suh nennen als Quelle dafür, dass Studenten in Hongkong auf Chinesisch und Englisch beinahe identische Glücksniveaus angeben, Shao 1993. Aus den Anmerkungen geht hervor, dass Shao 1993 eine unveröffentlichte Abschlussarbeit ist, die an der University of Illinois geschrieben wurde. Auf jeden Fall ist diese Untersuchung nicht aussagekräftig, weil die befragten Studenten die Bedeutung von »happy« vermutlich im Vergleich zu *xingfu* oder einem anderen chinesischen Begriff gelernt hatten. Dieses Problem taucht in allen derartigen Studien auf. Siehe RICHARD LAYARD, *Die glückliche Gesellschaft,* S. 47f., sowie ED DIENER und EUNKOOK MARK SUH, »National Differences in Subjective Well-Being«, in: DANIEL KAHNEMAN ET AL., *Well-Being: The Foundations of Hedonic Psychology,* New York 1999, S. 437.

15. ANNA WIERZBICKA, »›Happiness‹ in Cross-Linguistic and Cross-Cultural Perspective«, in: *Daedalus,* Bd. 133, Nr. 2 (2004), S. 36.

16. Vgl. dazu RICHARD LAYARD, *Die glückliche Gesellschaft,* S. 23ff.

17. ED DIENER und EUNKOOK MARK SUH, »National Differences in Subjective Well-Being«, S. 437.

18. ANDREW J. OSWALD und STEPHEN WU, »Objective Confirmation of Subjective Measures of Human Well-Being: Evidence from the U.S.A.«, in: *Science,* Nr. 327 (2010), S. 576–579. Die Daten zum Glücksempfinden wurden nach Einkommen und Alter bereinigt. So erscheinen die New Yorker nicht als die unglücklichsten Menschen überhaupt, sondern nur im Verhältnis zu ihren Lebensumständen.

19. Ebenda, S. 578.

20. Siehe HELEN JOHNS und PAUL ORMEROD, *Happiness, Economics and Public Policy,* S. 81.

21. JULIA ERICKSEN und SALLY STEFFEN, *Kiss and Tell: Surveying Sex in the Twentieth Century,* Cambridge/Mass. 1999, S. 34.

22. Siehe RICHARD LAYARD, *Die glückliche Gesellschaft,* S. 79–82.

23. DEREK BOK, *The Politics of Happiness: What Government Can Learn from the New Research on Well-Being,* Princeton 2010, S. 36.

24. Siehe JULIET MICHAELSON ET AL., *National Accounts of Well-Being: Bringing Real Wealth onto the Balance Sheet,* London 2009.

25. HENRY SIDGWICK, *Die Methoden der Ethik,* Leipzig 1909, S. 137.

26. Siehe DANIEL KAHNEMAN und ALAN B. KRUEGER, »Developments in the Measurement of Subjective Well-Being«, in: *The Journal of Economic Perspectives,* Bd. 20, Nr. 1 (2006), S. 3–24.

27. Siehe JULIA ANNAS, »Happiness as Achievement«, in: *Daedalus,* Bd. 133, Nr. 2 (2006).

28. *Daily Telegraph,* 18. Oktober 2011.

29. FRED FELDMAN, *What Is This Thing Called Happiness?,* Oxford 2010, S. 176.

30. Details dazu enthält YEW-KWANG NG, »Happiness Surveys: Some Comparability Issues and an Exploratory Survey Based on Just Perceivable Increments«, in: *Social Indicators Research,* Bd. 38, Nr. 1 (2011), S. 1–27.

31. RICHARD LAYARD, *Die glückliche Gesellschaft,* S. 25.

32. ARISTOTELES, *Nikomachische Ethik,* 10. Buch, 5. Kapitel, S. 282.

33. LUDWIG WITTGENSTEIN, *Tractatus Logico-Philosophicus,* 6.43, Frankfurt/Main 1968, S. 113.

34. PHILIPPA FOOT, *Die Natur des Guten,* Frankfurt/Main 2004, S. 115.

35. Ebenda, S. 118f.

36. SAMUEL BRITTAN, »Commentary: A Deceptive Eureka Moment«, in: HELEN JOHNS und PAUL ORMEROD, *Happiness, Economics and Public Policy,* S. 93.

37. RICHARD LAYARD, *Die glückliche Gesellschaft,* S. 36.

38. METROPOLIT ANTHONY VON SOUROZH, *God and Man,* London 1983, S. 16.

39. FRIEDRICH NIETZSCHE, *Der Fall Wagner. Götzendämmerung. Sprüche und Pfeile,* Nr. 12, in: *Kritische Gesamtausgabe,* hrsg. von Giorgio Colli und Mazzino Montinari, Bd. 6, 3, Berlin 1969, S. 55.

40. YEW-KWANG NG, »A Case for Happiness, Cardinalism, and Interpersonal Comparability«, in: *Economic Journal,* Bd. 107, Nr. 445 (1997), S. 1849.

41. RICHARD LAYARD, *Die glückliche Gesellschaft,* S. 234.

5. Natürliche oder moralische Grenzen des Wachstums?

1. THOMAS MALTHUS, *Das Bevölkerungsgesetz,* München 1977, S. 67f.

2. DONELLA H. MEADOWS ET AL., *Die Grenzen des Wachstums,* Stuttgart 1972, S. 36–74.

3. Malthus' Ängste, die Ressourcen könnten knapp werden, weist Bjørn Lomborg entschieden zurück: *Cool it! Warum wir trotz Klimawandels einen kühlen Kopf bewahren sollten,* München 2008, S. 125–156.

4. PAUL EHRLICH, *Die Bevölkerungsbombe,* München 1971.

5. GEORGE MONBIOT, »Bring on the Recession «, in: *The Guardian,* 9. Oktober 2007.

6. TIM JACKSON, *Wohlstand ohne Wachstum. Leben und Wirtschaften in einer endlichen Welt,* München 2011.

7. House of Lords Select Committee on Economic Affairs, »The Economics of Climate Change«, London 2005, S. 58.

8. Intergovernmental Panel on Climate Change, *Third Assessment Report,* Cambridge 2001, Working Panel 1, Technical Summary, S. 79.

9. KARL R. POPPER, *Das Elend des Historizismus,* Tübingen 1987, S. XII.

10. Intergovernmental Panel on Climate Change, *Third Assessment Report,* Cambrigde 2001, Working Panel 2, 3. Kapitel, S. 154.

11. Zitiert bei MIKE HULME, »Chaotic world of climate truth«, BBC News Website, 2006, news.bbc.co.uk/1/hi/6115644.stm (abgerufen am 9. September 2011).

12. Ebenda. Siehe auch ELLEN RAPHAEL und PAUL HARDAKER, »Making Sense of the Weather and Climate«, London 2007, S. 3: »Die Vorstellung, dass es einen ›Umschlagpunkt‹ gibt, von dem aus eine Umkehr nicht mehr möglich ist, ist eine irreführende Art, über das Klima nachzudenken, und kann unnötig alarmistisch sein.«

13. JAMES LOVELOCK, *Gaias Rache. Warum die Erde sich wehrt,* Berlin 2007, S. 211.

14. SIR PARTHA DASGUPTA, *Comments on the Stern Review's Economics of Climate Change* (www.econ.com.ac.uk/faculty/dasgupta/STERN.pdf; abgerufen am 12. Januar 2012), S. 5. Sir Partha fasst die Ansichten von William Nordhaus, dem einflussreichsten modernen Klimaökonomen, zusammen. Er teilt diese Ansichten nicht unbedingt.

15. NICHOLAS STERN, *Stern Review on the Economics of Climate Change,* Britisches Finanzministerium, London 2006, S. xii.

16. TIM JACKSON, *Wohlstand ohne Wachstum.*

17. NIGEL LAWSON, *An Appeal to Reason: A Cool Look at Global Warming,* London 2009, S. 87.

18. GEORGE MONBIOT, *Hitze. Wie wir verhindern, dass sich die Erde weiter aufheizt und unbewohnbar wird,* München 2007, S. 348.

19. Zitiert in JOHN PASSMORE, *Man's Responsibility for Nature: Ecological Problems and Western Traditions,* London 1974, S. 21.

20. LUDWIG KLAGES, *Mensch und Erde,* Jena 1929, S. 25.

21. MARTIN HEIDEGGER, »Die Frage nach der Technik«, in: Martin Heidegger, *Gesamtausgabe,* Bd. 7: *Vorträge und Aufsätze,* Frankfurt/Main 2000, S. 5–36, Zitat S. 16f.

22. Herbert Marcuse in einem Interview mit *Psychology Today,* Februar 1971, zitiert in JOHN PASSMORE, *Man's Responsibility for Nature,* S. 60f.

23. JAMES LOVELOCK, *Unsere Erde wird überleben. GAIA – Eine optimistische Ökologie,* Zürich und München 1982, S. 26.

24. Ebenda, S. 11.

25. JAMES LOVELOCK, *Das Gaia-Prinzip. Die Biographie unseres Planeten,* Zürich und München 1991, S. 265.

26. JAMES LOVELOCK, *Gaias Rache,* S. 210.

27. Zitiert in JOHN PASSMORE, *Man's Responsibility for Nature,* S. 23f.

28. MARY MIDGLEY, »Duties Concerning Islands«, in: ROBERT ELLIOT (Hrsg.), *Environmental Ethics,* Oxford 1995, S. 89–103.

29. Der erste Grundsatz der Tiefenökologie lautet Arne Næss zufolge: »Das Gedeihen menschlichen und nichtmenschlichen Lebens auf der Erde besitzt einen inhärenten Wert. Der Wert nichtmenschlicher Lebensformen ist unabhängig vom Nutzen der nichtmenschlichen Welt für menschliche Zwecke.« ARNE NÆSS, »The Basics of the Deep Ecology Movement«, in: ALAN DRENGSON und BILL DEVALL (Hrsg.), *The Ecology of Wisdom: Writings by Arne Næss,* Berkeley 2008, S. 111.

30. ARNE NÆSS, »The Shallow and the Deep, Long-Range Ecological Movement: A Summary«, in: ANDREW DOBSON (Hrsg.), *The Green Reader: Essays toward a Sustainable Society,* London 1991, S. 243.

31. Der Begriff »Speziesismus« wurde verbreitet von PETER SINGER, *Befreiung der Tiere. Eine neue Ethik zur Behandlung der Tiere,* München 1982.

32. ALDO LEOPOLD, »A Sand County Almanac«, in: ANDREW DOBSON (Hrsg.), *The Green Reader,* S. 240f.

33. Eine überzeugende Verteidigung dieser Position ist MICHAEL THOMPSON, *Leben und Handeln. Grundstrukturen der Praxis und des praktischen Denkens,* Berlin 2011.

34. BERNARD WILLIAMS, *Ethik und die Grenzen der Philosophie,* Hamburg 1999, S. 168.

35. OSWALD SPENGLER, *Der Untergang des Abendlandes. Umrisse einer Morphologie der Weltgeschichte,* München 1980, S. 217.

36. DAVID E. COOPER, *A Philosophy of Gardens*, Oxford 2006, ist ein interessantes Plädoyer für die Bedeutung von Gärten und Gartenarbeit für ein gutes Leben.

37. JAMES LOVELOCK, *Gaias Rache*, S. 189ff.

38. J. BAIRD CALLICOTT, »Animal Liberation: A Triangular Affair«, in: Robert Elliot (Hrsg.), *Environmental Ethics*, Oxford 1995, S. 50.

39. JOHN STUART MILL, *Grundsätze der politischen Ökonomie*, Bd. 3, Aalen 1968 (Neudruck der Ausgabe Leipzig 1869), S. 62.

6. Was zu einem guten Leben gehört

1. MILTON FRIEDMAN, »The Methodology of Positive Economics«, in: Milton Friedman, *Essays in Positive Economics*, Chicago 1953, S. 5.

2. Belege, dass diese und ähnliche Gepflogenheiten universell vorkommen, liefern ALEXANDER MACBEATH, *Experiments in Living*, London 1952, und MORRIS GINSBERG, *On the Diversity of Morals*, London 1956.

3. Siehe MARTHA NUSSBAUM, *Women and Human Development: The Capabilities Approach*, Cambridge 2000, S. 73: »Insofern wir in der Lage sind, auf tragische Geschichten aus anderen Kulturen zu reagieren, zeigen wir, dass die Idee des menschlichen Werts und der menschlichen Handlungsmacht über kulturelle Grenzen hinaus Gültigkeit besitzt.«

4. ERNST CASSIRER, *Zur Logik der Kulturwissenschaften*, Hamburg 2011, S. 80.

5. JOHN RAWLS, *Eine Theorie der Gerechtigkeit*, Frankfurt/Main 1979, S. 472.

6. MARTHA NUSSBAUM, *Women and Human Development*, S. 78ff.

7. Ebenda, S. 69.

8. Ebenda, S. 87. Amartya Sen hat eine entspanntere Einstellung zu den Funktionsweisen: Er zieht in Betracht, »dass man sich ausschließlich auf die Bewertung genutzter Funktionsweisen verlässt (wenn man diesen Weg einschlagen möchte) [...]«. AMARTYA SEN, *Die Idee der Gerechtigkeit*, München 2010, S. 264.

9. MARTHA NUSSBAUM, *Women and Human Development*, S. 87.

10. Ebenda, S. 79. Nussbaum ergänzt in einer Fußnote, diese Liste basiere auf Artikel 15 der indischen Verfassung, ausgenommen die Nichtdiskriminierung aufgrund der sexuellen Orientierung, die durch die Verfassung nicht garantiert werde. Aber das ist noch keine Gewähr für Universalität, denn die indische Verfassung wurde sehr stark nach britischen und amerikani-

schen Vorbildern formuliert. Außerdem: Welche Autorität hat ein politisches Dokument in einer Diskussion über »zentrale menschliche Möglichkeiten«?

11. JOHN FINNIS, *Natural Law and Natural Rights*, Oxford 2011, S. 87–90.

12. Zitiert bei GEORGES CANGUILHEM, *Das Normale und das Pathologische*, München 1974, S. 58.

13. ARISTOTELES, *Politik*, Stuttgart 1989, 7. Buch, 1. Kapitel, S. 321.

14. JOSEF PIEPER, *Was heißt philosophieren?*, München 1967, S. 55.

15. WILLIAM BUTLER YEATS, »Ein Gebet für meine Tochter«, in: *Die Gedichte*, hrsg. von Norbert Hummelt, München 2005, S. 215.

16. PRIMO LEVI, *Ist das ein Mensch?*, München 1991, S. 102.

17. RICHARD SENNETT erforscht, wie Ungleichheit dem Respekt schadet, in seinem Buch *Respekt im Zeitalter der Ungleichheit*, Berlin 2004.

18. Zitiert in ROBERT SKIDELSKY, *John Maynard Keynes: The Economist as Saviour 1920–1937*, London 1992.

19. PAPST LEO XIII., *Rerum Novarum*. Rom 1891, Par. 35, online unter: http://198.62.75.1/www1/overkott/rerum.htm.

20. MARTHA NUSSBAUM, *Women and Human Development*, S. 157.

21. ARISTOTELES, *Nikomachische Ethik*, 8. Buch, 1. Kapitel, S. 213.

22. ARISTOTELES, *Politik*, 2. Buch, 4. Kapitel, S. 113.

23. Ebenda, 3. Buch, 9. Kapitel, S. 174.

24. KONFUZIUS, *Gespräche*, Stuttgart 1998, 1. Kapitel, I.2, S. 5.

25. Ebenda.

26. Siehe http://moneywatch.bnet.com/career-advice/blog/other-8-hours/additionby-subtraction-dont-let-bad-friends-drag-you-down/2080/; abgerufen am 9. September 2011.

27. LEO STRAUSS, »Kurt Riezler«, in: Leo Strauss, *What is Political Philosophy?*, Chicago 1988, S. 234.

28. KARL MARX, »Ökonomische Studien (Exzerpte). James Mill, »Éléments d'économie politique«, in: Karl Marx/Friedrich Engels, *Historisch-kritische Gesamtausgabe*, hrsg. von Vladimir Adoratskij, 1. Abteilung, Bd. 3, Frankfurt/Main 1932, S. 520–550, Zitat S. 547.

29. Eine interessante Diskussion dieses Aspekts bietet Sarah Broadie, »Taking Stock of Leisure «, in: SARAH BROADIE, *Aristotle and Beyond: Essays on Metaphysics and Ethics*, Cambridge 2007, S. 194.

30. ARISTOTELES, *Politik*, 8. Buch, 2. Kapitel, S. 371.

31. ALEXANDRE KOJÈVE, *Introduction to the Reading of Hegel*, New York 1969, S. 162.

32. JOSEPH PIEPER, *Muße und Kult*, München 1948, S. 53f.

33. Siehe AMARTYA SEN, *Die Idee der Gerechtigkeit*, S. 266ff.

34. ARISTOTELES, *Nikomachische Ethik*, 1. Buch, 3. Kapitel, S. 10.

35. ADAIR TURNER, *Economics after the Crisis: Objectives and Means*, Vorlesung 1: »Economic Growth, Human Welfare and Inequality«, Lionel Robbins Memorial Lecture (http://www2.lse.ac.uk/publicEvents/pdf/20101011%20Adair%Turner%20transcript.pdf; abgerufen am 12. Januar 2012), S. 35.

36. ZYGMUNT BAUMAN, *Liquid Life*, Cambridge 2005, S. 88.

37. Eine überzeugende Verteidigung dieser Position ist ANTHONY und CHARLES KENNY, *Life, Liberty and the Pursuit of Utility*, Exeter 2006, S. 65–93.

38. JAMES LOVELOCK, *Gaias Rache*, Berlin 2007, S. 144.

39. FRANCESCO BRANCA ET AL., *The challenge of obesity in the WHO European Region and the strategies for response*, World Health Organization, Kopenhagen 2007.

40. MICHAEL MOORE ET AL., »Explaining the Rise in Antidepressant Prescribing: A Descriptive Study Using the General Practice Research Database«, in: *British Medical Journal* (2009), bmj.com.

41. FRANCIS GREEN, *Praxis: Job Quality in Britain*, UK Commission for Employment and Skills, London 2009.

42. STEPHEN NICKELL ET AL., »A Picture of Job Insecurity Facing British Men«, in: *The Economic Journal*, Nr. 112 (2002), S. 1–27.

43. MARK BEATSON, »Job ›Quality‹ and Job Security«, in: *Labour Market Trends* (2000), S. 441–449.

44. SIMON ENGLISH, »The Poisonous City Work Ethic That Is in Urgent Need of Reform«, in: *Evening Standard*, 5. Juli 2011.

45. Beispiele für Unternehmen in Europa, die im Besitz ihrer Mitarbeiter sind, finden sich unter http://www.efesonline.org/PRESS%20REVIEW/2011/October.htm; abgerufen am 20. November 2011.

46. Department for Environment, Food and Rural Affairs, *Agriculture in the United Kingdom*, London 2007.

47. Umfragedaten aus der Umsatzumfrage von TNS Global zeigen für die Monate September bis November 2009 einen Marktanteil der unabhängigen Läden von 2,2 %, der große Rest entfällt auf die großen Ladenketten von Tesco bis Lidl und Netto sowie auf kleinere Ketten. Siehe http://www.tns

global.com/news/news-56F59E8A99C8428989E9BE66187D5792.aspx; abgerufen am 21. November 2011.

48. PETER A. HALL, »Social Capital in Britain«, in: *British Journal of Politics*, Bd.
29 (1999), S. 417–461, berichtet, die Zahl der Pubs habe deutlich abgenommen
– von 102.000 im Jahr 1900 auf 66.000 im Jahr 1978 (und 57.500 in 2007 –
Market and Business Development, *Pub Companies – 7th Report of Session
2008–9*, London 2008, S. 9), aber die Zahl der Gäste und die dort verbrachte
Zeit seien von den 1960er- zu den 1980er-Jahren gestiegen. Das spiegelt wahrscheinlich die Tatsache wider, dass die Pubs in dieser Zeit zunehmend frau-
enfreundlicher wurden. Neuere Zahlen waren nicht zu bekommen.

49. Dieses Thema erörtert ZYGMUNT BAUMAN in *Liquid Life* und anderen Werken ausführlich.

50. OECD, *The Well-being of Nations: The Role of Human and Social Capital*,
Paris 2001, bringt Daten zu den veränderten Mustern der Verbundenheit
für verschiedene OECD-Länder.

51. Siehe OECD-Familiendaten unter: www.oecd.org/els/social/family/
database; abgerufen am 21. November 2011.

52. Siehe PATRICIA MORGAN, *Marriage-Lite*, London 2000. Die Folgerung, die
Ehe verbessere die Beziehungsstabilität, wurde kürzlich mit der Begründung infrage gestellt, die Menschen, die eine Ehe eingingen, hätten sowieso
stabilere Beziehungen. Siehe CLAIRE CRAWFORD ET AL.: *Cohabitation,
Marriage, Relationship Stability and Child Outcomes: An Update*, Institute
for Fiscal Studies, London 2011.

53. Siehe Broadcasters' Audience Research Board, *Trends in Television Viewing*,
http://www.barb.co.uk/facts/tv-trends/download/2011-yy-TVTrends.pdf;
abgerufen am 23. Januar 2012.

54. Sport England, *Trends in Sport Participation 1987–2002*, London 2002; FI-
DELIS IFEDI, *Sport Participation in Canada*, Statistics Canada, Ottawa
2005; ROBERT PUTNAM, *Bowling Alone: The Collapse and Revival of American Community*, London 2000, S. 113.

55. DALE SOUTHERTON ET AL., *Trajectories of Time Spent Reading as a Pri-
mary Activity: A Comparison of the Netherlands, Norway, France, UK and
USA since the 1970s*, CRESC Working Paper 39, www.cresc.ac.uk/sites/de
fault/files/wp39.pdf; abgerufen am 12. Januar 2012.

56. Siehe »How Happy Are You? Whitehall Is Keen to Know the Answer«, in:
The Guardian, 26. Juli 2011.

7. Auswege aus der Tretmühle

1. ADAM LENT und MATHEW LOCKWOOD, *Creative Destruction: Placing Innovation at the Heart of Progressive Economics*, London 2010.

2. ADAIR TURNER, *Economics after the Crisis: Objectives and Means*, Vorlesung 3: »Economic Freedom and Public Policy: Economics as a Moral Discipline«, Lionel Robbins Memorial Lecture, http://www2.lse.ac.uk/public Events/pdf/20101013%20Adair%20Turner%20transcript.pdf; abgerufen am 12. Januar 2012.

3. ALASDAIR MACINTYRE, *Der Verlust der Tugend: Zur moralischen Krise der Gegenwart*, Frankfurt/Main 1987, S. 15.

4. Ebenda, S.350.

5. Zitiert in JULIET SCHOR, *The Overworked American*, S. 121.

6. PAPST LEO XIII., *Rerum Novarum*, Rom 1891, Par. 2, online unter: http://198.62.75.1/www1/overkott/rerum.htm.

7. Ebenda, Par. 18.

8. Siehe DAVID MARQUAND, »Contesting Democracy: Political Ideas in 20th-Century Europe«, in: *New Statesman*, 22. August 2011. Marquand, der sich hier auf Jan-Werner Müller bezieht, argumentiert überzeugend, dass die eigentliche Leistung der Gründer der Europäischen Union in der »historischen Versöhnung der römisch-katholischen Kirche mit den Idealen der Französischen Revolution« bestand, die den kooperativen Kapitalismus in Deutschland und Italien möglich machte.

9. ADAM SMITH, *Untersuchung über Wesen und Ursachen des Reichtums der Völker*, Tübingen 2005, 4. Buch, 9. Kapitel, S. 671f.

10. PETER CLARKE, *Liberals and Social Democrats*, Cambridge 1979.

11. JOHN MAYNARD KEYNES, »Wirtschaftliche Möglichkeiten«, S. 270.

12. Ebenda, S. 267.

13. ANDRÉ GORZ, *Arbeit zwischen Misere und Utopie*, Frankfurt/Main 2000, S. 136.

14. ROBERT LAJEUNESSE, *Work Time Regulation as a Sustainable Full Employment Strategy*, London 2009.

15. ANDRÉ GORZ, *Arbeit zwischen Misere und Utopie*, S. 137f.

16. DANIEL RAVENTÓS, *Basic Income: The Material Conditions of Freedom*, London 2007, S. 8.

17. Siehe JOHN CUNLIFFE und GUIDO ERREYGERS (Hrsg.), *The Origins of Universal Grants: An Anthology of Historical Writings on Basic Capital and Ba-*

sic Income, London 2004; JAMES MEADE, *Agathotopia: The Economics of Partnership*, Aberdeen 1989; SAMUEL BRITTAN, *Capitalism with a Human Face*, Cheltenham 1995; sowie ANDRÉ GORZ, *Abschied vom Proletariat: Jenseits des Sozialismus*, Frankfurt/Main 1980.

18. MILTON FRIEDMAN, *Kapitalismus und Freiheit*, Frankfurt/Main 2002.

19. Samuel Brittan, Buchbesprechung von Guy Standing, *Promoting Income Security as a Right: Europe and North America*, London 2005, in: *Citizens Income Newsletter*, Nr. 2 (2005).

20. CHANDRA PASMA, »Working through the Work Disincentive«, in: *Basic Income Studies*, Bd. 5 (2010), S. 1–20. Für eine Diskussion der Vor- und Nachteile einer Einmalzahlung und eines regelmäßigen Grundeinkommens siehe STUART WHITE, »Basic Income Versus Basic Capital: Can We Resolve the Disagreement«, in: *Policy and Politics*, Bd. 39 (2011), S. 67–81. Zum Konzept des Grundeinkommens allgemein siehe STUART WHITE, »Reconsidering the Exploitation Objection to Basic Income«, in: *Basic Income Studies*, Bd. 1 (2006), S. 1–17.

21. JAMES MEADE, *Liberty, Equality and Efficiency*, London 1993; KARL WIDERQUIST (Hrsg.) ET AL., *The Ethics and Economics of the Basic Income Guarantee*, Aldershot 2005.

22. YANNICK VANDERBORGHT und PHILIPPE VAN PARIJS, *L'Allocation universelle*, Paris 2005. (Deutsch: *Ein Grundeinkommen für alle? Geschichte und Zukunft eines radikalen Vorschlags*, Frankfurt/Main 2005).

23. BRUCE ACKERMAN und ANNE ALSTOTT, *Die Stakeholder-Gesellschaft*, Frankfurt/Main 1999.

24. Ein Punkt, den Axel Leijonhufvud auf dem Symposium in Luxemburg (siehe unser Vorwort) sehr nachdrücklich darlegt hat.

25. Zitiert in ANDRÉ GORZ, *Auswege aus dem Kapitalismus. Beiträge zur politischen Ökologie*, Zürich 2009, S. 112.

26. UNICEF, *Child Well-Being in the UK, Spain and Sweden: The Role of Inequality and Materialism*, York 2011.

27. RICHARD A. MUSGRAVE, »A Multiple Theory of Budget Determination«, in: *Finanzarchiv*, Bd. 17 (1956), S. 341.

28. Siehe ALAN HUNT, *Governance of the Consuming Passions: A History of Sumptuary Law*, New York 1996.

29. BERNARD MANDEVILLE, *Die Bienenfabel*, S. 18.

30. Siehe CHRISTOPHER BERRY, *The Idea of Luxury*, Cambridge 1994, S. 115.

31. NICHOLAS KALDOR, *An Expenditure Tax,* London 1955, S. 176. Siehe auch Institute of Fiscal Studies, *The Structure and Reform of Direct Taxation: Report of a Committee Chaired by Professor J. E. Meade,* London 1978.

32. Ebenda, S. 53.

33. Ebenda, S. 56.

34. STEVEN PRESSMAN, »The Feasibility of an Expenditure Tax«, in: *International Journal of Social Economics,* Bd. 22 (1995), S. 6.

35. NICHOLAS KALDOR, *An Expenditure Tax;* John Kay, *The Meade Report after Two Years,* London 1980. Für eine Kritik siehe PRESSMAN, »The Feasibility of an Expenditure Tax«.

36. Als »anzurechnende« Ausgaben definierte Kaldor in *An Expenditure Tax* (S. 191ff.) den Betrag, der einer Person in einem Jahr zum Ausgeben zur Verfügung steht (Löhne und Gehälter, Dividendenerträge, Bankguthaben), abzüglich der in den Kauf von Anlagegütern investierten Mittel, des Bankguthabens am Jahresende sowie bestimmter Zuschüsse und Freibeträge.

37. Mehr zu diesem Plan findet sich in ROBERT H. FRANK, *Luxury Fever: Money and Happiness in an Era of Excess,* S. 211–216.

38. Ebenda, S. 3.

39. Ebenda, S. 90f.

40. Ebenda, S. 211–216.

41. JOHN MAYNARD KEYNES, *Allgemeine Theorie,* S. 315f.

42. ADAIR TURNER, »How to Tame Global Finance«, *Prospect,* 27. August 2009.

43. Zu dieser Definition eines Gutes siehe GARRY BECKER und KEVIN MURPHY, »A Simple Theory of Advertising as Good or Bad«, in: *Quarterly Journal of Economics,* Bd. 108 (1993), S. 941. Umgekehrt ist ein »Übel« etwas, für dessen Vermeidung oder Beseitigung der Konsument bezahlt beziehungsweise das zu akzeptieren er bezahlt werden muss. In der starken Version des Modells vom rationalen Konsumenten gibt es keine öffentlichen oder meritorischen Güter.

44. Ebenda, S. 962.

45. GEORG WILHELM FRIEDRICH HEGEL, *Grundlinien der Philosophie des Rechts,* Frankfurt/Main 1986, Par. 191 Zusatz, S. 337.

46. Zitiert in ANDRÉ GORZ, *Auswege aus dem Kapitalismus,* S. 68f.

47. JOHN MAYNARD KEYNES, »Wirtschaftliche Möglichkeiten«, S. 272.

48. Eine alternative Hypothese für den beobachteten Rückgang beziehungs-

weise die Stagnation der Reallöhne verweist auf den immer höheren Bonus, der in reichen Ländern für Hochqualifikation bezahlt wird. Die empirischen Daten zur Frage, welcher Effekt der dominante ist, lassen keinen klaren Schluss zu – siehe Paul Krugman, »Trade and Wages, Reconsidered«, unveröffentlichter Aufsatz, erstellt für das Panel on Economic Activity 2008 des Brookings Institute.

49. Interview mit STEVE LOHR, »An Elder Challenging Outsourcing Orthodoxy«, in: *New York Times*, 9. September 2004.

50. ERIK S. REINERT, *How Rich Countries Got Rich … and Why Poor Countries Stay Poor*, London 2008, S. xv–xxvi.

51. HA-JOON CHANG, *23 Lügen, die sie uns über den Kapitalismus erzählen*, München 2010, S. 93.

52. ANDRÉ GORZ, *Auswege aus dem Kapitalismus*, S. 15f.

53. St Paul's Institute, *Value and Values: Perceptions of Ethics in the City Today*, London 2011.

54. ROBERT SKIDELSKY, *John Maynard Keynes: Economist, Philosopher, Statesman*, London 2004, S. 515.

LISTE DER SCHAUBILDER